北京市社科基金一般项目

康德美德理论研究

Research on Kant's Theory of Virtue

董滨宇 著

人民出版社

目 录

前　言

　　自 20 世纪 50 年代以来，美德伦理学在西方蔚然兴起，并逐渐成为西方规范伦理学中的一个重要流派。为了与以柏拉图、亚里士多德、斯多葛主义等为代表的古代美德伦理学区分开来，人们一般将其称之为当代美德伦理学。很大程度上，可以说，当代美德伦理学是基于对功利主义、康德主义的批评与论辩而诞生的，本书正是围绕着其对于康德伦理学的诸多讨论而展开。不过，虽然是站在当代美德伦理学的视角进行审视，但本研究的目的却是要拓展出康德伦理学中丰富的美德维度。这是一项有意义的工作，但是目前国内却少有人涉足。

　　说它是有意义的，在于这首先是一项"比较"研究。众所周知，人们一般习惯于将西方规范伦理学区分为三大类型：功利主义、康德主义以及当代美德伦理学。从历史时期来看，由于功利主义、康德主义产生于西方社会的启蒙阶段，因此，我们将二者都称为"现代道德哲学"，而进入 20 世纪之后，出于对现代道德哲学的不满，美德伦理学应运而生。我们认为，就其基本特征而言，它也可以被视为一种后现代主义理论。正如后现代主义致力于消解现代主义中的理性中心主义、普遍主义以及权威主义，当代美德伦理学从各个方面批判了功利主义与康德主义的基本话语。尤其是，在当代美德伦理学看来，功利主义（也即后果主义）与康德主义都是以"规则"为核心，以"道德"为目的，它们只重视一般性道德规则的实现，而忽视了人格的完整性与人生的丰富性，也忽视了个人的幸福与命运的难以捉摸。据此，站在反对规则伦理学的立场上，当代美德伦理学热衷于探讨除了所谓的"道德法则"之外，人性中还需要具有哪些有意义的性格特征，也即"美德"（virtues）。显然，"美德"的本义应该是复数的，因为它意味着人性中应该拥有多种要素，它们是卓越的、可爱的，是构成一个人之所以成为这个人，而不是泯然于他者的基本条件。进一步地，当代美德伦理学甚至出现了一种"反理论"、"反规则"，进而"反道德"的倾向，其代表人物当属伯纳德·威廉斯（Bernard Williams），在对休谟、尼采等人的追述中，他极大地推进了伦理学领域中的"现代性批判"。在他眼中，康德伦理学是一种"奇特的道德建制"。[①] 而在当代美德伦理学的奠基人物安斯康姆（G.E.M. Anscombe）看来，现代道德哲学更是陷入了"道德上的应当"而不能自拔，基于一种广泛的"义务"的观念，人的生活被压缩为一条条标准化的规范，对于行动的评价仅仅基于"道德上是否正确"。[②] 立足于此，当代美德伦理学提出应该将关注点放在行动者而非行动上，重视品格本身的内在构成而不是行为的外在规则。因此，为了深入理解人的品格特性，当代美德伦理学认为，情感、欲望相较于理性来说更能够作为人性的本质，它们在很多时候外化为多种多样的"美德"。一般来说，道德规则主要是理性的产物，它在任何人身上都是以一种形式体现的，而美德则更多地关乎情感与欲望，只有它们才构成了一个人独一无二的品性。基于行动规则的现代道德哲学，只是以严厉的理性形式为人们设定规则或者目的，而以人格本身为核心的美德伦理学，则是以最适当的方式维护着人格的完整性、一致性乃至健康性，并且围绕着每个人的特点与需求规划着其整体性的人生。

可以说，正是基于当代美德伦理学对于康德主义广泛而激烈的批评，本书才会应运而生。首先，应该承认的是，这些批评大都具有极强的价值，它们确实比较准确地抓住了康德伦理学中一些关键的问题。比如，自从 18、

---

① ［英］伯纳德·威廉斯：《伦理学与哲学的界限》，陈嘉映译，商务印书馆 2017 年版，第 209—235 页。

② ［英］伊丽莎白·安斯康姆：《现代道德哲学》，谭安奎译，载于《美德伦理与道德要求》，徐向东编，江苏人民出版社 2007 年版，第 41—58 页。

19 世纪开始，黑格尔、席勒等人就已经开始对康德伦理学的基本原则展开了不同程度的分析与批判。在他们眼里，严厉主义、普遍主义、形式主义是康德伦理学所具有的最为鲜明的标签。以"定言命令"为标志的道德法则，代表着康德冷酷无情的"道德中心主义"态度。义务论，几乎成了康德全部道德理论唯一的代名词。出于义务而行动，由此才称得上是一个道德的人，就是康德伦理学所要传达的全部内容。面对这种冷冰冰的"道德至上论"，人们甚至将其根源归结为康德的家庭出身——他的父母都是基督教虔敬派教徒，而受到这种出身所影响的保守的性格，也体现在他机械的生活与乏味的经历当中。然而，事实果真如此么？

在当代一些学者的最新研究中，康德的生活并不是像人们想象的那样单调刻板，而且，我们已经知道，卢梭，这位近代情感主义的奠基人，以其著作《爱弥儿》深刻地影响了康德。当然，即便有这些掌故轶事，也并不能说明康德不是一位我们传统上所理解的义务论的代言人。相反，在众多学者的眼里，康德伦理学始终体现着最为纯粹的义务论，这其中也包括相当多的康德主义者。正如盖耶所说："伦理学上的这种区分（在目的论与义务论之间）被认为起源于康德，而他自己的理论被认为是义务论的典型样本。"[1] 也正是基于这种一般性理解，当代美德伦理学在它的发展过程中始终不遗余力对康德伦理学施以严厉的批判。在某种意义上，我们可以这样认为，当代美德伦理学就是在批判以康德主义、功利主义为主的规则伦理学的背景下逐渐发展起来的。

然而，本书将对这一"成见"做出深入的分析与反驳。我们的基本观点是：康德并不是人们传统上所认为的那种单纯的义务论者。正如劳登所指出的，康德在其著作中从未使用过"义务论"这个字眼。[2] 虽然我们并不能因

---

[1]　Paul Guyer, *Kant's Morality of Law and Morality of Freedom*, in R.M. Dancy, (ed.), *Kant and Critique: New Essays in Honor of W.H. Werkmeister*, Boston: Kluwer Academic Publishers, 1993, p.46.

[2]　Robert B. Louden, Toward a Genealogy of 'Deontology', *Journal of the History of Philosophy*, 1996:34, 4, pp.571–592, p.573.

为这句话而判定康德不是义务论者，但是，我们至少应该意识到这一点：康德并没有有意地将其伦理学划归到一个独立而封闭的流派当中。也就是说，在康德那里，只有亚里士多德、伊壁鸠鲁、哈奇森以及沃尔夫的道德理论，但并不存在与其他流派有着明显区别的义务论。或许，人们这种关于"流派"的意识，在早期很大程度上受到了密尔（John Stuart Mill）的影响，在《功利主义》一书中，他明确地将其学说称为"功利主义"（Utilitarianism），而康德伦理学成为他首先发难的对象。① 到了 20 世纪中叶，当安斯康姆、麦金泰尔 (A.C. MacIntyre) 等人酝酿美德伦理学时，康德主义和功利主义则一起成为了他们所要批评的对象。

虽然自从黑格尔时期以来，康德的道德理论就开始招致不同程度的质疑，但是，在当代美德伦理学那里，康德伦理学则受到了全面而系统的批判。本书认为，大量的批判可以归结为一点：康德没有确立当代美德伦理学意义上的美德理论，从而导致其理论内部的不协调及其现实指导功能的弱化。然而，本书则要表明：康德在其道德哲学体系中为"美德"留下了广泛的空间，康德拥有自己的一套美德理论。与当代美德伦理学相比，它具有以下基本特征：

第一，从根本性质上说，与当代美德伦理学不同，康德的美德理论首先是以道德律令与纯粹理性为根基的，它隶属于康德先验哲学的整体构架。在这个意义上，即便是我们要对康德伦理学进行某种辩护，但必须仍要承认其

---

① 我们这里所说的关于伦理学流派划分的意识，是围绕义务论（以康德主义为代表）、功利主义、美德伦理学这三大流派来说的。而据劳登的考证，"义务论"这一术语最早出现于 19 世纪边沁的手稿当中，但是，边沁（Jeremy Bentham）也并未确立义务论 / 目的论的二分法，直至 1869 年，莱基（W. E. H. Lecky）才在其公开发行的著作中提出了这种二分法。(Robert B. Louden, Toward a Genealogy of 'Deontology', *Journal of the History of Philosophy*, 1996:34, 4, pp.571–592) 美德伦理学包括古代与当代两种形式，显然，古代哲学家也并没有这种关于流派划分的意识，因此，古代美德伦理学是由当代美德伦理学"产生"出来的，而当代美德伦理学的兴起已经是 20 世纪中叶的事情。相比而言，义务论和功利主义诞生的时间更早，而正如正文中所说，本书认为，密尔提出他的功利主义，标志着现代主义时期一种不同于康德主义的重要流派的诞生。

作为义务论的首要特性。不过，康德伦理学的突出特征是，这种义务论也同时是一种目的论。

第二，美德理论在康德伦理学中占据重要位置，本书甚至认为，相比于其以道德律令和自由意志为核心问题的理论阶段，它代表着康德伦理学更为成熟的形式。某种意义上，美德理论可以被视为康德伦理学的真正完成。

第三，康德的美德理论隶属于其义务论。也就是说，作为康德思想后期产物的美德理论，并不是对其义务论的反驳或者纠错，在康德那里，没有出现作为根本性断裂的"美德论转向"，更准确地说，这种理论的延续是一种"美德论侧重"。康德的美德理论是对其义务论的重要补充。尤其是，康德通过美德理论确立了其义务论与目的论的融合。

第四，正是由于康德在其整体性先验哲学框架中构建其美德理论，因此，这种美德理论仍然在某些方面不同于当代美德伦理学。不过，这并不意味着两种学说存在着根本性的对立。本书将指出，这种对立很大程度上源于当代美德伦理学对于康德伦理学的严重误解。而事实上，在一些重要议题上，二者存在着一致之处。

第五，当代美德伦理学是一个范围极为广泛的流派，而且正处于不断发展之中。它包括诸多支流，有的甚至相互冲突，人们只是站在一个尽量宏观的视角上提炼出它的一般性特征。这也就意味着，康德伦理学不可能是与当代美德伦理学全方面对立的。尤其是，我们将表明，康德与亚里士多德的一致性远远大于他们的差异性。而且，当代美德伦理学中有些支流很大程度上认可康德主义。从广义的角度来说，本书支持将康德的伦理学视为美德伦理学的一种形式。

第六，综合而言，本书将建立一种康德式的美德理论。它既反驳了当代美德伦理学对于康德主义的一些不适当的批评，又同时通过借鉴后者中大量有益的见解而发展为一个崭新的学说体系。同时，本书将基于康德主义指出当代美德伦理学自身所存在的一些问题，而这些问题却在康德那里拥有较好的解决方式。

以上六点基本上代表了本书的宗旨与所要完成的任务。对于当代美德伦理学的一些主流学者而言，他们认为接受了第一和第三，就不能再接受另外四种主张。像安斯康姆、麦金泰尔以及威廉斯等人，他们就比较坚决地把康德主义与自己的理论对立起来。然而，在富特 (Philippa Foot)、斯洛特 (Michael Slote)、赫斯特豪斯 (Rosalind Hursthouse) 以及纳斯鲍姆 (Martha Nussbaum) 等人那里，康德主义与美德伦理学并不是水火不容的。其中，有的人在不同时期对于康德主义采取了否定与肯定两种截然相反的态度（如富特），有的人的重要观点则可能是无意识地与康德相互一致（如斯洛特），而有的人则比较明确地认为康德与美德伦理学拥有很多极为相近的主张（如赫斯特豪斯、纳斯鲍姆）。可见，作为一个并不严格的理论流派，当代美德伦理学一方面为我们的理解带来了诸多麻烦；另一方面，它其实也为我们的进一步探究提供了很好的契机，即在两种表面上似乎相互对立的学说之间，其实存在着大量的相互呼应与贯通之处，从这一点出发，我们或许能够通过一种汇通式的比较研究，将当代西方伦理学引向一个崭新的境地。

既然我们是借助当代美德伦理学的兴旺发展而开始的探索，那么，在正式进入本书的主题之前，有必要大体介绍一下当代美德伦理学的基本情况。不过，由于这并不是一部以此为中心内容的著作，因此，我们的梳理只是粗略式的回顾，而这种回顾有一个基本的脉络，那就是围绕着当代美德伦理学对于康德主义的主要批评而展开。

一般地，学界有一个共识，即 1958 年英国学者安斯康姆发表的《现代道德哲学》一文，标志着一个新的伦理学流派的正式开启。在这篇文章中，安斯康姆主要针对"道德"概念进行了语义分析与历史性溯源，指出现代道德哲学主要以"道德义务"作为人的行为的基本标准，从而严重忽视了自然意义上人的欲望、快乐以及"好的生活"等概念的价值。安斯康姆对于以康德主义、功利主义为代表的现代道德哲学展开了激烈的"清算"。她直言不讳地表明，这些理论都建立在错误的前提上，是以"道德"取代了古希腊时期的"美德"概念，而当务之急是重新返回到以亚里士多德主义为代表的古代伦理学那里。

拉切尔斯描述道："在安斯康姆这篇文章的唤醒下，大量讨论美德的书籍与论文涌现出来，美德理论迅速成为当代道德哲学中的主要选项。"① 当代美德伦理学确实能在古代伦理学那里找到大量资源。自从苏格拉底、柏拉图开始，"美德"就进入了哲学家们的视野，亚里士多德则是比较系统地提出了古代美德理论，并由此被视为当代美德伦理学最为重要的来源。此外，像伊壁鸠鲁主义、斯多葛主义，甚至基督教伦理学，都被认为包含着不同形式的美德理论。不过，在当代美德伦理学的核心定义中，亚里士多德主义始终代表着古代美德伦理学最为明确而且完善的论证。总之，用拉切尔斯的话说，所有这些古代伦理学家都有一个中心议题：什么样的品格特性使得一个人成为好的人 (good person) ？②

拉切尔斯进一步指出，从文艺复兴开始，道德哲学经历了世俗化过程。基督教的诫命被等价的道德律法所取代，相应地，理性而非神谕成为确定正当规则的根本手段。人们不再关心"如何成为一个好的人？""如何过好的生活？"而是思考如何让自己的人格与行动符合正当的规则，由此产生了利己主义、功利主义、康德式义务论以及社会契约论，直至安斯康姆对此做出反思，人们才开始重新"发现"古代美德伦理学。③

当代美德伦理学是站在古代美德伦理学（尤其是亚里士多德主义）的基石上所进行的一场"返本开新"，而这场声势浩大的伦理学运动一直持续到今日。虽然它目前继续处在不断发展变动之中，但是，我们仍然能够从一些奠基者的阐述中把握其基本内核。自安斯康姆首度发声以来，学界不断有

---

① James Rachels, *The Elements of Moral Philosophy (Fourth Edition)*, New York: Mc Graw-Hill, 2003, p.175.

② 参见 James Rachels, *The Elements of Moral Philosophy (Fourth Edition)*, New York: Mc Graw-Hill, 2003, p.173.

③ 参见 James Rachels, *The Elements of Moral Philosophy (Fourth Edition)*, New York: Mc Graw-Hill, 2003, p.174.

相关的重要著作涌现出来。其中，麦金泰尔的理论成为另一个重要支点。在 80 年代初出版的《追寻美德》一书中，他阐述了美德与个人利益的关系："美德是一种获得性的人类品质，对它的拥有与践行使我们能够获得内在于实践的利益，而缺乏这种品质就会严重地妨碍我们获得任何诸如此类的利益。"[1] 这是一种目的论阐释，麦金泰尔意在让人们注意：美德并不仅仅是一种单纯的品质或者心性，它要与实现某种有利于人的"事功"联系起来，不过，这绝不是功利主义和利己主义眼中的"利益"，而是因其自身而善的"目的"。与其他学者主要是从语言概念角度进行分析不同，麦金泰尔将美德与"实践"联系起来，强调了社会化交往与人类的具体生活实践对于美德的重要作用。由此，人们进一步认识到，相比于道德，美德是一个具有更多现实性意义的概念，作为人的品格特性，它与传统、风俗息息相关，并由此呈现出多样化形式。总之，麦金泰尔对美德概念做出了系统性的分析与发展，并从文化与政治的角度构建其丰富的内涵，从而使得其学说成为文化保守主义、社群主义等理论流派的重要来源。而且，在这部著作中，麦金泰尔沿着安斯康姆的思路，对康德主义展开了进一步的批判。在他的眼中，康德伦理学以普遍性的道德法则为核心，严重忽略了以历史、文化以及共同体为基础的多样化美德，从而也就无法解释丰富多彩的人生与人性。究其根源，在于和 18、19 世纪其他启蒙主义哲学家一样，康德是把"理性"作为人的最重要的能力，理性享有至高无上的地位。理性的本质是计算，而且它始终试图从特殊性当中推导出一般性。但是，理性代替不了激情，它所带来的普遍性法则也解释不了复杂而困难的人生。麦金泰尔表明："道德上的不可公度性本身就是一种特殊的历史结合的产物。"[2] 从某种角度来说，康德主义的崩溃代表着以"道德合理性"为宗旨的启蒙主义筹划的典型失败。

在当代美德伦理学的发展历程中，伯纳德·威廉斯是另一位极其重要的

---

[1] [美] A. 麦金泰尔：《追寻美德》，宋继杰译，译林出版社 2003 年版，第 242 页。

[2] [美] A. 麦金泰尔：《追寻美德》，宋继杰译，译林出版社 2003 年版，第 90 页。

奠基人。在 20 世纪七八十年代，他以一系列论文提出了当代美德伦理学大量主要的观点。虽然他并没有明确地将自己划入某个流派，但是，他的这些思想已经被当代美德伦理学视为最具代表性的基本主张。以一种"反理论"、"反规则"的姿态，威廉斯针对规则伦理学展开了系统性的激烈批判。在他的文章中，康德主义与功利主义经常是一起被作为攻击的对象。而就康德主义而言，威廉斯认为它是典型的"道德理论"（功利主义则属于"道德系统的边缘成员"），而"道德"本身其实是一种"奇特的建制"。① 康德主义采取绝对义务的原则，不顾"应该"与"能够"的关系，直接要求人们在任何时候、任何情况下都应以其命令作为行动的标准。这种"出亦义务、入亦义务"的原则，只会给行动者带来无穷的压力。威廉斯经常举例以表明他的质疑：试想我们经常会遇到一些突发事件，比如一个正陷入危险之中的人需要你去救，但是，我实际上并没有义务去救助所有遭遇危险的人，而且，即便按照通常的说法，我在这种情况下应该去救这个人，但也不至于要承受太大的危险。然而，依据康德的义务论的要求，我却无可转圜地必须去救这个人，因为"我负有在突发危险之际上前救助的一般义务。"如果我不这样去做，那么就是应该受到谴责的。② 对此，威廉斯指出，康德主义"要把一切都做成义务"，从而严重忽略了生活的复杂性，人的特殊性诉求以及选择的自愿性都成为无足轻重的东西，因为在康德看来，只有"出于道德义务而行动"才代表了人的真正本质。但是，这却是对于生活与人性的巨大的"误解"。

威廉斯对于康德主义的批评有着前所未有的力量，这不仅体现在其广度上，更体现在深度上。威廉斯强调人格的完整性、生活计划的整体性、道德动机的合情理性以及运气等外在因素对于道德评价的重要构成作用。然而，

---

① ［英］伯纳德·威廉斯：《伦理学与哲学的界限》，陈嘉映译，商务印书馆 2017 年版，第 209 页。

② ［英］伯纳德·威廉斯：《伦理学与哲学的界限》，陈嘉映译，商务印书馆 2017 年版，第 217 页。

所有这些在康德那里都被忽视了，除了至高无上的道德法则之外，我们从中找不到任何其他对于生活与个人有益的东西。在威廉斯的语境中，如果这就是所谓的"道德"，而它并不能带给个人以幸福，那么，我们就有理由抛弃它。

在威廉斯那里，当代美德伦理学对于康德主义的批判达到了高峰。我们认为，这些批评可以被视作伦理学领域的巨大成就，这不仅体现在威廉斯所提出的一些崭新的视角，更体现在他吸收了以往人们对于康德主义的众多批评意见，并在此基础上作出了进一步的发挥。在其尖锐的意见中，我们能够看到前人的巨大影响。不过，本书并不赞同其（包括安斯康姆、麦金泰尔）对于康德伦理学的大部分的解读。而且，威廉斯所确立的这种"反理论"、"反规则"倾向，也并没有受到美德伦理学界整齐一致的认可。也许在有些人看来，如果这种倾向不加以节制，很可能会滑向相对主义的泥潭中去，而对于当代美德伦理学的支持者们来说，反对道德相对主义（这一点尤其体现在其对于情境主义的拒斥上）仍然是一项长期而艰巨的任务。

在威廉斯之后，当代美德伦理学继续针对康德主义提出批评意见。某种程度上，这些意见大多数可以被视为对于威廉斯观点的进一步深化。不过，近些年来，人们逐渐意识到两种理论之间存在着共通性，尤其是一些学者发现亚里士多德与康德之间的区别并没有想象的那么大，相反，二者在一些根本原则方面持有极为相近的立场。与此同时，或许是受到当代美德伦理学以及现象学的影响，情感主义开始逐渐兴起。以贝尔（Annette Baier）、布鲁姆（Lawrence A.Blum）、斯洛特、纳斯鲍姆、所罗门（Robert Solomon）等人为代表，情感主义者们提出应该以人的自然情感或者欲望作为道德动机，并以此建立道德规范。相比而言，康德主义（包括功利主义）却以"理性"为中心来构建其伦理学，结果导致了诸多理论与实践上的麻烦。首先，理性本身其实只是一种指导性思维能力，它并不能作为行动的真正动机，而这种动机只能来源于经验性欲望或者情感；其次，理性具有统一性冲动，它始终试图寻求普遍性法则，由于忽视了特殊性要求，这些法则只能沦为"外在的诉求";第三,由于理性的这种普遍化、规范化功能,导致其无法依据不偏不倚性法则解决一些具体的情境性问题;第四,理性中心主义忽视了丰富的情感,这无助于我们了解极为复杂的人性,而人的"独一无二性"主要是通过这些不同形式的情感所塑造的。类似这样的一些质疑在美德伦理学那里也存在,因此,其中的一些代表性人物也同时被视为情感主义的支持者。①

　　自从康德的道德哲学产生以来,就一直经受着层出不穷的质疑。进入20世纪以后,当代美德伦理学则在这些质疑的基础上进行了进一步的深化与完善。不过,与此同时,康德主义的支持者也在一直给予相应的反驳。呈现这些声音,并且借助这些力量以支持本书的观点,是我们另外一项重要的工作。客观而言,我们并不认为所有这些辩护都是正确的,就像所有针对康德伦理学的批评也并不全是错误的一样。在这些辩护性意见中,我们将作详细的梳理与剖析。首先,这些观点基本上持有一个共同的立场:康德拥有某种美德理论,这使其成为并不是通常所认为的纯粹的义务论者。不过,基于这一立场,研究者们存在一定的分歧,例如,康德究竟在多大程度上与当代美德伦理学的基本主张是一致的?与此相关,在义务与美德之间,康德究竟更为偏向哪一个方面?这些问题时至今日都难有定论。其次,围绕着康德的道德与美德理论,辩护者们分别从道德动机、不偏不倚性、道德运气以及情感与理性的关系等方面进行了广泛而深入的探讨。可以说,这些研究极大地推进了康德主义伦理学的发展,尤其是在道德心理与美德教育方面,这种比较式研究开创了崭新的理论领域,据此,面对一些棘手的"道德困境"问题,我们也获得了更为多样化的解决手段。

　　康德主义的辩护者们大体可以分为三种态度:第一种态度坚持认为,康

---

① 　虽然当代美德伦理学与情感主义有着内在的生成关系,不过,随着情感主义伦理学的不断发展,从中逐渐衍生出了以"同情"(sympathy, empathy)为根据的关怀伦理学,其中的一些代表人物如赫尔德(Virginia Held)等人,在承认关怀伦理学与美德伦理学存在密切关系的基础上,尤其强调二者的相互差别。

德根本上还是一名义务论者，但他拥有鲜明的美德理论，这是对于义务论的一种必要的补充，因而，人们应该改变以往的"成见"，即认为康德是一名僵化的、冷漠的纯粹义务论的鼓吹者。持有这一主张的人大多本身就是康德伦理学的研究者，他们致力于在当代美德伦理学的刺激下对于两种理论做"融汇式"的思考。自 20 世纪八九十年代以来，一些学者开始注意到康德的义务论其实并不完全排斥美德要素。科斯嘉德在《义务的分析》一文中指出，康德在其哲学发展的前期，就表明了美德要素在其思想构建中的重要性。[①]赫尔曼认为，康德的义务论与美德要素之间其实是一种相辅相成的关系；[②]奥尼尔也指出：康德提出了一种独特的美德学说，它的基础仍然是由理性所确立的普遍性法则，但在广义的"义务"范畴内，康德为"美德义务"留下了空间。[③] 第二种态度认为，康德伦理学其实也是美德伦理学的一种，只不过在一些议题上与美德伦理学的主要观点有所差异。伍德明显地表达了这一看法，而赫斯特豪斯则比较隐晦地暗示了这一点；[④] 第三种态度认为，不做断言式的界定，甚至不承认存在义务论、美德伦理学以及功利主义这种严格的流派划分，纳斯鲍姆代表了这一立场。[⑤] 根据之前的阐述，本书所持态度属于第一种。同时，我们不赞成将义务论与美德伦理学做过度的"融汇"，因为这很可能导致将前者彻底消融于后者之中。无论做出怎样的辩护，我们首先仍然坚持康德从根本意义上应被视为一名义务论者，而这并不意味着康德的伦理学会自我贬值；其次，康德的义务论同时也是包含了幸福追求与价

[①]　参见 Christine M. Korsgaard, *Creating the Kingdom of Ends*, Cambridge: Cambridge University Press, 1996, pp.43–76。

[②]　参见 Barbara Herman, *The Practice of Moral Judgment*, MA: Harvard University Press, 1993, p.32。

[③]　欧诺拉·奥尼尔：《康德的美德》，谭安奎译，载于《美德伦理与道德要求》，徐向东编，江苏人民出版社 2007 年版，第 283—301 页。

[④]　参见 Allen Wood, *Kant and Virtue Ethics*, in Lorraine Besser-Jones and Michael Slote, ed., *The Routledge Companion to Virtue Ethics*, New York: Routledge, 2015, pp.307–320;[新西兰] 罗莎琳德·赫斯特豪斯：《美德伦理学》，李义天译，译林出版社 1999 年版，第 101—157 页。

[⑤]　参见 Martha C. Nussbaum, Virtue Ethics: A Misleading Category? *The Journal of Ethics*, 1999(3), pp.163–201。

值实现的目的论，这也正是其美德理论存在的意义。坚持这一立场，并不意味着与其基本的义务论主张有所冲突。相反，二者共同构成了康德伦理学的整体性内容。重要的是，我们应该在其理论体系内部重新理解义务与目的、道德与美德的关系。

人们容易产生这样的想法：在世界逐渐进入后现代主义时期后，当任何一种普遍性话语已经受到不同程度的毁坏时，当逻各斯中心主义已经在解构主义的浪潮中破败不堪时，面对当代美德伦理学的冲击，像康德主义这种典型的规则伦理学即便不完全屈服，也将不得不作出重大的让步。然而，在我们看来，这只是当前一些学者的主观看法。像现代主义与后现代主义一样，当代美德伦理学提供给我们大量的有益的东西，但它并不能否定以往学说的内在价值，更没有能力代替其他学说作为我们唯一的选择。相反，康德主义在伦理学领域中始终占据着无可替代的位置，而这很大程度上源于它所坚持的义务论立场。在很多方面，相比于当代美德伦理学，一种包含了美德要素的义务论仍然拥有着显著的优势。

本书的具体章节及基本内容如下：

第一章，历史上的质疑：从黑格尔到舍勒。与本书的主题相关，我们将首先作一番历史性的考察。这种考察是从一些人对于康德义务论的著名批评开始的。如果说黑格尔主要批判了康德伦理学由于其严格的形式主义而导致的空洞性，那么席勒则主要从情感的角度批判了康德的"理性中心主义"对于理性与感性的严重割裂，并由此所导致的受到理性压抑的"闷闷不乐的行动者"。此后，叔本华进一步从情感主义的角度指出，道德的根据与动机应该在于同情，而幸福应该始终作为伦理学的主题，不幸的是，康德将这些都从其道德理论中驱除出去了。由此，康德的义务论很可能变成一种暴政。这些批评意见到了马克斯·舍勒那里获得了新的形式，但在我们看来，相对于前人，舍勒并没有真正增添什么新的东西，不过，他所提出的一些概念与观点却与当代美德伦理学极为相近，了解他的思想有助于我们更好地把握后者。站在现象学的立场上，舍勒区分了以亚里士多德为代表的"质料伦理学"与以康德为代表的"形式伦理学"。同时，他打破康德所设定的概念界限，提出了一种以价值为中心的情感伦理学。这种情感具有意向性，同时又是一种先天质料，在这里，理性与情感相互融合。由此，作为最重要的道德情感，同情或仁爱本身也具有了认识性的评价功能。

第二章，当代美德伦理学及其对康德的批评。20世纪中期，当代美德伦理学在英美伦理学界开始正式形成。我们将在这一章呈现这一流派的主要观点，虽然作为一种正处于变动发展中的思想，其内部的支持者们也就自身的定义与界限产生了大量的分歧与冲突。然而，为了研究的方便起见，我们仍然尽量在这些复杂观点中提炼出美德伦理学的核心特征与基本观点。不过，本书的最终主张是，虽然相对而言斯万顿的"美德中心论"是对于这一问题的最好解答，但是，其他人所提出的观点也不能忽视，一些"次要特征"是对于"核心特征"的重要辅助，它们一起构成着美德伦理学的整体性意义。

在尽力澄清了当代美德伦理学的内涵之后，我们将利用单独一节梳理其对于康德伦理学的批评。由于在很大程度上当代美德伦理学就是在对于规则伦理学质疑与反驳的基础上产生的，因此，我们将对其丰富的意见进行归纳，从而总结出了五个鲜明的主题。

第三章，康德伦理学的基础：义务论。无论如何，康德伦理学首先就是一种义务论，但它并不是批评者们所理解的那种单纯的义务论。为此，我们应该再次重新探究康德义务论的基本内容与深刻内涵，意识到康德为什么必须要将道德的根据建立于纯粹理性与实践法则之上。围绕《道德形而上的奠基》这部其前期伦理学最重要的著作，我们细致地分析了其中构成义务论的核心概念。一方面对于传统的义务论／目的论二分法提出质疑；另一方面是要表明：义务论并不像批评者们所认为的那样是抽象的严格律令，是对丰富人性的管束与压迫，其实，它只是在元伦理学层面奠定道德的根据，并在规范伦理学层面为人的行动设定基本的底线。整体而言，义务论只是康德伦理学的第一步，绝不代表着其全部主张。但是，它也同时潜在地蕴含着康德伦理学的全部主张。

　　第四章，美德论：康德的道德形而上学。康德的美德理论集中地展现于他的《道德形而上学》中的"德性论"部分。可以明确地说，康德的伦理学是由义务论和美德论两大部分组成的，也可以这样认为，康德是从义务论走向美德论。与此同时，其义务论思想实际上已经蕴含了美德论。据此，我们将采取一种历史性的阐释方式，追寻其从《道德形而上学的奠基》、中经《实践理性批判》与《判断力批判》，直至《道德形而上学》的理论发展历程。文本能够证明，康德自始至终都比较关注美德或者德性问题，因此，并不存在他在晚期的美德论转向。只能说，美德理论代表着其伦理学的真正完成。或者更准确地说，康德通过"德性义务"这一主要概念正式向人们提供了一种义务论的美德伦理学。康德的美德理论深入地探讨了目的、幸福、同情、爱、友谊等重要概念，这些也同时属于亚里士多德与休谟的议题。理性与情感、义务与目的、形式与质料在这里呈现出既相互对立又相互支持的紧密关系。利用完全义务与不完全义务、对自己的义务与对他人的义务，康德确立了一种复杂而精致的美德体系，它们构成了义务论美德伦理学所追求的道德与人生。同时，当代美德伦理学的众多批评在这里也能获得不同程度的回应。

　　第五章，对当代美德伦理学的批评思考。当站在康德的立场上反观当代美德伦理学，就会发现后者存在着一些难以避免的困难与缺陷，这些决定了美德伦理学至今仍然称不上是一种完善而且自足的理论。其中，关于行动的正当性标准，对于当代美德伦理学来说就是一个难以获得可靠说明的问题。以赫斯特豪斯的观点为核心，本章对此进行了深入的探讨，最后，结合其他人的修正与质疑，本书认为只要当代美德伦理学要真正确立行动的标准，那么将不得不求助于某种规则理论。相对而言，康德式的美德伦理学由于本身就以义务论为基础，因此有效地避免了这一问题。在本章中，我们还揭示了美德伦理学（不仅仅是当代美德伦理学）在道德教育中可能产生的一个并非有益的导向，即促成"道德圣贤"的人格理想。然而，有趣的是，当代美德伦理学的支持者反而以此指责康德伦理学以及功利主义，认为它们更加热衷于品格上的完善论，而这对于真正健全的人性其实是一种严重的伤害。本书指出这种质疑恰恰适用于美德伦理学自身，相反，康德却通过他的义务论与美德论，既要求塑造人的基本的品质，避免任何一种"道德圣贤"的理想，同时又以"不完全义务"的概念，指出以这种完满的道德理想作为行动上的参考，只是具有一定的调节性意义。

第一章　历史上的质疑：从黑格尔到舍勒

　　作为当代美德伦理学重点关照的对象之一，康德伦理学一直承受着来自各个方面的批评。从某些角度来说，其激烈程度甚于功利主义所面对的。究其原因，也许是相较于以道德的绝对法则为中心的康德伦理学，功利主义或者后果主义能够更多地考虑人的快乐或者幸福，而这也正是美德伦理学所一直坚守的基本原则。① 不过，由于与功利主义一样都以一般性的行为规则为标准，而且主要关注的是行为本身而非行动者，康德伦理学与功利主义都犯了"不偏不倚性"的弊病，也就是说，它们都忽视了个人品格的多元性质与复杂多变的情境化要素。然而，这些特殊性要素对于一个人的品行评价与生活的整体意义来说，却发生着不可忽视的构成性作用。在此，威廉斯尤其针对康德主义指出，它最大限度地压缩了人格的丰富性，依据纯粹的实践理

---

① 按照一般性理解，本书将功利主义与后果主义基本上视为一种统一的学说，虽然在一些人眼里，二者仍然存在一定的差别。德莱夫对于后果主义的定义是：它认为行为的道德属性—例如行为是否正确—完全由行为的后果决定……而我们应该最大化好的结果。"（[美] 茱莉亚·德莱夫：《后果主义》，余露译，华夏出版社 2016 年版，第 6 页）德莱夫进一步指出，功利主义是后果主义一个最为著名的版本，"它认为正确的行为最大化了善。"不过，功利主义不是后果主义的唯一形式，因为像利己主义认为，"唯一需要促成的善是践行行为的那一个体的善。"相对于功利主义，利己主义遵循的是一种偏倚性的标准。（[美] 茱莉亚·德莱夫：《后果主义》，第 2 页）。在国内学者的定义中，功利主义作为后果主义之一，最典型的体现为幸福主义或快乐主义。（龚群、陈真：《当代西方伦理思想研究》，北京大学出版社 2013 年版，第 173 页）

性，最后得到的只是"抽象的人"。①围绕这样一些论调，相比于以往的学说，当代美德伦理学对于康德伦理学展开了几乎最为猛烈的抨击，而在这些反对的声音中，我们能够看到历史上黑格尔、席勒等人在其中所发挥的影响。不过，在当代美德伦理学代表性人物那里，他们更多地是将自己的理论渊源归于古代的亚里士多德与近代的休谟。这并不难理解，亚里士多德确实最早提出了一种系统的关于美德的学说，而休谟则基于自然主义立场，将欲望与情感作为道德动机的根据。②在批判康德主义的过程中，当代美德伦理学将焦点集中于道德规则、道德动机以及行为的不偏不倚性等方面。在本书中，我们一方面将呈现并且梳理这些意见，揭示出它们的内在关系与问题；另一方面，我们将在此基础上，指出康德伦理学中所包含的丰厚的"美德"意蕴。

如果采取一种黑格尔式的视角，那么可以说，思想史本身不可能是断裂的，它是"绝对精神"的自我运动，是思想对于自身不断认识的历史。因此，对于每一个的认识环节而言，它们都蕴含了过去，也同时潜藏着未来。③根据这一主张，我们认为，无论当代美德伦理学对于康德主义施以多么猛烈的批评，其实它也在这种批评当中使自身融入了康德主义的发展洪流之中。与此同时，康德伦理学所蕴含着的一个长期被忽略的方面，也被当代美德伦理

---

① [英]伯纳德·威廉斯：《伦理学与哲学的界限》，陈嘉映译，商务印书馆 2017 年版，第 68 页。

② 这里我们只是做了一个一般性的划分，因为在成员众多的美德伦理学这个"大家族"中，同样对于亚里士多德主义和休谟主义，不同的人仍然有不同的理解。像赫斯特豪斯就指出，在斯洛特看来，"基于行为者"的美德伦理学，其渊源不是在亚里士多德，而是在 19 世纪的伦理学家马蒂诺那里。（[新西兰]罗莎琳德·赫斯特豪斯：《美德伦理学》，李义天译，译林出版社 2016 年版，第 9 页）而就休谟本人的理论来说，他的情感主义究竟在多大程度上与以康德为代表的理性主义构成了明显的对立，仍然是一个没有定论的问题。

③ 黑格尔在其《哲学史讲演录》中明确地指出："我们在现实世界所具有的自觉的理性，并不是一下子得来的，也不只是从现在的基础上生长起来的，而是本质上原来就具有一种的遗产，确切地说，乃是一种工作的成果，——人类所有过去各时代工作的成果。"（[德]黑格尔：《哲学史讲演录》第一卷，贺麟、王太庆译，商务印书馆 1997 年版，第 8 页）

学所激发出来，从而逐渐成为学术界讨论的热点。在这一背景之下，我们可以这样认为，康德伦理学不仅是一种义务论，也同时是一种美德理论，二者以同样的分量支撑着整个康德伦理学的大厦。就其与美德伦理学的关系来说，如果采取一个广义的视角，那么康德伦理学应该被视为美德伦理学这个大家族中的重要一支。当然，如果采取一个狭义的视角，那么我们可以接受麦金泰尔、威廉斯、斯洛特等人对于美德伦理学的严格的界定，而将康德伦理学继续视为与之相区别的典型的义务论。

其实，承认康德伦理学与美德伦理学，尤其是与亚里士多德主义具有共通性，甚至将二者在根本立场上视为完全相互一致的，正在成为越来越多当代学者的共识。正像赫斯特豪斯在其具有典范意义的《美德伦理学》一书中所说："我现在逐渐相信，亚里士多德与康德其实要比人们通常所想象的接近得多。"① 而著名的康德研究专家科斯嘉也指出，在要求人的行动应该受到理性的控制，而且应该以行动本身的善为目的等方面，亚里士多德与康德分享着几乎同样的观点。② 诚然，二者的区别也始终是明显的，但是，本书的观点仍然是：康德与亚里士多德的一致性确实远远大于其差异性，即便是在道德与幸福的关系的方面，而与康德伦理学形成尖锐对立的，应该是伊壁鸠鲁主义以及以哈奇逊为代表的英国情感主义，这一点在其《实践理性批判》一书中得到了充分的展现。详细地厘清康德与亚里士多德的关系，并在更深层次上认识到两种理论的连续性，将是本书所要完成的主要目标之一。不过，在此之前，我们将首先回顾一下历史上对于康德伦理学的典型批评。其实，以不同的方式与程度，这些意见已经渗透在当代美德伦理学的观点之中。

---

① ［新西兰］罗莎琳德·赫斯特豪斯：《美德伦理学》，李义天译，译林出版社 1999 年版，第 104 页。

② 参见 Christine M. Korsgaard, *From Duty and for the Sake of the Noble:Kant and Aristotle on Morally Good Action*, in Alix Cohen, ed., *Kant on Emotion and Value*, Palgrave Macmillan, 2014, pp.33–68。

第一节　德国古典时期：黑格尔与席勒

自康德伦理学诞生以来，对于其所具有的形式化特征，人们的批评一直不绝如缕。在康德看来，真正的道德行为必须是出于义务而发生的行为，这种"义务"是实践理性的先天法则，是意志必须遵从的"定言命令"。在黑格尔看来："康德对于义务的定义（因为抽象的问题是：对自由意志说来什么是义务）除了同一性、自身不矛盾的形式外（而这种形式乃是抽象理智的法则），什么东西都没有。……这就是康德、费希特道德原则的缺点，它纯粹是形式的。"①黑格尔认为，在康德那里，理性始终是与感性相隔离的，静止化的理性没有在对外物的认识中将其转变为自己的内容，从而也就没有实现自身的辩证发展。同时，康德将理性分为了三个方面：理论理性、实践理性与判断力，而它们三者负责各自的认识领域，并没有被统一起来。这样，自由只是空的自由，它否定了一切，但其实没有实现对任何具体的东西的否定，从而，道德律只是同一性、自我一致性、普遍一致性。由于缺少思想与对象的辩证统一，对于康德的道德哲学而言，"绝对形式的各个环节是彼此外在的；或者从另一方面看来，我们的知性、我们的认识对自在存在形成一个对立：它缺少了否定的东西，那被扬弃的'应当'没有被支撑住。"②

围绕这一立场，黑格尔提出了系统的分析与批评，主要都集中于道德法则的抽象性方面。在黑格尔看来，康德设定了道德与自然的对立，自然成为道德意识之外的东西。这样，像幸福这种感官满足也无法真正融入到道德之中，道德意识只能为义务本身而履行义务，它不能考虑这样作是否会带来幸福。虽然在"至善论"中，康德提出了只有"德福相配"才是完满的至善，

---

① 〔德〕黑格尔：《哲学史讲演录》第四卷，贺麟、王太庆译，商务印书馆1997年版，第290—291页。
② 〔德〕黑格尔：《哲学史讲演录》第四卷，贺麟、王太庆译，商务印书馆1997年版，第307页。

但是道德与幸福的关系仍然是外在的，理性命令与感官欲望之间的"裂隙"依然存在，二者处在一种根本性的对立之中，这样，道德圆满对于康德而言始终是一个不可能完成的任务。

依据黑格尔的观点，"纯粹义务所以有实在性，就在于它在自然和感性中得到了实现。"① 道德意识通过扬弃欲望与冲动，最终达到了自在的和谐，感性也"以某种不可捉摸的方式符合于道德。"② 经过这样的主体辩证法，道德与幸福能够相互一致，而普遍性的义务与特殊性的善之间的矛盾也能够由此得到化解。黑格尔批判康德仅仅停留在"抽象知性"的层面上，在这里，主观认识与客观对象、现象与自在之物处于割裂状态，而他的思辨理性却能够做到把这些矛盾视为客观事物的本质，在"对立的规定性之中把握统一"，也即"肯定性的东西"。③

黑格尔批评了纯粹理性的实践法则所具有的空疏性问题，而康德伦理学的这种形式主义、普遍主义话语，很可能导致对于行为约束的一种"严厉主义"弊病。在康德的同时代人、著名文学家与哲学家席勒的眼中，这一问题尤为重要，而他提出了更好的解决方案。首先，他激烈地批评了康德将理性与感性进行严格二分、并用前者压制后者的做法：

"在康德道德哲学中，义务的观念是严厉无情地表述的，这种严厉无情把一切秀美从义务观念中吓回去了，而且可能是容易使薄弱的理智试图在修道士禁欲主义的黑暗道路上寻求道德的完善。无论这位伟大的贤哲如何试图反对这种曲解，他的明朗而自由的精神始终必定是可恶的。在我看来，他自己由于把在人类意志中起作用的两种原则严厉而尖锐地对立起来，就给这种理解提供了强有力的证据。"④

---

① ［德］黑格尔：《精神现象学》下卷，贺麟、王玖兴译，商务印书馆 1997 年版，第 144 页。

② ［德］黑格尔：《精神现象学》下卷，贺麟、王玖兴译，商务印书馆 1997 年版，第 140 页。

③ ［德］黑格尔：《逻辑学·哲学全书·第一部分》，梁志学译，人民出版社 2002 年版，第 160 页。

④ ［德］席勒：《席勒美学文集》，张玉能编译，人民出版社 2011 年版，第 132 页。

在席勒看来，理性与感性存在三种关系：一是以理性压制感性；二是理性服从感性，感性仅仅依据自身的本性而活动；三是感性与理性和谐共处，人与其自身协调统一。① 显然，理想的人格属于第三种，理性的法则与感性的本能达到完美的一致。席勒认为，通过审美的自由心灵，我们可以进入这样的境界，它是连接理性与感性的桥梁，严厉的理性法则以一种愉悦的自由心态而被行动者所遵守，这是真正的、完善的"道德感"，是"志趣爱好加入义务之中"。在这里，席勒生动地阐述他的"道德快乐主义"：

"人不仅可能，而且应该使快感和义务结合在一起；他应该愉快地服从自己的理性。他的感性本性加入纯粹的精神本性之中，不是为了把感性本性作为负担丢掉或作为粗俗的外衣从自身上脱去，而是为了使感性本性与他的最高自我最紧密地配合起来。只要自然使他成为理性的感性存在，即成为人，自然就会预示他有责任不要使自然结合在一起的东西分开，也不要让他的感性方面在他的神性方面的最纯粹的表现中留在自己的后面，更不要把一方面的胜利欢乐建立在另一方面压制的基础上。直到人的道德思考方式从作为两种原则联合作用的他的全部人性中产生出来并成为他的本性以后，他的道德思考方式才是有保障的；因为只要道德精神还在使用强力，自然本能就不得不也用威力与它对抗。仅仅被打倒的敌手可能重新起来反抗，而和解的敌手才真正被征服了。"②

和黑格尔一样，席勒发现了在康德那里所存在的理性法则与感性欲望之间的深刻对立，而它所带来的必然后果是行动者内心的激烈冲突与自然情感被压抑后的痛苦。席勒的批评意味着，缺乏快乐心情的道德主体，可能会产生心灵的"撕裂"。当代学者加尔文据此模拟出这样的场景：

"我高兴地帮助我的朋友，而且我是愉悦地这样作的。由此我会带有这样的嫌疑，即我并不是一个美德之人。

---

① ［德］席勒：《席勒美学文集》，张玉能编译，人民出版社 2011 年版，第 130 页。
② ［德］席勒：《席勒美学文集》，张玉能编译，人民出版社 2011 年版，第 132 页。

对这一问题的回答是：

你的反应应该是完全摒弃它，而以抵触的心态去做义务要求你去做之事。"①

想要去帮助他人，然而却并不能伴随着快乐，而是必须以压抑的心情去行动，这在任何一个正常人看来都是荒谬的，不过，康德的义务论恰恰会导致这样的窘境，我们将会看到，这将成为当代美德伦理学对其极度诟病之处，尤其是斯托克尔，据此提出康德的义务论很可能导致一种"精神分裂症"，可以说，这在很大程度上正是席勒式批评的回响。

席勒强调，理性必须与感性结合起来，包含着情绪的愉悦与激动。真正健全的道德感是"美的心灵"，其中理性和感性、义务和爱好和谐相处。在此，席勒指出秀美 (Anmut) 就是美的心灵的表现，而尊严 (Würde) 则是崇高的思想的表现。人的任务就是在其品性中完美地融合二者，在自然的激情与自由的快乐中实现崇高的道德理想。作为道德理念的尊严并不意味着意志受到约束，相反，它仍然是一种精神的自由，而这种"令人愉快的内心冲动并不比令人痛苦的内心冲动要求的自由更少。"② 总之，美的心灵必须转化为崇高的心灵，而超感觉的东西也必须转化为感觉之物。

其实，综观席勒的论述，在原创性方面并不如黑格尔，原因在于席勒主要是从审美的角度对于康德伦理学中理性与感性、自由与自然之间的割裂关系进行了批判。然而，在我们看来，这些观点的理论基础恰恰在康德的《判断力批判》之中。在这部美学著作中，康德正是要在知性、感性与理性之间寻找到一座"桥梁"，以使这三种主要的心灵能力贯穿起来，审美活动中的反思性判断力能够承担起这一任务。借助想象力与知性的自由游戏，道德理念能够通过美的形象加以呈现，并给内心带来无功利的愉悦。席勒注意到了康德在其美学理论中所做的这些工作，也一定程度上承认自己的思想在康德

① Richard Galvin, Does Kant's Psychology of Morality Need Basic Revision? *Mind, New Series*, Vol.100, No.2, 1991, pp.221–236, p.228.

② ［德］席勒：《席勒美学文集》，张玉能编译，人民出版社 2011 年版，第 140 页。

那里具有渊源性，不过，他仍然认为康德的努力最终是不成功的。相比于黑格尔具有强烈思辨色彩的论述，席勒以一种更加直接、清楚的方式揭示了康德伦理学所具有的内在问题—在割裂理性与感性的有机联系之后，道德法则愈加成为高高在上、威严冷峻的教义，从而严重忽略了心灵的自由与情感的愉悦。

第二节　叔本华与舍勒的情感主义

和黑格尔、席勒一样，德国哲学家叔本华同样表达了对于康德伦理学的不满。不过，叔本华先是充分肯定了康德对于伦理学所做出的巨大功绩："康德的伟大道德学改革，给了这一科学一个比以前的那些确实优越的基础；并且部分因为它仍然是这一领域中唯一的，重要的意见……"① 具体而言，一是康德摧毁了直到他的时代始终占据主导地位的思辨神学的基础，从此以后，任何人都不可能把伦理学建立在神学之上了；二是康德将幸福论从道德的科学中清除出去，而对古人来说，伦理学就是关于幸福论的学说。② 虽然有这些正面评价，叔本华仍然认为，康德的道德理论是建立在错误的基础上。首先，康德伦理学的出发点就是实践理性的"定言命令"这个"软垫"，但它其实只是虚构的、无根据的。在康德那里，实践哲学是要"找出关于纵然从未发生、仍应当发生之事的法则。"但叔本华认为，这是明显的"窃取论题"，他接连抛出三个反问："谁告诉你，存在着我们行为应该遵守的法则？谁告诉你，那应当发生但事实上从未发生的事情？你有什么理由，一开始就提出这样的假设，并且以后把一个用立法命令词语表述的，作为唯一可

---

① 　［德］叔本华：《伦理学的两个基本问题》，任立、孟庆时译，商务印书馆 2010 年版，第137 页。

② 　［德］叔本华：《伦理学的两个基本问题》，任立、孟庆时译，商务印书馆 2010 年版，第134—140 页。

能的道德学体系，强加给我们?"①在叔本华看来，所谓的"法则"概念，其原初意义在于"公民之间的法律"，当应用于自然概念上，就是"自然的法则"，其中有一小部分是能够被先天地认识的，例如因果性法则，康德在其理论哲学中对此进行了讨论。此外，人作为自然界的存在物，拥有着意志的法则，它像自然法则一样是不证自明的，而且同样受制于因果律，具有绝对的必然性。但在康德那里，道德法则作为一种"应然"，实际上只具有"似—必然性"。叔本华对于这两种法则概念进行严格的区分，目的在于指出，道德行为必须拥有充分的、有效的动机才能够发生，即"应然"必须具有"实然"的基础，否则就只是空虚的诉求而已。在其《作为意志和表象的世界》一书中，叔本华表明："意志就是真正的自在之物。任何人都能看到自己就是这意志，世界的内在本质就在这意志之中。"②意志是本体，现象世界是意志的表象。据此，叔本华认为他突破了康德的"现象—物自身"的理论限制，因为作为"物自身"，或"自在之物"，意志是一切行动的根据，只有依靠这种本源性力量，道德行为才能够具有真正有效的动机。然而，康德仅仅将作为"法则"的"定言命令"作为一种必然性要求，但实际上却缺乏有效的动机方面的说明。例如，康德说"你不应说谎"、"你不应自杀"，可是在现实中，人们却经常作出相反的举动。

从道德动机的角度，叔本华看到了康德的理性中心主义虽然能够确定所谓的道德法则，但却不能提供遵守法则的行动的现实原因，从而，法则的应然状态就难以转换为必然的行动。对此，叔本华认为，他所提出的"意志本源论"可以克服这一困难，即康德所提出的"道德法则"不能作为道德学的基础，它的基础仍然是在"意志"之中，准确地说，是在作为意志的一种现象的"同情"之中，而康德所提出的"理性"，则只是意志的一种次要现象。③

---

① ［德］叔本华:《伦理学的两个基本问题》，任立、孟庆时译，商务印书馆 2010 年版，第 142 页。

② ［德］叔本华:《作为意志与表象的世界》，石冲白译，商务印书馆 1997 年版，第 233 页。

③ ［德］叔本华:《作为意志与表象的世界》，石冲白译，商务印书馆 1997 年版，第 154 页。

叔本华指出，对于道德义务而言，如果仅仅是为了义务本身的缘故，但并不是从情感上喜欢它，那么行动者即便这样去做了，也仍然没有真正的道德价值。如果要避免这一情况，那么就必须是出于同情心而非理性的强制性要求。试想，一个人对于他人的不幸并没有什么怜悯与同情，而只是由于义务的要求才去帮助他人，在这种情况下，他其实就不能称之为一个有道德的人。在叔本华那里，同情心只针对他人的不幸、匮乏与危险，而他人的幸福则是完全可以忽略的。并且，这种同情心也是由于处境的"落差"所造成的，即"我们越幸福，我们自己的状况和他的状况之间的差距就越大，我们就越容易受同情心的激励。"①

同情心有低级和高级之分，前者是指主体应该避免出丁白私或者恶意而给他人带来痛苦或者麻烦，后者是指当看到他人的不幸时主动地施以帮助。进一步地，叔本华认为康德所设立的两大义务——"法律义务"与"德行义务"，由于是以理性及其法则为基础，因此是站不住脚的。其实，准确地说，两种义务应该分别指的是"公正"与"仁爱"，它们都以"同情"为本源。叔本华称这两种道德为"元德"，其他道德样式都是由这二者衍生出来。叔本华指出："这种同情是不可否认的人类意识的事实，是人类意识的本质部分，并且不依假设、概念、宗教、神话、训练与教育为转移。与此相反，它是原初的与直觉的，存在于人性自身。"②

在叔本华看来，公正属于"初级的同情"，是"首要的必不可少的元德"，其历史性根源在古希腊的柏拉图那里，它的基本原则就是"不要损害任何人"。相对而言仁爱则是晚出的，其根源在基督教那里，而且，相对于其他所有美德，基督教将其视为首要美德。叔本华认为，公正更多地属于男人的美德，而仁爱更多地属于女人的美德。因为男性善于推理，而女性善于直觉。

① ［德］叔本华：《作为意志与表象的世界》，石冲白译，商务印书馆1997年版，第237页。
② ［德］叔本华：《作为意志与表象的世界》，石冲白译，商务印书馆1997年版，第239页。

如果说康德的道德法则是通过理性的先验推理而得到的，那么叔本华的"同情"就是完全地落在了经验性基础之上，因为这是人性中最纯粹的直接的情感，它是"唯一的真正的道德动机"。[①] 只有出于同情，人们的道德观念才能转化为道德行动，而且是一种自愿的、甚至是快乐的行动。相反，在康德那里，理性的应然法则只是悬在半空中，无法与人性本身融合起来。究其根源，叔本华指出，这种"绝对必然性"的伦理学，其实是一种神学诫命的翻版，它不顾人的兴趣与爱好，只要求你这样去行动。叔本华这样嘲讽康德眼中的道德主体："在这一形象中，我们看不到任何对人性的，或者关于我们内在生活的真实描绘；我们真正辨认到的，却是一种人为的神学道德的代替物，它与前者的关系完全像一个木制假腿和一个真腿的关系一样。"[②]

由于缺失了情感维度，叔本华认为，康德的道德法则很可能演变为政治中的暴政，即以绝对法则为借口而行压抑人性之实，而他自己所做的工作，就是要把这种先天的、纯粹的形式化法则注入丰富的经验性内容。应该说，他所提出的"同情说"，确实在很大程度上与康德的理性中心主义形成了鲜明的对照，而且和英国情感主义一样，对于当代美德伦理学产生了极强的昭示意义。[③] 在当代美德伦理学那里，"同情说"实际上是反对康德主义伦理学一个主要武器，斯洛特从中进一步发展出了"移情说"。虽然英国情感主义者们同样把"同情"视为道德行为的根据，但是直接针对康德的理性主义进行深入而系统的分析，叔本华实际上是发挥着举足轻重的作用。同时，我们看到，叔本华也从道德动机的角度对于康德的道德法则进行了批判，而其所提出的论点与当代美德伦理学学者威廉斯、福特等人所提出的主张有很强的

---

① ［德］叔本华：《作为意志与表象的世界》，石冲白译，商务印书馆1997年版，第260页。

② ［德］叔本华：《作为意志与表象的世界》，石冲白译，商务印书馆1997年版，第190页。

③ 不过，相比于沙夫茨伯里、巴特勒、休谟等英国情感主义者，在当代美德伦理学代表性人物的眼中，叔本华的"同情说"似乎并没有对自己的理论产生特别显著的影响。在他们的著作中，叔本华很少被提及。在本书看来，其中主要的原因，或许是在哲学传统上，英美与德国一直以来存在的差异与对立造成的。然而，作为早期站在情感立场上批评康德伦理学的典型理论，叔本华的"同情说"应该引起更多的重视。

相似性。当然，相比于黑格尔与席勒，叔本华的意志哲学带有一种悲观主义论调，这使其将道德哲学与人生幸福剥离开来。他称赞康德首先实现了这种剥离，是对于以往伦理学的重大突破，但最后又仍然不得不认为，康德实际上并没有完成这一任务，道德与幸福在他那里总是存在某种神秘的联系。应该说，叔本华的这一判断是正确的，但我们却认为，这并不是康德伦理学的失败，而恰恰是其理论体系得以成立的关键。像关于道德动机的论述一样，叔本华为了自己的哲学主张，一直在误读着康德。

从理性主义走向情感主义，叔本华在哲学传统中起到了关键作用，而同样以情感主义立场批判康德伦理学，始终是当代美德伦理学的一个中心工作。不过，在哲学史进程中，还有一个人的思想不容忽视，这就是在 20 世纪初舍勒所建立的"情感现象学"。

舍勒声称，康德提供了目前最伟大、最深刻，同时也是形式最严格的伦理学。以形式—质料、先天—后天的二分法为基础，康德伦理学的基本特征是：

"1. 所有质料伦理学都必然地是善业伦理学和目的伦理学。

2. 所有质料伦理学都必然带有仅只是经验—归纳的和后天的有效性；唯有一门形式伦理学才是先天的，并且是不依赖于归纳经验而确然的。

3. 所有质料伦理学都必然是成效伦理学，并且唯有一门形式伦理学才能够作为善与恶的原初价值载体来谈论志向 (Gesinnung) 或有志向的意欲 (Wollen)。

4. 所有质料伦理学都必然是享乐主义，并且回归到在对象上的感性快乐状态 (Lustzustände) 之此在上。唯有一门形式伦理学才能在对伦常价值的指明和对建基于它们之上的规范的论证过程中避免朝向感性快乐状态。

5. 所有质料伦理学都必然是他律的 (heteronom), 唯有形式伦理学才能够论证并确定人格的自律性。

6. 所有质料伦理学都只会导向行动的合法性，唯有形式伦理学才能够论证意欲的道德性。

7. 所有质料伦理学都使人格服务于它的本己 (eigen) 状态或它的异己 (fremd) 善业事物；唯有形式伦理学才能够指明和论证人格的尊严。

8. 所有质料伦理学最终都必须将伦理价值评估的基础移置到人类自然组织的本能 (triebhaft) 利己主义之中，唯有形式伦理学才能够论证一种不依赖于任何利己主义和任何特殊人类自然组织的、对所有理性生物一般都有效的伦常法则。"①

在舍勒眼中，亚里士多德建立了善业 (Gütern) 伦理学或目的伦理学，而康德却建立了与之相对的形式伦理学。但是，康德伦理学却将形式与质料严格地对立起来，据此，真正的伦理学只有基于形式主义法则才能够被确立。相比而言，所有以质料或者经验性内容为基础的学说，都被视为利己主义和享乐主义的，原则上，它们都属于他律的，即受制于一个并非由自由意志所订立的法则。不过，舍勒认为，康德没有看到的是，在"形式—质料"的二分法之外，还存在一个重要的领域，即作为现代伦理学的"质料的价值伦理学"，它摒弃了"理性—感性"、"形式—质料"的天然对立，是对于康德伦理学的巨大超越。

舍勒反对康德仅仅将"理性"与"先天的"联系起来，他认为，还存在着一种"质料先天"，即并非由后天的经验质料对感官所形成的刺激，但它也不是康德所谓的纯粹的形式，而是在人的意向行为中所先天设定的"价值取向"，它拥有具体而清楚的内涵。这种"先天质料"既存在于认识领域，也存在于情感领域，通过胡塞尔式的"本质直观"而自身被给予："价值必须始终是自身直观地被给予的，或者必须回溯到这样一种被给予性上。"② 而"一切价值（也包括'善'与'恶'）都是质料的质性"。③ 在这里，舍勒特意

① 〔德〕马克斯·舍勒：《伦理学中的形式主义与质料的价值伦理学》，倪梁康译，生活·读书·新知三联书店 2004 年版，第 5—6 页。

② 〔德〕马克斯·舍勒：《伦理学中的形式主义与质料的价值伦理学》，倪梁康译，生活·读书·新知三联书店 2004 年版，第 15 页。

③ 〔德〕马克斯·舍勒：《伦理学中的形式主义与质料的价值伦理学》，倪梁康译，生活·读书·新知三联书店 2004 年版，第 18 页。

指出，价值不是价值物，后者作为前者的载体，只是后天被给予的，而价值总是先于价值物被给予，它是"对象自己的特殊本性的第一'信使'。当对象本身还是含糊不清时，对象的价值就已经可以是清楚明白的了。"①

价值，或者"先天质料"，作为"意向性感受内容"，它们之间是相关联的，并具有严格的等级秩序。在道德领域中，舍勒认为，无论是亚里士多德的"善业""目的"，还是康德的实践法则，其实都是基于"价值"而产生的，不过，二者都因为拘泥于"形式—质料"的严格分野而未能认识到这一点。尤其是康德，他完全否认了善与恶的价值本性，只以"符合法则的"和"违反法则的"来取代它们。同时，康德还否认了善恶与其他价值之间的关联性。舍勒指出，存在着"质料伦理学"，在这个领域中，善与恶的标准在于被意指的价值的实现与偏好价值之间是否一致。就这种"意指性"而言，舍勒认为它的基础是在情感而非理性那里，为此，舍勒正式提出了他的"情感伦理学"。首先，这种情感具有意向性功能，即意指某个对象，但它是先于任何具体的对象所发生的感受活动，因此，舍勒称其为"先天的情感"，它不同于后天经过感官而发生的、作为具体感受的情感。在这里，情感现象学与英国情感主义形成了显著区别；其次，这种意向性情感具有康德所说的纯粹形式化的特征，即它标明了一种普遍性关系或者属性，但是，康德并未将这种"形式性"赋予情感，相反，在他看来，情感与理性相对立，只属于后天的经验性感受。同时，在康德那里，"形式"是静止的，并不具有现象学所说的意向性功能。这样，情感既不是经验主义者所说的变幻无常的主观情绪，又不属于康德所说的纯粹的实践理性，而是具有先天性、原初性的绝对情感，它富含于整个精神，即精神中既有情感，也有理性，在这整体的精神之中，理性与情感融而为一。

正如施太格缪勒指出，无论认识领域还是道德领域，舍勒都把情感的东

① ［德］马克斯·舍勒：《伦理学中的形式主义与质料的价值伦理学》，倪梁康译，生活·读书·新知三联书店2004年版，第19页。

西置于中心地位："真正的哲学认识过程并不是在知性的意识过程中发生的；而宁肯说，人格最内在的核心以爱的方式参与事物的本质就是精神获得原始知识的哲学态度。"① 这种先验情感包括爱、恨、同情、懊悔、羞耻等等，舍勒有时认为，爱和恨是意向生活和情感生活的最高阶段，② 有时也认为，同情是更为原初的情感。不管怎样，这些情感都是最基本的"道德单元"，是一切道德价值的起源。舍勒注意到了历史上亚当·斯密、叔本华等人对同情的强调，但他们实际上都是在经验主义的意义上来理解这一概念的。而在他看来，首先，同情应是一种主动的意向活动，即"包含着对另一个人之悲伤和欢乐的感觉意向。……它的发生不仅由于它面对着他人悲伤的缘故，它的'意之所瞩'也包括他人的悲伤，而且认为后者即感觉功能自身。"是"试图从观者（即从对另一个人的体验和行为做出感情上的反应的人）的行为中推导出这种道德价值。"③ 同情是对其他人体验的体验，但与斯密式的同情不同，它具有领会、理解以及体察的性质，是先于对方感受的"情感预设"状态，而对方的情感状态只是在此后对于这种意向活动的充实。可见，在舍勒这里，同情具有认识性、评价性功能，而这种功能并不是理性所加入的，而是居于同情活动自身之中，相比而言，舍勒认为，斯密式的同情是一种"传染式的同感"，即是在感知到他人的情感状态时所发生的单纯的、被动的感受。"在这里，既不存在对他人欢乐和悲伤的感觉意向，也没有参与后者的体验。传感的特点毋宁说，它只是发生在诸感情状态，即情绪之间，它并不以对他人欢乐的感知为前提。"④ 传感的过程具有任意性、盲目性。舍勒举出

---

① ［联邦德国］施太格缪勒：《当代哲学主流》（上卷），王炳文、燕宏远、张金言译，商务印书馆 2000 年版，第 131 页。

② ［德］马克斯·舍勒：《伦理学中的形式主义与质料的价值伦理学》，倪梁康译，生活·读书·新知三联书店 2004 年版，第 316 页。

③ ［德］马克斯·舍勒：《同情感与他者》，朱雁冰、林克等译，北京师范大学出版社 2017 年版，第 13 页。

④ ［德］马克斯·舍勒：《同情感与他者》，朱雁冰、林克等译，北京师范大学出版社 2017 年版，第 15—16 页。

这样的例子，像那些感觉敏锐却反应更强烈的妇女和儿童，他们很容易被周边的氛围所影响，这就属于传感而非同情。同样，同情不仅是理智的、客观的，它还是个体化的。而在群体中，大多数人的情绪很容易取代个人的情感意向，从而做出非理性的行为，这就是群体运动产生的心理根源。

为了反对康德的理性主义，舍勒发展出了系统化的情感主义伦理学。相比于英国情感主义者以及叔本华，舍勒眼中的"情感"以其先天的意向性功能，使其与后天的经验性情感区分开。像黑格尔、席勒、叔本华一样，舍勒也无法接受康德的形式主义与严厉主义，针对康德的"定言命令"，舍勒认为它存在着"应然"与"能然"之间的严重的断裂。当康德声称"我们对无条件—实践之物的认识并不始于对自由的体验，而是始于对实践法则的意识"时，他就已经预设了从作为"应然"的义务不能直接推导出"能然"来。也就是说，道德法则是我们应该遵守的，由此我们才会是自由的，但是康德又认定这种"自由"只是理论上可能的，即是我们无法真正认识的，从而，康德实际上并没有断定我们能够做应当之事。在舍勒看来，我们必须首先确定自己的能力范围，之后才会在这一范围之内去确定我们应当做什么和不应当做什么。在价值伦理学的视野中，"应然"与"能然"的分裂是可以被消融的，因为"如果对一个内容的观念应然的体验以及对一个内容的所能状态的体验是同样原初的，是同样直观地可充实的本质事实，那么对所有'义务'和'规范'而言，即对所有与人格的律令特征相对立的内容而言都有效的便是：它们为这个将要接受律令形式的内容预设了一个可能的能然体验。"① 在舍勒的原初性的情感中，康德的道德法则获得了它实际的内容。

从黑格尔到舍勒，我们看到，德国哲学家们对康德伦理学的批判始终没有停止过，他们的认知几乎是同样的：康德颠覆了以往的伦理学传统，开创了崭新的领域，但是同时也带来了严重的问题。正如舍勒引用席勒的话说：

① ［德］马克斯·舍勒：《伦理学中的形式主义与质料的价值伦理学》，倪梁康译，生活·读书·新知三联书店 2004 年版，第 281—288 页。

康德伦理学"只是关心了家里的仆人，但却没有关心家中的孩子。"① 然而，虽然导致各种各样的质疑与批评，我们仍然能够看到的是，这些哲学家其实都是在康德所确立的基本的理论框架内展开工作的，无论是黑格尔的思辨理性、席勒的审美活动、叔本华的同情理论，还是舍勒的先天情感，每一个概念都离不开对于康德理论的借鉴与反思。甚至可以这样说，他们从康德那里撷取概念，再用这些概念去考察康德学说的弊端。对于本书来说，我们的中心工作是要考察康德伦理学中的美德层面，而我们所立足的背景则是当代美德伦理学。但是，我们有必要先回顾一下历史上的这些批评，它们以宏阔的视野与精微的分析，对于康德伦理学中的基本问题进行详细备至的探讨，从这些观点出发，我们能够更加清楚地看到，思想史始终是一个连续不断的统一体，现在所面临的问题早已被提出，而且它们一直都存在，只不过我们对它们的理解与表述方式发生了变化。

---

① ［德］马克斯·舍勒：《伦理学中的形式主义与质料的价值伦理学》，倪梁康译，生活·读书·新知三联书店 2004 年版，第 2 页。

第二章　当代美德伦理学及其对康德的批评

人们普遍承认，1958 年安斯康姆发表的一篇名为《现代道德哲学》的论文，标志着当代美德伦理学的兴起。安斯康姆认为，美德伦理学其实一直在古代伦理学中占据核心地位，其基本理论几乎都能够在亚里士多德那里找到源头。然而，随着研究的不断深入，人们的认识进一步深化。在《劳特里奇美德伦理学指南》一书中，作为编者的琼斯与斯洛特指出，当代美德伦理学的理论渊源不再被认为仅仅是在亚里士多德那里，对它的贡献还有苏格拉底、柏拉图、斯多葛学派以及近代以来的休谟、尼采等人。总之，其理论源头要比人们通常所认为的广泛得多。① 目前，研究者们将探索的范围不断扩大，他们发现，从西方的中世纪神学到东方的佛教、儒家以及道家思想，都蕴含着不同程度的美德理论，当然，这其中也包括康德哲学。为了更加清楚地进行界定与讨论，本书认为，我们可以采用某些美德伦理学者的观点，即将"美德伦理学"与"美德理论"区分开来。前者是指与康德主义、功利主义并列的规范伦理学中的一个单独流派，而后者则要更为宽泛，是指所有蕴涵着美德理论的学说。②

其实，客观地说，当代美德伦理学的界域并不明显，究其原因，正像拉

---

① 参见 Lorraine Besser-Jones and Michael Slote, ed., *The Routledge Companion to Virtue Ethics*, New York and London：Routledge, 2015, p.xxi。

② 这一区分是由斯诺根据赫斯特豪斯（Rosalind Hursthouse）的观点作出的。参见 Nancy E. Snow, *Models of Virtue*, in *The Routledge Companion to Virtue Ethics*, Lorraine Besser-Jones and Michael Slote, ed., New York and London：Routledge, 2015, p.359。

切尔斯所言："相比于功利主义这样的理论，美德理论仍然处于发展状态。"①
纳斯鲍姆更加明确地指出了这一点，她甚至于否认美德伦理学是区别于康德
主义、功利主义的独立的学说，因为在康德和功利主义者那里，同样有关于
美德的论述。而且，当代美德伦理学内部纷繁复杂，人们缺少一个明确统
一的主张，即便对于康德伦理学的态度，研究者们也是在不同程度上分化
的。② 本书认为，纳斯鲍姆的看法很有道理，尤其是近些年来，很多人注意
到康德与亚里士多德的观点的差异其实远远小于二者的共通性，有些学者甚
至将康德也视为美德伦理学的支持者。然而，这些现象不应该让我们彻底忽
略当代美德伦理学的独特性，在某些重要问题上，这一流派仍然与康德主
义、功利主义形成了显著的区别。考虑到纳斯鲍姆的意见，我们或者可以更
为准确地说，相比于其他流派，当代美德伦理学有着不同的理论侧重，而对
于属于这一流派的众多学者而言，我们确实难以将他们纷繁复杂的观点真正
地统一起来，但是，这并不意味着这些观点就无法构成一个流派。相反，我
们仍然能够在这些观点之间找到某种"家族相似"，正是基于这一前提，我
们才可以进一步使用"当代美德伦理学"这一概念。为此，本书将首先从概
念上追究其本源，这不仅要对"美德"这一术语本身进行阐释，同时也要对
于美德伦理学的一般性特征加以界定。在完成这些工作后，我们才能就当代
美德伦理学针对康德伦理学所提出的分析与批评进行系统的梳理与总结。

第一节　当代美德伦理学的一般性主张

当代美德伦理学是一个成员众多、意见纷呈的"大家族"，而且，从 20
世纪中叶以来，它的影响还在持续不断地扩大，甚至有越来越多的"异质

---

① James Rachels, *The Elements of Moral Philosophy,* Fourth Edition, McGraw-Hill, 2003, p.175.

② 参见 Martha C. Nussbaum, Virtue Ethics: A Misleading Category? *The Journal of Ethics*, 1999(3), pp.163–201。

性"学说融入其中。正像纳斯鲍姆所言，当代美德伦理学的起源是基于对康德主义和功利主义的不满而产生的，但是，在当代美德伦理学的内部，却也存在着观念上的严重分歧。例如，其中有一些人只反对功利主义，然而却并不敌视康德主义，他们甚至把康德和亚里士多德联系起来，以理性原则为中心，倾向于一种普遍主义理论。代表人物有麦克道威尔（John McDowell）、默多克（Iris Murdoch）、谢尔曼（Nancy Sherman）、威金斯（David Wiggins）以及她本人；而另外一些人则是彻底质疑康德的理性主义和普遍主义，认为它抽掉了个人的感性情感和具体的情境内容，从而对于我们的实际活动并无太多的指导意义，代表人物有贝尔（Annette Baier）、麦金泰尔（Alasdair MacIntyre）、富特（Philippa Foot）、威廉斯（Bernard Williams）等。① 纳斯鲍姆的意见具有重要的参考价值，虽然我们并不接受其关于取消美德伦理学独立性地位的主张。出现这种严重的分化，其实恰恰印证了本书的一个基本观点：康德伦理学拥有重要的美德维度，它与当代美德伦理学的某些基本主张具有极强的契合性。也许正是由于这一原因，导致了纳斯鲍姆所说的分歧的发生。不过，即便如此，我们仍然认为无论是康德主义还是美德伦理学，都拥有其相对独立的特征，但它们并不是相隔于一道无法跨越的鸿沟而彼此敌对，而主要是围绕生活整体的不同方面所产生的不同角度的思考。在具体阐释这一点之前，我们将基于概念的产生和发展，对于当代美德伦理学的一般性特征进行梳理。首先，就理论的渊源而言，亚里士多德的伦理学无疑是当代美德伦理学的基石，正如安娜丝所言："亚里士多德是第一个为我们搭建古代伦理学框架的人……随后的学派追随他的足迹，他们分享着他的观点，即伦理学拥有着大家都认为重要的出发点：在与他人的共处中行为者的最终善、美德与情感的意义……"②

① 参见 Martha C. Nussbaum, Virtue Ethics: A Misleading Category? *The Journal of Ethics*, 1999(3), pp.163–201.

② Julia Annas, *The Morality of Happiness,* New York: Oxford University Press, 1993, p.17.

一、概念的溯源

纳斯鲍姆这样总结美德伦理学的基本特征：

"A.道德哲学应该关注行动者（agent），以及选择和行动。

B.道德哲学应该关注动机与意向，情感与欲望：一般来说，即道德生活的内在品格，以及动机、情感与推理的稳定模式。正是这些模式，让我们确定一个人属于何种类型的（勇敢的、慷慨的、有节制的、公正的，等等）。

C.道德哲学不应该仅仅关注单独的选择行为，更为重要的是，应该关注行动者的整个道德生活及其承诺、行为、激情的模式。"①

这一概括揭示了美德伦理学的核心要素，即以行动者而非行动本身为焦点。而在此之前，以康德主义、功利主义为代表的规范伦理学，主要关注的是行为本身的合理性。不过，为了反驳通常的看法，纳斯鲍姆认为在康德与功利主义者那里，这些特征都是存在的，从而不能作为当代美德伦理学作为一种独立学说的证据。我们认为，纳斯鲍姆的这一看法比较武断。固然，康德伦理学与功利主义的确包含着这些要素，但与美德伦理学不同的是，这些要素并不居于两种学说的核心位置。在康德那里，道德义务与纯粹实践理性是其伦理学的基础，而在功利主义那里，快乐的最大化或者好的后果是其最重要的考量。在当代伦理学领域，斯洛特一般被认为是坚持美德伦理学独立性的代表，他认为，康德主义与功利主义的最大特征是以行动的"规则"为目的，即一项行动在道德上是否是被允许的，关键在于其是否符合某种适当的规则。由此，斯洛特以"deontic"来称呼这类理论，它在古希腊语中意味着"义务性"、"必然性"。相比而言，美德伦理学更少关注规则，它主要强调"aretaic"的重要性，在古希腊语中意味着"优秀"（excellence）或者"美德"（virtue）。不过，斯洛特进一步指出，美德伦理学不是不关注规则，而是将美德或者品格的优秀放在首要位置，相比而言，规则是由美德"导出的"。

---

① Julia Annas, *The Morality of Happiness,* New York: Oxford University Press, 1993, p.170.

根据这一基本定义，斯洛特认为，我们能将古代美德伦理学的代表确定为柏拉图、亚里士多德以及伊壁鸠鲁，而现代美德伦理学的代表则是 19 世纪的英国伦理学家马蒂诺。①

应该说，斯洛特的定义基本上契合安斯康德姆的观点，后者的那篇《现代道德哲学》的确有充足的理由被视为与康德主义、功利主义划清界限的"檄文"。安斯康姆表明，现代道德哲学已经与以亚里士多德主义为代表的古代伦理学发生了"断裂"，现代人所持有的一些伦理学概念和理论，在亚里士多德那里其实并不存在。最重要的是，现代人的道德观念主要以"应当"、"需要"、"必须"这些术语来表达，体现为某些一般性的规则或者目的，这意味行动者在相关的语境下"不得不"、"负有义务"或"被要求去做"，其意义相当于法律上的"被驱使"、"被约束"；然而，古代人则是根据个人品格的实然状态来构建其所谓的道德行为，尤其是以个人的意图、快乐与想望为前提，从而发展出多样化的美德概念。它们不以道德上的"应当"来判定行为的好坏，而是结合具体情境来表明自身的"适当性"。安斯康姆表明，道德旨在于行为的正当，而美德旨在于"人类幸福"或"好的生活"。

在安斯康姆看来，现代道德哲学与古代伦理学的这种"断裂"，其根源在于中世纪时基督教的长期统治，自此开始，以上帝诫命的名义，基督教提供了"伦理的法律观"，即从其旧约律法中推出伦理观念。这种"伦理法律观"主张遵从美德就是遵从律法，而违背它就是有罪的、应受谴责的。在基督教失去统治地位后，这种观念仍然被保留下来，它被表述为现代的"义务"理论，即一件好的行为基于一种"道德上的应当"。安斯康姆指出，这种"应当"在康德那里被确定为"仅仅出于道德义务而行动"，在功利主义那里则被确定为"在所有决策中都应当应用最大幸福原则"。②

---

① 参见 Marcia W. Baron, Philip Pettit, Michael Slote, *Three Methods of Ethics: A Debate*, Wiley-Blackwell, 1997, p.177.

② [英] 伊丽莎白·安斯康姆：《现代道德哲学》，谭安奎译，载于《美德伦理与道德要求》，徐向东编，江苏人民出版社 2007 年版，第 45—47 页。

　　从元伦理学的角度，安斯康姆认为，现代道德理论忽视了"是"与"应当"之间的内在关系，仅仅依据正当性要求人们怎样去行动，但却忘记了"应当"必须以"是"为前提。正确的立场是：我们必须抛弃这种"道德上的应当"，而回归到"日常的应当"。为此，亚里士多德的"美德"概念才应该成为我们行动的依据，它的本质在于实现人的"繁荣发展"（flourishing）。

　　以安斯康姆的主张为起点，追随者们开始在古希腊伦理学，尤其是亚里士多德主义那里寻找源泉。亚里士多德认为，人生最高的善就是"幸福"或者"好的生活"，而达到它的途径就是"德性"或者"美德"："幸福是灵魂的一种合于完满德性的实现活动"[1]；而所谓的"德性"，其基本定义就是"使得一个事物状态好并使得其实现活动完成的好的品质"。[2] 可见，"德性"在这里确实像安斯康姆所理解的那样，指的是一种"善"（good）而非基于某种一般性规则的"应当"。正如亚里士多德所说，德性居于各种事物之中，它首先意味着事物的本质性功能能够得到完全的发挥，因此，马的德性就是"既使一匹马状态好，又使得它跑得快，令骑手坐得稳，并迎面冲向敌人"。[3] 同样，眼睛的德性就是既使眼睛状态好，又使得它的活动完成的好，即能够看清楚东西。据此，我们可以这样说，人的德性就是"既使得一个人好又使其出色地完成其活动的品质"。[4]

　　亚里士多德的定义明确了"德性"或者"美德"的两个基本特征：一是完成主体之"所是"，也就是充分发挥自身所具有的禀赋与功能，而任何与之相反的失败都被视为无德性的。这样一来，任何事物都有其德性，而且

---

[1] ［古希腊］亚里士多德：《尼各马可伦理学》，廖申白译注，商务印书馆2003年版，第32页。

[2] ［古希腊］亚里士多德：《尼各马可伦理学》，廖申白译注，商务印书馆2003年版，第xxvi页。

[3] ［古希腊］亚里士多德：《尼各马可伦理学》，廖申白译注，商务印书馆2003年版，第45页。

[4] ［古希腊］亚里士多德：《尼各马可伦理学》，廖申白译注，商务印书馆2003年版，第45页。

任何事物都可以在其能力范围内达到其最高的善；二是德性有其要实现的目的，即使得拥有德性的主体"状态好"，对于人来说，就是要让其过上幸福的生活。由此，亚里士多德的美德理论带给我们的印象是：并没有普遍一致的关于某种"善"的规则，因为美德是多样化的，基于美德的幸福观念也就是千差万别的，只要是主体认为充分实现了自己对幸福或者"好的生活"的理解，那么他就是拥有美德并且最大限度地实现了美德的人。同时，美德意味着一种整体性的"状态好"，而不仅仅是指符合于某项固定的、局部的规范或要求。例如，一个人不能只因为是老师或者同学眼中的好学生，就有资格被视为是有美德的，因为这很可能并不符合他对自己本人的理解，也许，他所向往的幸福是成为一名滑雪运动员，而他本人又很可能具有这方面的资质与发展的动力，可是，由于各种各样的压力与外界运气，导致他并没有实现这一想法，由此，这个人就并不拥有亚里士多德所说的、构成最高的善的"美德"，即并未享受"好的生活"。

美德是多元的，但它也具有核心性标准，这就是亚里士多德所谓的"适度"。德性是一种选择活动，"德性是一种适度，因为它以选取中间为目的。"① 在亚里士多德看来，过度与不及本身就是两种恶，而中间作为一种善，从性质上是与这二者完全区分开的，并不存在适度的过度或适度的不及，也就是说，恶本身就是恶，它不可能通过某种折中而成为善的，例如，像不公正、怯懦、放纵，这些恶绝对不可能与"中间"发生联系。因此，这里所说的"中间"，并不是在过度与不及两者间取一个中间量，而是程度上的"合适"，即"适当的人、在适当的时间或以适当的方式去做"。② 由此，我们就将被引至另一个重要的概念——实践智慧。

在亚里士多德那里，德性虽然是多元的，但是它仍然可以被分为两大

---

① ［古希腊］亚里士多德：《尼各马可伦理学》，廖申白译注，商务印书馆2003年版，第47页。

② ［古希腊］亚里士多德：《尼各马可伦理学》，廖申白译注，商务印书馆2003年版，第48页。

类，即道德德性（也称自然德性）和理智德性。前者是通过自然的习惯养成的，包括自然的勇敢、公正、节制等；后者又可以分为理论理性与实践理性。其中，智慧属于理论理性的德性，是最高等的德性，而明智或者实践智慧属于实践理性的德性。① 道德德性与理智德性的关系十分密切，一方面理智德性是基于道德德性而养成的，因此也离不开习惯；另一方面，理智德性自身可以由教导而产生。二者的关键区别是，理智德性的核心是明智。在亚里士多德看来，"德性使得我们的目的正确，明智则使我们采取实现那个目的的手段正确。"② 也就是说，明智相当于我们今天所说的慎思，即针对正确的目的确立正确的手段。同时，必须把明智与聪明区分开来。因为前者是一种"同善恶相关的、合乎逻各斯的求真的品质"。③ 明智必须是以高贵的善为目的，而聪明却缺少这一条件。离开了德性的明智就是聪明，它有可能会蜕化为狡猾。虽然亚里士多德以明智为核心区分了道德德性和理智德性，但实际上，二者的分野并不那么清楚。因为在根本意义上，亚里士多德认为只有理智德性才是"严格意义的德性"，而如果离开了明智，这种"严格意义上的德性"就不可能产生。作为"正确的逻各斯"，所有德性都包含着明智。亚里士多德更加明确地说："一个人如果有了明智的德性，他就有了所有道德德性。"④

亚里士多德提供了关于美德伦理学的基本的、系统的理论，它将"品格"、"幸福"作为伦理学的核心，从而与康德主义、功利主义形成明显的对

---

① 在亚里士多德那里，明智与智慧是两个极为相近的概念。在《尼各马可伦理学》中，智慧代表着"各种科学中的最完善者"，它是"科学和努斯的结合"。我们可以认为智慧就属于针对知识而言的理论理性，而明智则可以被看作智慧在实践领域的体现，即可以被视为实践理性，在此意义上，我们也将明智称为实践智慧。

② ［古希腊］亚里士多德：《尼各马可伦理学》，廖申白译注，商务印书馆2003年版，第187页。

③ ［古希腊］亚里士多德：《尼各马可伦理学》，廖申白译注，商务印书馆2003年版，第173页。

④ ［古希腊］亚里士多德：《尼各马可伦理学》，廖申白译注，商务印书馆2003年版，第190页。

比。从词源学的角度看，亚里士多德所说的"德性"或者"美德"（virtue），在古希腊语中具有丰富的含义，在《古希腊语汉语词典》中，它被分为四大类：第一类是指美德、英勇、（神的）灵异、奇迹，（土地、马，公民的）优良，（形态的）优美等；第二类是指（为某人立下的）功劳；第三类是指荣誉、美名、光荣等；第四类是指拟人化的美德，完美。在《荷马史诗》中，"美德"更多地是指"勇敢"。① 可见，其中，与我们现代人所理解的"德性"或者"道德"相关的成分其实只占一小部分，因为它同时涉及某一项功能的卓越，神性的显现，外在的荣耀等。在亚里士多德那里，人的美德更主要地是在城邦中公民身份的实现，因为城邦的善是"更重要、更完满的善"。② 基于一种政治学前提，亚里士多德更加看重美德的实践性与公共性，为此，他尤其关注公正与友爱，二者相辅相成，成为共同体的基石。其实，通过对于亚里士多德观点的梳理，我们一方面能够发现其关于"美德"的思想仍然根植于古希腊文化之中，从而的确与现代伦理学所理解的"道德"有很大区别；另一方面，他的美德理论已经显露出一种规范化特征，即将以往更为丰富多元的"美德"观念进行了更为系统的梳理与界定。尤其是，与荷马时代偏重于身份的高贵与名誉的煊赫有所不同，亚里士多德更加强调"美德"的平等性与普遍性。在这里，身份等级的差异已经不重要了，名声与荣耀也被视为外在的东西，而身体或形态上的强壮与优美尤其变得无足轻重。"美德"主要关乎一种品质，以及由于这种卓越的品质所获得的好的生活。每个人（当然他主要是指男性公民）都可以通过被教导而成为良好的公民，都有机会实现自己的美德禀赋。在亚里士多德关于幸福的阐述中，他指出，作为最高级的善，合乎德性的活动是达到它的最好方式，而德性是可以通过某种学习或者

---

① 此处借用了国内学者的研究，参见赵永刚：《美德伦理学——作为一种道德类型的独立性》，湖南师范大学出版社 2011 年版，第 2 页。

② [古希腊] 亚里士多德：《尼各马可伦理学》，廖申白译注，商务印书馆 2003 年版，第 6 页。

训练而获得的，"从这点来看，幸福也是人们广泛享有的。"① 作为城邦公民，人人都有资格成为有美德之人，人人都可以获得幸福的人生。我们认为，通过亚里士多德的努力，普通人真正开始成为平等的道德主体，幸福不再是某一部分特权者的专利，这其中最重要的媒介是德性的培养与实现，而且，所有德性中最重要的因素是明智，也即实践智慧。作为一种理智能力，它也是多数人所拥有的。

可以比较清楚地看到，亚里士多德通过其美德理论为人类生活提供了一种目的论伦理学。相比于现代道德哲学的形式主义与普遍主义，它更重视人生的丰富性与德性的现实性。正如安斯康姆所说，以亚里士多德主义为代表的古代伦理学之所以能够具有这样的理论优势，是由于它以个人品格的实际状态为基础来确立属于每一个人的幸福。正是这种自然主义的理解方式，使得当代美德伦理学与康德主义和功利主义形成了明显的区别。现代伦理学将理性视为确立道德规范的核心能力，认为只有理性才能提供普遍化的客观法则。然而，在亚里士多德眼中，"美德"是一种意愿，而不是康德意义上的纯粹的实践理性，它与感情关系紧密。正如斯托克尔所说：亚里士多德认为要成为一个好人，就必须拥有正确的情感，这种情感包含着一种评价性功能，即具有判断对象正当与否的能力。② 在亚里士多德那里，美德虽然与感情是被区分开的，但是，他所列举的诸多美德都包含着浓厚的情感色彩，例如勇敢、慷慨、温和、友善、友爱等。良好的生活存在于共同体之中，而支撑共同体的两种基本美德就是公正与友爱。其中，公正之中包含着友善。亚里士多德还要求人们要"自爱"，因为友爱他人的基础实际上就是对自己的关爱。除此之外，人生最高级的善就是幸福，而它本身就是一种快乐状态，

---

① ［古希腊］亚里士多德：《尼各马可伦理学》，廖申白译注，商务印书馆 2003 年版，第25页。

② 参见 Michael Stoker, *How Emotions Reveal Value and Help Cure the Schizophrenia of Modern Ethical Theories*, in Roger Crisp, Michael Slote, eds., *Virtue Ethics*, New York: Oxford University Press, 1997, p.124。

不仅如此，本身是善的事物都是令人快乐的。在这里，亚里士多德进一步补充道，快乐本身并不就是善的，但它是保证德性的实现活动之所以能够完善的重要条件。总之，"我们有充分的理由追求快乐。因为快乐完善着每一个人的生活，而这是值得欲求的。至于我们是为着生活而追求快乐，还是为快乐而追求生活，我们暂时先不做讨论。因为，这两者似乎是紧密联系、无法分开的。没有实现活动也就没有快乐，而快乐则使每种实现活动更加完善。"①

二、美德伦理学的核心特征

作为美德伦理学最为重要的理论源泉，亚里士多德为这一范围广泛的流派提供了基础性的概念与定义。诚然，正如赫斯特豪斯所言，在一些当代美德伦理学学者眼里，亚里士多德主义并不代表着一种纯粹意义上的美德伦理学。例如，迈克尔·斯洛特提出的"基于行为者"的美德伦理学，其理论渊源就不在亚里士多德，而是在19世纪伦理学家马蒂诺那里；克里斯汀·斯沃顿的部分作品就是更加关注尼采而非亚里士多德。②赫斯特豪斯承认，美德伦理学已经拥有诸多版本。不过，她在自己的著作《美德伦理学》一书中，仍然主要站在亚里士多德的立场上来阐释当代美德伦理学的一般性主张。我们认为，赫斯特豪斯的判断是准确的，而这恰恰从一个侧面反映了亚里士多德主义本身的复杂性以及当代美德伦理学自身内涵的不确定性。自当代美德伦理学诞生以来，亚里士多德主义一直被视为其中最为重要的理论。人们普遍认为，亚里士多德不仅将"美德"置于伦理学乃至政治学的核心，而且比较系统地建立了一整套美德理论体系。但是，这种情况近些年来发生了变化，有的学者认为，亚里士多德未必是美德伦理学的支持者。另一方面，美

---

① [古希腊] 亚里士多德：《尼各马可伦理学》，廖申白译注，商务印书馆2003年版，第299页。

② 参见[新西兰]罗莎琳德·赫斯特豪斯：《美德伦理学》，李义天译，译林出版社2016年版，第9页。

德伦理学目前仍然是一个变动不居、不断发展的流派，亦如纳斯鲍姆所言，随着范围的扩大和理论的延展，其内部不断滋生出相互分歧的主张，这些情况都使得人们很难断定哪一种主张确实能够体现当代美德伦理学的核心特征。然而，我们认为，虽然意见纷呈、歧义迭出，但在杂乱的表象下面，仍然存在着大多数人认可的一般性内涵。尤其是对于美德伦理学的质疑者们而言，他们中的大多数人仍将美德伦理学视为一个拥有统一性观点的流派，而这种"统一性"的基础，则被普遍地认为存在于亚里士多德、安斯康姆、富特以及威廉斯等人所提供的丰富的论述之中。

在兹沃林斯基和施密特兹的眼中，美德伦理学作为一个独立流派有着鲜明的特征。他们认为，相比于其他伦理学说，美德伦理学并不是就同一问题给出了不同的回答，而是完全提出了不同的问题，因为它首先告诉我们，所谓的"正当"(right) 是成为一个拥有美德的人，例如勇敢的、谦逊的、诚实的、大公无私的、勤奋的、明智的。一个美德之人会理所当然地通过行动表现他的美德，但是，对美德伦理学而言，确立行动的正当规则是第二位的事情，而且它应该是具有实践智慧的美德之人以多种方式所体现出来的。① 拉塞尔也采取相似的立场，他表明，美德伦理学的独特性在于"关注人的整体性生活，而不仅仅是将'道德'视为关键的事件"，也就是说，它的重点不在于在道德困境中如何去做，而是怎样凭借一个人的本性，如善良、勇气、智慧、正直等去进行选择。②

一些学者们意在为美德伦理学确立它应有的位置，为了与康德主义、功利主义严格区分开，他们极力寻找美德伦理学的核心意义，这一点在斯万顿那里表现得尤为明显。她指出，首先，虽然学界习惯上仍然认为亚里士多德

---

① 参见 Matt Zwolinski and David Schmidtz, *Environmental vitue ethics—What it is and what it needs to be*, in Daniel C. Russell, ed., *The Cambridge Companion to Virtue Ethics*, Cambridge: Cambridge University Press, 2013, p.221。

② 参见 Daniel C. Russell, *Introduction,* in Daniel C. Russell, ed., *The Cambridge Companion to Virtue Ethics*, Cambridge: Cambridge University Press, 2013, p.2。

提供了一种最为一般性的美德理论，但随着当代美德伦理学的不断发展，它的内涵其实是更加复杂的，因为我们拥有不同类型的美德伦理学，最典型的包括休谟式的、儒家式的、亚里士多德式的、尼采式的，而且，它们互相之间存在着某些根本性的差异。① 为了确立美德伦理学的基本概念，斯万顿提供了三种她认为最有代表性的见解，这些见解在亚里士多德那里都能够找到源头：

概念（1）：幸福论的美德伦理学。

幸福主义（eudaimonism）来源于古希腊的"幸福"（eudaimonia）概念，英文一般译为 happiness, well-being, flourishing。它的涵义包括三个层面：

（a）一个美德特征的必然条件在于，它至少部分地有助于促进美德拥有者的幸福。

（b）实践智慧是卓越品格的必要条件。

（c）美德伦理学基本的"薄的"概念是"卓越"。

然而，斯万顿认为这些都无法作为美德伦理学的核心定义，因为首先，人们对于幸福的理解千差万别，从而导致对于构成幸福的美德的理解也是不同的；其次，对于"卓越"的理解也存在着很多偏差，一个充满激情的艺术家与一个律师相比，对于"卓越的生活"的体验很可能是完全相反的。而且，在这里，"卓越"也并不能满足亚里士多德对于"好人"与"好的生活"的要求。很多情况下，这种"卓越"指的是一种"角色功能"，例如一个律师的"卓越"就是指在这一领域内的出类拔萃，这跟一个人整体生活的幸福并不能够相互等同；第三，斯万顿认为，即便人们广泛认可的"实践智慧"也并不是美德伦理学的核心特征。在亚里士多德那里，它被阐释为一种"居于中间"的适度，是行为审慎的表现，是最为重要的美德。然而，尼采提倡的却是一种"创造性的美德"，它存在于非明智的、非审慎的禀赋之中，拥有这种美

---

① 参见 Christine Swanton, *The definition of virtue ethics*, in Daniel C. Russell, ed., *The Cambridge Companion to Virtue Ethics*, Cambridge: Cambridge University Press, 2013, pp.319–320.

德的人是"真正的哲学家"，他不断让自己冒险，不断进行生命的尝试与诱惑；第四，对于有些人而言，相比于"卓越"，"值得赞赏的"更应该被视为"美德"的标准。例如，斯洛特就认为，美德应该是充分发展的情感和动机，是充沛的同情心，它既不属于一种"卓越"，更不是那种冷静的"实践智慧"，但却是"值得赞赏的美德"。①

由于概念（1）是走不通的，斯万顿又提出了另一种见解：

概念（2）：以行为者为中心的美德伦理学。

美德伦理学要么是以品格为中心（品格被视作一种复杂的性情），要么是以行为者的内部状态为中心，它们并不总是性情 (dispositions)，但是有助于构成品格，尤其是动机、情感或者意向。②

不过，斯万顿仍然对这一主流定义持怀疑态度，她指出，在持此立场的当代美德伦理学学者那里，行为的正当性被理解为完全基于品格、动机或者意向方面的评价，而它们又被评价为或者是卓越的，或者是值得赞赏的。但是，这种观点很容易将美德还原为一种价值评判，即美德的意义在于它隶属于某种价值，比如幸福、快乐，从而脱离了美德本身的性质。

由于对以上两种见解的不满，斯万顿提出了第三种见解，并将其视为美德伦理学真正的核心性特征：

概念（3）：以美德概念为中心的美德伦理学。

在这里，美德伦理学不再围绕幸福和品格来构建自己的体系，行为好坏的标准不必依据行为者的品格、动机或意向，而是强调"美德的目的"才是成功行动的关键。同时，"美德的目的"不是一种后果论，因为它并不是以幸福的最大化为标准，而是仅仅在于实现美德自身。斯万顿进一步指出，借助这一理解，可以解决美德伦理学的"正当规则"的问题，即一个行为是正当的，

---

① Christine Swanton, *The definition of virtue ethics*, in Daniel C. Russell, ed., *The Cambridge Companion to Virtue Ethics*, Cambridge: Cambridge University Press, 2013, pp.320–325.

② 参见 Christine Swanton, *The definition of virtue ethics*, in Daniel C. Russell, ed., *The Cambridge Companion to Virtue Ethics*, Cambridge: Cambridge University Press, 2013, p.326。

仅仅在于其实现了美德的目的，例如它是公正的、善良的、大度的等。

美德概念是多元的，对于这份"美德清单"，斯万顿指出，有些人可能想要从中区分出主要美德和次要美德，从而构建出一个美德名目的等级体系，但这种做法很可能导致后果主义或者康德主义，而它们的基本原则都是与美德伦理学相冲突的。对此，斯万顿认为，以美德概念为中心的主张可以避免这种情况，因为它不认为存在任何一种基础性的、权威性的美德，从而也就不可能滑向任何一种规则伦理学所具有的普遍主义困境。总之，行为应该直接以其是否达到美德的目的为评价标准，而且美德概念是多种多样的，有些美德旨在于行为者的幸福，有些在于环境的好，有些在于他人的好，有些在于生产力的进步，等等，不一而足。它不属于概念（1）的幸福还原主义，也不属于概念（2）的品格或者动机还原主义，而是行为规范多样化的真正实现，有充分的资格作为美德伦理学的核心特征。①

在美德伦理学领域中，各种学说形态各异，然而，斯万顿认为，所有这些学说关注的共同点其实都是美德概念，这是美德伦理学区别于康德主义、功利主义的唯一方面。依据这一前提，休谟主义和亚里士多德主义提供了最为规范的样式，因此可以作为所有其他学说的"种"，当代美德伦理学中其他各种学说则是衍生的"属"，所有这些理论一起奠定了美德伦理学的独立性。

如果说纳斯鲍姆意在否定各个学说之间的明确界限，并主张以单个哲学家的思想来取代这种宏观的流派划分，那么，斯万顿则是反其道而行之，坚持认为美德伦理学作为一个独立的学说拥有着鲜明的特点。我们看到，坚持这种独立性的人不在少数，虽然他们所运用的理由是各不相同的。在斯万顿眼中，无论是幸福中心论还是品格中心论，都存在难以化解的困难，而她的美德概念中心论则是目前为止最好的选择。对此，本书认为，斯万顿所做的

---

① 参见 Christine Swanton, *The definition of virtue ethics*, in Daniel C. Russell, ed., *The Cambridge Companion to Virtue Ethics*, Cambridge: Cambridge University Press, 2013, pp.328—336.

这些努力是值得认可的，在某种意义上，美德伦理学的最大特点确实是相对于规则伦理学，将行为的规范性转化为多元的美德，从而使得行为的正当性具有了更为丰富的现实性内涵。但是，这种观点并不能完全涵括美德伦理学的全部特征。我们看到，行为的偏倚性、道德动机、个体幸福、好的生活、品格塑造、道德运气，等等，这些都是美德伦理学所一直关心的话题，而相对来说，它们在康德主义、功利主义那里并没有被作为主要问题加以讨论。正如当代美德伦理学学者们所普遍相信的，二者都是意在寻找最为一般性的道德行动的规则，然而却忽视了品格当中丰富多彩的内在世界。应该说，斯万顿在探寻美德伦理学的核心特征时，忽视了其他问题的重要性，尤其是她所"否定"的幸福与品格。而本书的看法是，幸福、品格与斯万顿所说的美德的概念一起构成了美德伦理学，尤其是当代美德伦理学的核心内容。

三、当代美德伦理学的基本观点

斯万顿对于美德伦理学的核心特征所做的探索意义重大，很大程度上，它能让我们直接把握住这一学说的基本内涵，从而与康德主义、功利主义明确地区分开。正如她所言，以往的大多数定义都存在某种问题，它们并不能完全清楚地代表美德伦理学的独特性，本书赞同这一立场。例如，就"追求幸福"来说，几乎大多数伦理学都并没有否定其重要性。康德主义一般被认为是义务论的典型学说，然而康德实际上也把追求个体幸福作为道德上的间接义务，为此，有些人认为在康德那里存在着某种目的论，这一点尤其体现在他的至善论中。而在功利主义那里，幸福或者快乐也一直被作为道德行为的基本标准，正如斯玛特所言："功利主义者诉诸的感情或态度就是普遍化仁爱，就是追求幸福的意向，总而言之，在任何意义上都是为全人类或一切有知觉的存在者追求好效果。"[①] 就"品格"而言，无论是追求卓越还是完善，

---

① ［澳］J.J.C.斯玛特、［英］B.威廉斯：《功利主义：赞成与反对》，牟斌译，中国社会科学出版社 1992 年版，第 7 页。

康德主义与功利主义都从各自角度提出了相关的理论。康德主张道德品性的培养，其中理性、情感以及欲望能够达到和谐的一致，康德甚至在此基础上强调品性的高贵；功利主义的奠基人密尔则指出：功利主义要达到自己的目的，也只能靠普遍培养人的高尚品格。[1] 为此，密尔还还专门讨论了诚实、自尊等美德，尤其是，与美德伦理学相似的是，密尔还强调了"习惯"对于美德培养的重要性。[2] 除此之外，我们还能够在其他一些方面找到这些学说之间的共通性。例如，正像赫斯特豪斯、斯万顿所提到的，为了确立美德伦理学的独特性，斯洛特将其理论基础归结于马蒂诺而非亚里士多德，并认为美德伦理学的核心特征是"完全出于美德的动机而行动"，即仅仅根据行为者的内心意向确定其是否是美德之人。对此，我们认为，斯洛特的这种"内在主义"其实与义务论颇为相近，因为后者也主张"仅仅出于义务而行动"，在这里，两种理论其实都是与注重外在效果的功利主义形成鲜明的对比。同样，在纳斯鲍姆、安娜丝等人眼中，关注"行动者"而非"行动"是美德伦理学的首要特征，但是，客观地说，这一论断其实也充满着太多的含糊性，因为它蕴含着这样的理解：人的内心与存在应该被作为伦理学关注的核心，而人的行动及其对外在世界的影响只是处于"导出性"的地位，也就是说，相对于以"规则"为主的伦理学，美德伦理学将目光投向人本身，这是一种深刻的"人本主义"。然而，这种观点仍然会招致歧义，因为在一般的哲学史当中，康德伦理学始终被认为是"人本主义"的重要学说，正像康德在《实用人类学》当中表明，他在这里要研究的问题是"人是什么？"其中就包括对于理性、欲望、激情以及各种心理状态的分析。可见，相比于康德主义与功利主义，美德伦理学在很多方面并未形成独有的研究旨向。

应该承认，斯万顿提出的"以美德概念为中心"的观点，确实可以作为区别于康德主义与功利主义的基本特征。它的真正落脚点是美德的多样性，而

---

[1]　参见 [英] 密尔：《功利主义》，叶建新译，九州出版社 2007 年版，第 29 页。

[2]　参见 [英] 密尔：《功利主义》，叶建新译，九州出版社 2007 年版，第 93—95 页。

这正是"美德"区别于"道德"的关键。正如斯万顿所言:"一项美德是一种性情,它是对于'世界的诉求'的良好反应。"① 世界是复杂的,与之相适应的美德也应是多样化的。② 通过美德的多样性,美德伦理学可以针对规则伦理学提出犀利的批判,因为在后者那里,某种普遍性规则已经成为扼杀生活的丰富性、排斥选择的复杂性的根本原因。斯万顿抓住了美德伦理学的要点,而这也从某一方面消解了纳斯鲍姆的难题。一如前述,在纳斯鲍姆看来,美德伦理学的基本特征很难被确定,因为它似乎与康德主义、功利主义在一些主要观点上是共享的。与此同时,我们也并不能轻易地认为,像斯万顿所说的那样,美德伦理学在其他议题上并不具有独特的价值。相反,基于其核心性特征,即"美德概念的多样性",美德伦理学仍然在品格、动机、人生目的等方面有着比较独特的看法。也就是说,我们一方面接受斯万顿的基本观点;另一方面,我们将由此进一步认为,当代美德伦理学拥有一个比较完整的理论体系,在相对意义上,它们能够提出一系列相互关联的典型性主张。

为了更加全面而且深入地了解美德伦理学,我们首先需要做一下概念上的解释。从时间段上,人们一般将这一学说区分为"古代"与"当代",其标志性事件即是 1958 年安斯康姆所发表的论文《现代道德哲学》,就二者的区别而言,大多数学者认为并不明显。就像斯洛特所指出的,所谓的"当代美德伦理学",其实就是自安斯康姆之后古代美德伦理学在当代的复兴。③基于这一背景,本书并不对二者的异同做过多的探究,因为在本质上,二者其实拥有着共同的理论根据。通过以上的大量分析,当代美德伦理学的基本主张是:

1.美德概念的多样性是核心性特征。相对于道德规则的单一性,当代美

---

① Christine Swanton, *Virtue Ethics-A pluralistic View*, New York: Oxford University Press, 2003, p.21.

② 参见 Christine Swanton, *Virtue Ethics-A pluralistic View*, New York: Oxford University Press, 2003, pp.21–23。

③ 参见 Marcia W. Baron, Philip Pettit, Michael Slote, *Three Methods of Ethics: A Debate,* Wiley-Blackwell, 1997, p.175。

德伦理学认为行动的正当性来源于多方面好的价值或者意义，这些都属于各种各样的"美德"。美德本身是复数的，它意味着人生和人性的多样性与复杂性。

2.美德伦理学强调行动的情境性与历史性。行为者的选择必须考虑到现实情况的需要，行为的正当性应当以历史、习俗以及情境的特征为依据。正如麦金泰尔所言，美德"表现在行为者在了解怎样在许多相关的准则中间作选择以及怎样将它们运用于具体的境遇时所拥有的那种判断能力之中。"①

3.追求人生幸福或者"好的生活"是美德伦理学的主要目的，行为者的道德行为应该带来个人的幸福感受。比较而言，康德主义始终是以道德义务为行为判断的基本标准，而功利主义虽然是以幸福和快乐为宗旨，但是却将立足点放在群体利益最大化方面，这使其为了保证群体幸福总量而可以牺牲个体幸福。同时，由于人们对于幸福或者"好的生活"的理解是千差万别的，因此，美德伦理学主张主体应该通过发挥自身的美德而实现属于自己的幸福。任何一种关于幸福的普遍性理解都应该被否定。

4.美德伦理学承认道德运气等外界因素对于行动价值的重要影响，关于行为正当性的判断应该基于对不确定性因素的充分考量。

5.美德伦理学以"品格"的培养为主要内容。正当的行为不仅仅是要符合道德法则，更重要的是它是由"具有美德之人"所做出的。"品格"是由多样性美德所构成的，它是人的各种内心情感、欲望以及理智的综合体。美德体现为品格的卓越与完善。

6.美德伦理学关注行为者的道德动机，认为它是理智与情感共同作用的结果。从根源上说，道德行动应该出于情感上的自愿。美德伦理学主张"应然"与"实然"之间的一致性，道德行为应该基于美德之人的自然选择。

以上是在我们梳理了大量相关论述后所做的总结，它们体现着当代美德

---

① ［美］A.麦金泰尔：《追寻美德：伦理理论研究》，宋继杰译，译林出版社 2003 年版，第 283 页。

伦理学的一般性观点。作为核心性特征，斯万顿所说的"美德概念的多样性"是所有其他特征的根据。因为只有基于这一前提，我们才能够真正居于复杂多变的生活之中，面对着各种选择时确定最为合适的行动方案。然而，如果我们继续拘泥于规则伦理学所提供的一般性标准，那么就将经常出现难以解决的"选择困境"。依靠美德的多样化理论，消解了普遍性规则，我们将有更多的行为选择的空间。就此，正像亚里士多德所进一步指出的，美德之人就在于在适当的时间以适当的方式做出选择，这就要求人们应该具有"实践智慧"，而它是所有美德中最为重要的美德。当代美德伦理学的支持者也提出，必须根据所处的共同体、环境、习俗等培养相应的美德，并以此作为行动的指导原则。从一种"相对主义"角度出发，美德伦理学更加强调人格与生活的特殊性所具有的正面意义。它认为，人格是由多种美德及与美德相关的要素构成的，为了保持人格的完整性，有时甚至可以采取与道德义务不相一致的选择，在这里，当代美德伦理学认为幸福或者"好的生活"始终是我们行动的最高目的，而"好的生活"未必就是以道德法则为中心的生活。只有认识到人类世界中善的多样性，我们才能够实现个体的价值与幸福。

美德多样性理论就是对于道德义务的"应然"法则的一种"颠覆"，这在安斯康姆那里就已经得到了明确的论证。基于基督教传统的"伦理的法律观"，现代道德哲学以普遍性道德法则为依据，对人施加严格的、强制性的行为约束，如果达不到它的要求，就会被斥责为"不道德的"、"有罪的"，但在安斯康姆看来，这些法则违背了人性的自然特征，其实只是外在的规定而已。安斯康姆的论证是基于休谟的事实判断与价值判断的"二分法"做出的，在休谟那里，"是"与"应当"是不同的，从作为事实判断的"是"不能推出作为价值判断的"应当"。摩尔据此提出了著名的"自然主义谬误"，进一步表明道德性质无法还原为一种自然性质，道德命题与自然科学命题具有无法跨越的鸿沟。不过，依据安斯康姆的分析，休谟的"二分法"其实从另一方面意味着，有效的道德判断应该拥有自然主义基础，即道德上的"应当"只有在具有事实性条件时才会转化为真正的行动。这种理解也确实符合休谟的基本观点，在他看来，理性主义者忽视了事实判断与价值判断的区别，轻易地将道德法则视为理所应当的行为规定，但据此并不能产生真正意义上的道德行动。相反，休谟提出，应该将道德动机的根据归结为自然性的情感或者欲望，由此才能促使主体依照道德法则做出相应的行动。因此，休谟认为，是"同情"而非"理性"，才有资格作为人类道德行为的根本原因。其实，休谟所提出的"二分法"，是要将道德判断真正拉回到人的日常心理中来。正如休谟本人所言："我们的义务感永远遵循我们情感的、普通的、自然的途径。"[①] 而"发生德的感觉只是由于思维的一个品格感觉到一种特殊的快乐。"[②] 当我们将"道德"转换为"美德"，即将普遍性规范转换为特殊性品格时，我们就能够为多样化的人生提供充分的合理的说明，而这正是价值多元化时代人们的典型诉求。

"美德的多样性"为当代美德伦理学提供了核心性定义，根据以上的分析，其理论根源主要在亚里士多德与休谟那里。以此为原点，当代美德伦理学的其他特征也被由此导出。据此，我们能够对于这一学说拥有比较全面的了解。因为从某些方面说，纳斯鲍姆的担忧不无道理，美德伦理学至今仍然在一些基本问题上和康德主义、功利主义难以划清界限。但是，通过以上的阐述能够看到，某种意义上，当代美德伦理学仍然能够挖掘出自己的理论特色，也只有基于这一前提，我们才能够进一步讨论当代美德论伦理学对于康德主义的批判。

第二节　当代美德伦理学对康德伦理学的批评

与古代美德伦理学不同，当代美德伦理学是在对于规则伦理学进行反思

---

① ［英］休谟：《人性论》（下册），关文运译，商务印书馆 1997 年版，第 524 页。
② ［英］休谟：《人性论》（下册），关文运译，商务印书馆 1997 年版，第 511 页。

与批评的基础上产生的。不过，我们可以这样认为，古代美德伦理学也是由于当代美德伦理学的崛起而诞生的。因为在此之前，古代美德伦理学实际上并不是一个具有自我意识的独立的学说。对于休谟、康德、黑格尔等哲学家来说，只有亚里士多德主义、斯多葛主义、基督教伦理学等等。这里，我们将主要呈现当代美德伦理学对于康德主义的批评。

在安斯康姆的文章中，康德伦理学成为了被重点批判的对象。与功利主义一样，康德主义继承了基督教的"义务"观念，作为一种"神圣律法的伦理学"变体，康德主义为人们确立了"应然"的道德义务，但是却并没有为这种强制性要求寻找到相应的自然性基础；"康德引入了'为自己立法'的理念，……没有关于何者可以算作对一个行动的贴切描述—这种描述带有一种观点，以构造关于该行动的法则—的约束条件，他关于可普遍化法则的规则就是无用的。"① 安斯康姆进一步指出，这种无效性源于康德是从理性角度构建普遍化的道德法则，然而却并未考虑人性的实际状态。因此，她主张："我们不妨以'行动'、'意图'、'快乐'、'想望'这几个概念开始。如果我们从这些概念开始的话，更多的概念可能被找出来。最终，我们有可能进一步去考虑关于一种美德的概念，而我设想，这一概念正是我们应当由以开始某种伦理学研究的起点。"②

安斯康姆正式开启了当代美德伦理学，也由此开启了这一流派对于康德主义的批判。像麦金泰尔、威廉斯、富特 (Phillipa Foot)、斯洛特等人，都从各自角度揭示了康德伦理学的内在缺陷。在他们眼中，康德的道德哲学可以被视为"义务论"的典型代表，它以不偏不倚的判断为根本原则，完全忽视了道德选择的复杂性与人格世界的丰富性，是启蒙哲学中普遍主义理念的"余毒"。康德的义务论并不具有太多的指导性意义，它已经不符合于这个时代。

---

① ［英］伊丽莎白·安斯康姆：《现代道德哲学》，谭安奎译，载于《美德伦理与道德要求》，徐向东编，江苏人民出版社 2007 年版，第 42 页。

② ［英］伊丽莎白·安斯康姆：《现代道德哲学》，谭安奎译，载于《美德伦理与道德要求》，徐向东编，江苏人民出版社 2007 年版，第 53 页。

如果从时间角度观察，本书依照自身的理解，认为截至目前，当代美德伦理学对于康德主义的反思与批判大体可以分为以下三个主要时期：第一阶段以上个世纪中期的安斯康姆、富特的观点为滥觞，此时，学者们对于以康德伦理学为代表的普遍主义理论提出了明显的质疑；第二阶段以八九十年代的麦金泰尔 (A.C.MacIntyre)、威廉斯 (Bernard Williams)、麦克道威尔 (John McDowell)、斯洛特 (Michael Slote)、布鲁姆 (Lawrence Blum) 等人为代表，他们承继安斯康姆等人的基本思路，同时开始有意识地营造一套特征鲜明的理论体系，并且更为激烈地批判康德主义，而在我们看来，像威廉斯、斯洛特等人甚至已经走向某种极端；第三阶段以赫斯特豪斯 (Rosalind Hursthouse)、斯万顿 (Christine Swanton)、纳斯鲍姆 (Martha C. Nussbaum) 等人为代表，与以往的美德伦理学学者有所不同，那种激进的批评态度已经随着理论的不断发展而逐渐有所缓和，这些学者们更多地采取了理性的立场，有的人甚至吸收了康德主义辩护者们的一些意见，一定程度上认为康德伦理学与美德伦理学确实具有某些共通性。

以上的划分是历时性的，主要意在从历史发展角度对这一问题进行梳理。而从另外一个角度上说，这难免是一种比较粗糙的划分。比如威廉斯、斯洛特、布鲁姆等人的理论构建绝不仅仅限于 20 世纪八九十年代，而是一直持续至今。此外，赫斯特豪斯那本著名的《美德伦理学》发表于 1999 年，在这部著作中，赫斯特豪斯充分表达了一种有代表性的观点：康德与亚里士多德在根本理论上存在着一致性，将二者完全对立起来是错误的，如果从亚里士多德的角度审视康德，我们将会得出与以往不同的结论。这一看法可以被视为近些年来研究界中的一种主流态度，因此，我们仍将其理论划入第三阶段。与此相关，在这一阶段，学者们逐渐淡化不同流派之间的差异性，并且更多地进行跨界式研究。我们认为，其中一项重要原因，在于通过与康德主义、功利主义的长时间的对话与争吵，当代美德伦理学学者已经不同程度地意识到自身理论的弊病，而通过借鉴规则伦理学中一些有益的见解，这些弊病可以得到有效的克服。正像纳斯鲍姆所言，在美德伦理学内部已经出现了康德主义与功利主义的不同趋向，而她本人则甚至否定美德伦理学应该作为一个独立的理论流派。

不管有多么地不精确，通过这种时间性坐标，我们获得了关于这一问题的粗浅的认识。接下来，我们将以共时性坐标加以进一步分析。当代美德伦理学对于康德主义的批评漫长而复杂，但在纷繁的意见下面，仍然存在着一些一般性的观点。

一、品格与道德动机

首先，站在当代美德伦理学的立场上，康德伦理学被视为典型的规则伦理学。它以普遍性法则为核心，只关注行为是否正当，但却忽略了人的情感、欲望等，而这些要素正是构成"品格"的重要条件。斯塔特曼指出，"在义务论看来，美德之人不是拥有一套关于原则、元—原则、元—元—原则的重要知识，而只是准确地知道此时此刻行为的适当规则是什么。而在美德伦理学看来，与其他特征相比，一个人更应该是感性的、热情的、敏锐的。因此，相比于规则与原理，我们更应该运用美德来理解复杂的人性事实。"[1] 品格具有丰富的内容，它不仅仅是理性的体现，反而更多地是感性要素的复杂活动。而在情感主义的支持者（他们大多是美德伦理学者）看来，美德对于情境与形势具有更为精确的鉴别力，拥有美德之人就像品酒师，并不依靠任何固定的规则或原理，而只是凭借丰富的经验对于酒的味道进行准确的判断。[2]

相比于康德式的"规则中心论"，"品格中心论"还强调稳定而持续的品格在道德哲学中的重要性。因此，正如赫斯特豪斯所言，美德伦理学更关注"我们成为什么样的人"而不是"我们应该采取怎样的行动"。[3] 由此，一件行动是否是正当的，就在于他是否是由美德之人所做出的。根据这一主张，

[1]　Daniel Statman, *Virtue ethics-A Critical Reader*, Edinburgh University Press, 1997, p.23.

[2]　Daniel Statman, *Virtue ethics-A Critical Reader*, Edinburgh University Press, 1997, p.23.

[3]　[新西兰] 罗莎琳德·赫斯特豪斯：《美德伦理学》，李义天译，译林出版社2016年版，第27页。

当代美德伦理学认为，康德主义其实很容易导致这样的问题发生，即人们只在乎行为是否符合道德规则的要求，而不在乎自己的行为是否是内在品格的真实体现，因为很可能的是，行道德之事者，其实是一个品行低劣之人。

其次，"品格中心论"更加注重情感、欲望的原发性作用。为此，作为典型的理性主义，康德伦理学受到了强烈的质疑。康德将行为者的道德动机视为对于道德法则的尊重，这在当代美德伦理学看来很可能导致行为者动机与信念的不一致，斯托克 (Michael Stocker) 将此种情况称为一种"精神分裂症候"。他指出，"一种好的生活的一个标志就是一个人的动机与其理由的、价值观与辩护根据之间的和谐一致。不受一个人所看重的东西——即一个人相信是善良的、美好的、正当的、美丽的等事物——所驱动，这显示了一种精神上的疾患。不看重驱动一个人的东西亦复如此。这样一种疾患，或者这类疾患，可以恰当地被称为道德分裂症——因为它们是一个人的动机与他的理由之间的一种分离。"[1] 斯托克的质疑揭示了规则伦理学中一个致命的问题，那就是规则表达的是"应当"，而它未必与行为者的动机是相一致的。很可能出现的情况是，你的理性认可一个道德法则，但是它并不构成你的真实的欲望。由此将产生两种后果，要么你的信念并不能促成真正的行动，要么就是你表面上依照法则的要求这样去做了，但其实内心情感是与之对抗的，从而出现了斯托克尔所谓的"精神分裂"。据此，斯托克尔举出了一个著名的例子：试想你因为患病而住院了，你的朋友不远万里前来看你，此时你的内心充满了愉悦与感动。但是，当你的朋友说，他前来看望你并不是因为友谊或者对你的关心，而是因为他认为这是自己的责任，即有义务帮助一个处于病患之中的人振作起来，那么，你的心里会是怎样的感受呢？[2]

斯托克尔的这一批评与威廉斯关于"内在理由与外在理由"的观点相关。

---

[1] ［美］迈克尔·斯托克：《现代伦理理论的精神分裂症》，谭安奎译，载于《美德伦理与道德要求》，徐向东编译，江苏人民出版社 2007 年版，第 59 页。

[2] 参见［美］迈克尔·斯托克：《现代伦理理论的精神分裂症》，谭安奎译，载于《美德伦理与道德要求》，徐向东编译，江苏人民出版社 2007 年版，第 66 页。

威廉斯指出，所谓"内在理由"，是指行动者出于内心的真实欲望而行动，在这里，动机与理由是相互一致的；所谓"外在理由"，是指行为者的动机与理由是相分离的，此时，作为外在理由的规范性原因无法作为行为者的真实动机。① 无论是在斯托克还是威廉斯那里，作为休谟主义者，他们都认为只有情感、欲望等这些经验性要素才能作为行动的内在理由，然而，像康德那样将实践理性及其法则作为动机，其实就会导致一个无效的结论。因为仅仅作为一个"外在理由"，它缺少转化为行动的"内在理由"的根据。徐向东对此总结道："对一个行动者来说，只有当一个内在理由已经与他有意寻求，而且在恰当时候想要与实现的某个目的联系起来时，那个理由才能够激活起来，因此充当一个具有实际的动机效应的理由。然而，目的的寻求和实现有赖于行动者的实际能力和自我理解。一个行动者在相信他有理由持有某个目的可能会犯错误，或者缺乏对其信念加以辩护的充分根据。因此，理由在逻辑上是可以与动机分离开来的，而且，如果我们确实认为理由的概念是规范的，比如说，能够用来辩护行动，那么那种分离实际上就显得很重要了。"② 基于"信念—欲望"的二分法，威廉斯以"内在主义"和"外在主义"来衡量各种道德哲学。所谓"内在主义"，就是指在其眼里内在理由与外在理由是天然统一的，其中不需要任何辩护性条件加以转换；而在"外在主义"看来，两种理由是相互独立的，从外在理由到内在理由，即从规范转化为动机，必须经过一个协调性过程。由于以实践理性及其法则为动机，在威廉斯看来，康德的义务论显然属于内在主义。但是，信念与理由是有差距的，我相信一个法则的正当性，这并不意味着我要照此行动，甚至于我也找不到这样行动的充分的理由。

理性主义者以实践理性及其法则作为行动的理由，在斯托克看来是不够的，因为他们错误地以为道德上的良好意图就会自然地转化为行动上的动

---

① 　[英] 伯纳德·威廉斯：《道德运气》，徐向东译，上海译文出版社 2007 年版，第 145 页。
② 　徐向东：《道德哲学与实践理性》，商务印书馆 2007 年版，第 250 页。

机。恰恰相反，在现实世界中存在着大量这样的现象：一个所谓的出于义务的要求而行动的人，其实内心里却充满了抵触。站在休谟主义的立场上，斯托克坚定地认为，理性与情感、动机与理由必须统一协调起来，由此才能激发真实的行动，而且只有如此，行动者才不会陷入二元的、"精神分裂"的生活。斯托克进一步指出，只有那些基于爱、友谊、温情、和谐、亲善等自然情感的行为才是值得肯定的，他们行动的动机就是理由。为此，斯托克呼唤一种不同于义务论的美德伦理学，它不再是基于正当性、责任和法则，而是根据人性的自然需求建立起来的实践理论。

斯托克以及威廉斯的观点激发了很多讨论，人们开始以"内在主义/外在主义"、"动机与理由"等为视角来审视康德的观点。尤其是，这些视角让人们进一步意识到，康德伦理学以其"理性至上主义"，已经统治了现代道德哲学太长的时间。为此，通过将其与功利主义一道划为理性中心主义，当代美德伦理学掀起了一次情感主义的浪潮。从道德动机问题出发，情感主义者否认理性及其规则有资格作为行动的原发性力量。他们站在休谟的立场上，认为理性对于激情只是起到调解作用，而真正激发行动的只能是欲望或者情感。[①] 斯托克在另一篇文章中指出，只有以情感为依据，由"理性至上主义者"所导致的这种"精神分裂症候"才能得到治愈。首先，在亚里士多德那里，一个好人就必须拥有正确的情感，它能够指导人如何行动与如何生活。其次，像康德等理性主义者都犯了一个严重的错误，即认为情感、欲望仅仅是盲目的本能冲动，它们并不具有任何鉴别与判断的能力，而只有理性才能够承担这一任务。相反，斯托克认为，情感本身拥有评价性功能，即能

---

① 根据加尔文的阐述，康德的理性动机论不仅受到情感主义者的大量批评，即便在罗斯（W.D.Ross, 1954）这样的直觉义务论者那里也是不被接受的。罗斯指出"尽管对于义务的意识有时候伴随着尊重，但只有当有欲望去实践它时，我们才能够完成义务。"罗斯的质疑不乏同道，像普理查德（H.A. Pritchard, 1955）、菲尔德（G.C.Field, 1970）等人都指出，没有情感或欲望的帮助，理性自己不可能产生行动。– Richard Galvin, Does Kant's Psychology of Morality Need Basic Revision? *Mind, New Series*, Vol.100, No.2, 1991, pp.221–236, p.223.

够产生认识性行为。在此，他以亚里士多德关于"愤怒"的论述为例指出："在亚里士多德那里，被轻视就是被否定了适当的重要性与适当的尊重。因此，无须特意证明，愤怒之人必然会认为自己由于被否定了适当的尊重而受到了道德性伤害。因此——假设我的愤怒完全像亚里士多德所描述的那样——如果你被轻视，那么我的愤怒就表明我仍然在意你是我的朋友。相似地，我在音乐会上感到厌倦，可能就表明我并不重视音乐或者这场演出。因此，情感能够给我们提供关于评价的信息。它们与评价本身也有着系统的、认知性的联系。"[1] 可见，我们通常所认为的无意识的情感，其实都是在某种理由的基础上发生的，而这就意味着情感本身必然带有一定程度的评价性色彩。这一主张得到了越来越多的学者的认同，像威廉斯、纳斯鲍姆、斯洛特、所罗门 (Robert C. Solomon) 等都通过大量深入的分析而认为，情感并不是盲目的冲动，它能够通过自身的敏锐感知而针对复杂的情境做出相应的判断，而且，这种判断将比理性更加准确。就这一问题，由于与关于道德判断的"不偏不倚性"问题直接相关，我们将在下一部分中做更为详细的阐述。

二、情感与偏倚性

作为美德伦理学的另一位重要代表，默多克 (Iris Murdoch) 指出，在康德那里，首先，情感在实践理性当中被误解了，情感要么被视为扰乱实践理性的障碍，要么被视为行动的附庸。其次，康德也没有说清楚行为者是如何行动的，道德选择变成了一种神秘的、孤立的意志活动。再次，在不相互关联的意志活动中，行为者的内在道德生活消隐了，他的思考、想象、深层态度以及情感都没有位置，行为者仅仅是一个空洞的意志。[2] 布鲁姆认为，默

---

① Michael Stoker, *How Emotions Reveal Value and Help Cure the Schizophrenia of Modern Ethical Theories*, in Roger Crisp, Michael Slote, ed., *Virtue Ethics*, New York: Oxford University Press, 1997, pp.124–125.

② Carla Bagnoli, Respect and Loving Attention, *Canadian Journal of Philosophy*, Vol.33.No.4, 2003, pp.483–515. 关于默多克的观点，出自她的著作 *Existentialists and Mystics*（P. Conradi, ed., London:Penguin, 1997）本书这里是采用 Bagnoli 对于默多克相关论述的总结。

多克提醒人们应该充分注意道德感知的重要性，它是对于情境的体会与把握。布鲁姆进一步提出，"道德感知不能被等同于道德判断。在一个给定的情境中，道德感知先于道德判断出场，它能够完全在判断的作用之外引起道德行动，而且，更一般地讲，感知含有未包含于道德判断中的道德能力。"①在这里，布鲁姆表明，道德感知不仅具有评价性功能，它实际上比道德判断更为根本。因为在现实生活中，往往是道德感知先于理性思维而对于情境进行先期的判断，这种"道德感知"，主要是由我们的爱、同情等自然情感所构成。为了更加清楚地表达自己的意思，布鲁姆举出这样的例子：琼与约翰一起坐地铁，车上座无虚席，旁边站着一位拿着东西的三十多岁的妇女。约翰知道这位妇女站在旁边，而琼不仅知道这一点，而且能够清楚地意识到这位妇女的不舒服，也就是说，琼对于这位妇女现在的感受有着更为敏锐的感知，而约翰相对而言是比较迟钝的。在这里，布鲁姆指出，按照一般性的解释，似乎并不能认为约翰是不如琼那样有道德的，因为如果琼向他提示这一切，约翰会像琼一样做出帮助这位妇女的行为。但是，二者仍然存在着道德差别。因为约翰就是这样一个人，他并不是不道德的，只是对于他人的实际感受，他缺乏深刻而且及时的感知。相比而言，琼是更加具有道德或者美德的人。

生活中，这样的例子比比皆是，布鲁姆又举出一例。假设特丽萨是一个公司的部门主管，由于饱受腿部伤残的折磨，她的下属朱利奥提请特丽萨帮助自己向公司申请伤残补助。特丽萨接受了朱利奥的请求，不过她这样做完全是由于这一切符合公司所应该承担的法律义务。其实，在特丽萨的心里，她并不同情朱利奥所遭遇的不幸，这使得她实际上并没有为后者提供充分的帮助。究其原因，在于特丽萨并没有深刻地体验到朱利奥所遭遇的痛苦。对此，布鲁姆指出，特丽萨仍然具有"道德辨别"能力，否则的话，她就不会

---

① ［美］劳伦斯·布鲁姆：《道德感知与特殊性》，谭安奎译，载于《美德伦理与道德要求》，徐向东编，江苏人民出版社 2007 年版，第 194 页。

为朱丽奥申请补助。然而，特丽萨并不具有更深层次的"道德感知"，也就是对于朱丽奥真实感受的"同情"。"'道德辨别'的概念把特丽萨在该情境中的任务（与失败）过分理智化了，而且忽略了同情的理解必然需要的情感之维，这种情感之维对于充分恰当的道德感知常常（虽然绝非总是）是必要的。"①

通过特意区分"道德辨别"与"道德感知"，布鲁姆明确地表明了一种情感主义立场：在日常的道德行为中，以"同情"为核心的对他人内心感受的把握能力，不仅是具有道德意义的，而且比道德思维更加重要，也更为根本。因为首先，情感是相对于思维而言一种先期存在的能力；其次，情感能够比思维更加准确而迅速地把握住道德情境的突出特点，从而充分地感知他人的心理状态。布鲁姆认为，拥有道德感知意味着我们会做出更为准确的判断，而这就是基于情感所产生的、针对行为对象的"偏倚性原则"。然而，规则伦理学却是一直抱有相反的理念：道德规范应该始终坚持"不偏不倚性原则"，其中最典型的莫过于康德主义。

在布鲁姆看来，康德主义缺少对于道德感知的充分的阐释，原因在于，康德以理性能力及其相关法则为中心，认为真正意义上的道德行动只能是理性存在者出于对道德法则的尊重而做出的。布鲁姆在其《友谊、利他主义与道德》一书中进一步表明，康德明确地贬低情感在道德中的作用，认为它是盲目的、易变的，而且具有偏倚性，因此必须凭借稳定的、慎思的理性进行推理，依据道德法则而采取公正的行为。依据这一前提，康德不承认爱、同情、友谊等情感可以作为道德行为的动机，而只将它们置于道德法则的约束之下作为理性的附庸。也就是说，康德主义要求我们怀有不偏不倚的"冷漠的"态度，从人们的实际需要而非亲密性角度进行道德判断与行动选择。②

---

① ［美］劳伦斯·布鲁姆：《道德感知与特殊性》，谭安奎译，载于《美德伦理与道德要求》，徐向东编，江苏人民出版社 2007 年版，第 196 页。

② 参见 Lawrence A. Blum, *Friendship, Altruism and Morality*, Routledge & Kegan Paul Ltd., 1990, pp.4–5。

但是，如此一来，康德伦理学就会产生以上所说的弊病：行为者对于他人的真实感受缺乏深入的体会，从而无法出于内心的深度认可去"尽心竭力"地帮助他人。布鲁姆这样写道：

"如果我们要在缺少对于他人的不幸的情感反应，而在出于对他人的仁爱的义务的情况下理解康德主义的人的概念，那么我认为我们就必然会设想出这样的人的形象：当他确定他人处于灾难和不幸之中时，那么他就有意识地去做他认为是自己的义务的事，即帮助他人。但是这样的人并不是自然地感知到他人的不幸，以至于会像同情者那样去做。因此，相比于同情者，他实际上会更少地相信他人的需求、痛苦、不幸以及灾难。因而，他并不会像同情者那样在任何时刻都施以仁爱的行为。"①

道德义务虽然是正确的，而行为者也确实是像康德所要求的那样是"出于义务"而行动的，但是，我们从中感受不到人性的热度与真正的仁爱。尤其是，基于理性的道德判断是一种形成一般化规则的能力，它无法针对具体的情境与特殊的对象而做出适当的选择。也就是说，康德所提倡的不偏不倚的理性化态度并不能结合多样化的现实状况给出准确的道德判断。正如例子中所揭示的问题：约翰和特丽萨都可以按照法则去行事，他们也相信这样做是正确的，但是，由于缺乏深刻的同情，他们的行动只是停留在"完成义务"的层面上而已。

以理性能力为中心的康德主义只能提供普遍性法则，但是，复杂的现实要求我们更多时候应针对具体情境做出"特殊化"判断。在这方面，一般性规则的作用是有限的，而我们只能求助于道德感知，即灵活而且敏锐的情感。由此，布鲁姆开辟了一个崭新的视界，那就是道德行为并不是像以往所认为的那样，必须是出于不偏不倚的态度而产生的"公正的"行动，道德哲学也并不是必须以围绕他人利益所产生的客观化法则为全部内容，以至于消除了一切与个人情感和诉求有关的原则。道德哲学不必一定是普遍主义的，

---

① Lawrence A. Blum, *Friendship, Altruism and Morality*, Routledge & Kegan Paul Ltd., 1990, p.136.

在更多时候，它其实是特殊主义的。为了准确地做出那些"特殊性"的道德判断，布鲁姆要求人们培养自己的情感，尤其是作为"仁爱"基础的同情的能力，通过感受他人之所感，我们能够对当事人所处的环境、所遭遇的困难获得更加深刻的体会，并且，丰富而细腻的情感会让我们更加注意生活与人性中的细节，从而施以最为恰当的帮助。以友爱之心而非冷峻的义务感参与到对他人的帮助之中，一方面能够克服斯托克尔所说的由于动机与理由不一致所导致的"精神分裂症候"；另一方面，也会让人与人之间的关系变得更加和谐、紧密。总之，基于普遍主义的康德伦理学，很可能无法真诚而且准确地行事，布鲁姆对此详细地分析道：

"假设康德主义的行为者持有这一原则'帮助那些处于痛苦之中的人。'这一原则专门适用于处于痛苦中的他人的情境。但是，坚持这一原则的单纯事实并不会告诉行为者一个人什么时候处于痛苦中，而他是否感知到他人的痛苦取决于各种要素。因为缺乏共情 (empathy)，他可能经常无法感知到别人的痛苦，或者将这种实际的痛苦体会为并不那么严重，而只是不适、难受或者忧虑。相比于利他主义的情感和美德，这是康德主义的弱点，它无法处理这类难题。"①

在此，布鲁姆明确地指出，问题的根源在于康德抛弃了情感而以理性作为道德行动的根据。然而，美德伦理学在这一点上坚持与康德主义截然相反的立场：是情感而非理性，才更应该作为道德的根本性条件。康德以为只有"不偏不倚性原则"才是道德的核心，但实际上，偏倚性的同情、仁爱、友谊同样具有举足轻重的道德意义。在康德那里，并不存在"友谊的义务"，因为它被视为一种私人性关系，其功能是为了满足个人情感的需要。然而，布鲁姆认为这是不对的。友谊一方面着眼于朋友的善，是对他人的关心，因此并不是利己主义的，这符合道德法则的基本要求；另一方面，友谊是一种更加符合情境化要求的适当的情感。这里，我们可以回想起斯托克尔所举的

---

① Lawrence A. Blum, *Friendship, Altruism and Morality*, Routledge & Kegan Paul Ltd., 1990, p.138.

那个著名的例子，那位出于责任而非友谊前来看望你的朋友，当他说出自己这样做的真实原因后，你还会把他视为真正的朋友么？即便他是一个如此尊重道德义务并按照义务而行动的人？显然，我们不会再把这样的人当作自己的朋友，因为在常识伦理学看来，他实际上并没有履行"作为朋友的义务"。相比于以"公正"为核心的道德法则，友谊确实是偏倚性的特殊情感，它是针对特定的人所产生的关心与体贴，但是，它在朋友之间却是最为合适的关系状态。同时，这种情感并不一定是与道德原则相违背的，相反，很多时候，它们二者是兼容的。试想，你的一位朋友目前正处于贫困之中，而同时你也从电视上看到遥远国度的某个难民正经历着更加严重的贫困。如果基于康德主义立场，那么你似乎应该首先帮助那个遥远国度的难民，因为即便是你内心更加渴望先帮助自己的朋友，但这却违背了义务论的"不偏不倚性原则"，而且，康德主义同时认为，帮助他人是道德义务，但是出于友谊帮助朋友则是为了满足自身的情感需要，它并不具有任何道德价值。不过，如果我们真的按照这一要求去行动，那么将是极其违反常识性伦理的。也就是说，从常人的角度看，我们很难把这样的人视为有道德的。

　　某种意义上，我们可以这样说：当代美德伦理学是以情感为中心，反对以理性为中心的规则伦理学。的确，无论是康德主义还是功利主义，都是将"理性"作为道德判断的基本能力，在它们眼中，不偏不倚的公正原则是道德行为的基本规范。[①] 尤其是在康德那里，只有"纯粹理性"才能够产生真正的道德法则，而情感或者欲望由于只是后天的经验性质料，因此并不能作为道德法则的基础。相比而言，功利主义由于将"最大幸福总量"作为行

---

① 作为功利主义的奠基人，密尔表明功利主义就是以不偏不倚性为根本指导原则："我必须再次强调，功利主义的反对者们很少正确认识到：在功利主义理论中，作为行为是非标准的'幸福'这一概念，所指的并非是行为者自身的幸福，而是与行为有关的所有人的幸福。因为行为者介于自身幸福和他人幸福之间，故功利主义道德要求他做到如同一个无私的、仁慈的旁观者那样保持不偏不倚。"——［英］密尔：《功利主义》，叶建新译，九州出版社 2007 年版，第 41 页。

为的规范，因此，一切能够促进这一目的的手段都是被允许的，在这一意义上，功利主义者并不像康德那样追求纯粹的理性，而是承认理性的工具性价值。显然，在当代美德伦理学学者以及一些情感主义者眼中，康德伦理学是敌视情感的极端主义者，是冷酷严厉的代名词。① 反对者们指出，康德将理性与情感严格地区分开来，将前者确定为逻辑的、智性的，而将后者视作本能的、感性的，其实是对于情感的严重误解。相反，情感具有先天性的评价、判断甚至思考的能力。当代著名的情感主义者所罗门指出："并非像人们通常所认为的那样，情感是粗糙的、浅陋的、原始的、非逻辑的以及愚蠢的冲动。相反，它们是极其细腻的、灵敏的、深思的、文明的、博学的、逻辑的以及理智的。"② 所罗门认为，应该将 emotion 与 feeling 区分开，后者是我们一般所理解的"物理性的知觉"，而前者则具有内在的逻辑结构，对于外界能够做出一定的把握与判断。例如，大多数的愤怒在所罗门看来并不是简单的情感反应，它其实是针对某个对象所做出的认知性的表达。不过，情感又并不能等同于纯粹的理智性思考，更准确地说，它是先于思考而发生的。在此，所罗门表明，可以站在现象学的立场上，将情感视为一种意向性功能。所罗门承认自己的观点与舍勒的情感现象学很是接近，但他不接受后者关于"先天性情感"的说法。总之，在所罗门看来，世界是由情感所建构的，或者用让-保罗·萨特的话来说，它是"对于世界的魔术般的构型"。③

所罗门的"情感认知主义"对于大量情感做出了一种"理性化"审视。他指出，像"爱"的情感并不仅仅是对于他人美德的赞赏，而是一套"判断体系"，它蕴涵着人们共同享有的认同、兴趣、个人视角、魅力、身份以及

---

① 同样作为一个流派的名称，美德伦理学与情感主义有着大量的交叉关系。首先，美德伦理学由于十分注重情感的核心性作用，因此它在广泛的意义上可以说就是情感主义的，像威廉斯、富特、纳斯鲍姆、斯洛特、布鲁姆等就经常从这一角度批判康德。不过，赫斯特豪斯则更为注重理性的作用，并且也因此比较同情康德的理论，这一点尤其反映在她关于亚里士多德和康德的比较性论述中。

② Robert C. Solomon, The logic of Emotion, *Noûs*, Vol.11, No.1, 1977, pp.41–49, p.46.

③ Robert C. Solomon, The logic of Emotion, *Noûs*, Vol.11, No.1, 1977, pp.41–49, p.46.

相互关注，其中还渗透着大量难以名状的虚构与象征；而像"嫉妒"的情感则包含着对于自我价值缺失的判断。① 所罗门将情感进一步区分为强烈的与平静的，相比于强烈的情感，平静的情感更多地具有理智性要素，例如，一种持久的"爱"必然是基于对他人的尊重与关怀，而这些都离不开对于所爱对象的认知。在这里，所罗门强调情感与信念存在着内在关联，持久而稳定的情感是由信念所支撑的。

通过重视情感的认知作用，当代美德伦理学逐渐形成了自己所独有的研究领域，从而确实在相当大程度上与以康德主义、功利主义为代表的规则伦理学形成了鲜明的界限。斯洛特认为，相比于抽象化的法则或者原理，道德情感更加值得我们重视，它是产生一切行为规范的源头。其中，"共情"(empathy)居于道德情感的核心地位。斯洛特承认，他的"共情"是从休谟的"同情"(sympathy)概念发展出来的。不过，在休谟那里，"同情"与"共情"经常被混用，这使得人们并未领略二者之间的细微差别。其实，"共情"具有比"同情"更为深刻的含义。"同情"一般是指对处于痛苦中的人施以怜悯，而"共情"则是真正的感同身受，是主体与客体最大程度地情感的同一化。也就是说，此时的主体不仅仅是怜悯他人的痛苦，而是同时自己也感到同样的痛苦。② 这种共情是不由自主的，而且经常发生，它在道德情感中发挥着核心性功能。重要的是，共情也是一种"评价性的判断"，它能够对于道德现象施以理解、把握，从而形成符合情境要求的决定。像布鲁姆一样，斯洛

---

① 参见 Robert C. Solomon, On Emotions as Judgement, *American Philosophical Quarterly*, Vol.25, No.2, 1988, pp.183–191, p.186。

② Michael Slote, *Moral Sentimentalism,* New York :Oxford University Press, 2010, pp.18–19. 在这里，我们将斯洛特的 empathy 译为"共情"，而国内学者大多翻译为"移情"(可参见陈真《论斯洛特的道德情感主义》，《哲学研究》2013 年第 6 期；韩玉胜《斯洛特移情关怀伦理学的价值内涵及其局限》，《哲学研究》2017 年第 11 期)。其实，依据斯洛特的本意，这种超越了 sympathy 的 empathy，关键之处在于最大程度地消解了主体与客体的界限，即达到"人同此心"的境地，因此，中文译为"共情"更加合适。而"移情"则侧重于主体对于客体的情感"投射"，它仍然是以二者的差别为前提的。

特指出，一方面，相比于理性，共情能够说明我们日常生活中"偏倚性"道德选择的合理性。因为一般而言，我们对于身边人的共情程度肯定要强于距离较远的人的移情程度，所以选择先帮助前者而不是后者就往往被视为合适的举动。另一方面，通过共情所做出的道德判断可能更加准确。例如，当我们面对眼下正被困在井下的矿工时，是选择想尽一切办法尽快救人，还是考虑未来为了能够保障更多人的安全，而应该节省下更多的人力物力以建设好煤矿里的一切安全措施呢？在功利主义看来，也许我们应该选择后者，因为这符合利益的最大化原则。但是，共情理论却要求我们不惜一切代价努力救出那些处于危险中的矿工，而这也是完全正确的选择。

康德一般将基于情感的动机理解为利己主义的，因为像出于"仁爱"、"同情"等动机所产生的行动，虽然行为者表面上是在帮助他人，但其实是为了获得自身的精神满足与心灵愉悦。然而，斯洛特通过心理学家巴特森（C. Daniel Batson）的"共情—利他主义假说"表明，以"共情"为动机，主体能够产生利他主义行为。例如，当我们看到一个人悲伤时，我们正是凭借"共情"进入对方的世界，在进行深入的体验之后，类似的情感驱使我们采取帮助他脱离悲伤的举动。可以看到，这一看法与斯托克尔、布鲁姆的论证相一致：只有情感的相互融合才会让我们真心实意地帮助他人，而不是像理性主义所主张的那样是受到义务的约束与驱使。

康德认为，行为的正当性基于理性及其所产生的道德法则，而出于同情的动机无法作为正当行动的基础。对此，斯洛特举出这样的例子：一个司机正在倒车离开马路，然而他不小心撞到了一个在车后玩耍的孩子。显然，司机没有任何犯罪意图，他肯定不想这样的事件发生，我们甚至可以设想这位司机同样是拥有对他人的同情和关怀态度的善良之人，但是我们仍然认为他做错了。依据康德的义务论，我们有谴责他的理由，这是因为他缺少对于规则的尊重，即便他的本性是善良的。也就是说，在康德主义者看来，同情并不能作为道德行为的动机。然而，斯洛特认为这种看法是片面的。我们仍然可以站在情感主义的立场上，判定这位司机是"非道德的"，因为他缺少对于他人安全的充分的关爱。作为一名司机，他应该知道汽车的危险性，顽皮的孩子们可能会在附近出现等。总之，他并没有将他人的福利真正地放在心上，否则，在倒车时他至少会习惯性地仔细观察一下后面的情况。①

这样的例子表明，像康德所认为的那样，同情或者关爱等情感性动机不足以保证道德行动，其实是一种错误的论调。"在共情式关怀和道德上好的行为或者可接受的人类行为之间，存在着必然而且可靠的联系。"② 情感主义能够为道德上的对与错提供充分的辩护。

斯洛特承认自己对于康德主义的批评是"席勒式"的，他表明，康德认为出于情感性动机的行动不具有道德价值，因此是不值得赞赏的，其实是没有看到所谓理性的真实基础。站在还原论的立场上，斯洛特指出，只有自然性情感，如同情、仁爱等才是道德行为的根源，规范性的"应该"能够还原为事实性的"是"，所谓道德上的善就是从情感上的善推导出来的，当我们完全赞同某件行为或者某个人时，其实就意味着我们对其抱有"温暖的情感"，并由此激发"共情"，而不赞同时，就是抱有"否定性的情感"。由此，斯洛特认为自己弥合了在休谟那里可能存在着的"是"与"应该"之间的鸿沟。

针对康德主义等理性主义论调，斯洛特鲜明地表达了自己的立场：以"共情"为核心的情感，不仅就其性质而言能够是利他主义的，而且，"共情"与"关怀"是道德判断的真正根基。为了强化这一立场，斯洛特试图通过这种"共情"，进一步消解理性主义的其他观点。在理性主义看来，情感之所以没有资格作为保证行动的道德价值，还体现在两个方面：一是同情或者仁爱受制于时间、空间以及关系远近的限制，也就是说，人们往往是对于当下的、距离自己较近的，或者与自己情感关系较近的人才会施以相应的同情或关爱，而且，这种感情会随着这些外部条件的变化而变化，从而缺乏

---

① 参见 Michael Slote, *Moral Sentimentalism,* New York : Oxford University Press, 2010, pp.102–103。

② Michael Slote, *Moral Sentimentalism,* New York : Oxford University Press, 2010, p.105.

持久性和稳定性。换句话说，就像布鲁姆等人所阐述过的，理性主义者固执地认为道德必须是公正的，即不偏不倚的，而只有理性才能够做到这一点；二是对于理性主义，尤其是康德主义来说，道德必须基于行为者的"自主"(Autonomy)，也即行为者的自由选择。因为在康德看来，任何受制于自然因果性机制的行动都是一种"决定论"，即它是由一个质料性的原因所导致的，或者是为了经验性的满足，或者是为了实际利益的需要，总之都不是自由意志的体现。在这种情况下，道德行为不可能出现。康德指出，只有出于对道德法则的"尊重"才能保证这种"自主"，这是一种与经验性情感完全不同的、纯粹的理智性情感。然而，斯洛特完全不认同这样的看法。他认为，首先，情感主义伦理学一样能够突破时空以及关系远近的限制而适用于陌生人，从而形成关于"正义"的普遍性规范；其次，以共情或者关怀为动机，行为者并不会丧失道德主体的"自主性"，同时，被施以关怀的对象也不会失去自己的"自主性"。

很大程度上，"共情伦理学"就是一种关怀伦理学，斯洛特承认这一点，他也经常引用关怀伦理学学者的观点来支持自己的论证。斯洛特指出，"共情式"的关怀伦理学有这样的优点：首先，它为偏倚性的行为做出了道德辩护，即人们在对他人施以关怀与帮助时，依据远近亲疏而行动是正确的。在前文中，我们曾经讨论过，康德主义无法为正当的偏倚性行为提供辩护，布鲁姆通过"友谊"这种特殊性情感对其进行了深入备至的批判。关于这一问题，威廉斯在他的《个人、品格与道德》一文中也有类似的探讨，他举出这样的例子：如果一个人可以在不付出任何代价的情况下救出两个处于同样危险的人，而其中一个是他的妻子，另一个则是陌生人，但条件是他只能救出一个人，那么，对于一般人而言都会选择先救自己的妻子，如果依据康德式的要求，他这样做的时候并不应该是基于对妻子的爱，而是作为丈夫的道德义务的要求，然而，这虽然会促使这个人采取同样的行动，但显然是违背常识性伦理的。在威廉斯看来，这犯了"思虑过度"的错误，而仅仅出于爱便毫不犹豫地选择去救自己的妻子，不仅是正确的，而且是在道德上可允许的，即"道德原则可以使他的偏好变得合法"。① 斯洛特的论证遵循着威廉斯、布鲁姆等人的一贯思路：出于个人情感需要的偏倚性行动同样具有道德意义。斯洛特进一步认为，"共情"、"关爱"是道德情感真正的源泉，而这为我们更加关心自己的身边人而非远方受难的陌生人提供了有力的道德辩护。另一方面，斯洛特也指出，基于"共情"的关怀伦理学也能够发展出"正义"的观念，即能够为不偏不倚性原则提供理论说明。就一项法律或者制度而言，如果它称得上是公正的，那么就往往是基于"共情"所产生的。例如，要求现代社会全日制工作的妇女还要承担家庭中的大部分家务，就是不公正的，而这主要是出于"共情"的要求。同样，就社会分配而言，"共情"也能产生出真正的正义。例如，甲将在乙和丙两人之间选择一个去资助，其中乙处于饥饿之中，而丙则需要有人帮助他去念大学。若选择帮助乙，那么所产生的效益仅仅是让一个人解决最基本的生存问题，而如果选择帮助丙，那么在他毕业之后很可能成为一名出色的人才，从而为社会做出更大的贡献。此时，甲该如何决定呢？功利主义者很可能会选择帮助丙，但是，这是与我们的常识性道德相冲突的，斯洛特相信，大多数人会支持甲帮助乙，虽然这并不符合最大化利益原则，但却是出于人性的"共情"所做出的正确的决定。可见，关怀伦理学比功利主义等学说更能体现经济平等，尤其是，"共情"与"关怀"更加关注的是贫困者等弱势群体的境遇。斯洛特明确地指出："我们可以说一种社会性同情，或者说并不缺少同情的法律或者制度，是依据关怀伦理学产生的社会正义的必要条件。"② 同样，对身边人的同情与关心也具有延展性，即可以延伸至更远距离（无论是空间还是情感上）的对象身上，就像儒家伦理学所说："老吾老以及人之老，幼吾幼以及人之幼"。"共情式"关怀伦理学很好地解决了"偏倚性／不偏不倚性"的内部冲突问题。

在斯洛特看来，康德伦理学是以"自主"(Autonomy)为核心的，它要

① [英] 伯纳德·威廉斯：《道德运气》，徐向东译，上海译文出版社2007年版，第26页。

② Michael Slote, *The Ethics of Care and Empathy,* London and New York: Routledge, 2007, p.100.

求行为者应该成为理性的自由的道德主体，而依据这一立场，关怀伦理学很可能导致这种"自主"的丧失。不过，斯洛特指出，一方面，道德主体不会因此成为"不自由的"，因为任何帮助他人的责任感，归根结底都是源于自然主义的同情与仁爱。据此，斯洛特表明我们不用采取康德式的"本体论设定"，即认为存在着不同于现象世界的作为本体的"先验自由"世界，虽然我们无法认识它，但是为了道德行为的可能性，我们必须假定它的存在，而且，只有出于对道德法则的尊重而行动，我们才能够实现这种纯粹的自由。① 另一方面，就被关心的对象而言，斯洛特认为也不会出现康德主义者所担心的"家长制作风"，即有些人出于对他人的同情与关怀而代替对方进行选择，从而严重妨碍了他人的自由，这尤其体现在家长对于孩子的管教上。关键之处在于，我们要对于这种现象做出精确的分析。并非所有的"家长制作风"都是坏的，就家长而言，他们有责任对于孩子的成长加以规约与教导，因为孩子并非生来就是成熟的道德主体。但是，与不恰当的管制相比，恰当的"家长制"主要是基于"共情"与"关怀"而产生的合理的教育方式。斯洛特详细地阐释了其中复杂的关系，他指出，父母对于孩子的"共情"不是说要完全沉溺于孩子的情感之中，而是在对孩子施以充分关心的前提下仍然保持适当的距离，否则就会产生家长对于孩子自主性的干涉。斯洛特强调，"共情"是以"尊重"对方为基础的，而那种过度的沉溺可以被称为"代替性成功症候"，它是对于所关心对象的个体性与特殊性的否定。② 如果家长能够真正地认识到"共情"的内涵，那么就会与孩子保持适当的距离，并且对其施以良好的管教。

斯洛特的"共情"理论与近些年来兴起的关怀伦理学有着强烈的呼应关系，它们享有共同的理论前提，那就是以"共情"、"同情"或者"关怀"为基础构建伦理学体系。一般而言，他们都属于情感主义者，将休谟、亚

---

① 参见 Michael Slote, *Moral Sentimentalism,* New York : Oxford University Press, 2010, p.109。

② 参见 Michael Slote, *Moral Sentimentalism,* New York : Oxford University Press, 2010, p.111。

当·斯密等人的"同情说"视为其最重要的理论源泉。同时，他们也更多地将自己视为美德伦理学的支持者。①尤其是，无论是美德伦理学还是关怀伦理学，它们都对以"理性的个体与普遍性法则"为核心的康德主义、功利主义施以激烈的批评，而它们共同的立足点主要是情感在道德行为中所具有的本源性特征。尤其从同情的经验性感受出发，两种伦理学都更加注重道德实践的情境性与特殊性。

根据以上的分析，康德主义容易导向难以解决的困难，其义务论论证的是普遍性的公正而非具体的仁爱或者友谊，布鲁姆、斯洛特等人对此已经表达了深刻的不满，而这也成为当代美德伦理学不断发展完善的动力。

三、自我—他人的不对称性

不偏不倚的公正性原则是康德伦理学的基本特征，从这一点出发，当代美德伦理学不断进行深入的批判。斯洛特指出，这种不偏不倚性容易导致另一个严重的问题，即在人的利益或者幸福方面出现自我与他人的不对称性：

"根据康德，不存在关于自我利益的绝对命令，也不存在追求一个人自己的福利或幸福的绝对理性义务或道德义务，这种义务是康德相信能从与他

---

① 包括斯洛特在内，很多学者认为关怀伦理学是美德伦理学的一种形式。不过，赫尔德认为关怀伦理学不只是一种美德伦理学。二者的区别是，"美德伦理学尤其注重个人的品格状态，而关怀伦理学特别关注关怀关系：关怀的关系具有首要的价值。"（[美] 弗吉尼亚·赫尔德：《关怀伦理学》，苑莉均译，商务印书馆 2014 年版，第 28 页）赫尔德甚至认为，关怀伦理学是一种不同于美德伦理学的独特的伦理世界观。作为一种女性主义伦理学，它的特征主要在于"将人视为在道德和认识论上都是相关的和相互依赖的。"（[美] 弗吉尼亚·赫尔德：《关怀伦理学》，第 18 页）作为这一流派的主要代表，赫尔德虽然致力于将关怀伦理学从美德伦理学中独立出来，不过她仍然承认，和后者一样，它们都将自己的理论渊源上溯至亚里士多德、休谟这些美德理论家和道德感觉论者那里。但是，由于以个体的人为中心，赫尔德又将美德伦理学划归到与康德主义、功利主义一样的阵营。在我们看来，无论如何，关怀伦理学与美德伦理学都具有极为密切的联系，它们不仅拥有共同的理论根源，而且这种亲近性还体现在拥有着共同的对立面，即在它们眼中，康德主义与功利主义由于以理性原则作为道德理论的基础，都应该受到批判。

人的关系而非与行动者自己的关系中给予证明的。……可以说康德主义实践
理性产生了涉他或偏爱他人的绝对道德命令，但并没有产生合理的自我利益
的绝对命令。"①

　　在斯洛特看来，无论是常识性伦理学，还是康德伦理学，都不将个人
的幸福与利益放在重要位置，更不把实现这种幸福和利益视为道德义务，因
此，二者都是"贬低了道德行动者的价值"。究其原因，斯洛特认为，首先
是康德将个人幸福理解为一个主观性概念。康德"认为一个人自身的幸福概
念是过于不确定、过于个别地多变的，从而不适合作为命令的基础，这种
命令得具有那些从绝对命令衍生出来涉他道德命令所具有的那种深度和力
量。"② 其次，在康德看来，一个人没有义务去追求自己的幸福，因为每个人
都会自发地去追求或促进自己的幸福，而职责或者义务只是适用于那些人们
不太情愿地采纳的情况。③ 现实生活中，相对于追求自己的利益来说，我们
往往容易忽略他人的利益，因此，康德只是将促进他人的幸福作为一种义
务。与此同时，在康德那里还存在关于"完全义务／不完全义务"的分类。"完
全义务"是指道德法则所要求的那些基本的义务，而"不完全义务"是在此
之上人们如果去履行则值得赞赏的义务，其中包括促进我们自己的道德完善
和促进他人的幸福。可是，即便在这个范畴内，康德仍然不认为存在着促进
自己的幸福的义务和促进他人的道德完善的义务。斯洛特对于这样的主张表
达了严重的怀疑，首先，他并不认为幸福是一个完全主观性的概念，而追求
这种个人幸福同样属于道德要求："幸福、福利或个体利益的这些要素是足
够确定的，它们能将关于自我利益的命令赋予我们，而这种命令是康德所明
确否定的。"其次，一个人也并非像康德所断定的那样是自动地关心自己的
利益的。相反，在现实生活中，我们看到了太多的人在过一种漠视自我、伤
害自我的人生。例如那些吸毒者、禁欲者以及那些以牺牲自己的健康换取他

① ［美］迈克尔·斯洛特：《从道德到美德》，周亮译，译林出版社 2017 年版，第 34—35 页。
② ［美］迈克尔·斯洛特：《从道德到美德》，周亮译，译林出版社 2017 年版，第 35 页。
③ ［美］迈克尔·斯洛特：《从道德到美德》，周亮译，译林出版社 2017 年版，第 56 页。

人的福利的人。当然，斯洛特注意到，康德也曾指出，我们有义务去发展自己的自然天赋，有义务不去做伤害自己的事，有义务施行自我保存，但"除非对完成其他义务有必要，否则我们就没有道德理由去让自己幸福或过得好。（而我们助益其他人的幸福的义务，则在这个意义上并不是衍生的。）"

总之，在康德的道德义务的排序表中，个人幸福与利益始终处于次要的位置，它是在保证他人的幸福与利益的前提才获得其合理性的。在斯洛特看来，这是犯了"自我—他人的不对称"的错误，因而康德伦理学（包括日常伦理学）将由此导致自身理论的不一致，因为"一个人有义务帮助别人追求幸福，但一个人却没有义务追求他自己的幸福（除非是作为一种派生出的手段，如果追求个人幸福能作为追求他人的幸福或个人的人格或道德成长的手段的话）。然而，康德的道义论（在它的某个方面）对于如何对待人却又要求自我—他人的对称性：一个人不能把自己或他人仅仅当作工具。"① 可见，在康德的理论体系中，同时出现了"自我—他人不对称"和"自我—他人对称"两种要求。如果完全依据康德所主张的这种绝对的利他主义，那么其实是将自身完全作为他人的工具而非目的，而这与康德的绝对命令之一，即人性论公式是相互冲突的。斯洛特进一步指出，有的人或许会提出以"完全义务／不完全义务"的模式来解决这一问题，但康德却明确地否认了用这两种义务来进行说明。因为一方面，康德认为追求个人幸福由于是每个人不可避免地去做的，因而不可能是"完全义务"，而另一方面，即便是在"不完全义务"的范畴内，康德仍然没有给个人幸福的谋划留出空间，除非这样做是为了自我完善或者帮助他人。

康德的"完全义务／不完全义务"分为对自己与对他人两种类型。在"对自己的完全义务"中，康德列举了以下完全应该禁止的伤害自己的行为，包括因为内心沮丧而自杀、酗酒、自残等，在斯洛特看来，这些其实都属于对

---

① ［美］迈克尔·斯洛特：《从道德到美德》，周亮译，译林出版社 2017 年版，第 35、14、58 页。

于自身利益与幸福的维护，是康德理论中"自我—他人对称性"的表现。而康德如果依据其"不存在追求自身利益的义务"这一前提，那么就同样会承认"不存在不得故意自残的义务"。也就是说，按照康德的基本理论，不应该存在有关"对自己的完全义务"的概念设定。

在康德伦理学中，绝对命令是基石，但是，否定追求自身的幸福与利益是一项义务，却是对于绝对命令的巨大冲击，也导致了康德伦理体系内部严重的不协调。相反，在斯洛特看来，美德伦理学要求将行为者个人的幸福放到至少与他人平等的位置，因为只有在个人幸福获得保障的情况下，才有可能去更好地帮助他人。他引用福特在《道德信念》一文中的话说："如果一个品格特质不能有益于其拥有者或满足其拥有者的需要，这一特质就不能在严格意义上被视为美德。"① 即便是康德意义上的理性主体，也不能对自己的健康和免于未来的痛苦漠不关心。同时，追求自身的幸福与利益并不是一种利己主义，因为后者也是不对称的。我们认为，斯洛特所提出的以"自我—他人的对称性"为典型特征的美德伦理学，确实符合亚里士多德与安斯康姆所确立的基础性定义——幸福是最高的善。强调这一观点的理论背景是，在经历了现代道德哲学的长期统治之后，人们普遍认为当代伦理学的重心应该从他人的幸福调整到自我的幸福上。

强调个人幸福的重要性，是当代美德伦理学区别于其他理论的突出之处。在斯洛特看来，相比于康德主义，功利主义则体现出了"自我—他人的对称性"："在功利主义看来，在估算结果的善时，每个个体的福利或偏好都应被给予同等的权重，而这种结果的善构成了它关于道德正当性或更优性的断言的基础。"虽然功利主义包含着对自己和所有其他人的同等关切，但斯洛特进一步指出，"在某个给定的行动中，对行动者的关切只是这个行动的功利主义评价所表达出的总体关切中的一小部分。一个给定行动影响到的人越多，在决定这个行动应被如何评价时，行动者自己的福利或利益就越不重

---

① ［美］迈克尔·斯洛特：《从道德到美德》，周亮译，译林出版社 2017 年版，第 59、9 页。

要。"① 与美德伦理学相比，功利主义的这种对称性是脆弱的，关键在于它是将整体性利益的最大化作为道德行动的基本原则，而一旦个人利益影响到整体利益，那么就应该被牺牲掉。在这里，斯洛特其实隐晦地表达了这样的意思：功利主义的前提虽然蕴含了对于个人利益的重视，但它很可能最终仍然走向"自我—他人的不对称"。

通过对于康德主义、功利主义的分析与批判，斯洛特揭示了所谓"道德"概念本身所具有的弊病。在他看来，"道德"一词就其本性而言已经被人们视为是以利他主义为根本的，而关心自己的福利往往被视为"非道德的"。斯洛特主张抛弃这种导致"自我—他人不对称"的常识性道德，而代之以"美德"作为行动的基本规范，它是以"好"或者"卓越"为核心，而不是义务论中的"道德上错误"、"应该"以及"正当"。在斯洛特的美德理论体系中，"个人利好"与"可赞赏性"是最为根本的两个原则。

其实，在斯洛特的这种质疑之前，威廉斯就表达了类似的见解。在《个人、品格与道德》一文中，他主要批评了康德、罗尔斯等人的理论对于"个人完整性"的忽视与破坏。他指出，康德主义代表了一种典型的"道德的观点"，它是以不偏不倚的绝对命令为表征的，无视特定的人与特定的关系，从而也不关心个人利益的实现。② 不过，斯洛特则发展出了更加完善的论证，在他眼中，康德主义以他者的利益为中心，并且将普遍性的义务视为"道德"的本质，这显然是错误的。与此同时，斯洛特也强调美德伦理学并不因此就是抛弃利他主义道德的，因为帮助他人始终是美德者值得赞赏的重要标准之一。"平心而论，可以说我们的美德伦理学对他人的关心并不比常识道德或康德主义差多少，但对付出行动或拥有可赞赏的特质的行动者自己的幸福的关心，却比两者要多得多。"③

---

① [美] 迈克尔·斯洛特：《从道德到美德》，周亮译，译林出版社 2017 年版，第 116、117 页。

② 参见 [英] 伯纳德·威廉斯：《道德运气》，徐向东译，上海译文出版社 2007 年版，第 2 页。

③ [美] 迈克尔·斯洛特：《从道德到美德》，周亮译，译林出版社 2017 年版，第 10 页。

四、反规则主义

对于康德主义进行批判，美德伦理学另外一个着眼点就是反规则主义。在美德伦理学看来，现代道德哲学的一个基本特征就是以"规则"为中心，在康德那里体现为绝对命令，在功利主义那里体现为最大化利益原则。然而，规则伦理学由于仅仅凭借相对简单而抽象的原理试图对于现实生活进行指导，却经常会产生难以解决的困难。而究其根源，美德伦理学学者们普遍认为，这是由"理性"这一认识能力所造成的必然结果。

正如我们之前所描述的，作为情感主义的一种类型，美德伦理学对于现代道德哲学的理性中心主义进行了深刻的质疑。首先，理性并不像情感、欲望那样适于作为道德行动的动机，而且很可能会造成动机与理由的分裂；其次，理性所产生的往往是不偏不倚的公正性原则，而这对于特殊的人际关系无法进行有效的说明。与这些质疑直接相关，美德伦理学进一步认为，理性由于以普遍性原则为中心，因此无法作为复杂生活与行动的真正指导。麦克道威尔指出：

"如果一个人试图把他关于美德所需之物的观念归结为一套规则，那么，无论他在进行规范化的过程中是多么细心和深思熟虑，这样的情形都将会不可避免地出现：其中，对这些规则的机械应用在他看来会是错误的—不必然是因为他已经改变了主意；而是说，他在这件事上的想法不容许用任意一般原则加以涵盖。"①

在现实生活中，规则伦理学总是试图寻找像数学知识那样的客观性法则，并以此来指导具体的行动，然而这在麦克道威尔看来只是一种"偏见"。相反，只有结合具体的情境，人们才能够做出合理的选择。而如果要做到对于情境的准确把握，我们就应该依靠美德知识。像布鲁姆、斯洛特等人一

---

① [美] 约翰·麦克道威尔：《美德与理性》，刘叶涛译，载于《美德伦理与道德要求》，徐向东编，江苏人民出版社 2007 年版，第 120 页。

样，麦克道威尔将"美德"视为一种"道德敏感性"，它能够针对复杂多变的情境进行敏锐的把握与细致的解读，从而为行动者提供最为合适的行动规范。

在亚里士多德那里，美德就是指卓越的品格特征，而在所有美德之中，实践智慧是最为重要的美德。我们说过，所谓实践智慧，就是在适当的时候做出适当的行动。离开了实践智慧，那么其他美德也将不复存在。因而，在一种强的意义上，亚里士多德甚至认为只要拥有了实践智慧，那么就等于拥有了全部美德。可以说，很大程度上，当代美德伦理学正是从"实践智慧"这一概念出发而展开对于"规则"的强烈冲击。据此，美德伦理学提倡的是行动的"非法典化"，即排斥一般性原则，而主张依据情境与对象的具体特性而采取相应的行动。在这个意义上，人的品格或者行动应该以"好的"作为衡量标准，而不是像规则伦理学那样以还原论的方式确立某种绝对性法则，并且不顾行为者的个体化特征而对于行动提出强制性要求。据此，当代美德伦理学的奠基人麦金泰尔针对康德主义施以了严厉的批评：

"康德道德哲学的核心是两个简单却易生误解的论点：如果道德规则是合理的，那么它们必然是对所有的理性存在者都是一样的，恰如算数规则那样；如果道德规则对所有理性的存在者都有约束力，那么这类理性的存在者遵循这些规则的偶然能力必然是不重要的——重要的是他们履行这些规则的意志，因此，发现一种有关道德的合理证明的筹划，简单地说就是发现一种合理的检测方法：这种检测方法会在准则决定意志的时候，把真正表达道德律的那些准则从那些不能表达道德律的准则中辨识出来。"①

作为启蒙主义时期的典型学说，在麦金泰尔眼中，康德主义是"理性至上"的主要鼓吹者之一。但是，麦金泰尔断言："18 世纪道德哲学家们所从事的是一项注定不会成功的筹划；因为，他们的确想要在一种特殊的人性理

---

① [美] A. 麦金泰尔:《追寻美德》，宋继杰译，译林出版社 2003 年版，第 56 页。

解中，为他们的道德信念寻找一个合理的基础，但他们所承继的一系列道德命令与人性概念却似乎有意要彼此相左。"① 以康德为代表的理性主义者沉溺于"理性"的无所不能，他们认为只有理性才能够为人类生活提供有益的指导，但是，他们却忘记了人并不是纯粹抽象的理性主体，而是现实生活中情境化的存在者。人必然受到他的环境、习俗、历史、种族、教育背景等大量外在因素的影响，这些因素甚至在根本意义上决定着一个人"是其所是"，而不是任何一个其他人。由此，试图以理性所发现或者演绎出来的普遍化法则作为行动的规范，最终只能导致失败的结局。站在与康德主义对立的立场上，麦金泰尔提出应该从这种"道德"走向多样化的"美德"，后者同时赋予了人格完整性与人生幸福以合理性。麦金泰尔将自己的"美德"观念更多地引向一种政治哲学话语："根本不存在任何先在并独立于诸意图、信念和背景而被确认的'行为'"，②"一个实践是什么，取决于一种通常是代代相传的理解模式。"③ 只有在政治共同体之中，结合各种现实性条件，我们才能理解相应的美德，它们构成了不同样式的品格的卓越。不同的共同体拥有不同的美德，但是，由于这些美德都是在其各自的历史与文化土壤中自然产生的，因此都是那个共同体中最合理的价值。在此，麦金泰尔提出了他的社群主义（也被认为是共和主义）理想：

"自我必须在诸如家庭、邻里、城邦、部族等共同体中并且通过它在这些共同体中的成员资格去发现它的道德身份，这并不意味着自我必须接受这些共同体形式的特殊性在道德上的各种限制。不从这些道德的特殊性出发，就无从开始；正是从这类特殊性出发的向前运动构成了对善、对普遍性的探寻。然而，特殊性永远不能被简单地抛在一边或抹杀掉。摆脱特殊性进入那属于人本身的全然普遍准则的领域，这种观念无论以 18 世纪康德哲学的形式出现还是以现代某些分析的道德哲学的面貌出现，都是一种幻象，并且是

① ［美］A. 麦金泰尔：《追寻美德》，宋继杰译，译林出版社 2003 年版，第 70 页。
② ［美］A. 麦金泰尔：《追寻美德》，宋继杰译，译林出版社 2003 年版，第 263 页。
③ ［美］A. 麦金泰尔：《追寻美德》，宋继杰译，译林出版社 2003 年版，第 281 页。

一种伴随着沉痛后果的幻象。"①

　　麦金泰尔意在通过美德理论来为他的政治哲学提供支持：社群主义强调道德的特殊性，要求在一个时间与空间的连续体中来考察个人行动的合理性。然而，自由主义者们却以个人权利为第一原则，以普遍性正义作为社会的基本规范，从而严重忽视了个人完整性与共同体的至善理想。麦金泰尔尤其批评了罗尔斯、诺奇克等当代自由主义者："在他们的理论中，个体是第一位的，社会是第二位的，而且，对个体利益的确认优先并独立于个体之间的任何道德的或社会的纽带的建构。"②

　　麦金泰尔的分析与批评是从"个人—共同体"二元对立的角度出发的，而在当代美德伦理学另一位重要人物威廉斯那里，以康德伦理学为代表的"规则中心主义"，其最大的问题就是彻底排除了生活的复杂性与不确定性，然而，正是这些偶然性，或者说运气，对于个人的道德评价与整体生活价值有着不可忽视的影响，有时甚至是起着决定性作用。为此，威廉斯举出了这样一个例子：试想，画家高更，他自认为拥有很高的天赋，为了实现自己的艺术梦想，他抛弃了妻儿去到远方一个能够激发灵感的小岛上生活。首先，高更相信，虽然背离了家庭义务，但只有通过这种方式才有可能实现自己成为一名画家的理想。按照现代道德哲学的观点来衡量，高更的这一做法是需要辩护的，而威廉斯进一步指出，高更的做法能否被证明为正确的，或者说是符合道德法则的，关键在于他最后是否取得了成功。当然，情况无非是两种：如果他失败了，那么他此前的做法就会被认为是错误的，而他也会被认为是一个应受谴责的丈夫或者父亲；而如果他成功了，那么当初的离家出走则会被视为一个值得赞赏的举动。因此，即便是高更本人拥有明确的目标和要完成这一目标的强大的意志力，他的决定最终是否能够得到认可，关键在于他后来是否取得了成功。然而，在做决定时，高更

---

① 〔美〕A.麦金泰尔：《追寻美德》，宋继杰译，译林出版社 2003 年版，第 280—281 页。
② 〔美〕A.麦金泰尔：《追寻美德》，宋继杰译，译林出版社 2003 年版，第 318 页。

无法预料自己是否会取得成功。显然，对于高更的行为的正当性辩护，主要取决于运气。①

对于运气的构成，威廉斯将其区分为两种：内在运气与外在运气。所谓内在运气，是指高更在绘画方面是否真正具有天赋？而所谓的外在运气，则是指高更在实现自己理想的过程中会遭遇到什么样的意外状况。比如，他是否会受到疾病的困扰？或者其他人的行动是否会对其产生不良的影响？这两种运气对于高更行为的辩护都是必要。但是，所有这些情况在做决定的时候都是不可被预见的，而只有在以后的时间中，人们（包括高更自己）在对此进行回顾时，才能够真正得出自己的答案。

根据这种"道德运气"视角，威廉斯其实否认了仅仅根据"道德标准"来对一件行为进行价值判断的合理性。由此，威廉斯将批判的矛头直接对准了康德。按照威廉斯的说法，在古代伦理学中，成为一个有道德的人往往受到"构成性运气"的影响，②但是现代伦理学却与之相反：要成为道德上的圣贤，运气不会发生任何作用：

"道德价值是'无条件的'或者'不受支配'的。按照这个观点，不管是道德判断加以纠正的倾向，还是道德判断的对象，都不会受到外在偶然性的影响，因为在它们相互关联的那种方式中，二者都是那个无条件的意志的产物。不管偶然性产生的东西是幸运还是不幸，它们都认为不是道德评价的恰当对象，也不是道德评价的恰当因素。在品格的领域中，真正算数的东西是动机，而不是风度、权力或者天赋这样的东西，类似地在行动的领域中，

---

① 参见［英］伯纳德·威廉斯：《道德运气》，徐向东译，上海译文出版社 2007 年版，第 33—38 页。

② 在这里，"构成性运气"是本文对于 constitutive luck 一词的翻译。在中译本中，徐向东先生将其译作"生成性运气"。本研究认为，威廉斯主要想指出"运气"对于道德行为将产生必然的影响，甚至决定着某一行为究竟能否获得辩护，因此，译作"构成性的"似乎更为准确。而换一个角度看，威廉斯的"运气"也指的是在现实当中不断发生的各种偶然性因素，它们在主体历时性的人生当中扮演着重要角色，为了强调这种"不断变化性"，将其译为"生成性的"也具有一定的合理性。

在世界中得到实现的东西不是变化，而是意图。"①

根据这一观点，在威廉斯眼中，以康德伦理学为代表的义务论明显地排斥"道德运气"，因为在后者看来，真正的道德行为完全取决于主观意志是否基于道德法则：

"康德主义者认为，在根本的和最重要的层次上，行动者在履行他所履行的行动上是否得到了辩护，这不可能是一个运气问题。"②

一般而言，威廉斯的看法确实很具有代表性，以康德为代表的义务论者将道德的价值完全置于理性主体对于法则的遵守上，而这种"对于法则的尊重"，是具有平等权利的理性主体的尊严的显现。康德的义务论所具有的这种严格性，导致行为者应该首先基于理性的道德法则而行动。进一步地，威廉斯认为，与康德主义具有很强的亲缘关系的罗尔斯的正义原则，也是一种形式化的理性推理的结果。根据"原初状态"的模型，罗尔斯眼中的行为者除了基本的理性慎思能力之外，并不关心生活世界中其他因素的作用：

"正义不仅要求在我是什么样的存在者这件事情上应该不受运气的支配，而且要求我在最根本的意义上成为什么样的存在者这件事情应该不受运气的支配。此外，按照这个要求，如果一个人欣赏、喜欢或者享受运气的幸运的表现形式，那么他似乎就是在背叛道德价值。"③

在正义理论的框架中，行为者主要依靠理性慎思的能力对于未来进行分析与预测，罗尔斯也以其"程序正义"的方式，为这种慎思过程确立了基本的规则与方法。而且，罗尔斯也确实明确地声称，这种方法是根据康德的"道德建构主义"而形成的。正如罗尔斯本人所言："正义原则将是那些关心自己利益的有理性的人们，在作为谁也不知道自己在社会和自然的偶然因素

---

① [英]伯纳德·威廉斯：《道德运气》，徐向东译，上海译文出版社2007年版，第29—30页。

② [英]伯纳德·威廉斯：《道德运气》，徐向东译，上海译文出版社2007年版，第32页。

③ [英]伯纳德·威廉斯：《道德运气》，徐向东译，上海译文出版社2007年版，第56页。

方面的利害情形的平等者的情况下都会同意的原则。"①

　　然而，在威廉斯看来，由于人生际遇的复杂性，任何一种基于某种原则的预先构想都很可能被无情地打破，从而使原来的计划仅仅成为一种"幻觉"。尤其是像康德主义者那样，试图将道德法则作为基本模型来衡量并且确定整体人生的价值，结果只能陷入各种矛盾之中。而威廉斯要表明的是：一个人对自己所做出的决定、选择以及相关行动的理性辩护，其实都要依赖于运气。正像他在文中所说："当那种康德式的正义感与功利主义的消极责任概念联合起来时，最终的毁灭就出现了，在任何具有重要性的层面上，人们只剩下纯粹的道德动机，而且这种动机的运用是没有极限的。最终，也许除了以健康的名义分配给一个人的那个微不足道的无意义的隐私领域之外，一个人自己的生活也就不复存在了。"② 可见，在威廉斯看来，以康德主义为代表的义务论（包括功利主义）犯下了两个错误：一是仅仅依据个人的纯粹意志来确定行为的正当性，从而将"遵守规则"作为该行为是否具有道德价值的唯一标准；二是采取狭隘的"当下视角"，即仅仅根据当前的实际情况及其后果来加以判定，而忽视了"人生是一个整体计划"这样一个更为根本的原则。然而，在这里，威廉斯的论证实际上发生了一个转变，即他所谓的"道德"概念，已经不同于康德所使用的一般性意义。也就是说，高更所需要的自我辩护，是不必需要他人来认同的。由此一来，我们也可以说，高更所经历的那种运气，导致其整个行为实际上与传统意义上的"道德"并无关系。因为正像康德所论证的那样：一个人的行为是否是道德的，在于其能否被普遍化。对此，内格尔就已经敏锐地指出："我不同意威廉斯的地方是，

① ［美］约翰·罗尔斯：《正义论》（修订版），何怀宏等译，中国社会科学出版社 2017 年版，第 15 页。罗尔斯明确声明，他的正义论是一种"纯粹程序正义"理论，使用的是康德式的"建构主义"方法。相关具体论述主要见于其《政治自由主义》第一部分第三讲："政治建构主义"（［美］约翰·罗尔斯：《政治自由主义》，万俊人译，译林出版社 2000 年版，第 94—138 页，以及其论文 *Kantian Constructivism in Moral Theory*(John Rawls, *Collected Papers,* Samuel Freeman, ed., Cambridge: Harvard University Press, 1999, pp.303–358.)
② ［英］伯纳德·威廉斯：《道德运气》，徐向东译，上海译文出版社 2007 年版，第 56 页。

他并未说明，为什么这种回顾式态度可以被认为是道德的。如果成功不能让高更向别人证明他是正确的，却仍然决定着他的最基本的感情，那么就只是表明，它的最基本感情不必是道德的。"①

对于内格尔的质疑，威廉斯也有所注意，在《道德运气》这篇论文中，威廉斯对此给予了回答，而在其后来的著作中，威廉斯则更加明确地指出：内格尔的批评预设了"道德的东西"与"非道德的东西"之间的区分。这实际上表达了对伦理生活的一个错误理解，即把"道德"置于伦理生活的核心，从而不恰当地缩小了"伦理"本身的内涵。从"道德运气"立场出发，我们应该摒弃这一区分，将"伦理"置于首要地位。或者说，"道德"与"伦理"二者之间本来就没有明确的界限。②

其实，作为当代美德伦理学的代表，威廉斯以其一系列著作宣告了"现代道德哲学"的破产。作为典型的"规则伦理学"，现代道德哲学试图以某些普遍化理论来规范纷繁复杂的伦理生活，像以康德主义为代表的义务论，和功利主义一样，都将道德运气排除于道德考察之外，这在威廉斯等人看来，只能得出片面而且僵化的结论。总之，威廉斯的论证意在指出：在传统意义的"道德"领域之上，还有一个更加完整而且复杂的伦理生活领域。我们关于"道德价值"的评判，其实在更深广的意义上与人类社会的其他价值息息相关，因此，相对于以往，我们应该将"道德"作出更加广泛的解释。同时，由于人类生活不断受到各种"运气"的影响，道德评价就应该采取一种更加宽容、全面的视角。人是有限的存在，却栖身于无限的世界变化之中，任何一种试图以某项法则来评判他人行为是否正当的做法，都将被证明是错误的。

---

① Thomas Nagel, *Moral Luck,* 载于 *Mortal 0uestions*，New York: Cambridge University Press, 1979, p.28. 本书同时参照了中译本 [美] 托马斯·内格尔：《道德运气》，收录于《人的问题》一书，万以译，上海译文出版社 2004 年版。

② 本处参照了徐向东对这一问题的详细分析，见于其著作《自我、他人与道德—道德哲学导论》下册，第 589 页。

在某种意义上，托马斯·内格尔是一位康德主义者，但是，围绕"道德运气"这一问题，内格尔也提出了类似于威廉斯的批评，在他看来，康德的义务论的确忽视了"运气"对于道德判断的重要影响：

"康德认为，运气的好坏既不应当影响我们对一个人及其行动的道德判断，也不应当影响他对自身的道德评估。"即便是恶的意志，由于其他因素而未能实现其恶的目的，那么在康德看来，也并不能因此而免受道德谴责。①

相比于威廉斯，内格尔对于"道德运气"给出了一个更加清晰的说明。他指出，表面上看，就一个行为而言，人们习惯于将并非由其自身引起的、或者超出其控制范围的因素不作为道德判断的参考标准，但实际上并不这么简单，在很多事件中，一件行为的好坏确实是受到"运气"因素所导致的结果的支配的。因此，内格尔说道："在某人所做之事的某个重要方面确实依赖于他无法控制的因素，而我们仍然在那一方面将其视为道德判断的对象，那么就可以称为道德上的运气。"② 基于这一定义，内格尔举出了一个比较典型的例子。例如，一位正在驾驶的卡车司机（他近期并没有检查他的刹车装置），面对突然出现的小孩而猛然刹车，结果只有两种。如果没有撞到的话，那么他可能只需要对于自己的疏忽而有轻微的自责，但如果撞到的话，那么他显然将遭受严厉的内心谴责乃至外界的道德审判。具体而言，卡车司机究竟将承受多大程度的道德负担，主要取决于其行为所导致的实际后果。然而，任何一种可能的后果，都不是卡车司机所能预先筹划并且有效地掌控的。但是，在我们对这一事件的整体评价中，这种"后果"又必然地会作为一个主要的参考值。

站在相反的立场上，人们也许可以提出反对意见，即在"卡车司机"、"高更出走"这类典型案例中，根据当时行为者所掌握的全部信息要做出某

---

① 参见 Thomas Nagel, *Mortal 0uestions,* New York: Cambridge University Press, 1979, p.24。

② Thomas Nagel, *Mortal 0uestions,* New York: Cambridge University Press, 1979, p.26.

种决定，而这种决定在当时只要看起来是合理的，那么就不管最后的情况如何，行为者就不应该为此而受到道德谴责。进一步地，内格尔指出，这很可能就是康德所支持的立场：对于一个行为的道德判断应该仅仅依据于其动机是否符合道德法则而定，而像个人的气质、性情以及其他外界因素等，都与道德判断毫无关系。因为道德谴责只应该关注于"你应当如何"，而并不是"你是怎样的人"。对于这样一种视角，内格尔表示了质疑：把道德责任的范围限制在内心世界当中，以使其不受任何运气的影响，这在现实生活中显然是不可能的。试想卡车司机如果伤害到孩子，其所承担的道德责任必然大于没有伤害到他。当然，康德主义者也许会反驳说，其实这种情况下所说的责任是"法律责任"而非"道德责任"。而按照义务论的要求，无论什么样的结果，卡车司机必然要为自己的疏忽（没有事先检查刹车装置）而承担同等程度的自责。①

论证至此，内格尔承认，义务论者的观点仍然是违反现实直觉的。类似的例子比比皆是：试想如果十二月党人成功地推翻了沙皇并建立了立宪政体，那么他们将成为英雄。然而事实上他们失败了，跟随他们的军队受到了可怕的惩罚，对此他们也负有一定的责任。也就是说，仅仅根据意图的好坏来判定行为的正当与否，是很容易失效的。在这里，可以看到，内格尔提供了一个比威廉斯更加明确的论断：并不需要改变"道德"的原初含义，更无需以"伦理"概念来代替它，内格尔指出，现实生活中我们对很多行为的道德价值评判必须参照运气要素。

据此，内格尔批判康德的义务论：通过将全部道德问题归结为"意图"这一小点，义务论使其他一切不受自由意志控制的因素都变得毫无意义，但这却并不符合我们的日常道德感知。然而，另一方面，内格尔也分析道，如果承认那些不受控制的运气因素具有重要影响，甚至于将决定道德判断的根本属性，那么，"就会使这个该负责任的自我消失，从而被一系列单纯的

---

① 参见 Thomas Nagel, *Mortal 0uestions,* New York: Cambridge University Press, 1979, p.35。

事件所吞噬"。对此，内格尔最终无可奈何地承认："道德运气"这个问题可能无法被很好地解决，因为"意志力的作用"与运气（它包括事件与人自身的各种不确定因素）始终是不相容的。由此，我们可能走向一个沉重的悖论。① 用内格尔本人的话说就是："如果说由于某种自身无法控制的因素，或对于不受制于人的意志的、属于人的性情特质的人的行为前件，或对于使人不得不做出道德选择的环境，人都不能为其行为的结果而负责，那么，如果这些行为是不受意志控制的先前环境的产物，人又怎么能对赤裸裸的意志本身的行为负责？② 换句话说，如果承认运气对于道德判断的构成性意义，就很可能导向主体责任的彻底丧失；然而，如果像康德那样坚持主体的意志自由、排斥道德运气，那么又会产生难以接受的误判。没有给出一个清楚地解释，内格尔只能说，人们置身于一个世界里，必须联系于外在世界才能解释我们的行为。如此一来，虽然有着不一样的论证，但内格尔与威廉斯仍然得出了颇为相近的结论——康德伦理学将在运气的冲击下根基摇晃！

在当代美德伦理学领域，威廉斯几乎可以被视作最为典型的反规则、反理论的支持者。作为一种规则中心主义，康德伦理学招致了最严厉的批评。在威廉斯看来，康德所建构的道德体系"说明了为什么道德法则能够无条件地适用于所有人，包括那些要在法则之外生活的人。"③ 康德强调"道德纯粹性"，它是绝对的，是"超越于幸运的价值"，"必须落在任何经验决定性之外"。④ 然而，通过引入道德运气，威廉斯很大程度上摧毁了这种僵硬的伦

---

① "我们可能开始看到，悖论深嵌于道德责任这个概念里。一个人只能为他所做的承担道德责任；但是他所做的事源于大量他没有做的事；因此他不能为他负有责任或不负有责任的事承担道德责任。（这不是一个矛盾，但是是一个悖论。）"Thomas Nagel, *Mortal 0uestions*, New York: Cambridge University Press, 1979，p.34.

② Thomas Nagel, *Mortal 0uestions*, New York: Cambridge University Press, 1979，p.39.

③ ［英］伯纳德·威廉斯：《伦理与哲学的限度》，陈嘉映译，商务印书馆2017年版，第229页。

④ ［英］伯纳德·威廉斯：《伦理与哲学的限度》，陈嘉映译，商务印书馆2017年版，第234页。

理学规范。正如他所强调的，伦理学（或者说就是道德哲学）应该追求"合情合理性"，而道德却错误地要把一切都做成义务。普遍主义道德法则无法就特殊性事件以及意外因素所导致的行为变化给出充分的说明，它只是固执地坚守着抽象的约束。例如，康德曾表明，像"不许说谎"、"不许违背承诺"是绝对义务。然而，假设你此前承诺要去见一个朋友，可是后来突然得到一个难得的机会去推进一项重要的事业，不巧的是，两件事情的时间恰好冲突了。对于这种情况，道德主义者会产生持续的纠结，但对于日常生活中正常的人来说，这几乎算不上什么抉择的两难。因为很简单，我们只要向朋友说明具体的情况从而协调出另外一个时间就可以了。在威廉斯看来，其实很多道德学说都容易犯这样的错误，即以某种规则来界定行为。究其更深层的原因，在于这些理论的构建者习惯于只从外部来观察生活，并认为这正是世界的真实所是。理论归根结底是理性的产物，它的特征是"特殊内容越少越好"，而理论要做的主要工作则是"系统化"。然而，生活的复杂性与大量的不确定性是构成行为选择与判断的重要因素，无视它们只会导致人生的误区。因此，威廉斯提出一种"反理论"的想法，即抛开规则的影响，仅仅从情境与人格本身着手去理解行为与生活的价值。落实到具体的手段上，就是以一种"批评性的反思"来代替"理性的理论化"，它是在利用所有伦理资源的前提下，对于每一个问题都寻求尽可能多的共享性理解，但是绝不追求形而上学的一致性。关键在于，我们要真诚地尊重"生活"，而真正的伦理思想，在于"帮助我们建设这样一个世界，这个世界将是我们的世界，是我们在其中过上社会生活、文化生活、个人生活的世界。"①

威廉斯开启了当代美德伦理学的一个重要维度：反对一般化规则，回归到丰富而具体的生活本身，基于实际情境采取最合适的行动。从道德走向美德，从一般性走向特殊性，标志着当代美德伦理学与规则伦理学最鲜明的决

---

① ［英］伯纳德·威廉斯：《伦理与哲学的限度》，陈嘉映译，商务印书馆 2017 年版，第 136 页。

裂。但是，与此同时，我们能否说当代美德伦理学就抛弃了任何一种行动的规范呢？答案是否定的。其实，威廉斯已经指出，规则不是规范，如果没有任何行动的规范或者共识，那么将不可避免地滑向一种相对主义。然而，在我们看来，问题是，威廉斯的"反理论"实际上又确实相近于一种相对主义，而这一点恰恰也得到了威廉斯本人的部分认可。在其《相对主义中的真理》一文中，他就表明，伦理实在论是假的，伦理学只是一套信念系统而已。①而在《相对主义与反思》中，他更加明确地提出，可被排除的只是"当下即是的相对主义"，按照这种观点，我们"将对谁的伦理观念都一视同仁"。②相比而言，威廉斯则支持一种"远距离的相对主义"，它应用于"远国异俗"，或者遥远的过去或将来。按照摩尔的理解，"这是这样一种观点：只有当一个社会足够'接近于'我们的社会，即粗略地说，唯当采纳那个社会的伦理观对我们来说是一个真实的选项时，才谈得上对它做评价（例如把它评价为'对的'、'错的'、'不公正的'等）。"③

对于这种"远距离的相对主义"，摩尔的解读是很有限的。客观而言，鉴于威廉斯隐晦而曲折的表述方式，我们目前没有能力准确地把握这一观点的真实含义。只能在一种近似的意义上，我们认为，正像摩尔所最终判断的，威廉斯为某种伦理学的相对主义留下了空间，他从根本上否定绝对性道德法则的成立条件。但是，他并没有完全抛弃对于价值进行判定的可能性，否则我们就会陷入完全的价值虚无主义。只是说，从远距离的角度看，我们应该接受不同社会文化所拥有的不同的价值系统，然而，当这种价值系统迫近于我们，与我们发生无法避免的关系时（尤其是涉及关于"公正"的问题），我们就有理由做出评判。

---

① 参见［英］伯纳德·威廉斯：《道德运气》，徐向东译，上海译文出版社2007年版，第202页。

② ［英］伯纳德·威廉斯：《伦理与哲学的限度》，陈嘉映译，商务印书馆2017年版，第191—192页。

③ ［英］伯纳德·威廉斯：《伦理与哲学的限度》，陈嘉映译，商务印书馆2017年版，第263页。

　　反规则主义是当代美德伦理学的一个中心议题，然而，在像威廉斯那样摧毁"道德这种奇特的建制"后，我们将面临另外一个问题：行动的指南究竟是什么？在面对各种不同的、相互冲突的选择时，我们该做怎样的决定？对此，致力于"解构"规则的威廉斯似乎并未给予我们答案。有趣的是，此后的学者们在接受威廉斯这一基本主张的前提下，开始重新踏上寻找"规范性"的道路。不过，这样的努力显然已经不可能再回到康德主义、功利主义的思路上去。在新的方向上，人们提出了各种各样的见解，这些将在我们讨论关于正确行动的标准时做进一步的阐述。在这里，我们只是谈及一下对于这一问题的一种较好的解释。在兹沃林斯基与施米特茨看来，美德伦理学并不是要抛弃所有规范性的东西，而是将关于正当行动的规则的确定视为"导出性"的问题。相比而言，只有具有实践智慧的美德之人才应该被视为一切正当性的前提。也就是说，只有美德之人才会告诉我们什么是正当之事。由于美德基于不同的情境而有不同的样式，因此并不存在任何一以贯之的普遍性规则 (rule)，但是却存在与各种美德相应的"原则"(principles)，如果说规则在我们的推理中就像王牌一样，那么原则就像砝码。也就是说，如果道德规则禁止某事，那么某事就被排除了；然而，原则却可以在并不必然排除某事的情况下对其加以权衡。①

　　为了进一步阐明其中的差别，兹沃林斯基与施米特茨打了这样一个比方：一个房屋建筑者在描述他的建筑理念时，或许会说"必须简化管道系统"，但我们最好把它理解为一条原则而非规则。因为如果是后者，那么我们最好就不安装管道系统了，但这显然是不可能的。而若仅仅作为原则，那么它实际上是在提醒建筑者当冷热空气传导到房屋较远的地方时，应该时刻注意能量消耗与生活空间的占据问题。即在其他条件相同的情况下，要让空气以最短的距离传导到它应该到达的地方。

---

① 参见 Matt Zwolinski and David Schmidtz, *Environmental Virtue ethics: What it is and what it needs to be*, in Daniel C. Russell, ed., *The Cambridge Companion to Virtue Ethics*, UK: Cambridge University Press, 2013, p.222。

　　兹沃林斯基与施米特茨认为，相比于原则，以规则为中心的行动规范容易产生下面这种不良的后果：遵从规则会让人们解脱身上的道德责任感。因为如果我们依循规则，这会让我们显得是"无辜的"，而原则却不会让我们逃离这种责任感。与"遵守"规则不同，我们是"应用"原则。原则不是我们的保护伞，它意味着我们必须负责任地通过"掂量"做出选择并且承担相应的后果。①

　　兹沃林斯基与施米特茨的观点代表了威廉斯之后当代美德伦理学学者们所持有的一种温和的态度：美德伦理学并不是一味地反对任何规则，它只是质疑以规则为中心的理论，同时，在它看来，人类实践的复杂性要求我们采取一种以原则为中心的立场。也就是说，人的行为并不是没有规范的，但它们只是在情境的有限范围内所要被遵循的"原则"。这种原则并不是固定不变的教条，也不是绝对普遍的硬性要求，而是随着环境、人物、关系乃至运气的变化而时时调整的局部性框架。在这一意义上，正如艾龙所言："美德伦理学最好被视为对这一关注的回应：伦理性要求如何既是客观的，又是对于我们而言的诉求。"②

---

① 兹沃林斯基与施米特茨的这一论证显然容易让我们想起"耶路撒冷的艾希曼"。在执行大屠杀的过程中，艾希曼自认为作为纳粹政权麾下一名普通的公务员，只能毫无条件地执行上层的命令，在他对自己的辩护词中，他声称自己并不是主观上有意作恶，相反，他是执行"绝对命令"的忠诚的下属，不仅没有理由被审判，反而应该受到嘉奖。阿伦特将这种现象称为"恶的平庸性"，联系我们这里所讨论的问题，艾希曼的观点正是"以规则逃避个人责任"的典型表现。和阿伦特所要表明的立场相近，兹沃林斯基与施米特茨是要指出，普遍性规则对于行动者而言往往是外在的，它未必是由行动者的内心所生成的，行动者只是在"单纯地"执行规则，而原则一般是由行动者个人的反思所支撑的，它意味着动机、思考与行动的一致化。同时，这里需要说明的是，即便确立了"原则"的根本性意义，兹沃林斯基与施米特茨仍然没有完全否定"规则"的作用。他们认为，在一些例外情况中，绝对的规则是必要的。其实，一些美德伦理学学者并不像威廉斯那样极端地否定规则，在这一问题上，他们更主要持一种温和的态度。

② Yuval Eylon, *The virtuous person and normativity*, in Stan van Hooft, ed., *The Handbook of Virtue Ethics*, Acumen, 2014, p.144.

五、幸福：美德伦理学的目的论

按照罗尔斯的见解，伦理学主要是围绕两个基本概念建立起来的，即正当与善。以正当为首要原则，伦理学体现为义务论；以善为首要原则，伦理学体现为目的论。在罗尔斯看来，义务论以康德主义为代表，而目的论主要以亚里士多德主义、功利主义为代表。具体而言，前者仅仅以遵循道德义务作为行为的评价标准（但也并非不考虑后果），而后者则是以某种具体的善，如快乐或者幸福为行为的根本目的。① 罗尔斯关于将康德主义视为义务论，而将功利主义和亚里士多德主义一样视为目的论的观点，招来了太多的非议。例如，在安斯康姆、威廉斯那里，功利主义和康德主义实际上一起被视为"义务论"，而在沃德、达维多维奇等研究者看来，康德伦理学也有着某种目的论色彩。② 况且，近些年来，一些学者也开始注意到康德与后果主义存在着某些不容忽视的联系。③ 不过，我们眼下仍然基本上接受罗尔斯关于"正当与善"的基本分类，并且按学术界的主流意见，将康德主义视为义务论的典型学说。

作为以正当原则为核心的伦理学，康德将善视为道德法则的附属性概念。的确，正像此前斯洛特所说的，康德将幸福完全视为一种个人化的主观性概念，它不能作为我们道德行动的基本原则。在当代美德伦理学看来，康德伦理学的突出特点就是要求人们仅仅出于义务而行动，甚至于不顾及所可能产生的后果。尤其是，康德并不关心个人幸福的实现，这一点与亚里士多德形成强烈的对比，因为在后者那里，至善或者说幸福，乃是每一个有美德

---

① 参见［美］约翰·罗尔斯：《正义论》，何怀宏等译，中国社会科学出版社 2017 年版，第 19—20 页。

② 参见 Keith Ward, Kant's Teleological Ethics, *The Philosophical Quarterly*, Vol.21, No.85, 1971, pp.337–351。Adina Davidovich, Kant's Theological Constructivism, *The Harvard Theological Review*, Vol.86, No.3, 1993, pp.323–351。

③ David Cummiskey, *Kantian Consequetalism,* New York: Oxford University, 1996；国内学者如张会永：《论一种康德式的至善后果主义》，《哲学研究》2018 年第 6 期。

者人生计划的最高目的。

　　在前文中，我们已经介绍了斯洛特对于康德主义的相关批评——对于追求并维护个人的幸福与利益，康德并不将其作为道德义务，而这将导致"自我—他人"之间严重的失衡。在威廉斯那里，他也一再指责康德的义务论"只是关注道德"，而并不考虑个人的生活计划的实现、个人品格的完整性以及人的欲望与情感的重要性。相反，亚里士多德则"持有很强的总体目的论：每一类事物都具有发挥功能的理想形式，这一理想形式又与其他事物的理想形式相适配。他相信各种卓越品格相互适配，共同构成一个和谐的自我。"①拉塞尔也持类似的立场："康德认为并不存在追求自己幸福的义务，这导致了一种宽泛的意义，即从行为者幸福的角度来说，我们不会理解义务。"②

　　依据斯万顿的分析，古希腊伦理学所尊奉的"幸福"并不适于作为美德伦理学的核心性定义。从某种角度来说，她的观点是有一定道理的，因为幸福确实是一个变化多端的概念。但是，我们并不能因此就将幸福从美德伦理学的主要定义（即使不是核心定义）中排除出去。首先，斯万顿可能混淆了"幸福的体验"与"幸福"两个不同的概念。前者确实属于个人的主观体验，它们不可能被确定为某个普遍性的原则，但后者却是意指"幸福"这一概念本身。就每一个有理性的存在者都要追求自己或者他人的幸福而言，"幸福"其实就是指客观的目的。也就是说，关于"幸福的体验"我们可以是千差万别的，但在以"幸福"为人们共同享有的人生理想来说，它是固定不变的。我们相信，也正是在这个意义上，亚里士多德才将幸福理解为至善。正如安娜丝所言："幸福是稳定的、活动性的、客观的，只是因为它是最高的善"。③

　　依据安娜丝的描述，亚里士多德眼中的幸福(eudaimonia)大致意味着"生

---

①　[英]伯纳德·威廉斯：《伦理与哲学的限度》，陈嘉映译，商务印书馆 2017 年版，第 56 页。

②　Daniel C. Russell，*Virtue ethics, happiness, and the good life*, in Daniel C. Russell, ed., *The Cambridge Companion to Virtue Ethics*, New York: Cambridge University Press, 2013, p.25.

③　Julia Annas, *The Morality of Happiness,* New York: Oxford University Press, 1993, p.46.

活得好和做得好"，同时，它也意味着人对自己的生活抱有满意的、积极的态度。① 纳斯鲍姆则指出，按约翰·库珀的建议，幸福意味着"人的欣欣向荣 (flourishing)"。② 在亚里士多德的定义中，幸福还是一种快乐，是合乎美德者通过智慧的活动而享受的愉悦状态。此外，亚里士多德也认为幸福就是沉思，因为沉思就是爱智慧的活动。沉思是自足的，它自身就是目的，并能够带来最为持久的、最为纯净的快乐。③

　　亚里士多的德的"幸福"的涵义具有多重性，这给我们既带来了理解上的麻烦，又让我们能够借此将其与一般的幸福论区分开来。首先，亚里士多德的"幸福"是指人生的一种整体性的和谐状态，它既包括内在的精神满足，又包括外在的福利或者利益的实现；其次，这种"幸福"是指人通过合乎美德的活动实现自身的功能与卓越，从而达到一种充盈或者繁盛的生存状态；第三，这种"幸福"所带来的愉悦既是指身体上的健康快乐（但绝不是纵欲，因为节制是一种美德），也是指心灵上的快乐，是理智、欲望与情感相互协调一致的"最完满的美德"的实现；第四，亚里士多德的幸福论的一个重要特色就是考虑到了运气的重要性，运气是幸福的必要补充。

　　作为自身的理论渊源，当代美德伦理学很大程度上承继了亚里士多德对于幸福的理解，我们认为，这使其与功利主义的"快乐"或者"幸福"概念存在一定的区别。当代美德伦理学更主要地是从个人的心灵和谐、品格完整以及人生卓越的角度来使用"幸福"概念的，相比而言，功利主义的"幸福"则缺少这种整体性意义的构造，它主要强调的是感官与精神上的快乐。正如有的学者所说："总的来看，功利主义把善看成是欲望的满足，或者说，能

---

① 参见 Julia Annas, *The Morality of Happiness,* New York: Oxford University Press, 1993, pp.44–46。

② Martha C. Nussbaum, *The Fragility of Goodness: Luck and Ethics in Greek Tragedy and Philosophy*, New York: Cambridge University Press, 2001, p.6.

③ 参见 [古希腊] 亚里士多德：《尼各马可伦理学》，廖申白译注，商务印书馆 2003 年版，第 305—308 页。

够产生快乐的事物。"① 可见，相比于康德的义务论，美德伦理学虽然与功利主义都属于目的论，但二者在这一方面存在着深刻的差别。另一方面，在功利主义那里，"幸福"或者"福利"更主要地是指大多数人的最大利益总量，由于侧重于量的积累，功利主义在照顾个人利益的特殊性方面的能力一直比较薄弱。然而，对于美德伦理学而言，个人的卓越品质与生活整体性意义的实现，恰恰是其最为重要的理论追求。

功利主义与美德伦理学在"幸福"概念理解上的区别，可以视作现代道德哲学与古代伦理学典型区别的标志之一。巴里尔指出，当代美德伦理学所使用的"幸福"(eudaimonia) 概念源自于古代伦理学。当然，古代哲学家们对于这一概念的理解也存在着大量不同的意见，对此，人们一般采用亚里士多德的理论作为主要定义。首先，现代人一般习惯从"福利"(welfare) 的角度来理解"幸福"，而它并不包含 eudaimonia 所蕴含的"至善"的意义。关键之处在于，"福利"是一种对于生活与行动的"审慎的估算"，而且它主要是以个人的利益为目的。据此，一个东西或者行为对于某人的"福利"是有益的，就意味着它本身只具有工具性的价值。相比而言，古代伦理学的"幸福主义者"(eudaimonists) 并不是在这种工具性意义上来使用这一概念的。他们从一种"为自身而善"的角度来理解"幸福"，如"一种好的生活"、"一个好的人"或者"人的善好"。② 在这里，我们也可以参照泰勒的类似见解。他指出，在以康德主义为代表的现代伦理学中，"幸福"被庸俗化地理解为"快乐的感觉"，而并不是卓越的生存状态。与之相应，"好"(good) 也被狭隘地理解为"道德上的好"，而不再是生存意义上的"成功"。③

在巴里尔看来，无论是古代还是现代，幸福主义的美德伦理学拥有以下三种核心特征：

---

① 龚群、陈真：《当代西方伦理思想研究》，北京大学出版社 2013 年版，第 114 页。

② Anne Baril, *Eudaimonia in Contemporary virtue ethics,* in Stan van Hooft, ed., *The Handbook of Virtue Ethics*, Acumen, 2014, pp.17—20.

③ 参见李义天：《美德伦理学与道德多样性》，中央编译出版社 2011 年版，第 15—16 页。

"Ⅰ.我们应该为了实现繁盛 (flourishing) 与幸福 (eudaimonia) 而安排自己的生活;

Ⅱ.我们通过发展并且实践某种品格特性来达到这一目的;

Ⅲ.所有这些都包含主要的道德美德;"①

无论是功利主义还是康德主义,都不把以上条件作为自己理论的基础。对于前者而言,这些条件基于利益的最大化,而对于后者而言,这些条件基于"人是目的"等道德律令。但在美德伦理学看来,行动的正当性必须考虑进这种个人性的"幸福"要素。

对于当代美德伦理学来说,幸福并不属于其核心性定义。正如我们此前所分析的,依照斯万顿的分析,只有"美德的多样性"才代表着美德伦理学的独特内涵,按美德的要求去行动,这样的行动者也才能够称得上是有美德之人,并且行动本身也才具有正当性。但是,从这一基本定义出发,我们说,美德伦理学还拥有其他不可或缺的要素,比如完善的品格、适当的原则以及人生的目的。从某种意义上来说,美德伦理学就是一种幸福主义,因为不能实现个人善好的行动与法则,在美德伦理学看来也并不符合美德,甚至于也不符合道德。不过,学者们也特意强调,美德伦理学所要求的"幸福"并不是利己主义所持的幸福观,它并不等同于经验性的快乐与满足。② 在拉

---

① 李义天:《美德伦理学与道德多样性》,中央编译出版社 2011 年版,第 24 页。

② 应该说,斯万顿不将"幸福主义"作为美德伦理学的核心特征是有道理的,其实一些当代美德伦理学学者也持这一看法。例如,斯洛特就将美德伦理学的基础还原为两种:可赞赏性与可欲求性(个人利好)。有些美德行为是可赞赏的,但是它并不能够促进个人的利好。但是,这在斯洛特看来仍然是正确的,是值得我们去追求的。斯洛特之所以做出这种二元主义的"还原论",在于他认为"如果我们允许美德伦理学把美德的观念还原为个人利好的观念,我们最后得到的将是功利主义的一个片段(或是某种在许多方面都类似于功利主义的东西),而这样我们将不再有机会发展一种与功利主义不同,并能在理论方面与它竞争甚至超越它的理论。"([美] 迈克尔·斯洛特:《从道德到美德》,周亮译,译林出版社 2017 年版,第 353 页)赫斯特豪斯也表达了类似的观点,她指出"美德有利于其拥有者",是一个我们必须谨慎对待的命题,因为现实中经常可以看到,美德并非总有利于其拥有者,相反,很多时候它会给拥有者带来痛苦和不幸。不过,赫斯特豪斯也

塞尔看来，康德很可能正是在"感官满足"的意义上来理解"幸福"的，从而将其从道德的核心性定义中排除出去。然而，实际上，在许多方面，它是一个规范性概念。拉塞尔指出，如果说我们的实践理性要求我们拥有生活的目的，那么，"幸福"就正是这一目的，即便在康德的角度上，我们也有义务追求这种作为最高目的的"幸福"。①

并没有因此而对美德持一种否定的态度，她只是在揭示这种"真相"之后，表明我们并不应该从主观上就将"有利于自身"作为追求美德的动机。（［新西兰］罗莎琳德·赫斯特豪斯：《美德伦理学》，李义天译，译林出版社 2016 年版，第 183—214 页）本书认为，将"幸福"与美德剥离开，从而并不承认二者是相互等同的，源于当代美德伦理学已经不像亚里士多德那样将"幸福"本身就理解为是"合乎美德的活动"，或者说，幸福就是美德本身。无论是斯洛特还是赫斯特豪斯，更多地是从现代意义上来理解"幸福"的，它实际上相当于功利主义（甚至包括康德主义）所说的快乐或者福利，正如巴里尔所言，它基于"审慎的估算"。

① Daniel C. Russell，*Virtue ethics, happiness, and the good life*, in Daniel C. Russell, ed., *The Cambridge Companion to Virtue Ethics*, UK: Cambridge University Press, 2013, pp.25–26.

第三章　康德伦理学的基础：义务论

　　本书的基本脉络是，在介绍了以往一些学说，尤其是当代美德伦理学对于康德主义的诸多批评之后，就将具体地阐述康德的道德理论。首先应该看到的是，在康德漫长的哲学思考中，有关"道德"的问题一直都存在着。但从宏观角度来说，我们认为，康德的思考与创作主要可以分为两个阶段，第一个阶段是《道德形而上学的奠基》（1785）与《实践理性批判》（1788）时期，第二个阶段是《道德形而上学》（1790）时期。因为在前两部著作中，康德主要以"道德法则"和"实践理性"为核心，近似于元伦理学，康德此时重在探讨道德、正当性、善以及自由的实质与根据；在后一部著作中，康德主要以"法权"、"美德"以及"道德教育"为核心，探讨的是道德法则在法律领域和伦理领域中的实际应用。前者属于义务论阶段，后者属于美德论阶段。也可以说，前者是康德道德哲学的奠基，后者是在此基础上的完成。当然，这种区分并不是严格的，而只是为了理解上的方便。从这一章开始，我们将回到康德的文本，对其基本理论进行梳理。首先是分析并阐述其义务论思想，《道德形而上学的奠基》无疑就是需要着重分析的对象，接下来是《实践理性批判》。此后的下一章，我们将正式进入其美德理论，集中围绕《道德形而上学》展开探讨。在这两章中，我们将首先提取主要概念或者问题作为每一部分的主题，同时依循康德的论证顺序对于文本进行解读。这种阐释方式并不是要单纯地复述文本，而是以某些重点概念为线索对于康德的理论进行整体性的把握。

　　在西方伦理学的历史中，康德无疑占据着一个举足轻重的位置。按照当代伦理学的一般性划分，康德伦理学已经和功利主义、美德伦理学并称为规范伦理学三大类型。所谓"规范伦理学"，是与"元伦理学"对照产生的。前者是对于生活与行动的道德原则的探究，以及我们该去过怎样的生活？应该去成为一个怎样的人？后者则是从概念、语言的角度对于道德或者价值问题做出思考，它是关于"伦理学基础的哲学研究"。至少在 20 世纪中叶以前，人们一般认为规范伦理学只包括以康德主义为代表的义务论和边沁、密尔等人所建立的功利主义，但直到当代美德伦理学兴起，这一惯常理解被打破了。由于带来了一种全新的思考方式，人们甚至不知道该将这股思潮如何归类。正如安斯康姆、威廉斯等人不再将"道德"、"规则"、"义务"作为伦理学的核心问题，而是像古希腊哲学家那样致力于构建"好的生活"，这些观点似乎与义务论和功利主义的基本理念都不相符。为此，伦理学家进一步扩大了规范伦理学的外延，将义务论和功利主义视为规则伦理学。因为相对于二者而言，美德伦理学虽然拥有鲜明的独特性，但是，它始终仍然是要给人们提供关于生活与行动的指导原则，只不过这种原则不再作为某种普遍性规则的附庸，而是比这些规则更为根本，而且，它们被认为更加适用于人类生活的真实状态。

将康德的思想视为义务论的典型学说，已经是学术界的普遍共识。虽然近些年来人们的观点有所变化，但是，本书基本上仍然赞同这一主流性观点。但是，我们并不是无条件接受这一前提。随着思想史的演进，尤其是当代美德伦理学的不断影响，无论是康德主义还是功利主义都已经发生了很大的理论进步。人们越来越注意到，在这两种学说中，其实蕴含着丰富的美德要素。① 与此同时，像伍德、纳斯鲍姆、劳登等人，已经表明传统的归类方式是有问题的，而将康德伦理学仅仅界定为义务论，其实并不准确。而其他大多数学者仍然认为，这种传统的分类方式依然有其合理性，不过，我们应

---

① 纳斯鲍姆就指出，无论是边沁，还是密尔、西季威克，这些功利主义者都注意到了美德、情感以及品格的重要性。参见 Martha C. Nussbaum, Virtue Ethics: A Misleading Category? *The Journal of Ethics*, 1999(3), pp.163–201。

该改变成见，认识到在康德那里，美德理论其实占有很大比重，甚至某种意义上，康德的"美德论"是其"义务论"更为成熟的阶段。本书的立场是，传统上对于规范伦理学的分类基本上是正确的，三种学说之间存在着一定的差别。而如果我们不想采用"差别"这一意谓过于明确的词，那么可以用"侧重"来取代它。也就是说，鉴于一些人强烈地反对义务论、功利主义以及美德伦理学这种粗糙的划分，因为它将带给我们太多理解上的混乱，我们可以选择一种更加稳妥的方式，即认为这三种学说的区别在于它们有着不同的侧重点：功利主义主要讨论的是整体利益最大化，美德伦理学主要讨论的是品格卓越与人生幸福，而康德主义的义务论讨论的是正当规则以及道德动机的纯粹性。

如果采取这样的理解，我们就能够避免此前纳斯鲍姆所揭示的疑难。在她看来，美德伦理学所拥有的核心性特征或者议题，在义务论和功利主义那里也同样存在，因此，硬性地将三者区分开是错误的。然而，我们已经指出，三种学说之间的差别不是在于它们是否享有完全不同的特征或者议题，而是在于即便对于一样的或者相近的议题，它们各自的重视程度是不同的，同时，它们也给出了不同的思考方式与解决方案。在康德那里，"出于义务而行动"，"使你的意志与行动始终符合道德法则"，一直是其全部理论的核心观点。在这一章中，我们将具体阐述康德义务论的基本内容，这不仅在于它是其美德理论的根基，更是其全部道德哲学的基石。

第一节　康德与义务论

在当代美德伦理学的奠基者安斯康姆看来，现代道德哲学的基本特征就是"义务论"，它包括功利主义和康德主义，这种理论的基本主张是：只有遵照法则所产生的行为才具有正当性。而且，安斯康姆将这种义务论的根源归结到基督教那里，从旧约律法中推出伦理观念，基督教要求"你应当怎样"，否则就是应受谴责的，这样的观念被现代道德哲学所继承下来。实际上，安斯康姆这里指的是一种广义的"义务论"，而我们通常所说的"义务论"是狭义的，它并不包括功利主义。

当代美德伦理学的支持者认为，由于现代道德哲学的努力，"义务"往往就与"道德"等同起来。而实际上，"道德"只是近代的发明，在古希腊时期它并不居于核心地位。麦金泰尔就说："在亚里士多德的体系内，'道德的美德(moral virtue)'并不是同语反复的表述；但到了18世纪末'道德的(moral)'与'有美德的(virtuous)'开始作为同义词被使用。再往后，'职责(duty)'与'义务(obligation)'被视为在很大程度上是可以互换的，'尽责的(dutiful)'与'有美德的(virtuous)'也是如此。"① 麦金泰尔深刻地看到，随着人类社会进入现代性阶段，利己主义逐渐占据人们的思想，从而带来许多严重的社会问题。正是在这种情况下，"道德"的观念才逐渐开始兴起，而它的基本含义就是利他主义。无论安斯康姆、麦金泰尔等人对于"道德"与"美德"的关系的历史性探源是否准确，他们至少在这一点上是对的：在现代道德哲学看来，"道德"在很大程度上被视为是利他主义的，而"义务"就是指对他人所应该承担的责任。威廉斯则指出，这一理念在康德那里达到了登峰造极的地步，以至于出现了一种"作为建制的道德体系"，它以强制性的普遍法则为依托，显得如此"奇特"。

本书并不打算完全推翻这一看法，因为在康德那里，"义务"确实是一个核心性概念，它支撑着康德整个道德哲学的大厦。并且，在康德的义务论中，以其"定言命令"为代表，确实在很大程度上存在着某种利他主义。康德也在其《道德形而上学》中表明，"促进他人的幸福"是我们的一项"不完全义务"。然而，我们绝不赞成将康德的义务论仅仅理解为是利他主义的。首先，如果我们回到文本当中做细致的解读，会发现在康德几乎全部的伦理学著作中，都没有将"利他主义"作为其"道德"概念的核心内容。相反，

---

① ［美］A.麦金泰尔：《追寻美德》，宋继杰译，译林出版社2003年版，第296页。

在本书看来，康德的"道德"观念主要地是"自我指向"的，甚至可以说，它在某种意义上其实是一种"自我中心主义"。其次，我们也应该改变固有的看法，即认为"义务"、"责任"肯定意味着将他人的利益放在第一位，而将个人利益放在第二位。而从另外一个角度说，即便义务论包含着更多的利他主义要素，也并不意味它就必然是与以个人利益为重点的任何一种形式的"利己主义"相互冲突的。因为实际上，对于一项道德行为所可能产生的后果，我们很难辨别清楚是更有利于他人还是更有利于自己的。

一、"义务论"概念辨析

无论面临多少争议，按照一般的理解，康德是一位义务论者。大部分学者都接受了弗兰克纳的说法，伦理学可以区分为目的论与义务论："目的论是指一种非道德价值构成了道德上正确的、错误的、强制性的、基本的或者最终的标准。……一件行为是应当去做的，当且仅当相比于任何其他选择，这件行为或者它所依从的规则可以产生出善对于恶的最大的平衡。"相比而言，义务论则是指"一件行为或者规则的正当性并不在于它能够促进善对于恶的比重，而是仅仅由于其自身性质决定的。"① 按照这样的定义，弗兰克纳将功利主义视为目的论，而将康德主义视为义务论。人们对于"目的"有多种理解，一种一般性的理解来源于功利主义，即将善等同于快乐，将恶等同于痛苦。由此，正确的行为或者规则就是相对于其他选择能够产生出快乐对于痛苦的最大平衡。弗兰克纳对这种目的论做了进一步区分，历史上，像边沁、密尔等人被视为快乐主义的目的论者，而摩尔（G.E.Moore）等人则被视为理想主义的目的论者。有意思的是，在另外一边，弗兰克纳也将义务论区分为两种类型："行为义务论"和"规则义务论"，前者是指按照具体语境中的规则行事。例如，"要遵守承诺"，它只是在相应的语境中才是必然的；

---

① William K. Frankena, *Ethics(second edition)*, Prentice-Hall, INC., Englewood Cliffs, New Jersey, 1973, pp.14–15.

而后者才是指按照普遍性法则行事，康德的"绝对命令"是这种"规则义务论"的典型样本。与"行为义务论"的根本区别是，"规则义务论"拥有明确的、固定的、绝对的一般性法则，它是所有其他规则或者原则的前提。①

如果从当代美德伦理学的角度看，弗兰克纳关于两种义务论的划分可能是有问题的。按照他的观点，像亚里士多德也可以被视为一名"义务论"者。因为只要是承认存在某种义务并按此行动，即便它是特殊的，那么也就是符合"行为义务论"的要求。也许，在弗兰克纳的写作时期，作为一个单独的流派，美德伦理学还没有发展成熟，从而也并没有被他详细地介绍。在这种情况下，由于已经将目的论主要理解为功利主义，因此，他将亚里士多德等人视为与目的论不同的义务论者，似乎也情有可原。不过，后来的学者们一般仍将目的论的范畴确定为以密尔为代表的功利主义和以亚里士多德为代表的美德伦理学，因为正如我们之前所阐释过的，与义务论有所不同的是，这两种学说都是将幸福或者某种善作为行动的最终目的，而义务论却是仅仅关注行为本身的正当性。

在罗尔斯那里，虽然也将伦理学区分为目的论与义务论，但他所采用的根据却与弗兰克纳有所不同。所谓目的论，就是将善优先于正当，而义务论就是将正当优先于善。据此，功利主义与美德伦理学获得了某种一致性，而康德伦理学则成为义务论最为典型的学说。当然，到了当代美德伦理学那里，他们往往又将功利主义视为和康德主义一样的"义务论"，这在我们看来，其实也容易理解。因为在这里，当代美德伦理学实际上采用了另一套标准，即在以理性法则为根据的意义上，功利主义与康德主义确实都是将"道德上的应该"作为行为的规定，而美德伦理学则追求的是自然主义的"好的生活"。

---

① 参见 William K. Frankena, *Ethics(second edition)*, Prentice-Hall, INC., Englewood Cliffs, New Jersey, 1973, pp.16–17. 劳登也接受这一说法，他认为，康德属于规则义务论者，而普理查德（H.A. Prichard）和卡里特（E.F. Carritt）属于行为义务论者。（Robert B. Louden, Toward a Genealogy of "Deontology", *Journal of History of Philosophy*, 1996:34, 4, pp.571–592, p.590.）

关于"义务论"(deontology, 也有的译为"道义论")这一术语的起源，学者们进行了比较深入的追溯。劳登指出，英文中的 deontology 起源于古希腊语 deon，它意味着约束性的 (binding)、必要的（needful）、正当的（right）以及固有的（proper）。可见，这一词汇已经蕴含了我们今天所说的"义务"的全部意思。劳登强调，虽然 deon 在古希腊语中就是指"道德上的应当"，但古希腊的作家们几乎从未使用过它，这只是一个相对晚近的词。不过，劳登似乎认为这一说法也并不严谨，于是又在其注释中指出，这一说法还不是定论。因为在古希腊斯多葛派伦理学家那里，他们确实使用了这个词，而且其意义很接近 19 世纪思想家所说的"义务"。①

劳登指出，在英语学界，首次使用"义务论"一词的人是边沁，在1814 年未公开发表的手稿中，他就提出了这一概念。而在 1816 年正式出版的作品中，边沁表明，由古希腊语而来的"义务论"(deontology) 意味着"合适 (fit)"、"适应（fitting）"、"正当（right）"、"成为 (becoming)"以及"固有的（proper）"。在边沁那里，"义务论"至少有四种不同的含义：首先是指一种私人伦理学，即并不受法律制裁约束的道德义务；其次，边沁似乎在某些地方也用它指公共的伦理学，例如国内治理与国际法则；再次，义务论是指一种"关于责任（duty）的科学"，即意味着要做正当的应做之事。这个意义后来成为义务论的主要概念；最后，义务论仅仅是指一种功利主义的道德要求，即所采取的行动应该是能够增进个人或者大多数人的幸福净量。②

虽然拥有多重含义，但正如劳登所说的那样，作为"道德要求"，边沁已经确定了现代伦理学关于这个词的基本理解。蒂默曼则进一步表明，边沁提出的其实是一种广义的"义务论"，它与康德所确立的狭义的义务论有所不同，也就是说，只要一种理论包含着行为的规范，那么在原初意义上它就

---

① Robert B. Louden, Toward a Genealogy of "Deontology", *Journal of History of Philosophy*, 1996:34, 4, pp.571–592, pp.572–573.

② 参见 Robert B. Louden, Toward a Genealogy of "Deontology", *Journal of History of Philosophy*, 1996:34, 4, pp.571–592, p.574, pp.575–576。

是一种义务论，据此，亚里士多德也可以被视为一名义务论者。① 劳登也意识到了这一点，他认为，其中关键的原因是，边沁还并没有意识到义务论与目的论两种伦理学类型的差别，因而笼统地将大多数道德理论都称之为义务论，而真正提出"义务论／目的论"这种二元分类，是由20世纪的伦理学家布劳德（C.D.Broad）首次完成的。② 在《伦理理论的五种类型》一书中，布劳德首先指出，西季威克将伦理学划分为三种类型：直觉主义、自我主义的享乐主义、功利主义，这本身是有问题的。其实，这三种类型都属于直觉主义。对此，布劳德提出应该将伦理学划分为义务论与目的论两种主要类型：

"义务性理论认为存在着关于形式的伦理命题：'不管结果怎样，在这样的一种环境中，这样的一种行动总是正当的或者错误的。'

目的性理论则认为一件行为的正当与否，取决于它倾向于促进某种内在地好的或者坏的结果。"③

相比于此前的英国哲学家，劳登认为布劳德的定义更加清楚、准确。重要的是，布劳德意识到了认识性定义与规范性定义的区别，并由此在规范性的角度阐述了一个重要问题："如何确定道德上正当的行动？"据此，劳登指

---

① 参见 Jens Timmermann, What's Wrong With "Deontology"？ *Proceedings of the Aristotelian Society*, Vol. cxv, Part I, 2015, pp.75–92, pp.76–77。

② 劳登认为正式提出与"义务论／目的论"二元分类的人是布劳德，但若究其根源，可以追溯至19世纪的莱基（W.E.H.Leckry），在那本著名的《欧洲道德史》一书中，他提出了"直觉道德主义"概念，与功利主义相对，它是指一种不涉及结果的义务行为。然而，劳登认为，莱基只是对此进行了一种认识性描述而非规范性描述，即他只是告诉我们怎样去认识义务，而并没有告诉我们所谓的义务究竟是什么？其实，在很多批评者眼中，18、19世纪的英国直觉主义者都没有区分认识性与规范性描述。不管怎样，莱基的"直觉主义／功利主义"之分都应该被视作"义务论／目的论"二元论的先声。（Robert B. Louden, Toward a Genealogy of "Deontology"，*Journal of History of Philosophy*, 1996:34, 4, pp.571–592, pp.579–584.）

③ Robert B. Louden, Toward a Genealogy of "Deontology"，*Journal of History of Philosophy*, 1996:34, 4, pp.571–592, p.586.

出，对于任何一位义务论者来说，他们都将关心这一问题，除此之外，他们还将关心另外两个问题："我们如何认识到哪些行为才是道德上正当的？"以及"我们是根据什么缘由或者证据而尊重义务论要求的？"[①]

在揭示"义务论"这一概念的源流与演变之后，我们将面临一个更为重要而且艰难的问题：义务论与目的论的区别究竟在哪里？换句话说，我们能够真正完全地将二者区分开么？

劳登指出，布劳德在提出这种二元论之后便告诫我们，完全区分开两者是不可能的，只有在一种理想意义上，纯粹的义务论或纯粹的目的论才会存在。在实际理论中，我们看到的都是两种类型混合后的各种版本的道德理论而已。不过，劳登还是站在20世纪的义务论者普理查德、卡利特等人的立场上，试图尽量确立起关于义务论的比较独特的定义。在他们看来，义务论的主要特征在于体现了"对于理性存在者的尊重"以及"对于行为的内在价值的重视"。康德的伦理学是这种义务论的典型形式，而且它正好包含了劳登所说的三个主要问题。

从目前主流的观点看，学者们普遍不认为义务论与目的论存在着清晰的界限。其实，劳登的定义也是相对性的。高斯对此有过深入的讨论，他指出，传统上对于义务论内涵的确定都是不完全准确的。通过考察历史上的各种论述，高斯总结出十种关于"义务论"的定义：

"（1）正当性并不在于善的最大化的伦理理论；

（2）思考正义问题的伦理理论；

（3）提出绝对性道德诉求或者约束的道德理论；

（4）像普理查德所提出的伦理理论那样，义务或者责任是独立于善的概念而被辩护的；

（5）像高蒂尔（David Gauthier）的道德契约论那样，正当概念并不是依

---

① Robert B. Louden, Toward a Genealogy of "Deontology", *Journal of History of Philosophy*, 1996:34, 4, p.588.

据实质性的善的概念而被定义的；

（6）将被辩护的道德原则作为我们的价值与善的概念的前提的伦理理论；

（7）让我们认为我们有理由尊重并且促进某种价值的伦理理论；

（8）基于对人的尊重，或者对此给予重大意义的伦理理论；

（9）赋予道德法则以重要位置的伦理理论；

（10）命令式的伦理理论。"①

可以说，这十种定义都符合我们对于"义务论"的一般性理解，而且，它们都能够找到相对应的学说，但问题是，并不存在任何一种学说符合以上全部的定义。高斯指出，如果按照（6）、（7）、（8）的表述，"摩西十诫"就并不属于义务论，而按照（4）和（7）的表述，康德的理论也不能被认为是义务论。同样，作为道德契约论的代表，像高蒂尔的理论就符合（1）、（2）、（5）、（9）、（10），然而却并不符合（3）、（4）、（6）、（7）、（8）；罗斯（W.D. Ross）的直觉主义则符合（1）、（2）、（4）、（10），但并不符合（3）、（7）、（8）；另外，高斯进一步指出，按照密尔的看法，其实功利主义也是一种义务论，因为它也是关于道德正当性、即一个人有义务采取何种行动的理论。据此，功利主义也符合（1）、（2）、（9）、（10）。②

和劳登一样，高斯也不赞成存在义务论与目的论的截然划分，如此一来，他就倾向于提出一种广义的义务论，在这一原则之下，像功利主义等都能够被包括进来，而像普理查德、罗斯等人明确地主张一种鲜明的、狭义的义务论，在高斯看来则是站不住脚的。在这些直觉主义义务论者的眼中，义务论与目的论分别以正当和善为理论前提，关于道德义务的阐释完全独立于

---

① Gerald F. Gaus, What is Deontology? Part Two: Reasons to Act, *The Journal of Value Inquiry*, 35:179–193, 2003, pp.189–190.

② 高斯将功利主义也纳入到义务论中，认为它符合其中的某些定义。更准确地说，高斯是将规则功利主义置于（1）、（9）、（10）之中，而将拉什道尔（Hastings Rashdall）的功利主义置于（2）、（10）之中，此外，在（10）之下，边沁也可以说是一名义务论者。

任何欲望或者目的，因此，两种理论是可以被严格区分开的。对此，高斯提出了质疑。他认为，对于义务论者而言，道德义务虽然不能基于欲望，但是，它仍然可以表达为"我们应该欲望什么?"或者"我们应该追求什么目的?"在日常生活中，我们之所以要恪守道德原则，其实是人们所共同信奉的价值决定的。例如，道德原则要求我们应该忠诚于友谊，是因为我们的很多价值要依赖于友谊，而并不仅仅是因为这样做是道德的。

为了区别于目的论以及功利主义，人们认为义务论是"非最优化的"，即并不是以最好的后果为前提。然而，高斯指出，规则功利主义也拥有这一主张。因为在规则主义看来，每当我们行动时，理性的约束都要求我们接受规则的指导，如果必要的话，应该抛弃最优的目的。不过，规则功利主义仍然坚持善优先于正当，因为与此前所提出的理由相似，我们实际上无法彻底地脱离善去确立正当的概念，所谓"正当"的合理性只在于能够促进某种善。正是因为我们首先知道了什么是善，以及通过怎样的方式去取得最好的效果，我们才建立起相应的规则并且依此而行动。在这一意义上，规则功利主义是一种目的论，而由于要求依据非最优化的规则而行动，它也是一种义务论。

可见，通过"正当性规则"，我们很难将义务论与目的论区分开，而对于坚定的义务论者来说，"尊重人"则可以被视作义务论独有的特征。然而，高斯仍然不接受这一点。所谓"尊重人"，在康德主义者那里，就意味着尊重与人的权利相关的一切，包括自由、平等、公正等。为此，康德将"自主"（Autonomy）作为尊重人的根据：人是目的本身，具有绝对价值，不能作为达到其他目的的手段，更不能像物那样被估价。但是，如果采取目的论的视角，我们仍然应该承认，像一些后果主义者也是秉持这一立场，平等与尊重同样是他们眼中最大的善，而在实现方式上，功利主义认为只要有利于这一最大的善，像人的"自主"等权利都可以是被估价的。也就是说，以人的价值为中心的原则，其实也是将一种善的概念作为前提，人们正是在此基础上确立了所谓的行动的"正当性规则"。

高斯的分析向我们呈现了一种多样性的义务论，这在很大程度上消解了义务论与目的论的界限。然而，我们认为，高斯的阐述虽然很有道理，但他的这种极端化处理方式并不完全正确。依据这种过于宽泛的理解，我们几乎可以将任何一种伦理理论都视为义务论（或者目的论），因为只要是作为"理论"，就必然具有某种规范性，而它就是要采取"命令式"的表述方式。这样一来，由于都符合高斯所说的（10），从而也就不存在"义务论／目的论"这种一般性区别。但是，如果不再具有对于对象进行分析、归类以及判断的功能，那么它就已经不能够算作是一条标准了。因为就其性质而言，它已经丧失了作为"标准"的内在资格。同样，依据高斯所说的（10），甚至美德伦理学也可以被划入义务论的范畴，因为不少人认为，美德伦理学虽然排斥普遍性法则，但它并不否定局部性的原则，它们是人们在某一特殊情境中所应该遵循的相应的行动规范，具体表现为各种各样的"美德"。和道德法则一样，这些美德也是对于行动的"要求"与"约束"，即一种"命令"。然而，我们十分清楚的是，美德伦理学从根源上就是要与以康德主义、功利主义为代表的义务论相互区分开的。

其实，高斯对于义务论的其他几种定义也存在麻烦之处，这导致他并没有帮助我们澄清问题，反而使其中的模糊与疑惑进一步加重了。关键在于，和"义务"、"命令"这些概念一样，高斯并没有对于"正当"、"道德法则"做出明确的界定便轻易地使用了它们，而这也正是众多持有相同立场的人所共同存在的问题。在我们看来，像密尔、西季威克以及一些美德伦理学学者将功利主义和康德主义都视为"义务论"，也都是与这种理解有关。其实，如果我们仅仅将"正当"、"道德法则"作为根本性的理论前提，那么确实将导致这种定义上的模糊，因为无论是康德主义、功利主义乃至美德伦理学，在某种意义上都是围绕着这两个概念建立起来的。功利主义者们相信，正当性规则就是效果最优化原则，"道德上的应当"就是以此为准绳。而对于美德伦理学来说，所谓的"正当的"行动，是指按照特殊性的美德而行动。由此，像威廉斯等人所做的工作，其实就是把现代伦理学所主张的作为普遍性规范的"道德上的应当"，转化为更加适合人性状况与具体情境的"事实上的应当"，在最弱的意义上，它是一种规范性要求，而在更为宽泛的意义上，它也是一种道德理论，只不过，相对于康德主义和功利主义，美德伦理学对于"道德"内涵的理解是不同的。

通过以上的分析，我们的观点是，高斯的理解存在着严重的缺陷，试图通过将"正当"、"道德法则"、"义务"、"善"、"目的"以及"价值"这些概念中的某一个作为根据，从而分析并确定义务论或者目的论的性质，反而容易导致更多的混乱。最重要的是，无论是正当优先于善，还是善优先于正当，我们首先要阐明的是"正当"与"善"的真正内涵。一直以来，人们普遍地把"正当"归于以康德为代表的义务论，把"善"则归于后果主义、美德伦理学，这一主流观点尤其表现在罗尔斯等人的论述中。也就是说，人们习惯通过"正当与善"的关系作为划分道德理论的最重要的工具。① 然而，

---

① 我们在这里的分析不得不延伸至元伦理学层面。西季威克很早就指出，"应当"与"善"是伦理学研究中的两个基本的主题。在他看来，现代伦理学普遍把"应当"作为"善"的基础来确立道德上的"正确"或者"正当"。（[英] 西季威克：《伦理学方法》，廖申白译，中国社会科学出版社 1993 年版，第 99 页）以后的伦理学家们大多沿用了这一表述，普理查德认为作为"应当"或者"正当"的"义务"，与"善"一样是不可分析、不可定义的质，但二者相比较而言，"义务"是最不可分析、不可定义的。作为直觉主义义务论的奠基人，普理查德坚持认为"义务"或者"正当"是伦理学最为基本的概念，而且，任何义务行为都不依赖于任何目的或者善，仅仅是由于我们直觉到义务并且按此行动，行为才成为正当的。普理查德甚至将"义务"（或者"正当"）与"善"、"目的"的关系完全割裂开来，否认它们之间存在着联系。相对而言，罗斯的直觉主义义务论显得更加温和。他同样接受了"正当"与"善"两大基本类型的划分，不过，他又进一步将其区分为三种类型："正当"、"一般的善"和"道德上的善"。通过考察其性质，他指出，"正当"与"善"是各自独立的，不能相互混淆，但同时在某些特殊的情况中又存在着联系甚至一致性，尤其是"正当"与"道德上的善"。鉴于本书的主题，我们不打算深入讨论罗斯所提出的这三种概念类型的具体关系。我们只是强调，罗斯沿袭前人的见解，更加明确地将伦理学区分为两大范畴，一类是"正当"（right）、"应当"（ought）、"义务"（duty），另一类是"善"（good）、"价值"（value）。罗斯反对摩尔这样的功利主义者将"善"作为伦理学的前提，并以此来定义"正当"，他认为二者应该被明确地加以区分，功利主义者所谓的"最大可能的善"与"正当"之间不存在必然的逻辑关系。因为我们不仅要关注善的数量，更要关注如何对于这些善进行公平的分配。（这里的阐述参考了孙伟平：《伦理学之后——现代西方元伦理学思想》（修订本），中国社会科学出版社 2014 年版，第 42—100 页）

这两个概念自身存在着太多的含混之处，以至于至今并没有获得各自明确的定义，在此基础上，人们试图进一步确定二者的关系，只能带来更多的歧义。有的学者已经注意到了这一问题，像施罗特就指出，罗尔斯关于"义务论／目的论"的定义并不是准确的："以善具有优先性来确定目的论是站不住脚的。首先，目的论并不需要先确定善再确定正当。它们也可以以正当的定义作为起点，即正当基于善的最大化，然后再确定善。通过阐明正当的概念，人们需要发现哪种内在的善应该被最大化。"① 的确，例如，在边沁、密尔等人看来，功利主义同样追求并且提供了一种关于"正当"的理解：一切有关者的最大幸福就是人类行为正当的和适当的目的。对于功利主义来说，"正当"不仅仅是达到大多数人幸福的手段，更是目的自身，而它的具体表述就是实现最大的幸福总量。② 同样，即便是比较排斥规范性命令的当代美德伦理学，其实也在逐渐地发展出符合其自身要求的规范性理论，例如，在斯万顿、赫斯特豪斯等人那里，所谓的"正当的"行动，就是依据美德的要求做出符合情境需要的适当的举动。可见，"正当"并不专属于义务论，而"善"或者"价值"也并不专属于与义务论相区别的目的论。更何况，站在不同的立场上，人们对

可以说，罗斯最为充分地表达了"正当"与"善"的根本区别，对于"义务论／目的论"两大伦理学类型的确立有着重要的推动作用。然而，在我们看来，和其他的直觉主义义务论者一样，罗斯仍然无法对于"正当"与"善"进行清楚而严格的界定，从而也不可能就二者的先后关系做出完全没有争议的判断。即便像罗斯那样，否认功利主义的"最大幸福原则"可以充当"正当"的标准，我们也认为情况未必如此，对于一些人（尤其是规则功利主义者）来说，依据进一步完善的功利主义原则仍然能够达到分配正义。

① Jörg Schroth, *The Priority of the Right in Kant's Ethics*, in Monika Betzler, ed., *Kant's Ethics of Virtue*, Berlin: Walter de Gruyter, 2008, pp.81–82.

② 边沁明确地表达了他的"正当"或者"正确"的基本原则："一个人对于一项符合功利原理的行动，总是可以说它是应当做的，或者至少可以说它不是不应当做的。也可以说，去做是对的，或者至少可以说去做是不错的：它是一项正确的行动，或者至少不是一项错的行动。应当、对和错以及其他同类用语作如此解释时，就是有意义的，否则没有意义。"（［英］边沁：《道德与立法原理导论》，时殷弘译，商务印书馆 2006 年版，第 59 页）

于每一种理论流派都有不同的，甚至相互矛盾的界定。例如，在康德主义者看来，功利主义与美德伦理学都属于目的论，而在众多当代美德伦理学学者看来，康德主义和功利主义都属于围绕"正当"原则建立起来的义务论。

至此，我们似乎只是呈现了问题的复杂与困难，却并有提供有效的解决方案。其实，秉持传统的"正当与善"这一基本原则，并以此来区分"义务论／目的论"，并不真正地有助于准确的理解。因为正如高斯所分析的那样，两种概念之间存在着太多的相互牵连乃至渗透之处，以至于出现了高斯所总结出的广义的"义务论"，而从另外一个角度说，它其实也是一种广义的"目的论"。同样，基于这一原则，人们一般将道德、正义、个人权利等概念视为康德、罗尔斯式义务论的宗旨，而将美德、仁爱、共同体目的视为美德伦理学的宗旨，也是一种并不严谨的解读。[①] 我们的观点是，如果继续以"正当"与"善"两个概念为基本原则，那么最终将导致各种理论内涵的模糊与界限的不确定。为此，应该暂时抛弃这一原则，但这并不意味着我们要抛弃"义务论"与"目的论"这两个概念。相反，我们仍然认为相对于功利主义与美德伦理学，康德、罗斯以及罗尔斯的理论具有一种典型性特征，即它们都是将道德义务作为行动的根本理由。

[①] 社群主义者习惯于以此来区分其与自由主义者相对立的主张。正如桑德尔在批评罗尔斯时所言："他的全部理论显示了作为一个整体的道义论伦理的论证特征的结构。与正义之首要性紧密相关的一个更为普遍的观念，是正当对善的优先性。同正义的首要性一样，正当对善的优先性是原始的、第一层次的道德要求，被终极地假定具有某种元伦理的地位——这一点与功利主义正相反——特别是当罗尔斯在更普遍的意义上论证道义论而反对目的论的时候。"（[美] 迈克尔·J.桑德尔：《自由主义与正义的局限》，万俊人等译，译林出版社 2016 年版，第 31 页）桑德尔等社群主义者采取了"正当与善"的二元区分，并在"义务论／目的论"的基础上来阐释自由主义与社群主义的基本区别。与这种正当性原则相关，以罗尔斯、诺奇克以及德沃金等人为代表的自由主义者主张权利先于善，个人先于社群，道德先于美德，其理论根源是在康德那里，而在罗尔斯、诺奇克这里则以一种契约论的形式体现出来。

二、康德式义务论的基本特征

正如劳登所说，边沁是"义务论"一词的近代发明者，在他的眼中，现代道德哲学都属于"义务论"，而直到布劳德时期，"义务论"才获得了与"目的论"相互对照的意义。虽然边沁提出的是一种广义的"义务论"，但从另外一个角度，我们也可以这样认为，其实从边沁那里开始，人们对于"义务论"和"非义务论"具体界限的确定就是困难的，或许，任何道德理论本身都是一种义务论。不过，布劳德所做的区分并非没有意义，正如蒂默曼指出，这种意义在于"广义的 / 狭义的"这一二元分类。布劳德显然提供了关于"义务论"的狭义的定义，其典型代表就是康德的伦理学。当然，劳登同时也指出，即便在布劳德那里，纯粹的义务论与纯粹的目的论都是不存在的。

我们同意劳登的见解：从一种理想性角度不可能区分出义务论与目的论，理论之间千丝万缕的联系使得任何努力都是徒劳的。但是，这并不意味我们就要走向高斯的立场，因为相对而言，我们应该承认义务论与目的论仍然存在着一定的区别。其实，根据劳登的阐述，像布劳德、普理查德以及卡里特等人已经对于这种义务论的特质做出了比较充分的说明。综合这些学者的观点，我们认为义务论（狭义的）可以从三个方面确定其基本的特征：

Ⅰ.一项行动仅仅因为其符合道德法则本身的要求而是正当的，而并不是由于其所可能产生的后果或者其他某种价值，行为本身就具有内在价值；

Ⅱ.行动者应当出于对道德法则的尊重而行动，而并不是由于其强制性力量；

Ⅲ.行动者应当是理性的人，而尊重道德法则就是尊重理性存在者。

与有些人将义务论（本文以下如不做特殊说明，将都是指狭义的义务论）的理论基础确定为"正当性原则"，不同的是，这里的定义是立足于道德法则本身，也就是说，行为者只要是以道德法则作为行动的根本动机，而并不考虑行为将会产生的后果，或者会以此达到什么样的目的，那么我们就可以说他是有道德的人，而他的行为就是具有道德价值的。然而，现在将涉及到另一个重要的问题，那就是所谓的"道德法则"究竟指的是什么？

其实，研究者们对于义务论与目的论的内涵及关系之所以产生大量的分歧，原因就在于对于"道德法则"或者"正当"拥有着不同的理解。而在这里，我们认为，真正属于义务论的"正当性原则"或者"道德法则"，首先最典型地体现在康德的"定言命令"中。

我们知道，即便是狭义的义务论，也是一个范围广泛的流派，其中的代表人物包括康德、普理查德、罗斯、罗尔斯等。不过，这仍然是一个存在争议的界定。因为在很多人的眼里，罗尔斯虽然明确地表明自己是一名康德主义者，但他却由于其理论中的契约主义色彩，有时也被看作是一名后果主义者。而在我们看来，以普理查德、罗斯等人为代表的英国直觉主义者，对义务论的理解也与康德并不完全一致。因为就这些直觉主义者而言，道德原则本身像善一样，都是不可分析、不可定义的。像数学公理一样，它们是不证自明的真理，可以通过直觉的归纳加以把握。不过，这种"直觉"也不是直接拥有的，人们可以通过积累经验、培养自己的心智逐渐获得这种能力。罗斯指出："行动的实际的正当的基础是，在对于行动者在那种环境下可能的所有行为中，正是那在其显见地正当的方面的显见之正当大大超过了在显见地不当的方面的显见之不当。"① 基于一种直接性的经验主义视角，罗斯将正当性原则归结为日常生活中那些显而易见的道德要求，例如"回报他人提供的服务"、"实现承诺"、"增进他人的善"、"促进行动者的德性和洞见"。② 这种"显见义务"看来并不需要权衡与反思，它更像是一种习惯性的反应，是人们依据人性的"自然事实"做出的。然而，在罗斯那里情况似乎又并不是这样。对此，他具体地写道：

"我们若不经过思考，就没有任何直接的道路通达有关正当与善的事

———————

① ［英］戴维·罗斯：《正当与善》，林南译，上海译文出版社 2008 年版，第 103 页。

② ［英］戴维·罗斯：《正当与善》，林南译，上海译文出版社 2008 年版，第 85 页。

实，以及有关哪些事实是正当的或善的事实；有思想并受过良好教育的人们的道德信念就是伦理学的资料，正如感官知觉是一门自然科学的资料一样。……现有的最好的人的道德信念大部分是许多人道德反思的累积产物，这种反思已经发展出了对道德区分进行鉴别的一种极端精细的力量；而这是理论家无法提供给人们处理那些最伟大的方面之外的事物的。他必须把最好的人的道德意识的种种判断作为他的建筑的基础；不过，他必须首先将它们相互进行比较，并消除它们可能包含的任何矛盾。"①

在这段复杂的文字中，罗斯表达了三层意义：首先，他并没有否定"反思"的重要性，尤其是在不同的"显见义务"发生冲突之时，但这只属于"心智成熟者"的能力；其次，这种反思能力以及由此产生的道德知识并不是理论家独享的，而是由"许多人"经过长年思考累积而成的；再次，对于"现有的人"来说，他们是直接应用这些知识，由于不用再经过反思，因此构成了"显见义务"。然而，凭借这些论述，我们仍然不清楚的是，思维、尤其是理性化思维究竟在整个过程中发挥着怎样的作用？罗斯所说的"显见义务"是不证自明的，但是现在看来，他又表明这只是对于当下那些直接应用"显见义务"的人来说是这样的，而就其产生的根源与过程而言，那些"有思想并受过良好教育的人"的思考是不可缺少的要素。而且，罗斯也没有说清楚的是，"现有的人"对于这些自明的道德知识是否还发生影响？如果要符合"显见义务"的"直接性"的本质，即它不是通过间接性的反思、权衡逐渐形成的，那么"现有的人"就是对于"显见义务"不再发生影响，但是，罗斯似乎又表明，这些"显见义务"是随着人们心智的不断发展而不断被完善的。

可见，罗斯复杂的论述中包含着矛盾，而这主要是由于"显见义务"这一概念本身充满着不确定性。一方面，他设定了"显见义务"的直接性特征，即"决定取决于感知"。②另一方面，他又将这种"显见义务"赋予了某种间

① ［英］戴维·罗斯：《正当与善》，林南译，上海译文出版社2008年版，第97—98页。
② ［英］戴维·罗斯：《正当与善》，林南译，上海译文出版社2008年版，第42页。

接性特征，即是由心智成熟者进行思考后所形成的道德印象或者意识。我们认为，罗斯的这种含糊性主要源于其基本的立场——直觉主义。一切可靠的道德判断，在罗斯那里都试图被还原为一种经验性的直觉的产物，作为简单的、不可被定义的道德属性，它们是通过日常语言中一些比较确定的意见为起源的。但是，在这种"显见义务"的形成过程中，罗斯的确难以彻底剥离思维所产生的影响，不过，鉴于其基本的立场，思维究竟怎样起作用？以及发挥多大的作用？在罗斯那里总是语焉不详。事实上，罗斯也意识到了在"显见义务"之外，还有一些相对复杂的义务，他称之为"实际义务"或"本己义务"，它们并不是自明的，而是通过我们的"综合判断"所形成的一些普遍性诉求。每一种"显见义务"都相应于某种确定的具体的环境，它们是相对的、特殊的；而"实际义务"则是一些道德判断的"类型"，它们是更加一般化的义务。不过，这种"实际义务"并不是康德或者罗尔斯意义上的形式化的道德法则。在根本性质上，它仍然是一种"显见义务"，只不过是不与其他"显见义务"相冲突的实现了的义务。

"实际义务"的设定可以看作是罗斯对于其理论矛盾的调和，但它所产生的力度是很有限的。毕竟，罗斯不愿意赋予这种"实际义务"过多的意义。也许，如果过于强调它的作用，甚至于赋予其独立的地位，罗斯就会担心最终偏离自己的经验性的直觉主义立场，同时也会损害其关于道德属性的基本定义，即"正当"是不可分析的绝对简单的实在。然而，在我们看来，这一点使其（包括其他直觉主义义务论者）学说并不能代表一种"纯粹的"义务论，尤其是并不能被视为康德式的义务论者。

罗斯在其《伦理学基础》一书中指出："康德伦理学也许是最为接近纯粹义务论的形式，通过分析义务这一概念的含义，他声称要发展人的全部义务，并且不考虑任何所要达到的善。"[①] 可见，在罗斯眼中，他或许也意识到

---

① David Ross, *Foundations of Ethics: The Gifford Lectures*, London: Oxford University Press, 1951, p.4.

自己的直觉主义观点与康德伦理学并不完全一致，而后者才真正代表着典型的义务论。① 其实，在我们看来，罗斯所举出的"显见义务"，在很大程度上相当于一种"善"或者"价值"，它们是具体的好的目的或者"美德"，而不是康德主义意义上的抽象的形式化法则。也就是说，罗斯的义务论是以具体的、特殊的道德行为为核心的，而康德的义务论是以抽象的、普遍的道德法则为核心的。究其根源，我们认为，在于罗斯所立足的是英国的经验主义传统，而康德的伦理学则是建基于其先验的理性主义哲学。

无疑地，康德的伦理学居于其先验观念论的体系之中，是其理性主义思想在道德领域的展现。虽然严格地说，"义务论"其实包含着几种不同的形式，但是，一般地，在没有进行特殊说明的情况下，人们习惯于就将康德的伦理学称为义务论，这从某一方面意味着康德提供了关于义务论的最有代表性的样式。其实，在我们看来，康德的学说最为符合此前所说的义务论所应该具有的三种基本特征：首先，康德以作为"定言命令"的道德法则为核心，强调这种法则的普遍性与绝对性，除此之外，其他的行为规范都属于一种准则或者目的。在这个意义上，康德真正做到了"正当优先于善"。而如果考虑到我们之前的分析，认为"正当"与"善"本身是充满歧义的概念，那么我们也可以说，康德将道德法则视为"首要善"，即它是一切其他善的前提；其次，康德所确立的道德法则具有独特性，与其相比较，其他的道德法则准确地说应该是一种"道德原则"。康德将其称为"定言命令"或者"绝对命令"，这就意味着它是统摄所有其他原则的最高形式。由此，依据康德的表述，它就应该是绝对纯粹的形式化法则，任何质料或者经验性东西掺杂进来，都将

---

① 国内学者孙伟平在阐述罗斯的理论时指出，"显见义务"这一术语极易引起误解，即便罗斯本人也不太满意。而且，罗斯还意识到他所提出的七种"显见义务"是不够严格的，这七种义务包括：忠诚的义务、偿还的义务、感恩的义务、公正的义务、仁慈的义务、自我完善的义务、勿作恶的义务。而弗兰克纳则指出，后四种义务是"在我们应该产生尽可能多的善的普遍原则"下出现的，由此，罗斯在这里更像是一位目的论者。（孙伟平：《伦理学之后——现代西方元伦理学思想》，中国社会科学出版社 2014 年版，第 94 页）

损害这一法则的普遍适用性。正是由于这一性质，康德提供了绝对性的"道德义务"，即在任何情况下、任何人都应该遵守的义务。相比而言，罗斯等直觉主义者所提供的只是相对义务，而它们在康德的理论体系中其实只相当于"原则"，或者有时是"广义义务"；再次，不仅是法则的纯粹性，康德同样强调道德动机的纯粹性，"出于义务而行动"是行为具有道德价值的唯一条件，这就从主观意识当中排除了将其他的某种善或者价值作为动机的可能性。康德将这种道德动机定义为"对法则的尊重"，它是一种独特的理智性的情感，与经验性的感官情感有所区别，而在罗斯那里，他并没有详细地分析道德动机的性质与运作机制，甚至也没有将其作为一个重要的问题，无论是公正、感恩还是仁慈，都被他笼统地视为人们出于自然情感或者日常习惯而应该发生的道德反应。最后，康德式义务论以对人的尊重为根本原则，在这个意义上，它也可以被视为一种"目的论"，只不过这种"目的"和道德法则是完全一致的。康德固然始终围绕着道德法则构建自己的伦理学，但是这种法则不是脱离开人的外在的约束，而是以人为中心的道德诉求，这一点集中地体现在他的"定言命令"中的"人性论公式"中。因此，我们认为，像一般所理解的那样，康德的伦理学是以"道德法则"为核心内容的，其实并不是一种完全彻底的把握。在根本意义上，"人的尊严"才是其一切理论的源头与目的，它具有无法通过任何其他条件进行评价的绝对的价值。与"尊严"概念紧密相关的，就是康德所强调的"理性存在者"与"幸福"。简言之，"尊严"的前提应该是"理性存在者"，但是，这并不等于说只有"理性存在者"才能享有尊严。另外，康德并不是不考虑幸福，只不过在他的眼中，"幸福"并不是一个"基础性"的概念，它的前提只能是"尊严"。由于"尊严"这一客观性概念，"幸福"才具有其可靠性，才是一个我们值得去追求、可以去追求的目标。

其实，就像功利主义、美德伦理学一样，义务论也是一个范围广泛的流派。纳斯鲍姆对于美德伦理学内涵与外延难以界定的担忧，某种意义上对于义务论而言也同样存在。以上，我们用一定的篇幅梳理了义务论内部的这种纠结缠绕，一方面从术语本身确定其基本意义；另一方面，从流变样式中总结出不同形式的义务论的具体特征。一个概念的起源最能代表它的根本含义，同时，一种典型的学说也正是这种根本含义的集中表达。因此，在我们看来，就像亚里士多德之于美德伦理学、密尔之于功利主义一样，康德伦理学最能够表达义务论的核心观念：出于义务而行动，以人的尊严为根据。基于这一标准，我们能够对于其他理论加以衡量。通过此前的论述，可以看到，功利主义和美德伦理学都拥有各自的核心性主张，前者是以最优的后果为标准，后者是以人生的卓越为标准，而"人的尊严"在两种理论中都不享有同样重要的地位。这也就意味着，为了实现利益或者幸福的最大化，功利主义者可以选择无视少数人的尊严。例如，在"电车难题"中，我们就可以为了更多人的生命而选择杀死那个胖子；① 同样，为了实现自我的卓越或者

① "电车难题"是美国伦理学家富特提出的一个著名的思想实验：假设一名电车司机正在控制一辆迅速行驶但刹车失灵的电车，在前方的轨道上有五名工人正在施工，而这时你可以将电车调整到旁边另一条轨道上，但是这条轨道上也有一名工人，两条轨道上的工人都已经来不及躲闪，这时候你该如何选择呢？改变轨道选择轧死一名工人而挽救五名工人在道德上是允许的么？（Philippa Foot, the Problem of Abortion and the Doctrine of the Double Effect, *The Oxford Review*, 1967(5), pp.1–5）在没有加入其他要件的情况下，大多数人一般都能够给出一样的答案：司机应该选择轧死一个人，因为五个人的利益总量要远远大于一个人，而这也比较符合功利主义的主张。但是，汤姆森对此提出了进一步的修改，从而将导致不同的答案。他说，试想一辆飞驰的电车刹车失灵了，轨道上有五个来不及躲闪的人，这时你和一个胖子站在桥上，如果你把胖子推下去，他的体重足以使电车停住，从而挽救五个人，你会这样做么？或者说，这样做是道德上允许的么？此时，汤姆森认为，功利主义标准失效了，因为我们显然认为这样做是不道德的。那么，同样是以牺牲一人的代价挽救五个人，两个结果相同的实验为什么会导致我们不同的道德选择呢？汤姆森指出，康德伦理学能够给出更好的回答。因为在康德那里，"人是目的"的思想要求将人的权利视为首要标准。在没有征得胖子同意的情况下将其推下去，是严重侵害了他的生命权，而生命权是人的尊严的核心性权利，它比最大化的功利更为重要。（Judith Jarvis Thomson, The Trolley Problem, *The Yale Law Journal*, Vol.94, No.6, 1985, pp.1395–1495）依据康德主义，只有在未对人的尊严构成严重伤害的情况下才可以考虑其他的选择，这是其相比于功利主义等理论最为鲜明的特征。因此，在第一个实验中，由于并不涉及侵犯某个人的权利，即司机本人不是代替他人进行选择，他可以选择将电车调整到只有一个工人的轨道上，从康德主义的角度来衡量，这样做也并不会受到道德谴责。

人生的幸福，美德伦理学的支持者也可以选择忽视他人的尊严或者权利，正像高更为了实现自己的画家天分，就有理由放下作为丈夫或者父亲的责任而隐居于荒岛之上，尤其是，当他真正实现了自己的人生梦想时，就更有理由为自己当初的决定加以辩护。然而，这些情况放到康德伦理学的框架中，都可能会有完全不同的答案。因为无论是幸福的总量还是人生价值的实现，都不能以损害人的尊严以及基于这种尊严的基本权利为代价。

其实，不仅是功利主义与美德伦理学，即便是以普理查德、罗斯等人为代表的直觉主义义务论，也并没有将"人的尊严"作为其理论的根本出发点与核心内容。从康德的角度来看，人的尊严是一个根本性问题，它应该基于我们的一种形而上学式的思考，是一种不能由经验来决定其内容的先验的概念。然而，这种思考方式在直觉主义者那里是难以接受的。直觉主义者致力于将"道德义务"从先验层面拉回到现实世界中，相比于抽象的理性推理，他们更加信任直接具体的日常经验。如果说康德的伦理学具有"一元化"性质，即其所关注的各种道德义务最终都是以"人的尊严"为根据，那么相比而言，直觉主义义务论就具有"多元化"性质，因为日常生活的丰富性决定了人们具有不同种类的责任。正像罗斯所强调的，每一个情境都要求有一个与之相适应的义务。但是，这将带来一些麻烦：一是由于缺乏核心性概念而以现实经验为基础，我们会面临更多的义务类型不断地出现，从而导致不同的"显见义务"相互冲突的困境，这一问题实际上一直困扰着直觉主义者们；二是特殊义务的繁多化还会影响"道德义务"的基本内涵，虽然直觉主义者一直比较排斥某种普遍性的道德标准，但是义务数量的增多却会导致其自身意义的模糊，例如，严格地说，我们很难确定"忠诚"、"感恩"是属于道德义务还是属于美德，而如果按照康德的标准，二者其实是属于绝对义务约束之下的美德。①

---

① 我们认为直觉主义义务论与康德式义务论有着明显的区别，根源就在于前者实际上是基于一种经验主义立场，这与康德的先验哲学存在着实质性差异。不过，在直觉主义义务论那里，他们恰恰是反经验主义的。他们认为，"诸如'善'、'应该'、'正当'之类表达

　　总之，康德以其"定言命令"以及与之内在相关的"尊严"概念，确定了自己的义务论，而且，也正像罗斯所承认的那样，它代表了义务论最为纯粹的形式。① 我们正是基于这些认识，将站在康德的立场上来具体地阐述

　　道德属性的最基本的概念是不能通过感觉经验，或者社会科学的经验主义方法加以认识的，这些价值词也不能以自然主义的词语，通过某种逻辑定义方法加以定义，如果一定要对之加以定义的话，就会犯摩尔所谓的'自然主义谬误'。"（孙伟平：《伦理学之后——现代西方元伦理学思想》，中国社会科学出版社 2014 年版，第 101 页）但是，直觉主义者不相信经验，也同样不相信理性，他们将道德原则或者善的基础仅仅放在"直觉"上面，这是一种既不同于经验也不同于理性的能力，其神秘性导致我们无法对其做出进一步的分析与说明。它类似于聪慧之人的"顿悟"，是一种近似于天赋灵感的东西，同时，也可能是由多年经验或者习俗传统所形成的一种无意识的"洞见"。不管怎样，本书在分析其根源时仍然将其视作经验主义的一种形式，这主要是相对于以康德伦理学为代表的理性主义而言，后者通过理性推理与慎思形成道德法则，并在理性的促动与指导下按照法则行动，在根本层面上，康德恰恰比较明显地反对任何一种未经过理性考察的行为动机与行为标准。

① 本书认为，与直觉主义义务论相比，罗尔斯的学说与康德的义务论确实更为相近。首先，正如罗尔斯所说："正义原则类似于康德意义上的绝对命令。因为康德把一个绝对命令理解为一个行动原则，这个行动原则是根据一个人作为自由的、平等的理性存在物的本质而运用到他身上的。"（[美] 约翰·罗尔斯：《正义论》，何怀宏等译，中国社会科学出版社 2017 年版，第 199 页）其次，正如罗尔斯本人所敏锐地看到的，他和康德一样都以建构主义的方法来构建其伦理学。这是一种程序性的理性推理方法，从一个基本的、类似于数学上的公理开始，通过反思、权衡的方式演绎出相关的原理。据此，罗尔斯和康德一样给我们提供了具有普遍性意义的道德规范体系；再次，尤其是，罗尔斯也指出，康德伦理学"不仅仅是对道德的严格诉求，它同时也是一种强调自尊与相互尊重的伦理学。"（[美] 约翰·罗尔斯：《正义论》，第 201 页）虽然没有明确地说出，但罗尔斯实际上已经将康德理论中的核心概念——"人的尊严"融入到其最重要的正义原则之中。首先是平等原则："每个人对与其他人所拥有的最广泛的平等基本自由体系相容的类似自由体系都应有一种平等的权利。"其次是机会原则："社会的和经济的不平等应这样安排，使它们（1）被合理地期望适合于每一个人的利益；并且（2）依系于地位和职位向所有人开放。"（[美] 约翰·罗尔斯：《正义论》，第 47 页）罗尔斯指出，平等原则优先于机会原则，而所谓的"平等的权利"，包括了生命权、安全权、财产权等最基本的人的权利。而即便是涉及到再次分配的"机会原则"，其实目的也是为了通过改善最不利者的条件而实现所有人的权利。罗尔斯要求社会的正义必须体现在对人的尊重上，而这种尊重的根据就是人人所具有的这些基本权利。此外，罗尔斯还强调了"自尊"的重要性，在《正义论》的"第七章、理性的善"中，他写道："最为重要的基本善是自尊的善。"

义务论的独特性质与积极意义。这样做的目的在于，自从康德伦理学引起人们的注意以来（从席勒、黑格尔等人开始），它就被形容为带有浓重的"家长制"作风的理论，以一种强制性的口吻，即"你必须……"、"你应该……"，康德成了冷酷而乏味的道德说教家。对此，我们首先并不是要彻底颠覆这一印象，因为必须承认的是，从某种角度而言，康德伦理学确实应该被我们视为具有一定的强制性色彩的"规训"。但是，这种"强制性"的程度并不比功利主义或者美德伦理学更强，相反，具有这种"强制性"其实是任何一种道德理论所必然具有的功能，这也是边沁等人几乎将所有道德理论都视为广义性的"义务论"的原因。据此，我们反而应该重新强调康德式义务论所具有的强大的正面意义，理解并且接受它，这将会对于今天这个世俗时代的社会与人格病症产生明显的治愈与防范作用；其次，通过进一步的研究，人们的确应该改变对于康德义务论的固有印象。准确地说，就道德义务而言，康德是要表明"你应该……"，而并非"你必须……"。两种表达的区别是：前者是建议式的，而后者是断言式的。我们所处的生活情境并非始终都面临着道德选择，对于一般性的行动，康德的义务论并不始终"在场"。而即便是身处道德情境中，康德也只是以其规范性的理论框架，对于行动者提供"建议"或者"指导"。而它的重要优势也正体现在这里：由于是以形式化的道德法则为根据，康德并不提供具体的行为规划，因此，相对于其他道德理论（尤其是美德伦理学以及直觉主义义务论），这种义务论反而给行动者留下充分的自主选择空间。

（[美]约翰·罗尔斯：《正义论》，第347页）这种"自尊"意味着个人对自己的价值的尊重。当然，我们不能把罗尔斯的思想与康德完全等同起来，因为对于"尊严"概念，罗尔斯实际上并没有太多的论述，他更多讨论的是"权利"与"自尊"。但是，我们认为，这两个概念都明显受到了康德的"人的尊严"的直接影响，后者可以被视作前两者的理论根据。像康德一样，罗尔斯的伦理学也是基于某个根本性前提而展开的。在这个意义上，罗尔斯可以被视作"一元论"的义务论者。

第二节 《道德形而上学的奠基》：康德伦理学的基础

在很多人眼里，康德于 1785 年出版的《道德形而上的奠基》（以下简称为《奠基》）可以被视为现代道德哲学最为重要的著作。有的学者指出，它之所以获得如此长期而且广泛的重视，在于提供了以下重要观点：影响巨大的道德法则基础性公式、充满争议的法则应用的例证、从人的自由与自主中进行的关于道德法则的演绎、与启蒙精神相一致但又与目的论相区别的人性论。[①] 而在著名研究者阿利森看来，这部书具有重大的突破性意义，因为相比于以往的道德哲学，康德第一次发现了"意志的自主"，即道德诉求是由理性主体自己所建立的。[②] 也就是说，以往的伦理学都是在主体意志之外寻找道德的基础，从而最终都演变为"他律"的学说，而只有在康德那里，道德行动才真正成为个人自主选择的事情。

以上这些评价并不为过，在大多数人的眼中，康德主义和功利主义一直被视为现代道德哲学的代表而受到广泛的分析与批判，也正是在此基础上，当代美德伦理学应运而生。在我们看来，《奠基》这部著作的重要性也体现在这里：它既提出了康德义务论的核心性观点，也为其整个伦理学体系建立了基础性方案。康德在其漫长的哲学生涯中，其实一直沿着《奠基》中的主要思路前行。尤其是在其晚期写就的《道德形而上学》，不仅不是对于《奠基》的改弦易辙，而且实际上是对于它的真正完成。正如他在后者的"前言"中写道："我决意日后提供一部《道德形而上学》，如今我让这本《奠基》先发表"。(*GMS*:391) 可见，在康德的整体写作计划中，《奠基》确实应该被视作其伦理学构建的正式的起点。在本节中，我们将通过论述其中的一些核心

---

① 参见 Paul Guyer, ed., *Kant's Groundwork of the Metaphysics of Morals: Critical Essays*, Introduction, Lanham, MD: Roman & Littlefield Publishers, Inc.1998, p.xi。

② 参见 Henry E. Allison, *Kant's Groundwork for the Metaphysics of Morals: A Commentary*, New York: Oxford University Press, 2011, p.1。

性概念，展示康德义务论最为重要的特征。而只有在真正把握其义务论的前提下，我们才能够进一步了解其美德理论的独特性。

一、起源与目的

就《奠基》一书产生的历史背景，阿利森给我们提供了比较详细的说明。他指出，沃尔夫 (Christian Wolf)、鲍姆加登 (A. G. Baumgarten) 以及迈耶 (Georg Friedrich Meier) 所提倡的普遍主义实践哲学，加夫 (Christian Garve) 的"大众道德哲学"以及德国的一些启蒙主义思想，对于康德道德哲学的形成产生着不可忽视的作用。尤其是普遍主义实践哲学和大众道德哲学，它们都将道德的基础置于幸福主义或者人的本性当中。在追求普遍性法则方面，康德确实受到了沃尔夫哲学的影响，不过，后者却把实现人的"幸福"视为普遍性的实践法则，"义务"就是达到"完善"的状态，这是康德所不能接受的。更为重要的是，加夫当时翻译了西塞罗的《论义务》一书，他在其中所写的评论引起了康德的不满，从而很可能促使后者写作了《奠基》一书以作为对加夫观点的回应。其实，早在 1782 年，加夫在《哥廷根评论》中就曾以匿名的方式对于康德的《纯粹理性批判》（第 1 版）提出了批评。他的主要看法是：康德将幸福与"配享幸福"区分开，并将后者置于前者之先的位置，即要求人们应该以"配享幸福"为最终目的，这对于大多数人来说是不可能的。而且，如果没有上帝、灵魂不朽等概念作为前提，道德法则也将是不存在的。站在一种经验主义的立场上，加夫认为道德的根源在于"至善"，道德必须与幸福产生直接的关系。为了做出最好的行动，我们应在人的本性中寻找和幸福最相符合的欲望。同时，加夫还注意到了美德的重要性，古代四种主要的美德都可以还原为一项美德，即"慎思"。在很大程度上，加夫继承了斯多葛主义与沃尔夫的完善主义论调。①

---

① 参见 Henry E. Allison, *Kant's Groundwork for the Metaphysics of Morals: A Commentary,* New York: Oxford University Press, 2011, pp.37–67。

　　阿利森所提供的信息很有意义，它让人们比较详实地了解了《奠基》以及康德道德哲学产生的背景与机缘。不过，我们认为，这种帮助是属于"外部性"的，而就一种理论的产生与发展来说，其实更为重要的是其"内部性"原因。康德哲学首先是一个内部组织严密的"有机体"，它的各个部分之间都具有相互衍生与包含的关系。① 因此，从理论根源上来说，康德的道德哲学是其先验观念论的必然发展，而《奠基》则是这一历程中的必然阶段。首先，在微观上，康德是根据概念与观点的演进而逐渐导向道德法则与实践理性的。具体而言，这一脉络是：

$$
经验性知识\begin{cases} 感性（直观）\\ \\ 知性（范畴）\end{cases} \longrightarrow 判断力（图型）\longrightarrow 理性 \longrightarrow 实践理性（道德）
$$

　　其次，从宏观架构上，这种方法同样有所体现。如下图所示：

$$
\left.\begin{array}{l} 理论理性 \longrightarrow 知识 \longrightarrow 自然 \longrightarrow 我能认识什么？\\ 实践理性 \longrightarrow 道德 \longrightarrow 自由 \longrightarrow 我应当做什么？\\ 判断力 \quad\longrightarrow 情感 \longrightarrow 艺术 \longrightarrow 我能希望什么？\end{array}\right\} 人是什么？
$$

----

① 本书作者曾在另一部专著（董滨宇：《康德〈纯粹理性批判〉（第2版）中"先验演绎"结构研究》，人民出版社2016年版）中专门研究了康德先验哲学的结构特征，通过以分析"先验演绎"的结构为核心，指出康德理论哲学的论证方式是采取了"分析——综合"的"双向复合"方法。即分析与综合同步进行，但在每个局部，康德有的时候是先分析、再综合；或者先综合、再分析。同时，从一个相对整体性的角度看，康德的论证呈现一种层层递进的态势。在这部著作中，作者表明这种理解方式最初是由国内学者韩水法先生提出来的，他在一篇研究罗尔斯的论文中说道："《纯粹理性批判》的叙述方法是一种双向复合的方法，它一方面是综合的，从理性的各种原素进展到这些原素整合而成的知识部分；另一方面，这个过程同时也是分析的，它从作为整体的知识亦即经验着手，随着叙述的展开将感性、知性和理性的各种能力逐一解析，说明和诠证它们的特殊性质和作用，或者尤为基本的，它们是如何连接起来的。"（韩水法：《政治构成主义的悬空状态》，《云南大学学报》2003年第1期）

康德明确地指出，《奠基》一书是其"道德形而上学"的预备。而《奠基》的主旨是："找出并且确立道德性的最高原则。"（*GMS*：392）这是一项独立的工作，应该与其他的道德研究区分开。这里，康德其实指的是按照一般的步骤，当他在完成理论理性的分析与批判后，应该随即展开对于实践理性的类似工作。因为正如他在《纯粹理性批判》中所表明的，当理性在客观知识领域无法为一些概念，如自由、灵魂不朽以及上帝等提供有效的辩护的时候，它就只能够在实践领域为其寻找地盘。对于人类理性来说，它在两个方面进行立法：自然与自由。前者产生的是自然规律，后者产生的是道德法则。它们分别属于不同的哲学体系："自然哲学关涉存在的一切，道德哲学则关涉应当存在的一切。"（*KrV*:B868）

从结构上说，康德哲学是一个严密而宏大的体系，它的任何局部都与其整体密切相关，康德的道德哲学也不例外。就其最具有代表性的"三大批判"而言，与其伦理学直接相关的《实践理性批判》（1788）以及与之属于同一性质的《奠基》（1785）发表于《纯粹理性批判》（1781）和《判断力批判》（1790）的中间阶段，它们分别围绕着理论理性、实践理性以及判断力三种不同的心灵能力而展开。具体而言，第一批判处理的是理性在知识领域超越于可能性经验之外从而产生认识上的谬误的问题；第二批判处理的是对于人的意志或者欲求能力而言，在建立道德法则的过程中实践理性不够纯粹的问题；而在第三批判中，康德则在两种能力之外，指出还存在着判断力，它涉及的是愉快或者不愉快的感受，因此，在这里，他将探讨这种介于知性与理性之间的判断力的性质以及它在审美活动时的运作机制问题。[①] 三大批判的

---

① 在《判断力批判》中，康德表明判断力是介于理性与知性之间的能力。（*KU*：177）而在《纯粹理性批判》中，康德说判断力（想象力）是在知性与感性之间的一种能力。（*KrV*:B150–152）其实，这是同一种判断力，而它的核心就是想象力。在第一批判的"先验演绎"与"原理分析论"中，康德都应用到这种先天的判断力或者想象力，它能够形成纯粹知性概念的"图型"，从而将范畴与感性对象结合起来。不过，在理论认识中，这种先天的判断力是"构成性"的，而在审美活动中，先天的判断力是"反思性"的，相比于前者，它并不形成客观的知识。

研究对象分别是人对于自然世界的认知（自然），人的道德实践（自由）以及人的情感活动（艺术）。显然，作为 18 世纪典型的"人本主义者"，康德始终在围绕着"人"构思着他的整体性研究计划。在《纯粹理性批判》中，康德就提出，他的"理性的全部旨趣"在于三个问题："1. 我能够知道什么？2. 我应当做什么？3. 我可以希望什么？"（*KrV*:B833）对此，阿利森认为，显而易见的是，第一批判的主题对应于第一个问题，但第二批判的主题却并不对应于第二个问题。因为康德说，第二个问题完全是实践方面的，它是道德的，但并不是先验的。相比而言，第三个问题才是道德哲学的基础，因为它既是理论的又是实践的，就像康德自己所说："如果我如今做我应当做的，那么我在这种情况下可以希望什么？"同时，阿利森进一步指出，即便是 1781 年提出的这一问题"我可以希望什么？"康德后来也将其放在了关于宗教的讨论中，而并没有作为道德的根基。① 如果按照这样的解读，那么就意味着康德所确立的这三个问题与其整体性的写作计划并不是一一对应的，而康德的理论体系的构架也并不是十分精严的。但是，在我们看来，这却是阿利森过于拘泥于文字的表面意思所导致的误解。首先，在后来的讲义《逻辑学》中，康德再次强调了这三个问题，而且他又加上了第四个问题"人是什么？"（*logik*:25）这一主题，说明它们在第一批判写作时期并不是一种临时性的构想。其次，同样是在《逻辑学》中，康德更加明确地指出："形而上学回答第一个问题，道德回答第二个问题，宗教回答第三个问题，人类学回答第四个问题。"（*logik*:25）而且，康德进一步表明了自己哲学的统一性："在根本上，人们可以把所有这一切都归给人类学。"（*logik*:25）可见，康德实际上更加明确地认为，他的每一步写作计划都是基于这四个问题而展开的。因此，我们不应当像阿利森那样，仅仅依据其较早时期的论述而进行最终的判断。很有可能的是，在第一批判（第 1 版）写作时期，康德仍然正处在其整

---

① 参见 Henry E. Allison, *Kant's Groundwork for the Metaphysics of Morals: A Commentary*, New York: Oxford University Press, 2011, p.54。

体性思考的初创阶段，有些表述还是具有"实验性"色彩的。站在一种综合性的视角上，我们可以这样理解：康德的道德哲学就要解决"我们应当做什么？"的问题。根据我们的分析，它包含着两个主要层面，一是形而上学层面，二是经验性层面。① 其中，形而上学研究的是与知性对象（如自由、上帝、幸福等）相关的先天原则，它又分化为两个层面：一个是道德形而上学的奠基；另一个是道德形而上学。前者对应的著作是《奠基》，后者对应的则正是《道德形而上学》。而作为经验性层面的伦理学，对应的则是《实用人类学》。

其实，即便完全拘泥于康德在第一批判中的相关表述，我们也不应该像阿利森那样将第二个问题完全与康德的道德哲学剥离开。根据上面的分析，可以看到，康德的伦理学既包含着形而上学层面的道德学，也包括经验性的"实用人类学"，而后者就属于康德所说的与"我应当做什么？"有关的问题，"它作为这样一个问题虽然属于纯粹理性，但在这种情况下却毕竟不是先验的，而是道德的……"（*KrV*:B833）康德说在这里不打算研究它，是因为此时康德主要把它放在经验性层面，即"实用人类学"的范畴里考虑，而与现在的批判哲学的任务关系不大。同时，阿利森将第二个问题归为宗教领域，则与康德的意思完全冲突了。因为康德在《逻辑学》中已经明确指出，宗教涉及的是第三个问题"我可以希望什么？"而第二个问题属于道德。这样一来，第三个问题显然对应的是康德的《单纯理性限度内的宗教》。不过，我们认为，"我可以希望什么？"在某种意义上其实也对应着《判断力批判》，因为在这部著作中，尤其是"目的论判断力"部分，康德阐述了人通过自己的反思判断力对于世界以及共同体的一种"希望"，它类似于人们在宗教信仰中的一种"目的论"表达。康德说，这种"希望"作为一种"信念"，"是在把对于理论知识来说无法达到的东西视之为真实理性在道德上的思维方式。"

---

① 康德在他的知识划分中已经陈述了这一点：哲学可以分为经验性的和形而上学的，这对于自然和道德来说都是如此。因此，就像物理学有其经验性的和形而上学的一样，道德方面的知识也可以分为经验性的实用人类学和理性的道德学。（*GMS*:389）

（*KU*：471）依据这样的信念，人们从"自然目的论"前进到"道德目的论"，在道德法则的基础上，理性建立了上帝、自由、灵魂不朽以及至善等"终极目的"。这时，由反思性判断力的"范导性"（regulative）功能所产生的这些理念，在实践意义上就成为了能够确立道德内涵的"建构性"（konstitutive）原则。可见，第三批判确实也与"我可以希望什么？"这一主题相符合。

其实，在康德那里，道德哲学与宗教哲学是紧密相关的，由于康德最终是在道德原则的基础上建立了宗教信仰的合理性，因此，某种意义上来说，宗教哲学仍然属于其道德哲学的范畴。这也就意味着，第二个问题和第三个问题在很大程度上是重合的。而康德在自己的表述中，也确实难以将二者严格地区分开，以至于出现了《纯粹理性批判》和《逻辑学》表述上有所不一致的现象。但是，经过以上的分析，无论如何，阿利森的理解是有问题的。康德的道德哲学就是处理的"我应当做什么？"如果将其宗教哲学也包括进来，那么可以说，他的道德哲学（包括第三批判）同时也涉及"人的希望"。据此，我们还想传达另一个观点，那就是即便是认为属于美学著作的第三批判，其实很大程度上讨论的仍然是伦理学问题。在之后的论述中，我们将进一步揭示出，康德的美学思想蕴含着关于道德与美德的重要见解。

通过以上的梳理，我们能够获得这样的印象：康德的道德哲学是其理论哲学的自然发展。第一批判可以视作康德哲学主体结构的奠基阶段，在这里，"先验观念论"被正式地建立起来。首先，康德考察了经验知识的真正起源。他指出，重要的是，一切知识都是以经验开始的，但并不因此都产生于经验，人们对于自然世界的认知主要是通过感性与知性这两个能力来完成的。前者是被动地接受感官材料，从而形成为显象。后者则通过范畴对于这些显象进行处理，最终形成为经验知识。作为与感性完全不同的知性能力，它具有的先天形式就是范畴，这些纯粹概念与先验直观（时间与空间）一起决定着对象向我们的显现。通过"先验演绎"，康德进一步表明，范畴能够与感性直观相结合从而形成客观有效的知识。这其中需要具体应用到一项中介性能力——先验想象力，它是依据范畴运作的、先天地规定感性的一种能力。(*KrV*:B151–152) 在第一批判的"原理分析论"中，康德就是要分别阐述每一项范畴如何在先验想象力的作用下形成为经验判断。然而，在这两种基本的认识能力之外，康德指出，人类还拥有一种理性能力，它具有朝向某个最高目的进行综合统一的无穷动力。面对各种由知性所产生的特殊规则，理性要求进行进一步的统一，从而将其引向某个绝对无条件者。但是，对此，康德称之为"先验幻相"，因为它是知性在脱离可能的经验后在理性的促动下所产生的理念。在哲学史上，通过理性的辩证推理功能，这种先验理念主要体现在三个方面：理性心理学、理性宇宙论以及先验神学。由于理性的这种"纯粹的"的使用，导致出现了逻辑上的谬误推理、二律背反以及先验的理想。它们都是不能经由经验证明的理念，是无法获得理论认识的"空的概念"。不过，康德也并没有完全否认这些理念在获取知识方面的积极作用，"不是作为我们的知识扩展到多于经验所能给予的对象的建构性原则，而是作为一般经验性知识的杂多之系统统一性的范导性原则，经验性知识由此在自己的界限之内，与没有这样的理念、仅仅通过知性原理的应用所可能发生的相比，将得到更多的培植和纠正。"（*KrV*：B699）可见，纯粹理性可以促使我们在运用知性寻找普遍性原理时始终保持着进行进一步综合的动力，但它的这一作用必须局限在可能经验的范围内。而在另一方面，这种纯粹理性及其所产生的先验理念却具有"建构性"的意义，这就是道德实践领域。对于"意志自由"、"灵魂不死"和"上帝存在"这三个理念来说，"根本不为知识所必需，尽管如此还被我们的理性迫切地推荐给我们，那么，它们的重要性真正说来必定仅仅关涉到实践的东西。"（*KrV*:B828）

　　准确地说，康德的理论哲学并不是"批判"理性，而是批判理性的误用。作为一种统一性能力，理性对我们的思维与行动具有重要的积极意义。在这方面，康德是和亚里士多德完全一致的，二者甚至都可以被视为"理性中心主义"的代表。理性显然被康德视为人类最重要的能力，是人之所以具有尊严的根本条件。正如康德本人所说，所谓的纯粹理性批判，目的是为知识廓清界限，从而给信仰让出地盘，而信仰的根基就是道德法则。"因为恰恰是这些道德法则，其内在的实践必然性把我们引领到一个独立原因或者一个智慧的世界统治者的预设，为的是给予那些法则以效用。"（*KrV*:B846）神的诚命之所以对我们有效力，在于其中作为根基的道德义务要求我们这么做。同时，理性虽然在知识领域只有"范导性"作用，但在实践领域却具有"建构性"作用，即它能够产生具有普遍约束性的道德法则并且要求我们依照法则而行动。

这里，我们应该首先了解"理性"在康德哲学中的基本涵义与作用，帕通对此作了细致的考察。他指出，传统上，"理性"就是指与单纯的感性和想象力相对而言的思维能力，而在康德的语境中，它有四重涵义：首先是作为知性，它能够产生并且运用概念；其次是作为判断力，能够将对象运用于概念；三是在狭义上作为推理能力，能够进行中介性的推导；四是能够在脱离开感官对象的情况下通过运用知性范畴产生先验理念。[1]

康德表明，其实只有一种"理性"，但它却有不同方面的运用。在认识自然世界时，我们应用的是理论理性，而在意愿活动上，我们应用的是实践理性。帕通敏锐地指出，在实际状况中，理性的理论运用与实践运用往往是一体的，二者并没有孰先孰后的问题："不仅仅是在理解情境或者认识复杂行动的性质中，而且在通过使用最好的手段意图使行动符合情境从而促进行动者的幸福上，理性都发挥着作用。"[2] 在分析完理论理性的性质与功能之后，康德的论述重心自然地转向了实践理性，即从知识问题转向了道德问题，而到了第三批判，则是借助对于鉴赏活动的分析转向了情感问题。可见，康德写作《道德形而上学的奠基》以及之后的《实践理性批判》，并不仅仅是受到外部环境的影响，更重要的是，这些都早在他写作第一版《纯粹理性批判》时就已经被安置在整体性的思考计划中了。而且，依据帕通的观

---

[1]　参见 H. J. Paton, *The Categorical Imperative: A study in Kant Moral Philosophy*, Philadelphia : University of Pennsylvania Press, 1971, pp.96–97。

[2]　H. J. Paton, *The Categorical Imperative: A study in Kant Moral Philosophy*, Philadelphia : University of Pennsylvania Press, 1971, p.87。

点，我们可以这样认为，康德先验哲学的框架正是围绕着"理性"这一核心概念而搭建起来的，理论理性、实践理性及判断力分别属于理性在不同领域的具体运用。当然，在实际的写作过程中也出现了一些变化与调整，因为据贝克说，尽管康德很早就将他的"纯粹哲学"分为"自然形而上学"和"道德形而上学"，但其实在他发表第一批判第一版时，还并无计划要写一部"道德形而上学"著作，而真正开始打算构建其伦理学体系，是从 1783 年开始的。但在《奠基》（1785）出版之后，他又过了十几年才发表了《道德形而上学》（1797），而这一工作本来早在《奠基》的"前言"中就承诺了。① 的确，在这中间，康德不仅完成了第二、第三批判，甚至也完成了他的主要政治哲学著作《永久和评论》（1795）。然而，即便如此，当我们以更广阔的视角来考察时，仍然能够清楚地看到，康德每一阶段的主要作品都是理论内部发展的必然要求，它们最终构成了先验哲学的全部体系。

二、善良意志

在《奠基》一书的第一章，我们首先遇到的主要概念并不是道德法则，也不是实践理性，而是康德所说的"善良意志"。有意思的是，这一概念在康德后来的论述中几乎消失了，即便在其以后的著作中也很少出现，一些人由此认为这一概念在康德的道德哲学中并不重要。然而，不管康德是否有意或者无意地忽视了它，我们在了解《奠基》之初都不可能轻易地回避，因为它将引出另外一个重要的概念——绝对价值。

康德指出，我们首先要思考的是，在这个世界上，什么东西才是绝对好的呢？这种"绝对性"，就是指无条件性，即因其自身的性质而善，不需要借助于其他任何条件的支持。首先，自然事物肯定不符合这种标准。就以金钱为例，即便是具有使用价值与交换价值的货币，其实离开了外在条件的

---

① 参见 Lewis White Beck, *A Commentary on Kant's Critique of Practical Reason*, London: The University of Chicago Press, 1960, p.11。

支持也不可能拥有任何价值。漂流到荒岛上的鲁滨逊，对他而言有价值的东西可能是一块石头或者一个树干，而绝对不是金银珠宝。同样，用康德的话来说，荣誉、权力甚至健康都不具有独立的价值。试想，如果脱离开他人的认可，那么一个人所拥有的荣誉或者权力都不会存在。人们对于荣誉的理解是存在差异的，可能对于某个群体来说，真正的荣誉在于你是否拥有出色的经商才能，而不是你取得了某个名牌大学的博士学位。而且，同一个群体的人，不同时期对于荣誉的理解也可能是变化的。也许，有些人会认为，健康是任何心灵正常的人在任何时候都想拥有的，它具有独立的价值，但是，这也站不住脚。健康受制于很多外在条件，并不受到一个人主观意志的控制。还可以举出这样一个极端的例子，对于那些穷凶极恶的人，健康反而有助于他们继续有效地作恶，而这是每一个善良的人都不愿意看到的。

　　在有些人眼中，人的某些天赋、才能或者美德是自在的善。但其实，它们和刚才所说的荣誉、权利以及健康没有本质性的区别。机智、果断、冷静、坚韧，这些所谓的优点可能都是值得被赞赏的，但是，如果它们是存在于一个邪恶的人的身上，那么反而就变成了作恶的有利条件了。正如康德所说："一个恶棍的冷静不仅使他危险得多，而且也直接使他在我们眼中比他不具有这种冷静时更为可憎。"(GMS：394) 综合这些考虑，康德指出："善的意志并不因它造成或者达成的东西而善的，并不因它适宜于达到任何一个预定的目的而善，而是仅仅因意欲而善，也就是说，它就自身而言是善的。"(GMS：394) 相比于其他任何物理性或者精神性的东西，"善良意志"具有一种无条件的善。康德特意强调，即便是命运的不济、自然的贫乏，甚至于行为者缺乏执行贯彻它的能力，这些都不能影响"善良意志"自身的性质。约翰逊指出，"善良意志"最显著的特点就在于它既是一种内在的善，又是一种无条件的善，即仅仅因其自身而善。相比而言，其他的善则并不同时具有这些特点。"内在善"并不等于"无条件的善"，因为前者属于事物的内在属性，而后者属于事物的本质属性。对于一个理性存在者来说，像"美"、"知识"都只是一种"内在善"，它们都可能随着环境等要素的改变而发生变化，但只有"善良意志"才始终是确立其本质属性的基本条件。①

帕通指出，根据这里的论述，罗斯的"显见义务"显然不同于康德的"善良意志"。首先，罗斯的"显见义务"可以写成复数形式的"显见的善"（prima facie goods）。它们很多更像是康德所说的美德，然而，正如罗斯本人也承认的，这些"显见义务"是居于语境之中的，随其他条件的变化而变化，而"善良意志"是一种恒定的价值；其次，"显见义务"是多样化的，而康德的"善良意志"是单数的，因为它的基础就是单一形式的道德法则；再次，"显见义务"本质上相当于"显见的善"，它是一种目的或者功能，以其他要素的存在为条件，而"善良意志"却是独立自存的、根本的"善"。② 科斯嘉则进一步指出，与康德的"善良意志"相比，罗斯的"显见义务"并不关注动机的好坏，而只关注行为本身是否是符合义务的，一项正确的行动大多时候并不需要考虑动机。③ 帕通和科斯嘉的理解是正确的，这也正如我们此前所指出的：直觉主义义务论与康德的义务论存在着根本性的分歧。由此可见，作为《奠基》的起点，"善良意志"发挥着重要的作用。而且，通过这一概念，康德是要引出更为重要的"道德法则"，它是理性的产物，也就是说，"善良意志"的本质在于"理性"：

"理性的真正使命必定是产生一个并非在其他意图中作为的手段，而是就自身而言就是善的意志。……这个意志虽然不是唯一的和完全的善，但它却是最高的善，而且是其余一切善，甚至对幸福的一切要求的条件。"(GMS：395)

正如康德在第一批判中所说，理性不仅具有理论能力，还具有实践能力，它对于意志的影响就在于能够形成具有道德价值的行动。而包含着

---

① 参见 Robert N. Johnson, *Good Will and Moral Worth*, in Thomas E. Hill, JR. ed., *The Blackwell Guide to Kant's Ethics*, Oxford: Blackwell Publishing Ltd, 2009, p.33。

② H. J. Paton, *The Categorical Imperative: A study in Kant Moral Philosophy*, Philadelphia: University of Pennsylvania Press, 1971, pp.34–39.

③ 参见 Christine M. Korsgaard, *Creating the Kingdom of Ends*, Cambridge: Cambridge University Press, 1996, pp.53–54。

"善良意志"的概念，就是"义务"（Pflicht, duty）。在《奠基》中，康德对于"义务"有一个直接的表述：它是"出自对法则的敬重的一个行为的必然性。"（GMS：400）而在《道德形而上学》中，"义务"与"责任"这一概念有着密切的联系。康德在这里写道："义务是某人有责任采取的行动。"（MS：222）"义务"与"责任"（Verpflichtung, Verbingding, obligation）有一些细微的区别，因为"义务是责任的质料，而且，义务（在行为上看）可能是同样的义务，尽管我们可能以不同的方式有责任。"（MS：222）同时，康德对于"责任"有一个更为清晰的阐释："责任是服从理性的绝对命令的一个自由行动的必然性。"（MS：222）可见，这两处表述都主要是围绕着"责任"与"义务"的关系展开的。其中，容易引起歧义的是"质料"（Materie，matter）一词，因为我们往往容易将其理解为经验性的东西。对此，我们可以参考一下康德对于"形式与质料"这两种概念所做的具体分析。在第一批判中，康德表明，形式是指"规定者"，而质料是指"一般可被规定者"。在先验观念论的语境中，二者并不是"先验的"与"经验的"二元对立关系，而是都属于"先验的"的概念。例如，在一个判断中，被给予的概念也可以被称为"逻辑质料"，而将它们凭借系词所构成的关系称为判断形式。简言之，所谓的"质料"，在这里指的就是"内容"，而"形式"则是这些"内容"被结合在一起的方式。（KrV:B322–323）回到其伦理学中，康德在这里的意思是：义务属于责任的内容，而相对于义务，责任则是一个一般性的概念。首先，义务就是责任，它们都是以理性法则为本质的具有约束力的要求或者规范；其次，义务是同一的，而责任是多样化的。康德的这种描述可能会与"质料"和"形式"的定义相矛盾，因为一般说来质料是多样的，形式才是单一的。但我们的理解是，康德这里的"义务"特指以"定言命令"为基础的道德法则，而"责任"泛指一切由理性所确立的命令。作为一个专门概念，"义务"在康德伦理学中始终具有固定的内涵，"责任"则以其一般性仅仅是一种形式化的表达，在不同的语境中，我们可能会有不同的关于责任的理解。

要更加深入地理解"义务"这一概念，我们就有必要参考一下《道德形而上学》的相关表述。在两部作品中，康德都表明了一个中心论点：义务必须是理性的产物，因为只有理性才能表达道德上的"应当"并颁布法则。也就是说，"善良意志"必须以道德法则为核心，而且，只有出于"善良意志"的行为才是具有道德价值的行为。不过，两个概念之间并不是完全同一的关系。阿利森认为，"善良意志"是一种性格禀赋，而"道德价值"则涉及一个正在发生的事件或者行动。首先，一个拥有善良意志的人并不必须总是出于义务的要求而行动。在日常生活中，他可以仅仅是一个普通的人。"善良意志"是一种长期形成的内在品格，它并不因偶然的外在因素的影响而有所改变。因此，拥有"善良意志"之人的行动并不必总是具有道德价值的。①我们认为，阿利森的这一观点很有价值，它预示着在康德那里，"品格"问题也得到了一定的重视。而在当代美德伦理学那里，康德伦理学往往因为忽视了"品格"而受到不同程度的诟病。相反，这里的材料表明，康德注意到了"品格"在道德培养与实践中的重要性。那些不是出于品格的自然倾向，或者只是偶尔地出于义务而行动的人，并不拥有"善良意志"，因此也并不是真正意义上的有道德的人。不过，迪安在此指出：对于康德而言，"善良意志"是无法通过经验观察来证明的。除了所表现出来的行为，我们从来不会有充分的经验性证据表明一个人的品格是善良的。但即便就行为本身来说，我们也不能保证它是品格的真实呈现。因此，从根本上说，"善良意志"是无法被证实的，康德只是提供给了我们关于应用这些道德原则的非经验性的证明。②这种理解有一定的合理性，它间接地意味着，康德的义务论是一种内在的"心理主义"，而非外在的"行为主义"。也正是在这一方面，功利

---

① 参见 Henry E. Allison, *Kant's Groundwork for the Metaphysics of Morals—A Commentary*, New York: Oxford University Press, 2011, p.87. 迪安指出，像阿利森和阿梅瑞克斯 (Karl Ameriks) 等人一样，他们都将"善良意志"理解为一种稳定的品格而非偶然性的行为表现。(Richard Dean, *The Value of Humanity: In Kant's Moral Theory*, New York: Oxford University Press, 2006, p.22)

② 参见 Richard Dean, *The Value of Humanity: In Kant's Moral Theory*, New York: Oxford University Press, 2006, p.23.

主义有其独特的优势，因为一件行为是否是正当的，都可以通过后果的表现来论证。我们认为，这种理解有一定的道理，康德确实没有将道德行为的外在证明作为一个主要问题加以讨论，这在很大程度源于义务论的一个基本特征：强调主观意志本身的纯粹性，排斥任何其他会影响这种纯粹性的要素，以此突出道德行为的绝对价值，而它的最终目的是，凸显作为理性存在者的人的尊严与崇高。应该说，在这方面，康德主义与美德伦理学存在着极大的一致性。尤其是在斯洛特那里，他将"动机"作为美德者的根本标准，而行动的后果或者功效并不发挥作用："一种温和的、以行为者为基础的美德伦理学主要强调的是人的动机，尤其是一个人整体性的与道德相关的动机。它主张，一件行为是道德上可接受的，当且仅当它源于涉及仁爱或者关怀（这种关怀是关于他人的幸福的）的好的或者美德的动机，或者至少不是涉及罪恶或者冷漠对待人性的坏的或者较差的动机。"① 斯洛特认为，一件行为的正当性不在于某项规则或者功利主义效果，而仅仅是行为者是否是出于美德的动机而行动。与康德主义一样，这种以主观意志的纯粹性为基础的"动机论"并不关注行为正当性的证明问题。不过，二者的区别是，康德是以道德义务为动机，而斯洛特则是以多样性的美德为动机。另一个显著的差别是，作为一名美德伦理学学者，斯洛特强调以仁爱或者关怀而非理性作为正当性行为的根本原因。

我们认为，如果说康德完全忽视了道德行为的证明问题，这一看法并不正确。客观而言，我们只能说康德并没有对这一问题进行重点讨论，然而这也是可以理解的。正如上文介绍历史背景时所说的，当时康德意在对于沃尔夫、加夫等人的"完善主义"论调进行批判，后者将道德的基础置于幸福或者至善之上。因此，对于康德来说，首要的任务是确立道德的真正根基，从而规定道德行为的本质，这使其首先从"善良意志"入手展开论证，也就是说，主观意志的纯粹性是康德着重阐释的重点。但若全面地考察康德的道德

---

① Michael Slote, *Morals from Motives*, New York: Oxford University Press, 2001, p.38.

学说，应该看到在一些地方同样蕴含着关于对道德行为实际效果的重视，在《奠基》中，这一点主要体现在"定言命令"中。当康德要求道德行为必须是以"可普遍化"和"以人为目的"为基本标准时，就意味着对于义务论来说，仅仅是动机的善良是不够的，它们还必须达到一种明显的外在效果。这种效果是所有相关的人都能够实际感受到的，而且能够得到普遍的认可。从这一角度来说，与斯洛特有所区别的是，康德恰恰是鲜明的"行为主义者"。

三、"合乎义务"与"出自义务"

对于理性和道德法则之间具体的关系，康德在《奠基》中并没有马上进行探讨，而是沿着"善良意志"的思路继续分析行为者的主观意志问题。为此，他强调了"合于义务"与"出于义务"的区别，而真正具有道德价值的行为是"出于义务"的行为。康德举出这样的例子：一位卖主对于每一个顾客都能做到童叟无欺。然而，他这样做并不是出于对"应当公平买卖"这一道德法则的尊重，而是为了能够让自己的生意更长久，从长远来说可以获得更多的收益。如此一来，这种行为就只能说是一种"好的"商业行为，但并不是具有道德价值的行为。这是一个以获得"外在利益"为目的的例子，而如果以获得"内在利益"为目的，康德认为性质是一样的。一个慈善家经常接济穷人，但他这样做是为了能够获得心灵的愉悦，或者也可以有更加高尚的目的，即为了实现自己作为一个"好人"的虚荣心，这在康德看来同样称不上是道德行为，因为它是为了满足个人的某种需要。尤其是，即便是那些出于同情心而去帮助他人的行为，康德认为也称不上是道德的。原因和前面的情况类似，"同情"是一个人的自然情感，"出于同情"仍然属于人的感官需求，是欲望在寻求自我满足。这种以"利己"而非"利他"为最终导向的行为，与道德无关。

康德否定出于同情或者仁爱的行为具有道德价值，这在很多人看来是难以接受的。从席勒、叔本华等人开始一直到当代美德伦理学时期，太多的伦理学家们对这一观点施以强烈的批评。在反对者们的眼中，由于同情而发生的善举不仅是一种道德行为，而且，只有以同情为根据，这样的行为才能真正称得上是有道德的。可是，如此一来，就像席勒所讽刺的那样，我们只有按照道德义务的要求，怀着压抑而痛苦的心情去帮助他人的时候，才有资格被视为有道德的人。

席勒式的批评是有道理的，这在康德所举的"痛苦的慈善家"的例子中有所印证：一个因为个人的不幸而心灵悲痛的慈善家，他已经因此而失去了对于他人施以同情的能力，但是，即便如此，在看到他人遭遇不幸时，他仍然能够从自我的这种麻木中挣脱出来，仅仅出自义务去帮助对方，这样的行为具有真正的道德价值。(*GMS*：398) 在康德看来，出于内心的同情或者仁爱，和出于对荣誉、权力或者其他善的追求一样，都是意志服从于主观的经验性偏好，根本上都是一种寻求自我满足与幸福的行为。但是，对于休谟或者美德伦理学学者们来说，这种回答显然是难以令人满意的，因为首先，"同情"或者"仁爱"不仅不像康德所理解的那样仅仅是利己主义的，相反，它能够通过自身的扩展而产生出真正意义上的道德行为，而且，相比于康德所说的"理性"，"同情"更有资格作为道德价值的真正源泉。因为作为一种自然情感，它能够保证行动者对于道德法则的信念转化为促使行为产生的动机。但在康德那里，由于"理性"表达的是一种诉求，而它未必是与人的欲望或者情感完全一致的，因此，仅仅具有理性的行动者未必会按此做出相应的行动，或者，即便是这样做了，也仍然只是表面上完成义务的要求而已，而其内心并不真正地认可法则的力量，从而导致一些学者所说的"精神分裂症"的发生；其次，康德的观点还激发起人们这样的质疑：难道对自己幸福的追求就不是一项义务么？个人不应该将自身的幸福与完善作为一项道德要求么？正如我们此前所介绍的，斯洛特将康德的这种论调称为"自我—他人的不对称"。

至少目前为止，可以看到，所有这些批评都是有针对性的，而且其中不乏合理之处。在这里，我们不打算展开深入的探讨，因为按照计划，我们将首先梳理康德义务论的核心思想，并由此"引申"出美德理论。然而，不管受到怎样的质疑，康德的主要意思是：只有出于义务的行动才是真正的道德行动，它的重要意义在于，"道德"的根源居于人的主观意志之中，它是由个人的思想与决断确定的，而不是在基督教的神圣诫命中，更不是在某位君主或者伟大人物那里，同样，它也不属于国家或传统习俗，只要是有理性的人，原则上都可以，而且应该找到这种崇高的法则并且按此而行动。在这个意义上，康德是鲜明的启蒙主义者、人本主义者和自由主义者。与卢梭一样，他确实将"人"放在了历史舞台的中心，实现了道德哲学领域中的"哥白尼革命"。泰勒充分而准确地描述了这一点：

"他（指康德，本书注）改变了启蒙运动的人本主义真正起源于我们的究竟为何的观点。仅仅是事实上的欲望，即使是生理需求，也不能成为源自于我的目标。因此，真正这样的乃是理性的产物，而且理性的要求就是一个人按原则行事。

这是一个更激进的自由定义，它反对仅仅是被赋予物的本性，而要求我们在生活中寻找自由；这种生活的规范形态在某种程度上是由理性活动产生的。这种观点在现代文明中具有强大的力量，说它是革命性的也不为过。它似乎提供了一个纯粹自我活动的前景，在那里我的行为不是由仅仅被赋予的本性（包括内在本性）因素确定的，而最终是由作为理性法则阐释者的我的主体性确定的。这是现代思想的源头，它经费希特、黑格尔、马克思得以发展，它拒绝接受仅仅'实证的'东西，即历史、传统或自然为价值或行为提供的向导，坚信我们的生活形态是自主产生的。"①

和我们的理解一致，泰勒表明，康德是一个明确的"动机论"者：道德并不是由任何特定的后果来决定的。究其根源，泰勒认为是卢梭为康德进行了理论上的预备，因为卢梭"将良心定义为内在情感能够取得非常强的意义。感谢上帝，不只是我所拥有的符合通过其他方式所理解的东西的情感是普

---

① ［加拿大］查尔斯·泰勒：《自我的根源：现代认同的形成》，韩震译，译林出版社 2001 年版，第 560—561 页。

遍的善，而是我真实情感的内在声音规定了什么是善：因为内在于我的本性
élan（冲动）就是善，正是借助于冲动才能发现善。……奥古斯丁主义只有
在上帝那里才能找到的同一和完整性的根源，如今却发现存在于自我之中。"
但是，卢梭却并没有在这种道德主观主义的道路上再前进一步，相反，"他
把自己的内在之声与认识和理解普遍善的传统方式串联了起来。"① 显然，康
德是这种观念的最典型的继承者，而他同时对于卢梭的思想进行了重大的改
造，这就是将道德或者根本善的基础置于理性而非自然情感之中。

　　其实，康德还提到，保证自己的幸福也是义务，至少是间接的义务。就
是因为如果一个人对自己的处境并不满意，那么他也很有可能经不住感性冲
动而做出违反道德法则的事情。可见，为了让自己能够更好地履行真正的道
德义务，康德认为，追求自己的幸福也是正当的。在这里，这一观点并没有
被进一步展开。直到《道德形而上学》一书中，康德才作了更加充分的论述，
在那里，他提出了"完全义务"和"不完全义务"这两个相互对立的概念，
指出无论是追求自己的幸福还是他人的幸福，都属于"不完全义务"，它们
是即便不做也不会受到谴责的义务，但如果做了则是值得被赞赏的，而"完
全义务"则是指道德法则所要求的、必须不能违背的义务。

　　追求自己的幸福是每一个正常的、有理性的人都会自动去做的事情，因
此，康德在《奠基》中表明，在严格意义上，它不属于义务。但是，康德随
即又提出了一个新的范畴：间接义务，从而也将"追求幸福"包括在内。再
联系其在《道德形而上学》中的观点，可以说，康德确实也将"追求幸福"
作为一件应该去达到的义务，而且我们能够知道，根据康德对"义务"的定
义，这一要求是具有道德属性的。这里，就涉及到人们该如何对这样的一
种"义务"做具体的归类。我们认为，在《奠基》中，康德通过"间接义务"
的概念表明，他已经有了对于其他义务类型的思考，而到了《道德形而上

---

①　[加拿大] 查尔斯·泰勒：《自我的根源：现代认同的形成》，韩震译，译林出版社 2001 年
　　版，第 558—559 页。

学》中，康德将这类"义务"正式地划归到"美德义务"的名目下，也就是我们所说的康德意义上的"美德"。从这个角度也可以看出，《奠基》确实是康德未来更为成熟的思考的前期预备。

四、从实践理性到定言命令

伍德注意到，康德提出了三种实践理性：工具（技术性、或然性）理性，慎思（实用的、断言的）理性，定言（道德的、必然的）理性。其中，工具理性是指为了达到某个具体目的而设定相应的手段，它是实践理性中最为一般的形式，往往是以行动者个人的直接利益为原则。慎思理性则是将一种整体性偏好的满足作为最高原则，并依据这一原则对于一些特殊性原则进行考量，伍德认为我们应该从这种慎思理性的角度理解康德所说的"幸福"概念，为了一种集合了所有目的的整体性幸福，我们有时会选择牺牲掉某些局部利益。不过，康德对这种理性所言甚少，一般是将它归于工具理性当中。定言理性就是道德理性，是康德理论中的核心概念，它的基本特征就是必然性、绝对性。定言理性要求道德义务优先于整体性幸福，更优先于任何特殊的个人利益。①

这种定言理性或者道德理性，就是康德所要提出的纯粹的实践理性，只有通过它才能够建立起绝对性的道德法则。出自义务而行动，如此你才是真正意义上的道德之人，就意味着任何其他目的或者对象都没有资格作为行动的根据，而只有构成义务的某种法则，才能够保证道德价值的确立。对待这种法则的态度，康德称之为"敬重"（Achtung, respect）。相对而言，我们对

---

① Allen W. Wood, *Kantian Ethics*, New York: Cambridge University Press, 2008, p.20. 帕通也比较详细地谈到了这三种实践理性，而且，他特意指出"自爱"与"对幸福的追求"属于慎思理性，它们在康德的伦理学中拥有重要意义。首先，慎思性原则高于技艺性原则，后者只是为了满足个人的欲求（一般是直接性的愉悦感）而寻求相应的手段，但是，前者却会出于"理性的自爱"或者对"整体性幸福"的考虑而克制或者否定这种个人化的、暂时性的愉悦。（H. J. Paton, *The Categorical Imperative: A study in Kant Moral Philosophy*, Philadelphia: University of Pennsylvania Press, 1971, pp.85–87.）

待作为行动结果的对象的态度，则是"偏好"(Neigung, inclination)。对法则的敬重仅仅是意志本身的一种活动，它不涉及任何效用与目的。人的偏好经常是随着个人利益的变化而变化的，但是，道德法则是普遍性的，对于法则的敬重对于任何人而言都是同一的。纯粹的道德法则要求人们无条件地敬重，它排除了一切偏好。在这里，康德提出了和"法则"(Gesetz, law) 相对而言的"准则"(Maxime, maxim) 概念。① 它是指"意欲的主观原则"，也就是个人行动所依据的特殊的规范，而"法则"则是一种"客观原则"，它是在所有原则之上的更为一般的规范。康德认为，"法则"要求理性对于欲求能力有着充分的支配能力。也就是说，只有理性才能保证人们尊重法则，并按法则的要求行动。不过，我们认为，所谓的"准则"与"法则"，首先是一种相对性概念。可以通过一个例子说明二者的关系，如果你是一名中学生，你所在的学校要求每个班级每周五必须开展一次全班的大扫除，而你所在的班级在这一规定的基础上设定了每周五的下午进行这项活动，那么，在前者那里，规定的就是一项法则，而在后者那里则是一项准则。而如果教育部要求全国的中学每周都要展开一次类似大扫除这样的集体活动，那么，相对于前两种规定来说，这就是一项具有更高约束力的法则，而学校的规定也就变成了这一法则之下的准则。当然，如果采取一个更为一般性的规定，那么教育部的法则也就变为了准则。由此，康德说准则是主观的，而法则是客观的，其实也是在相对意义上而言的，学校的法则相对于班级的准则来说就是客观的。通过分析这些概念，康德的目的是要进一步思考：是否存在绝对客观的法则？

康德表明，这种绝对客观的法则，就是具有绝对普遍约束力的道德命令，而除此之外依据任何其他善或者目的建立起来的标准，都只是具有相对性的约束力。如果要寻找这种纯粹的普遍性法则，就要依靠我们的理性，因

---

① 除了"法则"和"准则"这两个主要概念之外，康德还经常使用"原则"(Prinzip, principle）一词，它都可以指称前两者，具体涵义主要根据语境而定。

为在第一批判中，康德已经表明，只有理性才具有针对所有特殊经验或者判断进行不断综合，从而找到一个最高原则或者目的的能力。因为自身的这种性质，理性容易脱离感性直观的界限而自行产生一个纯粹理念，这在理论知识中将导致认识上的谬误或者二律背反。但是，在实践领域，它却会因为这种综合统一功能，为我们提供具有绝对普遍意义的行为规范。康德这样说道："人们倘若不想否定道德的概念的一切真实性和与任何一个可能客体的关系，就不能否认自己的法则具有如此广泛的意义，以至于它必然不仅适用于人，而且适用于一切一般而言的理性存在者，不是仅仅在偶然的条件下适用且有例外，而是绝对必然地适用，那么就很清楚，没有任何经验能够提供理由，哪怕是仅仅推论到这样一些无可置疑的法则的可能性。"(*GMS*:408)

即便是实践理性，如果它依据经验性的要素来寻找绝对性的道德法则，那么也将是不可能成功的，因为由此只能产生局部的、相对的规范。例如，一个坚持功利主义立场的人可以将"快乐"作为一项具有普遍约束力的法则，即任何不能够带来快乐体验的行为都是不应该去做的，如果违背了快乐，那么就可以被视作不道德的行为。但是，这在现实当中却处处会遇到反例。首先，对于一名以苦修为目的的僧侣来说，他有可能将任何一种快乐都视作对于心灵净化的破坏；其次，一个理性存在者内心并不希望帮助一个正处于困难之中的人，因为这样做并不会给他带来快乐，但是出于对直觉性义务的服从，他仍然选择去帮助这个人，即便整个过程中他始终是闷闷不乐的，但是，我们不能由此而否定他是一个有道德的人；再次，对于一个吸毒者来说，他在吸毒过程中能够得到巨大的快乐，而且，他的这一行为不会对任何他人造成不利，也就是说，他这样做反而使得人们的幸福总量增加了，那么，我们是否可以认为他的这一行为是有道德的呢？同样，如果我们强制性地让其戒毒，是否反而是不道德的呢？显然，答案是否定的。正像康德所言，快乐或者幸福都是经验性概念，它们都因人而异，不能作为道德法则的根据。这样一来，康德认为，只有在排除了一切经验性要素的纯粹理性那里才能找到这种根据："一切道德概念都完全先天地在理性中有其位置和起源，而且无论是在最普通的人类理性中，还是在最高程度的思辨理性中，都是如此；这些概念不能从任何经验性的、纯属偶然的知识中抽象出来；它们的尊严正在于其起源的这种纯粹性，使它们能够充当我们的最高实践原则。"（*GMS*:412）

任何一种原则或者法则，它们作为一种由实践理性所产生的规范，任何时候都表达了一种"要求"。康德指出，对于并不完全善的意志来说，它们都蕴含着一种强制性"命令"。就一般性的原则来说，它们往往采取的是"假言命令"形式，而客观性道德法则采取的则是"定言命令"形式。前者是指"把一个可能的行为的实践必然性表现为达成人们意欲的（或者人们可能意欲的）某种别的东西的手段。"后者是指"把一个行为表现为自身就是客观必然的，无须与另一个目的相关。"（*GMS*:415）

在"假言命令"中，行为者是为了实现某一种目的而采取与之相符合的行为，一般而言的命令都是这种形式，康德也将其称为"技巧的命令式"。帕通依据实践理性的三种形式的观点，指出"假言命令"包含着两种形式：或言命令与断言命令。前者相当于工具理性，而后者相当于慎思理性。不过，像伍德一样，帕通也指出，康德在很多时候并没有区分开二者，而是统一地称之为"技艺性命令"，以与作为道德理性的"定言命令"形成区别。①

奥纳指出，康德将"命令式"的语句分为"假言的/定言的"是有问题的，因为除此之外还有"析取的"（如"要么保持安静、要么离开房间"）与"合取的"（回家并且小睡一会儿）。另外，并非所有的假言命令都是将行动作为实现目的的手段，例如"如果你做了一个承诺，那么就遵守它。"不过，奥纳很快意识到，康德所说的"命令式"并不是指一般意义上的语法结构。康德已经表明，很多所谓的"定言命令"，其实仍然是隐藏着的"假言命令"。例如"关上门！"表面上是一项绝对的要求，但实际上是为了达到某一目的

---

① 参见 H. J. Paton, *The Categorical Imperative: A study in Kant Moral Philosophy,* Philadelphia: University of Pennsylvania Press, 1971, p.115。

而要采取的手段。因此，奥纳进一步认为，要区分两种命令形式，只有分析具体行为所发生的方式。然而，康德也不得不承认，能真正做到这一点是很难的，因为即便是一个明显的"定言命令"："你不应该做一个虚假承诺"，我们也很难确定坚持这一主张的人是出于怎样的理由。很可能的是，他只是因为"害怕丢脸"，而这样一来，这一主张就只是一项建议而非"定言命令"。由于人的真实动机难以确定，康德最终表明，其实只存在一种真正意义上的"定言命令"，即"要只按照你同时能够意愿它成为一个普遍法则的那个准则去行动。"①

由于康德的义务论是一种典型的"心理主义"，他的"定言命令"很难获得明确的验证。然而，在我们看来，奥纳的这种解释却是将并不相关的两个问题放在了一起。首先，正如前述，康德虽然十分强调动机的纯粹性，但是并不等于说他是完全的"心理主义者"，"定言命令"其实明确地表达了一种"行为主义"观点，也就是说，道德行动也有其相应的功效与实际目的；其次，动机问题与"定言命令／假言命令"的确定并没有直接关系。奥纳这一理解是正确的，康德这里所说的并不属于一般的语法结构问题。但实际上，康德完全是在其先验伦理学的语境中来阐述其"命令"内涵的。作为必然的实践原则，"定言命令"表达的是一种绝对要求，"它无须以通过某个行为要达成的任何别的意图为基础，就直接要求这个行为。"(GMS:416) 之所以如此，在于"它不涉及行为的质料及其应有的结果，而是涉及行为由以产生的形式和原则，行为的根本善在于意念，而不管其结果如何。这种命令式可以叫做道德的命令式。"(GMS:416) 可见，仅仅在形式上，"定言命令"表达的是"你应该……"但它的内涵却不是与这种日常的命令式口吻简单地等同。也就是说，奥纳所说的"关上门！"或者"你不能做虚假承诺"，也可以表达为"你应该关上门！"或者"你应该不做虚假承诺"，它们的确既可以是假言的，也可以是定言的，关键在于语境对于

①　Bruce Aune, *Kant's Theory of Morals*, Princeton: Princeton University Press, 1979, pp.38–39.

这些表达如何进行规定。但在根本性质上，"假言命令"只在于行为所要达到的目的是经验性的，而"定言命令"所要达到的目的则是绝对形式性的，即纯粹的目的。

正如我们在讨论康德与直觉主义者的关系时指出的，康德式义务论最典型的特征首先在于其"形式性"，即无论在道德规范还是行为动机上，康德都将这种"形式性"作为"纯粹的"义务论的保证。当一个人表明"你不能做虚假承诺"时，如果并不是以此达到任何一种经验性目的，例如某种实际利益或者功效，而仅仅是因为他认为这样做是不道德的，那么，这就是一种"定言命令"式的表达。在这里，康德对于"不道德的"定义是基于绝对形式性的普遍性法则所确立的，它排除了任何质料性要素，也排除了人类本性的特殊属性。"因为义务应当是行为在实践上无条件的必然性；因此，它必须对一切理性存在者（在任何地方，命令都只能应用于它们）有效，而且仅仅因此缘故，它也是一切人类意志的一种法则。"(*GMS:*425)

确定"定言命令／假言命令"的真正区别，并不在于从语法结构上进行分析，康德其实是要以此来说明道德法则相对于其他原则的真实特征。并不像人们通常所认为的那样，康德式义务论是以"你应该……"作为本质性的表达方式，它的真正本质在于绝对的可普遍化，而要达到这一点，行动原则就只能以形式性法则为根据。因此，我们认为，像安斯康姆等人那样将康德伦理学归结为"一个人应该如何行动"，是犯了理解上过于简单化的错误。其实，这种命令式的表达方式属于每一种规范伦理学，而并不仅仅是康德主义或者功利主义的特征。换句话说，当代美德伦理学的大多数命题仍然可以通过"应当"的方式来表达，因为对于那些"美德"来说，它们也同样是对于人们的一种"要求"，即"你应该拥有或者实现这些美德"。当然，和康德伦理学与功利主义根本不同的是，当代美德伦理学反对以某种普遍性规则代替多样化的美德。不过，即便是在这个问题上，人们也存在着一定的误解。下面，我们就将具体分析"定言命令"的内容。

五、定言命令

在康德那里，道德法则的核心内容就是"定言命令"，它们都是经过纯粹理性的推理而建立起来的，因此具有绝对的普遍性与约束性。它要求具备两项条件：一是纯粹性，二是为自身而存在。不过，关于"定言命令"具体包含几个公式，人们一般是存在争议的。帕通认为，康德在《奠基》中给我们提供了五个不同的公式，但似乎康德倾向于只有三个公式，另外两个属于衍生公式：

"公式 I 普遍法则公式（FUL）：

要只按照你同时能够意愿它应当成为一个普遍法则的那个准则去行动。

公式 I a 自然法则公式（FLN）：

要这样行动，就好像你的行为的准则应当通过你的意志成为普遍的自然法则似的。

公式 II 目的论公式（FH）：

要如此行动，即无论是你的人格中的人性，还是其他任何一个人的人格中的人性，你在任何时候都同时当作目的，绝不仅仅当作手段来使用。

公式 III 自主性公式（FA）：

要如此行动，即要将自己的意志同时视为一个能够普遍立法的意志。

公式 III a 目的王国公式（FRE）：

要如此行动，即好像通过你的准则你始终是一个普遍的目的王国的立法者。"①

帕通的理解很有代表性，很多学者沿袭了这一观点。伍德与其基本上相

---

① H. J. Paton, *The Categorical Imperative: A study in Kant Moral Philosophy*, Philadelphia : University of Pennsylvania Press, 1971, p.129. 这里，我们在每一个公式后面都附上了一个英文缩写标志，是为了文中表述时的方便。我们参照了多位康德哲学研究者所习惯使用的缩写形式，最后以阿利森在其著作 *Kant's Groundwork for the Metaphysics of Morals: A Commentary* 中的写法为标准。

一致，只不过将公式Ⅱ，即"目的论公式"称之为"人性论公式"。① 不过，阿利森对这一通行的观点做出了修正。他认为，由于康德明确地指出："定言命令只有一个，那就是：要只按照你同时能够意愿它成为一个普遍法则的那个准则去行动。"（FUL）(*GMS*:421) 因此它实际上应该作为"定言命令"的总公式。② 而它的衍生公式，即帕通所说的公式Ⅰa（我们可以称其为"自然法则公式"（FLN），则应该和"人性论公式"（FH）、"自主性公式"（FA）一起作为总公式下的三个分公式。阿利森认为，总公式是"定言命令"的基本构架，而三个分公式是其更为具体的表达。

就三个分公式及其与总公式的关系，伍德认为三个公式各自都有其独立性，不能相互替代，不过其中的"自主性公式"（FA）最为重要，所有公式构成了不可分割的体系。奥尼尔则持相反的观点，她认为，"定言命令"主要就是指三个基本公式，这些公式可以相互推导，而且，无论是外延还是内

---

① Allen W. Wood, *Kantian Ethics*, New York: Cambridge University Press, 2008, pp.66–67. 伍德的观点不同时期似乎有所变化，他在此前的著作中，曾指出"普遍性法则公式"是最基本的公式，并由此导出其他三个分公式。(Allen W. Wood, *Kant's Ethical Thought,* Cambridge: Cambridge University Press, 1999) 而在其后来的著述中一般只将"定言命令"总结为三个基本公式，这不仅见于 *Kantian Ethics* 这部著作中，而且在其一篇论文中也是如此。(Allen W. Wood, *The supreme principle of morality*, in Paul Guyer ed., *The Cambridge Companion to Kant and Modern Philosophy*, New York: Cambridge University Press, 2006, pp.342–380)

② 阿利森表明存在一个总公式，理由是康德还有一句更为明确的表述："以定言命令的总公式为基础：要按照能使自己同时成为普遍法则的那种准则而行动。"（阿利森将其简写为UF）(*GMS*:437) 阿利森认为这句话与康德此前的类似表述 FUL(*GMS*:421) 存在着细微的差别，即前者表达了理性存在者的"意愿"，而后者表明只能按照能够使自己的准则与普遍法则相一致的方式行动。也就是说，后者比前者更为具体。不过，阿利森最终表明，一般而言，我们可以忽视二者的这种差别。(Henry E. Allison, *Kant's Groundwork for the Metaphysics of Morals: A Commentary*, New York: Oxford University Press, 2011, pp.252–254.) 阿利森确实主要将"普遍性公式"（FUL）(*GMS*:421) 与总公式 UF (*GMS*:436) 基本上等同起来，而将"自然法则公式"（FLN）作为表达普遍性的第一个分公式。不过，伍德却将二者明显地区分开，并认为第一个分公式就是"普遍性公式"（FUL），而最为重要的"自主性公式"（FA）更近似于总公式 UF，而第一个分公式"普遍性公式"（FUL）实际上是从"自主性公式"（FA）中导出的。伍德的这一观点本书后面还将做进一步探讨。

涵上它们都是等价的，因此实际上可以被视作一个公式。对此，阿利森并不赞同奥尼尔的看法，他指出，首先，"自然法则公式"（FLN）所认可的情况可能并不能通过"人性论公式"（FH）的检测；其次，各个公式外延上的等价也并不符合康德对三个公式的界定，即它们分别具有不同的功能，代表着"定言命令"的形式、质料以及完备的规定。而且，"自然法则公式"与"自主性公式"其实提出了两种关于"普遍性标准"的检验。从这些方面看，很难说这些公式之间是等价的。阿利森进一步指出，他和伍德的基本立场是相同的，即康德提出了四个公式，包括一个总公式和三个分公式。每个公式既有其独立性意义又相互联系，正如康德所说，每一公式都是另外两个公式的结合。不过，就总公式和三个分公式之间的具体关系，阿利森既不赞同伍德过于强调其各自的独立性，又不赞同奥尼尔过于强调它们之间的同一性，而是主张采取莱布尼茨所提出的视角主义，即根本而言康德只提出了一项法则，但从不同的角度理解，它们呈现为具有各自侧重性内容的三项法则。①

　　客观而言，"定言命令"的基本内容及其结构并不属于核心性问题，研究者们分歧的意见并不影响它的一般性意义。以上的任何一种立场，其实都是为了我们能从更多角度深入领会"定言命令"的内涵。一般来说，人们主要围绕着三个基本公式，即"普遍性公式"（FUL）、"人性论公式"（FH）以及"自主性公式"（FA）展开讨论。但是，认识到"定言命令"内部的这种结构性特征，将十分有助于我们深入地理解康德的义务论。

　　在确立了道德法则的先天根据之后，康德认为，和一般的准则不同，道德法则应该是具有普遍约束力的原则，它是其他准则得以成立的根本前提。据此，康德提出了"定言命令"的基本定义，即我们所说的"普遍性公式"（FUL）。在《奠基》中，康德有两次对它明确地进行了阐述。可见，在康德看来，一项行动的原则之所以具有道德属性，首先就是要能够被普遍化。

---

① 参见 Henry E. Allison, *Kant's Groundwork for the Metaphysics of Morals: A Commentary*, New York: Oxford University Press, 2011, p.87。

为此，康德举出四个例子进行论证，然而，这些例证却导致了不同程度的质疑。

例证1：一个经历了不幸的人，对生活已经心灰意冷，甚至于想要了结自己的生命，由此将会彻底解脱。他自认这样做是遵循了"自爱"的准则，因为继续活下去很可能只会遭遇更多的灾祸与痛苦。那么，作为一个理性存在者，他应该扪心自问，这一准则是否能够被普遍化？对此，康德的答案是否定的，因为自然的法则是要求人增益自己的生命，而不是毁灭它，因此，这就是一个不能被普遍化的、与自然法则相矛盾的准则，即"自杀"是违背对自己的道德义务的。

例证2：一个人需要向人借款以度过危机，但他很清楚自己并没有能力在指定的期限内还款。如果他本着自利的动机而仍然这样去做了，那么就会出现这样的问题：他的这一准则若转化为一个普遍法则，将必然产生普遍法则的自身不一致，因为每一个人都认为在处于困境时有理由得到自己想要的东西，却蓄意地不遵守如期归还的承诺，从而将导致没有人再相信别人对自己的承诺，于是，"承诺"本身不再存在了。

例证3：一个人发现自身具有一种才能，经过一定的培养，他能够成为一个各方面都有用的人，但他安于享乐，不愿去开发自己的天赋。然而，他不可能愿意自己的这一做法成为普遍的法则，作为一个理性存在者，他必然愿意自己的所有才能都得到发展，因为无论从哪个角度来说，这种才能都是有利于他本人的。

例证4：一个处境优越的人，并没有兴趣去帮助任何一个处境艰难、艰苦奋斗的人，这一准则也不能被普遍化，否则将导致别人对于他同样的冷漠，但是，他仍然是需要别人的爱与同情的，因此，这一做法也与普遍性法则相违背。(*GMS*:421–423)

以上四个例证，在康德看来分别属于"完全义务"和"不完全义务"。前者是指人们必须遵守的义务，后者是指人们不必遵守，但如果履行它则值得赞赏的义务。① 所有这些事例都表明："人们必须能够愿意我们的行为的一个准则成为一个普遍的法则：这就是一般而言对行为作出道德判断的法规。"(GMS:425) 道德行为必须是可以被普遍化的行为，否则它就只是具有局部正当性的准则。任何一个理性存在者，在行动过程中都应该首先反思自己的准则是否能够被他人接受，即是否可以被普遍化，这是一个最为基本的检测标准。

"普遍性公式"（FUL）要求法则自身的一致性，即不能够产生矛盾，从另外一个角度说，道德判断就是以普遍性排除特殊性。这里所说的矛盾既可能是逻辑意义上的，也可能是目的论意义上的。即如果不遵守承诺的"撒谎"行为被普遍化，那么"撒谎"这一概念本身将不再存在，因为任何一个撒谎者其实都预设了别人是诚实的，而且相信谎言；而对于"自杀"来说，它所违背的是目的论，因为保存自己的生命应该是人的自然目的。不过，在阿利森、科斯嘉等人看来，这两种矛盾都存在一定的理论缺陷，它们不能很好地说明康德所举出的所有情况。例如，像"拒绝发展自己的天赋"以及"拒绝帮助他人"，似乎并不会产生逻辑或者自然目的上的不一致。对此，他们进一步提出，这些行为所导致的矛盾是实践意义上的，即行为者的行为与其

---

① 康德在《奠基》一书中只是提出了"完全义务／不完全义务"这一对概念，但他具体运用它们是在《道德形而上学》的"德性论"中。按照后者的阐释，在此处的四个例证中，例证 1（反对自杀）和例证 2（遵守承诺）应该属于行为者对于自己的"完全义务"，例证 3（发展自己的天赋）应该属于对自己的"不完全义务"。有疑义的是例证 4（帮助他人），它应该属于康德在"德性论"中所说的对他人行善的义务。但不清楚的是，康德对此并没有明确说明它属于"完全义务"还是"不完全义务"。我们认为，在例证 4 中，关键之处是，对于行为主体来说，帮助处于困境中的他人是否是必须的？即在多大程度上后者的情况改善是依赖于前者的帮助的？如果是必须的，即行为主体对于他人的帮助是后者解脱困境的唯一出路，那么它就是一项"完全义务"，而如果并非如此，那么就可能是"不完全义务"。但是，这种解释是极为粗略的，因为在实际状况中，人们很难确定这种依赖性的程度究竟有多大。

目的会产生冲突，从而导致自己的行为最终无法实现相关的效果。① 我们认为，这种理解有一定的意义，它能让人们从更多角度看到"普遍性法则"所具有的有效性。不过，这些并不是问题的关键。就像科斯嘉本人也承认，所谓的三种矛盾的形式本质上是极为相近的，从某个方面来说其差别并不十分重要。②

康德将"普遍性法则"视为"定言命令"的"形式"，意味着它本身是一个比较抽象的道德命令。在伍德看来，这一点促使康德继续寻找更加具有实质性内容的法则。并且，重要的是，作为"定言命令"的第一步骤，"普遍性法则"主要是一个否定性命题，即它只是告诉人们哪些行为是不允许的，但并没有告诉我们哪些行为是允许的。③ 我们赞同这种解读，康德接下来确实从"形式"层面走向了"质料"层面，提出了著名的"人性论公式"。在这里，康德正式表明了他的"目的论"。

在文本中，康德在论述完"普遍性公式"（FUL）之后，却引入了"手段—目的"的概念。他指出，理性存在者具有"意志"（Wille），它是一种依据法则而规定自己去行动的能力。同时，"用来作为意志自己规定自己的客观基础的东西，就是目的。"（*GMS*:424）根据这里的表述，我们可以认为，康德所说的"目的"也就是"法则"，如果它是由工具理性或者慎思理性赋予的，那么就是经验性目的，而如果是由纯粹理性赋予的，那么就是对于一切人都有效的道德目的。康德表明："实践的原则如果不考虑任何主观的目的，那它们就是形式的；但如果它们以主观目的、从而以某些动机为基础，则它们

---

① 这一观点的具体阐述见于 Henry E. Allison, *Kant's Groundwork for the Metaphysics of Morals: A Commentary*, New York: Oxford University Press, 2011, pp.182–187；Christine M. Korsgaard, *Creating the Kingdom of Ends*, Cambridge: Cambridge University Press, 1996, pp.95–102.

② 参见 Christine M. Korsgaard, *Creating the Kingdom of Ends*, Cambridge: Cambridge University Press, 1996, p.101。

③ 参见 Allen W. Wood, *The supreme principle of morality*, in Paul Guyer ed., *The Cambridge Companion to Kant and Modern Philosophy*, New York: Cambridge University Press, 2006, pp.342–380, p.344。

就是质料的。"(*GMS:*424) 可见，道德行为有其目的，也就是要实现普遍的道德法则，与经验性目的不同，它是具有绝对价值的"目的自身"。人是世界上唯一的理性存在者，而道德法则就是由人来建立的，因此，人就是"目的自身"："如果应当有一种最高的实践原则，就人类意志而言应当有一种定言命令，那么，它必然是这样的一种原则，它用因为是目的自身而必然对于每一个人来说都是目的的东西的表象，构成意志的一种客观的原则，从而能够充当普遍的实践法则。这种原则的根据是：有理性的本性作为目的自身而实存。"(*GMS:*428) 由于是把自身当作目的，它是一个主观原则，但由于每一个人都是作为理性存在者而把自身当作目的的，因此，它同时也是一个客观原则，这就是"定言命令"的第二个主要公式：人性论公式（**FH**）。

这一公式的标准表述是：在任何时候，你都要把自己和所有其他人的人格中的人性同时当作目的，而绝不能仅仅当手段。首先，人并不是事物，他是拥有理性本质的存在者，即"道德主体"。从根本意义上来说，任何时候都应该把任何人当作目的而非手段。但是，很显然，无论在工作还是生活中，我们大多时候是将自己作为目的，而将他人作为满足自己某项需要的手段。尤其是在某些特殊情况中，行为主体必须将他人作为达到自己特定目的的手段。例如，商人如果在售卖商品时是为了购买者的幸福，那么他最好的方式就是按照与商品真实价值相当的价格出售，但是，这样做既是不可能的，也是不现实的。因为从经济学的角度来说，这种行为的结果是商人无法获得进一步的资本积累，从而也就不可能继续扩大生产以创造更多的产品和财富。同样，还可以想象这样的情况：作为一个公司的经理，他的任务是为公司创造更大的利润，为此他将不得不把公司里的每一位员工都视为实现这一目的的手段，包括他自己，而如果有任何一个人不再为这一目的服务，那么将被立刻开除。所有这些做法，是否意味着康德的"人性论公式"（**FH**）只是一句空洞的口号呢？

对于这两个例子我们要进行分别的说明。就第二种情况来说，我们可以认为它仍然符合"人是目的"的法则。因为这位经理把每一个人都作为手段，其目的虽然是为了公司的更快发展，但是它将带来一个必然的后果，就是每一个被作为手段的人都能够由此获得更多的福利。也许，有些人会质疑说，对于经理本人来说，这只是一种"无意识"的结果，而在他的"有意识"的动机中，始终是把每一个人视为手段。他从根本上不信奉康德的"人性论法则"，但是这并不妨碍他给每一个人带来同等的、甚至是更大的好处。对此，我们的观点是否定的。只要是从根本上将他人始终作为手段而非目的，即这位经理从来没有把员工（包括自己）的尊严与福利作为真正的目标，那么这样做在康德看来就既不是道德的，其效果也不是好的。① 因为如果在整个过程中他人一直被当作公司盈利的工具，那么最终这对于公司的整体性发展也将是十分不利的。我们认为，康德的"人性论公式"（**FH**）并不是要求人只能被当作目的，而是承认大多数情况下人的确被他人当作手段使用着，但是，与此同时，如果在最终意义上能够做到互相将对方当作目的，那么不仅是道德的，而且结果也会是更好的。

　　较难处理的是第一个例子。我们很难想象一个商人在以追逐利润为唯一目的的情况下会有任何理由把他人视作目的，从而根据"善良意志"的要求不通过所卖出的商品多赚一分钱。但是，我们认为，这种情况其实是与第一个例子并无本质性的差别。商人仍然可以在真诚地相信"人性论法则"的前提下以高于实际价值的适当价格卖出自己的商品，并以此实现利润的增加与资本的积累。在这里，我们不从马克斯·韦伯的角度设定那种具有"天职观念"的作为新教徒的商人，而只是一般地认为，在大多数商人眼中，顾客确实仅仅是达到自己目的的手段，即便是那些似乎真心诚意地"将顾客当作上帝"的人，其实也仍然是借此实现更多的盈利。但是，一方面，商人在制作和推销商品时确实在某种程度上是以顾客的需求与喜好为标准的，在这个意义上顾客就是目的；另一方面，如果从一种整体性的视角出发，即商人以尊

---

① 根据我们之前关于"善良意志"的分析，可以说，在康德那里，不是符合道德的行为，就也不是好的行为，即"正当"是"善"的前提。道德价值是根本的善，其他的善由此被导出。

重顾客的尊严与福利为真正目的，从而并不试图赚取暴利，尽力做到物有所值，那么这样做不仅是道德的，而且将会为所有人（包括他自己）带来更多的好处。

论证康德的"人性论公式"（FH）是有一定困难的，原因就在于这似乎与我们的日常经验并不一致。因为每一人几乎无时无刻不在把他人用作手段，同时也被他人用作手段。但是，康德并不是要以这种具有"理想化"色彩的公式取代人们的日常行动。况且，将每个人都仅仅当作目的而不是手段，这在实践中也是不可能的。正是由于人们将自身作为手段，人类社会才不断地向前发展。然而，康德认为，这只是在局部阶段、对于人的局部利益而言是成立的，而如果要想实现人的整体性的、长远的利益，就必须在根本意义上把人视作目的，即便这可能只是一个理想化的标准，但却是一个必要的标准。

"人性论公式"（FH）能够从"普遍性公式"（FUL）中导出，这在奥尼尔眼中就意味着它们是相互等价的。① 不过，在阿利森、伍德等人看来，它们却有着相对独立的意义。尤其是有些"普遍性法则"难以处理的问题，通过"人性论法则"却能够得到较好的解决。例如，阿利森指出，康德在阐述"普遍性公式"（FUL）时所提出的例证1是有问题的。在那里，康德指出，"自杀"违背了自然目的论所要求的增益生命的法则。但实际上，我们并不真正了解"自然目的"究竟是什么，而如果"自杀"被普遍化，那么只会导致人口减少，却看不出对于自然目的有什么伤害。② 然而，如果应用"人性论公式"，那么我们就可以有更好的理解，因为这种行为伤害了作为"目的自身"的人。康德对此有一段具体的阐述：

"按照对于自己的必然义务的概念，打算自杀的人自问：他的行为是否

---

① 参见 Onora O'Neill, *Construction of Reason: Explorations of Kant's Practical Philosophy*, Cambridge: Cambridge University Press, 1989, p.131。

② 参见 Henry E. Allison, *Kant's Groundwork for the Metaphysics of Morals: A Commentary*, New York: Oxford University Press, 2011, p.183。

能够与作为目的自身的人性的理念共存呢？如果他为了逃避一种艰辛的状态而毁灭自己，那么，他就是把一个人格仅仅当作将一种可以忍受的状态一直维持到生命终结的一个手段来利用。但是，人并不是事物，因而不是某种能够仅仅当作手段来使用的东西，而必须在他的所有行为中始终被视为目的自身。"(*GMS*:429)

　　康德很清楚地看到，作为理性存在者，人的存在与活动具有两种意义：一是作为目的自身，二是作为实现目的的手段。也就是说，只要是确立了目的，那么就必然要设定与目的相关的手段。当然，这种手段可以是虚构的，即它实际上并不能够真正成为达成目的的有效的手段。同样，也可以有这样的情况：只设定目的，然而并不建立相应的手段。对此，我们认为它并不符合康德所设定的意义。因为作为一位理性存在者，他必然拥有正常的理性推理能力，如果运用工具理性或者慎思理性，那么将推导出"假言命令"，而如果运用道德理性，那么将推导出"定言命令"。前者属于分析命题，是在设定目的的同时也必然设定了相应的手段（即便是无效的手段），后者属于综合命题，即在目的当中并没有同时包含着手段，也就是说，理性主体要在这一目的之外寻找能够实现它的手段。但无论哪一种情况，都不可能在拥有目的的同时不设想相应的手段。

　　在康德的道德哲学中，作为分析命题的"假言命令"和作为综合命题的"定言命令"是一组重要的概念。对于理性主体来说，二者都是一种"要求"或者"命令"，即如果你要达成某项目的，则必须采取某项行动。然而，区别在于，"假言命令"是基于人的经验性目的的需要，即理性主体出于感官欲望的动机而"自然地"设定目的，因此，它在目的当中就已经蕴含了手段。例如，一个有理性的人想要获得精神上的轻松，那么他或者可以选择散步，或者可以选择听音乐，总之，他可以以自己认为适当的方式而实现"轻松"这一目的。但是，如果他看到路边发生了一起交通事故，其中的伤者需要有人帮助送到医院，他此时正要准时地去公司上班，而在他内心中的道德法则告诉他应该救人于危难，那么，这对于他来说就是一种困难的抉择，因为想要达到的目的（帮助这个人）本身并不立即蕴涵相应的手段，即理性的要求并不与他的自然欲望（为了自己的利益按时上班）相一致。因此，他需要通过理性的力量来压制自己的利益诉求，即他明确地知道，"救助受伤者"在道德上是正确的，但是要在此之外寻找能够达成这一目的的手段。也就是说，他应该这样去做，但必须额外寻找与之相适合的实现方式。在这一意义上，"定言命令"作为道德命题，本身是综合的判断。

可见，不论是"假言命令"还是"定言命令"，理性主体的本质都是在于设定目的，而且同时也要设定与之相关的手段。科斯嘉与伍德尤其重视这一点，他们甚至认为这是康德全部伦理学的论证起点，而所谓的"人性"（Menschheit, humanity）本身就是作为理性本质的"设定目的的能力"，它不仅是主观价值得以建立的前提，也是一切客观价值或者绝对价值产生的根源。① 这也就意味着，人既是设定目的的主体，同时也是目的自身，而且，也必然是作为目的的手段。人不仅必然将自己，而且同时也将他人设定为目的与手段。正是基于这一认识，当康德提出人不应仅仅被视作"手段"时，其实意味着他首先意识到人在一般情况下都是被自己或者他人用作手段的。而在具有最高意义的道德法则中，人不能被限定在这一层面，否则既是对人的整体性福利的削弱，更是对人的尊严的损害。而只有在终极价值上将人视

_____

① Christine M. Korsgaard, *Creating the Kingdom of Ends*, Cambridge: Cambridge University Press, 1996, pp.128–131; Allen W. Wood, *Kant's Ethical Thought*, Cambridge: Cambridge University Press, 1999, pp.124–132. 不过，按照迪安的说法，伍德在这一问题上的态度并不像科斯嘉那样明朗，在其早期的论文中，他完全站在科斯嘉的立场上，认为"人性"的本质即理性，它能够设定包括道德法则在内的一切目的，而且，作为"人性"本质的理性，必然能够产生道德法则。但是，在其后来的 *Kant's Ethical Thought* 一书中，他又将 humanity 与 personality 区分开了，并认为，在更为准确的意义上，产生道德法则的能力属于后者，而前者只是设定一般目的的能力，这意味着，并不是所有的理性存在者都能够确立道德法则并且按此而行动。但同时，伍德又表明，在康德那里这两个概念并没有根本性的差别。（Richard Dean, *The Value of Humanity: In Kant's Moral Theory*, New York: Oxford University Press, 2006, p.30）伍德的模糊态度代表了这一问题的复杂性，以科斯嘉为代表的这一观点被称为"回溯式论证"，人们对它一直存在争议。

作"目的本身"，才能够有效地避免这种坏的结果。

通过"人性论公式"（FH），康德向我们正式地提出了他的"目的论"。不过，与一般的目的论不同的是，这种"目的论"的内核实际上是"义务论"，因为最终目的本身就是道德义务。这里，我们需要重点说明的是，基督教的义务论是要求通过无条件地信仰上帝实现灵魂的救赎，而直觉主义义务论则认为仅仅因为某种道德义务是好的，所以就应该绝对地服从它，然而，比较而言，康德固然强调了"为义务而义务"这一根本性原则，但是，这种"义务"的实质却是"以人为目的"，这其实就意味着，人的幸福是康德的道德理论的核心。正如伍德在论述"人性论法则"时所说："在康德的理论中，道德的最高原则要求我们产生两种基本目的：我们自己的幸福与他人的幸福。"①在《奠基》中，康德并没有过多地探讨作为最终目的的"幸福"，但在《实践理性批判》与《道德形而上学》中，这一问题被不断地展开、讨论与充实。在这个意义上，我们认为，康德真正做到了"义务论"与"目的论"的统一。

虽然康德的"目的论"也是以"幸福"为核心，但是我们始终要注意，这一"幸福"的概念包含着鲜明的道德属性，即它并不是快乐主义者或功利主义者所理解的经验性的快乐，而是以"尊严"为根据的整体性的"幸福"，这一点将在本书的"美德论"部分做具体的分析。在《奠基》中，康德通过对"自主性公式"（FA）的阐述，明确地将"尊严"作为其道德理论的一个重要支点。

伍德认为，第三个公式是对于前两个公式的结合，即"法则适用于每一个理性主体"与"每一个理性主体都具有绝对价值"将导出"每一个理性主体都是普遍有效的法则的确立者"。据此，伍德指出这一公式实际上是"定言命令"中最重要的，虽然初看起来它表达了和第一个公式相近的意思，但其实相对于后者，"自主性公式"（FA）突出强调了理性主体的"意愿的能

---

① Allen W. Wood, *The supreme principle of morality*, in Paul Guyer ed., *The Cambridge Companion to Kant and Modern Philosophy*, New York: Cambridge University Press, 2006, pp.342–380, p.354.

力"。① 对此，我们的观点是："自主性法则"固然有资格作为"定言命令"的第三个公式，但是，它同时还具有一个重要的作用，即导出了"目的王国公式"（FRE），因为只有通过这一公式，康德的伦理学才明确地进入了一种"交互性"维度，即从个体走向了共同体。

首先，从前两个公式确实可以导出第三个公式。任何一项原则能够成为至高无上的道德法则，它就必须为每一个有理性的人所接受。然而，人的需求与目的是千变万化的，什么样的原则才能够获得绝对地认可呢？通过理性的思考，我们会得出这样的答案：尊重每一个人的利益，即将每一个人的目的都视为终极原则。只有作为能够给自己设定目的的"理性的本质"，才是每一个人所共同拥有的特征，因此，尊重这种"理性的本质"，即尊重人本身，才是一项绝对普遍的义务。作为理性的存在者，每一人清楚地了解自己的目的，任何他人或者团体都没有足够的资格为某一个个体设定目的，这就意味着，尊重理性存在者，就是尊重他们为自己设定目的的能力，因为这是完全属于个体自身的能力。只有据此所建立的法则才能够得到每一个人的认可，因为这本身就是每一个个体自己所自愿建立的原则。

康德发现，每个人所自愿遵守的原则就必须是每个人所自己建立的原则。然而，由于个人之间完全无法同一化的特殊性诉求，导致这种普遍性法则是不可能建立起来的。但是，先验的理性推理能够帮助我们超越于经验之上寻找到这种一般性的规则。也就是说，只有纯粹形式化命题才能够成为具有绝对约束性的道德命令。基于这些理由，康德进一步推导出，只有"人是目的本身"这一规定才可以构成这种纯粹形式化命题的实质性内容，而它同时就意味着每一个人作为理性存在者，都是以自己与他人为目的而建立起所有人都能够接受的法则，这样的理性主体必然是给自己立法并且自愿服从的立法者：

---

① Allen W. Wood, *The supreme principle of morality*, in Paul Guyer ed., *The Cambridge Companion to Kant and Modern Philosophy*, New York: Cambridge University Press, 2006, p.355.

"一切实践立法的根据客观上在于规则（按照第一条原则）和使规则能够成为法则（必要时成为自然法则）的普遍性的形式，但主观上则在于目的；然而，一切目的的主体就是每一个作为目的自身的理性存在者（按照第二条原则）。如今，由此得出意志的第三条实践原则，来作为意志与普遍的实践理性相一致的最高条件，即每一个理性存在者的意志都是一个普遍立法的意志的理念。"(*GMS*:432)

可见，"定言命令"在客观意义上是"规则"，而在主观意义上是"目的"，在这里，康德明确地表明了他的"义务论"同时就是"目的论"，因为简言之，道德行动的规则其实就是"以人为目的"。通过"普遍性法则"与"人性论法则"的结合，我们得到了"自主性法则"，即每个意志既是自己立法的，又同时遵守法则，而能够达到这一标准的，只能是这三条法则自身。康德将这样的法则称为"自律"的原则，将这样的行为称为"自律"(Autonomie, autonomy)，而将以外在的规则或者感性对象为根据的行为称为"他律"(Heteronomie, heteronomy)。①

奥尼尔指出，康德的"自律"一词本身是由两个部分组成的，"auto"代表着自我管理与自我指导 (self-directedness)，它意味一种消极意义上的独立与自由；"nomos"代表着法制、合法 (lawfulness)，它意味着一种积极意义上的理性与自由。② 这里，所谓的"消极自由"，是指理性存在者能够摆脱自然界的因果性法则的束缚而独立地活动；"积极自由"则是指理性存在者能

① 我们将康德的 Autonomie 译为"自律"，它同时也就是文中的"自主"。国内的几个主要译本都将其译作"自律"，而在国内的研究界，学者们一般是将 Autonomie 写作"自律"或者"自主"，而这一德文词也确实同时包含了这两方面的意义。正如文中所论述的，康德将其赋予了两种意思：消极自由与积极自由。前者是指理性主体避免受到因果性规律的决定，而后者是指自己确立法则。本书认为，依据前者适合译作"自律"，而依据后者适合译作"自主"。本书在大多数时候更愿意使用"自主"这一表述，因为在我们看来，康德的理论更加强调理性主体"自我立法"与"自愿遵守"的主动性能力。

② 奥尼尔的观点是由阿梅瑞克斯所总结的。参见 Karl Ameriks, *Vindicating autonomy: Kant, Satre, and O'Neill*, in Oliver Sensen, ed., *Kant on Moral Autonomy*, Cambridge: Cambridge University Press, 2013, p.53.

够在实践领域中确立意志活动的法则。在这种情况下,"一个自由意志和一个服从道德法则的意志是一回事。"(*GMS*:447) 在《实践理性批判》中,康德更为明确地阐述了"自律"对于其义务论的重要意义:

> "意志的自律是一切道德法则和符合这些法则的义务的唯一原则;与此相反,任性的一切他律不仅根本不建立任何责任,而且毋宁说与责任的原则和意志的道德性相悖。……道德法则所表达的,无非是纯粹实践理性的自律,亦即自由的自律,而这种自律本身是一切准则的形式条件,唯有在这条件下它们才能够与最高的实践法则相一致。因此,如果只能是与法则相结合的某种欲求的客体的意欲质料进入实践法则作为它的可能性的条件,那么,由此就形成任性的他律,亦即对遵从某种冲动或者偏好的自然法则的依赖性,而意志就不是自己给自己提供法则,而只是提供合理地遵循病理学法则的规范。"(*KpV*:32–33)

意志的"自律"是"自主性法则"所要表达的核心意义,康德以此强调其义务论最典型的特征:自己立法、自愿遵守以及绝对自由。由纯粹理性所建立起来的纯粹的形式化法则是实践活动的根本依据,同时,也是保证理性主体能够自发地去履行道德义务的根本保证。康德也是通过这一概念提出了他的"道德动机"观点:以纯粹理性及其道德法则作为行动的原因与促发机制。

回到《奠基》的论证体系中,可以看到,康德确实以"自主性公式"(FA)集中呈现了他的义务论思想。伍德将这一公式视为"定言命令"中最为重要的部分,确实有着很大的合理性。伍德进一步认为,作为第一个分公式,"普遍性公式"(FUL)(包括它的衍生公式"自然法则公式")是由"自主性公式"(FA)导出的,而不是相反。而后者实际上极其近似于总公式(UF)的基本含义,即"要按照能使自己同时成为普遍法则的那种准则而行动",(*GMS*:436) 因为二者都侧重于表现理性存在者在道德法则确立过程中的"主体性"功能。相对而言,"普遍性公式"(FUL)则仅仅属于一种对各种准则加以衡量、检测的抽象程序。① 本书并不赞成这种过强的解释，站在近似于阿利森的立场上，我们认为三个分公式都是同等重要的，"自主性公式"（FA）并不享有更为重要的独特地位。正如康德所说，它们是从三个不同方面（形式、质料与完备的规定）对于总公式的不同视角的表述，三者之间不能完全等同，更不应按照重要性分出不同的等级。同时，三个公式与总公式之间确实存在可以互相推导的关系，但是，这不意味着这些公式之间是完全等价的。用一个普通的例子就可以说明这一点：

命题一：设想任何一个三角形。

命题二：它或者是等边三角形，或者是不等边三角形。

命题三：它的三个内角之和必然是 180 度。

类似于"定言命令"诸公式之间的关系，不需要借助任何经验性条件，我们能够对于其中任意两个命题进行推导。其中，命题一相当于"定言命令"中的总公式，而命题二与命题三相当于两个分公式。从外延上来说，它们是等价的，即指全部的三角形，而从内涵上来说，它们也是相同的，因为其实都是基于三角形的基本定义。不过，从其各自的表述重点来看，又是有所区别的。作为总公式，命题一设立了"三角形"这一基本概念，命题二主要是强调边的特征，命题三则主要是强调角的特征，命题三并不比命题二更为重要，因为它们只是从各自角度对于同一概念的不同表述。不过，相对而言，总公式（命题一）仍然是最重要的，因为它给出了最为一般化的表述。

虽然更为认可阿利森的理解方式，即承认存在一个总公式（UF），在此之下有三个同等重要的分公式，但是，与之有所不同的是，我们认为，康德明确地称之为总公式（UF）的命令就是 *GMS*:436 处的表述，而 *GMS*:422 处只是确立了"普遍性公式"（FUL）："要只按照你同时能够意愿它成为一个普

---

① 参见 Allen W. Wood, *Kant's Ethical Thought*, Cambridge: Cambridge University Press, 1999, pp.164–165。

遍法则的那个准则去行动。"它是第一个分公式，应该与总公式相互区别开，而康德随即提出的"自然法则公式"（FLN）只是"普遍性公式"（FUL）的衍生公式，它不宜作为阿利森所说的第一个分公式。在这方面，我们又与伍德的观点相近。

严格地说，"自主性公式"（FA）的衍生公式"目的王国公式"（FRE），是道德法则的最后一种形式。伍德认为，这一公式是之前所有法则的结合，是"定言命令"最充分的表达。① 我们认为，借助这一法则，康德首先表明，促进自己与他人的幸福，属于每一个理性存在者的道德义务，同时也是人生目的：

"就对于他人的可嘉义务而言，一切人所怀有的自然目的就是它们自己的幸福。现在，如果没有人对他人的幸福有所贡献，但也不故意对他人的幸福有所剥夺，人性固然能够存在；但如果每一个人也并不尽自己所能去力图促进他人的目的，则毕竟只是与作为目的自身的人性的一种消极的，而非积极的一致。因为如果那个表象要在我这里产生全部影响，则作为目的自身的主体，其目的就必须也尽可能地是我的目的。"（*GMS*:430）

"人性论公式"要求"人是目的"，它表明每个人都是目的自身，而所有目的的联合就形成了"目的王国"，科斯嘉指出，它意味着人们要对自己负有义务，同时也要承担"交互性"义务：

"交互性关系存在于自由与平等的个体之间。如此，出于两个原因，他们要求彼此间的责任。为了产生另一个你自己的目的与理由，你必须将她视为价值源泉，她的选择赋予了她的对象以价值，并且有权利选择自己的行动。为了确保你自己的目的和理由得到他人的关注，你必须认为她也会同样关注你，并准备采取相应的行动。进入交互性关系的人们必须准备共享他们的目的与理由，联结在一起，并且一起行动。交互性是理由的共享，而且，

---

① 参见 Allen W. Wood, *Kant's Ethical Thought*, Cambridge: Cambridge University Press, 1999, p.166。

你会希望只有在以理性的方式对待这些理由的情况下，你才会进入这种关系之中。在这个意义上，交互性要求你对他人负有责任。"①

这段话充分地阐释了"目的王国"的内涵。结合康德的文本，它集中地展现了康德眼中理想的"伦理共同体"，它是"不同的理性存在者通过共同的法则形成的系统结合。"(*GMS*:433) 在这里，首先，个体的差异性与私人目的都被抽掉了，剩下的只是"理性本质"，具有绝对普遍性的道德法则就是这种本质的典型体现。据此，每一个理性存在者都能够达成共识。在这个意义上，这种共同体是以道德属性为基础的。无论从国家还是团体的角度来说，道德法则始终都是制度建设或者规则制定的根本性标准；其次，正如科斯嘉所说，它是由自由平等的个体所组成的，同时，"目的王国"本身也是自由平等权利的保证。人人具有同等的尊严与权利，这是"伦理共同体"核心性特征；再次，由于前两个条件，"目的王国"也才能够成为一种"系统结合"，即平等的理性主体由于信奉共同的道德法则而自愿地形成为一个统一性整体。在这里，人与人之间的外在差异并没有被消除，他们相互之间完全等同的只是基本权利与自由，而这些是基于每一个理性存在者都具有同样的"理性本质"与人性尊严。但是，这并不等于说康德忽视了每个人的特殊性与现实性，麦金泰尔、桑德尔等社群主义者在这方面对于康德的批评是错误的。康德只是强调了所有人所具有的本质，但并没有否定其他因素对于一个具体的人所具有的重要的构成作用。这种"系统结合"表明，"目的王国"中的成员不是毫无区别的"单向度的人"，由于深受所处环境的影响，他们仍然具有自己的性情品格、生活方式以及价值取向，这些要素决定了人们所构成的社会必然是存在差异的。我们必然要接受社会的差异性与多样性，而只有先验的道德法则才是将丰富而复杂的人类统一起来的唯一原则。也

---

① Christine M. Korsgaard, *Creating the Kingdom of Ends*, Cambridge: Cambridge University Press, 1996, p.196.

就是说，康德的"目的王国"的一个重要特征就是"多样性中的统一"与"差异性中的同一"。罗尔斯正是借助这样的观念建立起他所谓的正义的社会，在其中，基于"重叠共识"的多元文化群体与个人能够形成一个和谐的政治共同体。①

正如伍德所理解的那样，"目的王国法则"确实可以被看作是此前所有法则的融合，是"定言命令"最完备的形式。我们认为，这一概念也代表着康德鲜明而且独特的"目的论"思想。相对于"人性论法则"，它在更高意义上将"目的自身"这一观念从个人扩展至全部的理性存在者。然而，这种整体主义视角却容易被人们联想为一种压抑个人自由的"极权主义"。这样的担心与对于"定言命令"的一种根本性怀疑有关，即道德法则的普遍性要求容易取代个人的道德判断与道德责任。这种想法的错误在于，它只是片面地看到了康德伦理学中的普遍主义与整体主义的一面，却严重忽视了其理论

———————————

① 罗尔斯在其《政治自由主义》一书中具体谈到了康德的"目的王国"与其理论的关系，他指出，公平正义社会的理论基础是康德式的道德建构主义，它是由理性主体通过反思平衡的方法所建立的、能够包容多元文化理念的政治共同体："在建构主义中，客观性的观点总是被理解为某些理性的和合理的个人恰当具体化了的观点。在康德的学说中，它却是作为一目的王国之成员的观点。由于这种共享的观点是由代表着那些隐含在这类个人之共同人类理性中的原则和标准的绝对律令所给定的，因而是可能的。与之相似，在公平正义中，该观点是得到了恰当代表的自由而平等之公民的观点。"（[美]约翰·罗尔斯：《政治自由主义》，万俊人译，译林出版社 2000 年版，第 122 页）不过，罗尔斯强调自己所运用的方法是政治建构主义，而康德所运用的是道德建构主义，而且，康德的道德理论仍然是属于多元文化社会中的一种"完备性"学说。但在罗尔斯的政治建构主义之中，所有理论或者理念都能够得到合理的安置，只要它们能够通过程序正义的检验："一旦我们接受理性多元论是自由制度下公共文化的一个永久条件这一事实，理性的理念作为立宪政体之公共证明的基础政治观念，并且仅仅是出于这一理由而坚持一种合适的公共理性基础，乃是排斥性的，甚至是宗派性的，且极容易滋生政治分化。"（[美]约翰·罗尔斯：《政治自由主义》，第 137 页）公共理性是公平正义社会成立的必要条件，它的理论来源实际上也是康德的伦理学。罗尔斯指出，正是通过公共理性，个人才能进入他人的公共世界，并且提出或者接受符合公平正义的理性原则。罗尔斯的"政治共同体"显然演变于康德的"伦理共同体"，而在罗尔斯以及许多人眼中，后者在某种程度上其实本身就是一种政治理论。在"目的王国"的理论中，这种特征确实极为明显。

中的一个基础性概念：理性主体及其尊严。①

　　与政治上的集体主义和伦理上的普遍主义有所不同，康德伦理学（以及政治哲学）的出发点并不是一种单纯的一致性命令，而是"理性存在者"，他能够通过给自己树立道德法则并遵从它而成为自律的主体。在这个意义上，他是自由的个体。在《奠基》的最后部分，尤其是第三章，康德集中阐述了基于"先验自由"的理性主体如何成为真正意义上的自我意志的"主宰者"：

　　"这种理性必须把自己视为自己的原则的创作者，不依赖外来的影响；因此，它作为实践理性，或者作为一个理性存在者的意志，必须被它自己视为自由的。也就是说，一个理性存在者的意志唯有在自由的理念下才是一个自身的意志，因而必须在实践方面被归于一切理性的存在者。"（GMS:449）

　　在先验哲学的框架中，人既是感官世界的经验性存在，又是理智世界的理性存在。在前一种情况中，我们必然受制于自然因果性法则的支配，但在理智世界中，我们却能够通过运用自己的纯粹理性而成为自由的存在者。只有挣脱一切感官冲动的束缚，出于对道德法则的尊重而行动，我们的作为"本体"的自由才能够真正得到确证：

　　"法则之所以对我们具有效力，并不是因为它引起兴趣（因为这是他律，是实践理性对感性的依赖，也就是说，是实践理性对一种作为根据的情感的依赖，此时实践理性绝不能在道德上是立法的），而是它之所以引起兴趣，乃是它对我们人有效，因为它产生自作为理智的我们的意志，从而产生自我们真正的自我。"（GMS:460–461）

---

① 贝克也表达过相近的观点，他指出，人们容易认为康德表达了一种"普鲁士主义哲学"，即将盲目地服从法则视作一种绝对的美德，而这是一种严重的误解，它把康德所说的"立法"和"守法"割裂开了，分别赋予了不同的主体，在康德那里，"自我约束"是道德的基本条件之一。贝克同时指出，人们习惯于将卢梭视为极权主义的代言人，实际上也是类似的误解。（Lewis White Beck, *A Commentary on Kant's Critique of Practical Reason*, Chicago: The University of Chicago Press, 1960, pp.201–202）

　　这种完全出于自我意愿的道德选择与道德行动，就是康德所说的"自律"："自律的概念与自由的理念不可分割地结合在一起，而道德的普遍原则又与自律的概念不可分割地结合在一起。"(GMS:452) 通过这些表述，可以看到，康德实际上是将"自由"作为其全部道德理论的起点，它是人们之所以能够成为道德主体的根本条件。正如他在《实践理性批判》中所说：自由是道德法则的存在根据，而道德法则是自由的认识根据。即如果没有自由，那么在我们内心中就根本找不到道德法则。(KpV:5 注释 1)"自由"的理念保证了按照道德命令而行动的人并不是被动的无知者，相反，他们是经过自己的内在反思与理性推理而决定这样去做的意志的"主人"。从这一角度来说，康德确实为当代自由主义提供了重要的支持。与一些社群主义者有所不同，康德眼中的行为主体将理性作为自己的基本能力，对于情感的、经验的、历史的以及习俗的一切要素进行思考与检验，并以理性法则作为所有原则的最重要的标准。在理性法则的基础上所确立的基本权利，被康德以及罗尔斯等自由主义者视为首要的善。①

　　人是自由的，而且通过遵守道德法则，人能够享受到纯粹的自由，因此，人是有"尊严"的。② 康德指出："在目的王国中，一切东西要么有一种

---

① 我们相信罗尔斯是通过运用康德的理性与自由概念而建立起他自己的正义原则的，正如他本人所说："正义原则类似于康德意义上的绝对命令。因为康德把一个绝对命令理解为一个行动原则，这个行动原则是根据一个人作为自由的、平等的理性存在物的本质而运用到他身上的。……对两个正义原则的论证不假设各方有各种特殊目的，而仅假设他们期望某些基本善。这些基本善都是一个人合理要求的事物，不管他要求其他什么东西。"([美]约翰·罗尔斯：《正义论》，何怀宏等译，中国社会科学出版社 2009 年版，第 199 页）在《政治自由主义》中，罗尔斯列出了首要善的基本目录，它们包括基本的自由与权利、移居自由、职业选择自由、收入自由、自尊等。([美] 约翰·罗尔斯：《政治自由主义》，万俊人译，译林出版社 2000 年版，第 192 页）

② 这里涉及到康德的两种"自由"的概念，即先验自由与实践自由，只有把握这两个概念的意义，才能够看清楚康德与自由主义者究竟存在着怎样的关系。在西季威克看来，康德所谓的"自由"概念与自由主义的理解其实有很大区别。他指出，前者是指有理性的人在遵守道德法则的前提下才可能拥有自由，但这实际上是一种单向的选择，反而是一种不自由，而在英国式的自由主义者看来，"自由"是指"人具有一种在善与恶之间进行

价格，要么有一种尊严。有一种价格的东西，某种别的东西可以作为等价物取而代之；与此相反，超越一切价格、从而不容有等价物的东西，则具有一种尊严。"(*GMS*:434)

康德发现，在现实生活中，几乎任何东西都有"价格"，只要它与人们的偏好或者需要相关。即便是不涉及人的实际需要，但是只要合乎某种兴趣，即能够给我们带来精神上的愉悦或满足，那么它也是有"情感价格"的。可见，处于资本主义发展阶段的康德，已经开始注意到了商品经济所带来的社会关系的变化。一个东西拥有价值，主要意味着它拥有"交换价值"，而一切能够满足人的任何一项需要的东西，都可以在市场上被标示出价格，包括人的情感或者心灵。在这样的环境中，一切东西在最终意义上都是手段，而不是目的。但是，人的"尊严"(Würde) 却是完全脱离于这种社会关系的

选择的自由"。西季威克将前一种称为"善的"或"理性的自由"，将后一种称为"中性的"或"道德的自由"。([英] 亨利·西季威克：《伦理学方法》，廖申白译，中国社会科学出版社 1997 年版，第 517—518 页) 西季威克没有看到的是，在康德那里，"实践自由"的概念其实某种程度上包含了他所说的"中性的自由"。阿利森认为，在第一批判中，首先，康德将"先验自由"与"实践自由"几乎阐释为相同的概念，前者是指"独立地开启一个状态的能力"，作为一个先验理念，由于脱离了自然的因果性法则的束缚，它是一种绝对的自发性，但却只是属于理性的设定，而无法被经验证明，而"实践自由"则是"先验自由"在实践领域的表现；另一方面，康德又将二者区分开了，认为"先验自由"是绝对地独立于任何感性因素的决定与影响，而"实践自由"不仅必然受到感性因素的影响，而且有时就是以感性欲望为刺激性因素而发生的，在这个意义上，行动者是"他律的"。综合康德的论述，阿利森的看法是，"实践自由"只是在"概念性"意义而非"本体论"意义上依赖于"先验自由"的。拥有实践自由的人不必始终是"自律的"，而只有在"实践自由"与"先验自由"同一的情况下，人才会成为遵守道德义务的纯粹的理性存在者。(Henry E. Allison, *Kant's theory of freedom*, New York: Cambridge University Press, 1990, pp.54–59) 阿利森的解释可以帮助我们回答西季威克所提出的质疑。在康德那里，"实践自由"就相当于西季威克所说的"中性的自由"，即在善与恶之间进行选择的能力，它也是康德所说的一般性的自由，而基于"先验自由"所发生的"实践自由"，由于是纯粹实践理性的运用，因此相当于西季威克所理解的"理性的自由"。正如正文中所说，康德不仅没有抛弃自由主义者的"自由"概念，而且在此基础上强调了更为重要的"纯粹的自由"，它的理论基础就是"先验自由"。不过，康德确实由于经常将两种"自由"概念混同使用，从而容易使人们产生误解。

价值，它区别于一切可以被用来交换的对象，在这个意义上，它与康德所说的"善良意志"属于同一范畴，即都具有内在的、无限制的价值。

康德表明，只有道德主体才是具有"尊严"的："现在，道德性就是一个理性存在者唯有在其下才能是目的自身的那个条件，因为只有它，才有可能在目的王国中是一个立法的成员。因此，道德和能够具有道德的人性是唯一具有尊严的。"(*GMS*:435) 有道德的人必须符合"定言命令"的要求，即他既是自己建立道德法则，又同时遵守这一法则，而法则的实质性内容就是"人是目的"。据此，康德进一步表明："自律就是人的本性和任何有理性的本性的尊严的根据。"(*GMS*:436)

在"目的王国"中，"自律"的理性存在者将自己与他人在根本意义上同时视为目的，并且只有在这一意义上才能实现真正的个体自由，而这些自由同时能够融合为整体的自由。两种自由并不是相互矛盾的，因为它们实际上都是将道德法则作为最高目的。作为一种纯粹形式化的命令，这种法则拥有绝对的普遍性。据此，它本身就具有至高无上的"尊严"，因为其他原则都只有在符合它的前提下才能够成立。对于这种法则的态度，康德称之为"尊重"或"敬重"(Achtung，respect)。人们只有发自内心地尊重道德法则，才会拥有人格的"尊严"。

在《奠基》中，康德并没有过多地运用"尊严"的概念，但这并不意味着它不重要。在我们看来，这一概念几乎可以被视为康德伦理学的核心，因为它蕴含着"义务"的最为重要的涵义。按照一般的理解，康德的义务论主要体现为作为"定言命令"的道德法则，但正如康德所指出的，法则本身就是最高价值，因此具有"尊严"，而它反映到行动者身上，就意味着后者也是具有"尊严"的理性主体。尊重道德法则，其实就是尊重人，而这一切的根源都在于人拥有"尊严"，这是人拥有其天赋权利的道德基础。而且，与其他理论不同的是，康德将人的尊严的根据进一步确定为一个本体性概念，即"先验自由"，它超越自然因果性的制约，是道德法则之所以可能的理由。理性存在者可以通过运用自己纯粹的实践理性，成为展现人格尊严的主体。

"唯有作为有理性的本性的人类的尊严，无须其他任何要求由此达成的目的或者好处，从而唯有对一个纯然理念的敬重，就应该充当意志的不可减弱的规范，而准则的崇高性、每一个理性主体在目的王国中拥有一个立法成员的资格，恰恰就在于准则对所有这样的动机的这种独立性中。"(*GMS*:439) 正如我们之前所说，康德伦理学既是一种义务论，也是一种目的论，因为"义务"就是"目的"，而其道德义务的目的（同时也是根据）就是尊重人，它同时就是法则本身。因此，康德不断强调"出于义务而行动"，就是要表明任何行动都要以尊重人的尊严为前提，即便有些时候仍然不得不要以人为手段，这也是为了能够从整体性或者最终意义上更好地尊重人。正是基于这样的理解，我们认为，康德是纯粹的义务论者。

康德的道德理论以尊重人的尊严为核心，这是对于每一个人而言的道德义务。据此，我们可以作进一步的引申。在康德那里，这一义务不仅要求理性主体尊重他人的尊严，也同时要求尊重自己的尊严。根据康德的一些相关表述，后一种义务甚至更加重要。因为在康德眼中，基于自律，人们首先就应该对于自己提出道德诉求，而自身之所以能够确立法则，并且遵守法则，也在于主体对于自身的人格尊严拥有明确的认识，正是在这一前提下，理性主体才会懂得去尊重他人。也就是说，正是由于意识到自己的人格价值并且尊重它，才会由此去进一步尊重他人的尊严。这种从自身到他人、从个体到全体的过程，正是康德提出的"系统结合"的"目的王国"的典型特征。可见，康德对于"尊严"概念的强调，必然导向对于"自尊"的重视，因为这是其理论建构的自然发展。虽然在康德的文本中并没有经常地使用"自尊"这一概念，但我们认为，这一思想实际上已经蕴含于他的多处论述中。其实，康德一切关于自律的表述必然都包含着自尊，因为作为遵守自己法则的立法者同时就是对于个人尊严的尊重："就我们自己的意志仅仅在一种因其准则而可能的普遍立法的条件下才去行动而言，这个在理念中对我们来说可能的意志是敬重的真正对象，而人性的尊严正在于这种普遍地立法的能力，尽管是以它同时服从这种立法为条件。"(*GMS*:440)

　　从自律到自尊，康德的道德哲学展现了一种"美德"维度。显然，自尊属于一种卓越的品格特性，它意味着主体对于自我价值的认可。作为一名康德主义者，罗尔斯格外重视这一概念，而且对其有进一步的发展。首先，在《正义论》中，他就指出，自尊是最重要的基本善，它具有两个方面的含义：一是指"一个人对他自己的价值的感觉，以及他的善概念，他的生活计划值得努力去实现这样一个确定的信念。"二是指"一个人对自己实现自己的意图的能力的自信，就这种自信是在个人能力之内而言。"① 可见，康德的"自尊"概念主要基于道德上的"自律"。从严格的意义上来说，这种"自尊"就和他所说的"尊严"一样，并不是每个人都具有的，而只属于能够确立并且遵守道德法则的理性主体。相比而言，罗尔斯所说的"自尊"的意义则更加一般化。它是指一个人对自己的价值的尊重，对自己生活计划的信念，以及对实现自己目的的能力的自信。也就是说，在康德那里的道德属性在罗尔斯这里几乎不存在了。但是，我们认为情况可能并非完全如此。因为罗尔斯还指出，只有在以其正义原则为基本规范的社会中，人们才能获得真正的自尊，因为"我们的自尊通常依赖于别人的尊重。除非我们感到我们的努力得到他们的尊重，否则我们要坚持我们的目的是有价值的信念即使不是不可能的，也是很困难的。"公平正义的社会保证了人们处在一种互利互惠的结构中，而只有通过人与人之间的相互尊重，每个人的自尊才得以可能。这种"相互肯定"的社会，其实很大程度近似于康德所说的"人人都是立法者"的"目的王国"。有意思的是，罗尔斯也在这些表述之后马上提到了康德的这一理论："用另一种方式来说，两个正义原则在社会基本结构中表明了人们希望相互不把对方仅仅作为手段、而作为自在的目的来对待的意愿。"② 虽然罗尔斯的"自尊"概念已经有了很大变化，但是，它的确立与实现始终必须基于公平正义的社会结构，而正如罗尔斯所一再表明的，这样的社会是以

---

① 〔美〕约翰·罗尔斯：《正义论》，何怀宏等译，中国社会科学出版社 2017 年版，第 347 页。
② 〔美〕约翰·罗尔斯：《正义论》，何怀宏等译，中国社会科学出版社 2017 年版，第 138、139 页。

康德的道德原则为根据建立起来的。因此，我们可以得出这样的结论：从理论根基来说，康德与罗尔斯拥有着相互一致的"尊严"与"自尊"观念，而后者在前者的基础上，结合现代社会的主要特征，对于这些概念做了进一步的发展。

在罗尔斯那里，自尊无疑是一项美德，它与羞耻直接相关。首先，罗尔斯很重视"美德"。虽然他的公平正义的社会是以康德式的正当原则所建立的，但是，美德却是这种社会的重要补充。罗尔斯指出，美德就是善，它是"使我们能实现一个提高我们的主宰感的更满意的生活计划"，是"人类发达的条件"。① 作为基本善，自尊就是首要的美德，而对于自尊的伤害会让人产生"羞耻"。对此，罗尔斯进一步指出存在两种羞耻：一是自然的羞耻，它来源于我们的人格、行为或者某些人类性质上的缺陷。同时，如果我们因为不具备某种优点以完成自己的人生计划时，这种羞耻感也会不由地产生；二是道德的羞耻，"当一个人把他的生活计划所需要并内在鼓励的那些德性估价成他的人格美德时，他就可能会面临着道德的羞耻。"② 相对于前一种情感，它主要强调的是道德品格或者行为上的缺陷。实际上，罗尔斯把两种羞耻十分紧密地结合起来，因为在他眼里，这些情感都发生于人们相互之间的认可与尊重之中，当主体感到自己不再从他人那里获得他认为自己应得的尊重的时候，自然的或者道德的羞耻感就会油然而生。总之，无论是自尊还是与之相关的羞耻，都是存在于社会交往关系中的道德情感。

罗尔斯的正义理论是康德的道德哲学的重要发展，这不仅体现于他所依据的康德式的理性主义方法与义务论原则，还体现在我们以上所分析的关于美德的学说中。尤其是，罗尔斯似乎更有意识地强调了尊严、自尊以及羞耻这些道德情感的重要作用，这能帮助我们更加深入地了解康德伦理学中所包

---

① ［美］约翰·罗尔斯：《正义论》，何怀宏等译，中国社会科学出版社 2017 年版，第 350 页。

② ［美］约翰·罗尔斯：《正义论》，何怀宏等译，中国社会科学出版社 2017 年版，第 351 页。

含的相关思想。以上，我们虽然主要是对于"定言命令"进行详细的分析，但其实是为了从中挖掘出康德伦理学中丰富的美德要素。其中，在康德所建立的结构精严的道德体系中，各种法则是基本的脉络，而核心的实质性内容是"人的尊严"，它具体地体现为"尊重他人"与"自尊"，"人性论法则"是其最为明确的表达，而"定言命令"是对其所做的结构性呈现。

第四章　美德论：康德的道德形而上学

　　作为一个完备的体系，康德的先验哲学主要是围绕人的认识、实践与审美三种活动而展开的论证，它们分别属于三种领域：知识、道德与艺术。在实践领域，康德寻求建立意志活动的基本法则，它是保证行为具有道德属性的根据。正如我们前一章所阐述的，康德将其伦理学划分为经验的部分与理性的部分。前者属于实用人类学，后者则属于道德学。理性，作为人的核心性能力，它在道德实践领域和在自然认知领域一样，都具有自身的先天原则，对这一原则的分析与探讨，就是康德所说的道德的形而上学。首先，康德表明，先验哲学与逻辑学不同，后者是"阐明一般性的思维的活动和规则"，而先验哲学则"仅仅阐明纯粹的思维，亦即完全先天地认识对象所凭借的那种思维的特殊活动和规则。"(GMS:390) 据此，作为一种先验哲学的道德形而上学，研究的是"一种可能的纯粹意志的理念和原则，而不是一般而言的人类意欲的活动和条件，后者大多数汲取自心理学。"(GMS:390) 其次，康德也将其道德形而上学与日常的道德实践知识区分开来，后者应用的是"世俗智慧"，主要是针对经验性活动，并不涉及先天的理性原则以及道德行为的动因。作为先验哲学的一部分，道德形而上学与其他道德理论有所不同，这也导致我们不能用一般的标准对其进行衡量，正如我们此前所论证的，康德的伦理学既是一种义务论，也同时是一种目的论。在这里，道德的形而上学构成了其实践哲学的主体，它体现于《道德形而上学的奠基》（以下简称《奠基》）与《实践理性批判》中，而更加集中地体现在《道德形而上学》这部后期著作中。

我们认为，在《奠基》中，康德就提出了与"美德"相关的道德动机与道德情感的概念，而在《实践理性批判》中，这些概念得到了更加充分的论证。同时，康德也在第二批判中提出了重要的"纯粹实践理性的判断力"、"模型"以及"至善"等概念，这表明康德不仅意识到了道德法则应该与实际行动结合起来，而且也要试图说明这种结合是如何可能的。据此，我们认为，像安斯康姆等人的质疑可以在这里找到相应的答案。在《道德形而上学》中，康德正式地提出了他的美德理论，并以其一贯的思考方式建立起结构性的理论体系，我们将在这一章中对其展开具体的梳理与阐释。这些工作将表明，康德伦理学不仅仅是"义务论"所能概括的，它其实蕴含着丰富的"美德"思想。同时，也是在这里，康德将义务、美德与目的相互贯通起来，进一步证明了我们此前所说的观点：义务论与目的论在康德伦理学中是相互同一的。当然，如果按照此前所做的分析，那么从狭义的角度，我们仍然应该坚持康德伦理学的基本特征是义务论，甚至是最为纯粹的义务论。就此，它应该以其某些独特性质而与当代美德伦理学有所区分。但是，如果从纳斯鲍姆式的广义的角度看，那么我们仍然可以将其视为宽泛的美德伦理学的一种形式，在很多重要方面，我们将看到其与亚里士多德以及一些当代美德伦理学学者在某些重要观点上的一致性。不过，我们坚持的基本主张是：康德的美德概念必须始终是以道德法则为前提的，即理性主体应该首先是在遵守道德义务的情况下才拥有诸种美德。我们认为，这一特征并没有削弱康德的美德理论，反而使其道德理论更加完善，而且能够避免当代美德伦理学所面临的一些麻烦。

第一节　从道德到美德：作为预备性阶段的《实践理性批判》

在康德道德哲学的研究历史中，在相当长的时间里人们忽略了《道德形而上学》，而将注意力主要放在了《道德形而上学的奠基》与《实践理性批判》上，认为它们最集中地代表了康德道德哲学的主要思想，即以纯粹法则为核心的义务论。也是基于这种简单的理解，康德的伦理学呈现给世人的主要印象是席勒所说的让人心情压抑的理性命令。究其原因，我们认为，一方面为了反对以往的"他律的"伦理学，康德重点强调其理论的"自律"的本质性特征，从而确实在很大程度上标举了理性而贬低了人的自然情感与感官欲望；另一方面，也是在《奠基》之后，康德隔了很长时间才发表《道德形而上学》，从而在其思想生涯的后期才正式地提出他的美德理论，而在这期间，他分别发表了《实践理性批判》与《判断力批判》，在人们眼中，康德似乎已经暗示了自己的"批判哲学"计划彻底完成了。

正是由于《道德形而上学》长期受到忽视，康德的美德理论才一直未被充分地挖掘。然而，随着当代美德伦理学的兴起，它对于康德伦理学的激烈批判反而促使人们重新审视这部著作，并从中发现康德不仅提出了"美德"的概念，而且由此展开了详实的论述，基于其基本的道德理论，康德甚至发展出了比较完备的属于其义务论框架的美德学说。无论对于义务论还是对于美德伦理学来说，这些进展都具有重要的建设性意义，它让人们更加深刻地意识到，传统上我们所确立的一些基本的界定与规范，很可能是出于某种误解，需要不断地进行修补。在我们看来，对于康德伦理学来说，《道德形而上学》所具有的意义至少不亚于《奠基》与《实践理性批判》，甚至可以说，它代表着康德伦理学的更为成熟的形式，而后两部著作都属于这部著作的"预备"，也就是说，《道德形而上学》是康德伦理学的真正完成，尤其是在其中的"德性论"中，康德实现了其伦理学从义务论到美德论的演变。伍德表达了类似的见解："《道德形而上学》代表了康德实践哲学的最终形式，这不仅在于它是这一主题的最后的著作，而且在更深层的意义上，在于它是各种义务的体系，而所有他早期的伦理学著作都始终仅仅是一种奠基、原理或者预备性片段。"①

---

① Allen Wood, *The Final Form of Kant's Practical Philosophy*, in Mark Timmons, ed., *Kant's Metaphysics of Morals—Interpretative Essays*, New York: Oxford University Press, 2002, pp.20–21.

一、从《道德形而上学的奠基》到《实践理性批判》

一般而言，在《道德形而上学的奠基》之后，康德就应该写作《道德形而上学》，因为这一点已经清楚地表达在《奠基》的"前言"中了。然而，情况却并非如此。康德在随后的时间里发表了他的另一部伦理学著作《实践理性批判》，而在近十年后才发表了《道德形而上学》。虽然本书的分析重点在于后者，但是，作为康德伦理学的重要组成部分，我们却不能轻易地绕过前者。在这里，我们并不对于《实践理性批判》进行详细的阐释，只是围绕其与《奠基》和《道德形而上学》之间的关系作出大致的解读。我们想要表达的观点是：即便康德的写作计划经常发生一些临时性改变，但是总体而言，每一部主要著作之间都存在着密切的联系，展现着康德严密的思考过程与明确的论证步骤。《实践理性批判》虽然可能是一部"临时"产生的著作，但它一方面是对《奠基》中基本观点的进一步深化；另一方面也是对《道德形而上学》所作的有益铺垫。

很明确的是，至少在第一批判的第1版中，康德并没有写作第二批判的计划，相比而言，《奠基》与《道德形而上学》属于首要的任务。贝克则认为，即便是在康德准备第一批判第2版的大部分时间中，他也并未表现出要以独立著作的方式写作第二批判的任何想法，直到1787年4月之后，康德才真正开始这项工作，并以此来代替计划中的《道德形而上学》的创作。有三个原因影响着康德：一是试图对于理论理性与实践理性的最终统一做出证明；二是在《奠基》中，康德并未完成对实践理性的批判性考察，尤其是在意志与情感之间存在着某种先天的联系，这一点需要作进一步的分析；三是，"自由"的概念只是在《奠基》的第三章中被触及，却没有充分地展开说明，而在第二批判中，作为"纯粹的或整个思辨理性的拱顶石"，在贝克看来，创作一部以"意志自由"概念为主题的独立著作是必要的，虽然对于康德本人而言，《实践理性批判》的诞生只是一件临时性的决定。不过，作为"实践哲学体系"的一部分，康德对于与这部著作相关内容的构思，则几乎延续了近三十年的时间。①

虽然发生了写作计划上的调整，但是，《实践理性批判》仍然代表着康德伦理学思想发展的必然阶段。贝克认为，《实践理性批判》并不是《纯粹理性批判》的自然延续，相反，它完全是"在另外一个经验领域的崭新的开始。"而这两部著作联系最多的地方的就是"演绎"部分。② 不过，一个明显的事实是，第二批判与《奠基》有很强的顺承关系，这些理由贝克已经有了比较详细的介绍。其实，在《奠基》的第三章，康德就通过标题"由道德形而上学到纯粹实践理性批判的过渡"向人们昭示了两部著作间的紧密关联。同时，确实如贝克所说，"自由"的概念在《奠基》中并没有被充分地阐释，第二批判则要完成这一重要的任务。③ 此外，贝克没有提及的是，在这部著作中，康德还将重点讨论"道德动机"与"道德情感"问题，以及与此相关的道德与幸福的具体关系。据此，我们认为，如果说《奠基》所针对的问题是"什么是道德？"那么《实践理性批判》所针对的问题则是"如何实现道德？"

对于《奠基》和《实践理性批判》来说，自由与道德法则的关系确实是将两部著作联结起来的一个关键问题。阿利森指出，在前者那里，康德尝试实现他在《纯粹理性批判》中即已定下的目标：从基于理性存在者的"先验自由"中演绎出道德法则，而由于"先验自由"终究是不可认识的，因此，在第二批判中，他放弃了这一尝试，转而直接从道德法则出发，从而证明

---

① 参见 Lewis White Beck, *A Commentary on Kant's Critique of Practical Reason*, Chicago: The University of Chicago Press, 1960, pp.5–18。

② 参见 Lewis White Beck, *A Commentary on Kant's Critique of Practical Reason*, Chicago: The University of Chicago Press, 1960, p.16。

③ 康德也强调了两者之间的区别："它（指《实践理性批判》——笔者注）虽然以《道德形而上学的奠基》为前提条件，但只是就这部著作使人预先熟悉义务的原则、陈述和辩白义务的一个确定公式而言；除此之外它是独立存在的。"(*KpV*:9) 这句话表明，《奠基》主要任务是为了提出以"定言命令"为核心的最高的道德法则，而《实践理性批判》则主要是探讨自由与道德法则的关系。

"先验自由"的可靠性，但这导致康德走向了一种"独断论"，即以"理性的事实"来推导出自由以及道德法则。在阿利森眼中，这样做虽然能够避免贝克所说的"自由与道德法则循环论证"的问题，但是，这仍然称不上是一个好的证明。① 阿梅瑞克斯并不同意阿利森的见解，他承认康德在第二批判中确实放弃了从自由到道德法则的演绎，但坚持认为，"循环论证"在康德那里并不存在，而自由就是道德得以可能的根据，我们拥有"本体性的自由"，它是理性主体通过确立并遵守道德法则所保证的。② 对于这一困难的问题，我们并不打算给予详细的讨论，只是通过这种比较表明，首先，《实践理性批判》与《奠基》关注的是同样的核心性问题：自由、道德法则以及二者的关系；其次，康德似乎确实在第二批判中改变了在《奠基》中的策略，即不再以"自由"为根据导出道德法则，正如他所说："我们既不能直接意识到自由，因为它的最初概念是消极的，也不能从经验推论到自由，因为经验基于我们供认识的只是显象的法则，从而只是自然的机械作用，这恰恰是自由的对立面。因此，正是我们（一旦我们为自己拟定意志的准则）直接意识到的道德法则，才最先呈现给我们，并且由于理性把它表现为一个不能被任何感性条件胜过的，甚至完全不依赖于这些条件的规定根据，而恰好导向自由概念。"(*KpV*:29–30) 从这一方面看，阿利森的观点也是正确的。但是，如果仔细地领会《奠基》中第三章的相关表述，我们又认为阿利森的观点是可疑的，因为康德在字里行间一直都在强调，我们是为了道德法则的可能性而设想"自由"的存在。例如，"如果我们设想我们自己是自由的，我们就把自己作为成员置入知性世界，并认识到意志的自律连同其结果，亦即道德性。"(*GMS*:453)"自由是这样一个理念，它的客观实在性不能以任何方式按照自然法则来阐明，从而也不能在任何可能

---

① 参见 Henry E. Allison, *Kant's theory of freedom*, New York: Cambridge University Press, 1990, pp.214–249。

② 参见 Karl Ameriks, *Interpreting Kant's Critique*, New York: Oxford University Press, 2003, pp.161–192。

的经验中被阐明。……它只是被视为理性在一个存在者里面的必要预设，这个存在者相信自己意识到一个意志……"(*GMS*:459) 尤其是，康德在《奠基》中，已经强调了意志自由是与道德法则一同成立的："一个自由意志和一个服从道德法则的意志是一回事。"(*GMS*:447) 据此，我们认为，在《奠基》与《实践理性批判》两部著作中，康德的论证方式并没有发生明显的变化，而他的基本观点也是比较一致的：道德法则与自由意志是相互说明、相互同一的关系。对此，康德有一句富有总结性意味的话：自由是道德法则的存在根据，而道德法则是自由的认识根据。其中任何一方离开另一方都无法独立地说明自身，这就像一张纸的两面，如果说"出于道德法则而行动"就像是这张纸的正面，那么作为其根据的"自由"就是它的背面。与此同时，我们通过道德行动证明了"自由"的存在，但是，除此之外我们没有任何办法能够认识"自由"本身的性质。正如康德所表明的，一个理性存在者既存在于感官世界，又存在于理智世界，而我们只能站在前者的立场上来设想后者。

二、道德动机

从《奠基》到《实践理性批判》，康德都明确指出通过道德行动能够证明"自由"的存在，因此，我们的立场实际上与阿梅瑞克斯是比较一致的。然而，这一问题只是属于第二批判的第一章"纯粹实践理性的诸原理"中的内容，它是对于《奠基》中基本观点的进一步完善，却并不与康德的美德理论直接相关。在接下来的"纯粹实践理性的动机"一章中，康德就开始围绕"道德动机"重点阐释理性与情感的关系问题。①

---

① 《实践理性批判》一书的大体布局与《纯粹理性批判》有着极强的对应关系。首先，《实践理性批判》分为两大部分："第一部分纯粹实践理性的要素论"和"第二部分纯粹实践理性的方法论"。和第一批判相似，主要篇幅都集中在"要素论"部分，"方法论"始终都不是康德着力的重点。不过，我们随后将指出，"纯粹实践理性的方法论"与其美德理论有一定的关联，所以并不是无足轻重的。"纯粹实践理性的要素论"分为两卷，分别是

　　康德的伦理学首先是要为人的道德实践确立先天的根据与法则，并让每一个理性存在者不仅能够遵守，而且是自愿地服从。在《奠基》中，他就提到了"动机"这一概念，但是并没有进行充分的论证。在这里，他用疑问的口吻说："纯粹理性如何能够无须其他无论取自别的什么地方的动机，单凭自己就是实践的？"(GMS:461) 对此，康德给出的初步答复是："设想这个理想的纯粹理性，在去除一切质料亦即客体的知识之后，剩给我的无非是形式，亦即准则的普遍有效性的实践法则，以及依照这一法则，与一个纯粹的知性世界相关，把理性设想成为可能的作用因，亦即设想成为规定意志的原因。在这里，必须完全不存在动机；一个理知世界的这一理念本身就必须是动机，或者是理性原初感兴趣的东西。但是，使这一点可以被理解，恰恰是我们不能解决的课题。"(GMS:462) 初看起来，康德所表达的意思很含糊，因为他既说存在着动机，即纯粹理性，但又说由于排除了任何质料与客体，而仅仅作为一种形式，因而并没有这样的动机。总之，从根本上说，这是难以确定的。不过，情况似乎并非如此。康德同时又指出，道德法则能够有一种"兴趣"，但它不是一般的感官的兴趣，而是由我们的道德情感所引发的，是"法则对意志施加的主观作用，唯有理性才为它提供客观根据。"(GMS:460) 也就是说，理性具有一种因果性的能力，能够让人们在履行义务时感到某种愉悦。可是，康德在这里没有再深究下去，因为这是一种特殊的因果性，不包含任何感性成

"第一卷纯粹实践理性的分析论"与"第二卷纯粹实践理性的辩证论"。在第一卷中，康德设立了三个章节："第一章纯粹实践理性的诸原理"，"第二章纯粹实践理性的对象的概念"与"第三章纯粹实践理性的动机"。在第二卷中，康德设立了两个章节："第一章纯粹实践理性的一般辩证论"与"第二章纯粹理性在规定至善概念时的辩证论"。我们认为，简言之，康德的论证过程是围绕着这些主题依次展开的：原理、对象、动机、目的（至善）。其中，前三个主题分别对应着第一卷的前三章，而第四个主题对应着第二卷中的内容。在这里，我们先讨论"动机"问题，然后再讨论"对象"问题，因为一是"动机"问题在《奠基》中就已经被康德提出并且有所阐述了，二是我们认为根据康德伦理学的基本原则，"动机"比"对象"更为重要，因为相对于以后果为主要标准的伦理学，康德的理论确实是更加倾向于一种"动机论"。作为实践理性对象的善与恶，必须以作为纯粹实践理性的动机为前提才能有其正当性。

分在内，对于它的具体运作机制，我们无法先天地使其可以理解。(*GMS*:461)

"道德动机"或者"道德情感"问题在《实践理性批判》中继续被讨论，虽然仍然存在一些争议，但康德对它的阐释开始逐渐清晰。首先，康德强调了"道德动机"的重要性。在《奠基》中，相对于"定言命令"，它并不属于主要内容。其实，康德只是在讨论道德行为的先天根据的时候才顺便地触及了这一问题。作为理智世界的"意志自由"，如何能够转化为经验世界的实践行为，这就需要康德提供一种中介性的机制，它能够将本体界与现象界连接起来，或者说，一个正当的理由或者信念能够真正成为行为发生的动机，它代表着行动者真实的欲求。如此说来，我们就进一步掌握了康德思想的发展脉络——从"确立原则"到"实现原则"，而到了《道德形而上学》中，康德则是具体讨论了"实现原则的多样性"；其次，动机既是客观的，又是主观的。就前者而言，它是以道德法则为客观根据，就后者而言，它是以意愿活动作为主观能力。由此，形式化的客观性法则能够体现为主体的实践活动。也许是出于这一考虑，康德指出，"道德动机"同时也是一种"道德情感"，因为相比于"动机"，"情感"显然更加具有感性的意义。在《奠基》中，康德就已经表明，这种"道德情感"只能是"对法则的尊重"，而在第二批判中，康德将这种情感与"自重"、"自负"作了对比。作为一种由纯粹理性所激发的情感，它区别于一切"病理学"意义上的感性欲望。它一方面以其崇高的道德法则使有限的理性存在者感到谦卑；另一方面又能在此基础上进一步激发理性存在者通过对于法则的敬重而克服这种谦卑。这样一种特殊的情感，康德又称之为理性或者道德所具有的"兴趣"（Interesse，interest），它是一种纯粹的、理智性的愉悦。不过，康德同时说，这种"敬重"又很难说是一种愉悦，因为由于伴随着谦卑以及对感性欲望的压制，它实际上也是一种痛苦的体验。

三、模型论

一直以来，人们对于康德伦理学的大量批评是集中在理性与情感的关系问题上。正如第一章和第二章所介绍的，从席勒、叔本华那里开始，直至当代美德伦理学的学者们，他们主要是针对康德仅仅以理性为道德动机的观念进行质疑。在这方面，以休谟哲学为代表的英国情感主义也施加了强烈的影响。反对者们认为，只有情感而非理性才能作为道德行为的真正动机，因为理性不属于感性欲望，它无法成为能够激发行动的动力。同时，像康德这样以理性为道德动机，并且极力地反对任何感性情感在其中发挥重要作用，无论在理论方面还是在实践方面，将会导致各种各样的矛盾。对此，我们将在专门章节中进行讨论，这里则要强调的是，相比于《奠基》主要是确定"什么是道德？"《实践理性批判》则主要是确定"如何道德地行动？"这不仅体现在"道德动机"与"道德情感"部分，也体现在行动的"对象"部分。对此，康德特意设立了第二章"纯粹实践理性的对象的概念"进行讨论。我们认为，它与随后的第三章"纯粹实践理性的动机"一样，都可以被视为《道德形而上学》中"美德论"的预备。

在这一章中，康德首先表明："我把实践理性的对象的概念理解为一个作为因自由而有的可能结果的客体之表象。因此，是实践知识的一个对象本身，这只不过意味着意志与使这对象或者它的对立面成为现实所借助的那个行动的关系，而对某物是不是纯粹实践理性的一个对象的评判，则只不过是对愿意有这样一个行动的可能性和不可能性的辨别，借助这个行动，假如我们有这方面的能力（对此必须由经验来判断），某个客体就会成为现实。"(*KpV*:57) 在这里，康德把"愿意行动"作为思考的重点，而"对象"就是促使我们行动的重要因素，在这一意义上，它就是我们要实现的"目的"。康德接着指出："一个实践理性的唯一客体就是善和恶的客体。因为人们通过前者来理解欲求能力的一个必然对象，通过后者来理解厌恶能力的一个必然对象，但二者都依据理性的一个原则。"(*KpV*:58) 像其他伦理学所主张的那样，善被理解为快乐，而恶被理解为痛苦，对此，康德并不赞成。在他看来，这种做法是把一个客观概念置于主观感受之中，由此将引发诸多歧义。这种理解是有道理的，就像康德所举的那个例子：一位斯多葛主义者，当他在经受痛风的折磨时也坚持不认为这种疼痛是恶的。一般人可能都会嘲笑他，但实际上，如果这种病痛反而使一个人的人格更加高尚起来，那么我们还会认为他的想法是荒谬的么？可见，作为感觉的愉快或者痛苦不能成为善或者恶的定义，"我们应当称为善的东西，必须在每一个有理性的人的判断中都是欲求能力的一个对象，而恶则必须在每一个人的眼中都是厌恶的一个对象。"(*KpV*:60) 由此，我们就必须通过理性为善与恶寻找客观根据，而它只能是具有绝对性意义的道德法则，也就是说，道德法则应该是善或者恶的前提，而不是相反。

在康德的道德理论中，善与恶的基础被确定为理性原则而不是经验性的感受，这使其伦理学与任何一种自然主义理论区分开来。不过，康德的意思并不是说，按道德法则行动，就是善的全部内容。道德法则只是善与恶的先天的根据。我们的理解是，在康德的伦理学中，道德法则是最高意义上的先天的概念，善与恶是次一级概念，不过二者仍需要以道德法则为前提，由此才具有客观性意义，它们相当于道德法则的范畴，而且，它们全都属于"因果性范畴的模态"，因为"它们的规定根据在于一个因果性法则的理性表象，理性把这法则作为自由的法则立给自己，并由此先天地证明自己是实践的"。(*KpV*:65) 同时，康德在这一章中提供了"善与恶的概念方面的自由范畴表"，分别按照"量、质、关系、模态"对于善与恶进行了先天的规定。康德对此做了进一步说明："在这个表中自由就通过它而可能的那些作为感官世界中的显象的行动而言，被视为一种并不能从经验性的规定根据的因果性，因而与这些行动的自然可能性的诸范畴相关，然而，每个范畴都被看作是如此普遍的，以至于那个因果性的规定根据也能够被认定是外在于感官世界而处在作为一个理知存在者的属性的自由之中的，直到诸模态范畴引入从一般的实践原则向道德原则的过渡，但这种引入只是或然的，然后道德原则才能够通过道德法则被独断地展示出来。"(*KpV*:68) 在具体的实践活动中，我们会应用到各种各样的原则，而未必是作为一切原则最高形式的纯粹的"定言命令"，因此，康德又确立了相对而言更加具体的善与恶的范畴，它们本身就是实践理性的对象，各种原则都要经过这个以道德法则为根据的范畴表的检验，由此才能成为正当的行动。

贝克这样解释康德在这里所作的工作："原则固然是先天的，但是基于原理的意志的意向则取决于具体的、可知的经验性欲望。这种原则和相应的善恶概念可以被称为经验性实践理性的原则与概念。另一方面，意志的原则可能完全独立于任何欲望，这样的一种原则是一种纯粹实践理性。因此，应该存在道德上未被规定、而感性上被制约的范畴，也存在着感性上未被制约、而道德上被规定的范畴。"① 可见，通过分析作为实践理性对象的善与恶，康德试图将理性法则与经验性概念联系起来，这一努力继续体现于他接下来的"纯粹实践判断力的模型论"中。康德表明："善和恶的概念首先为意志规定一客体，但它自身却服从理性的一条实践规则，如果理性是纯粹理性的话，这条规则就先天地在意志的对象方面规定意志。现在，一个在感性中对我们来说可能的行动是不是服从这条规则的情况，对此就需要实践的判断力了，通过实践的判断力，在规则中被普遍地（抽象地）说出的东西就被具体地应用到一个行动上。"(*KpV*:67) 和纯粹理论理性的判断力类似，纯粹实践理性的判断力也是将特殊性对象应用于抽象原则上的能力，不同的是，前者是将感性直观应用于纯粹知性概念上，其中会产生作为中介的"图型"(shema)，而后者并没有任何感性直观，它是将自由的法则直接应用于感官世界的行动中。所以，这种应用"并不涉及该行动作为感官世界中的一个事件的可能性；因为这可能性应当由理性的理论应用按照因果性法则来评判，因果性是一个纯粹知性概念，理性在感性直观中对这一概念有一个图型。"也就是说，在理论理性中，判断力能够将范畴与感性直观相结合，从而形成经验现象，但是，在实践理性中，判断力面对的只有道德法则，而且它只能以此为根据选择如何行动。因此，在严格意

① Lewis White Beck, *A Commentary on Kant's Critique of Practical Reason*, Chicago: The University of Chicago Press, 1960, p.144.

义上，纯粹实践理性并没有"图型"："道德法则除了知性（不是想象力）之外，就没有别的促成其在自然对象上的运用的认识能力了，而知性能加给一个理性理念的并不是一个感性图型，而是一个法则，但却是这样一个能够在感官对象上具体得到展示的法则，因而是一个自然法则，但只是就其形式而言，是为了判断力的法则，因此我们可以把这法则称为道德法则的模型。"(*KpV*:69) 在这段复杂的表述中，康德最终还是要表明，道德法则以及善与恶的范畴需要的是"模型"而不是理论理性的"图型"。当道德法则要体现在经验性的行动之中时，判断力就要通过这种中介性的"模型"发挥它的调和作用："纯粹实践理性的诸法则之下的判断力的规则就是这条规则：问一问你自己，你打算采取的行动如果应当按照你自己也是其中一部分的自然的一条法则发生的话，你是否能够把它视为通过你的意志而可能的。"(*KpV*:69) 道德法则以及善与恶的范畴虽然没有相应的感性直观，但是却通过这一方式直接转化为相应的行动。

可见，就像在第一批判中那样，康德在进行完"范畴的形而上学演绎"之后，就开始试图阐明范畴何以与感性直观相一致从而产生经验，在这里，康德做着相似的工作，即试图说明纯粹理性的实践法则如何与自然法则相一致从而体现在人的行动之中，纯粹实践理性的判断力以及"模型"的设定就是要完成这一任务。康德在这里所说的"自然法则"，贝克认为有两层意思：一种是"机械论的"，是指在因果性法则下一种统一的连续的现象，其突出特征就是自然的普遍一致性；另一种是"自然目的论的"，是指将自然视作有机统一体，所有的现象和法则都处在这种有秩序的自然整体中。康德通过这些论述，就是要解决在道德行为中"应当"与"是"相互割裂的问题。也就是说，在自然法则下不可能的情况，在道德上也是不可能的。

四、幸福与至善

贝克认为，作为一个辩证理性的理念，"至善"在康德的实践哲学中并不重要，它的意义仅仅在于实现理性的建筑术的目的，即将两种理性（理论理性与实践理性）的立法统一在一个理念之下。① 然而，在我们看来，"至善"以及与之相关的"幸福"的作用十分重要，因为康德不仅以此确立了他的作为义务论的目的论，而且为其美德理论提供了相应的说明，在《道德形而上学》中，它正式提出将"促进他人的幸福"作为一项间接义务。

在《实践理性批判》中，作为意志自由的范畴，只有以道德法则为根据的善与恶才能成为纯粹实践理性的对象，也就是说，道德行动的对象就是善，而"至善"就是"纯粹实践理性对象的无条件总体"。(KpV:108) 康德是在"第二卷纯粹理性的辩证论"中开始讨论"至善"概念的，它是纯粹实践理性所产生的一个辩证性理念。我们认为，就性质而言，"至善"仍然属于康德所确立的"对象"，即行动之所以可能的目的，而对于康德的美德理论来说，"目的论"已经蕴含于其中了。因此可以这样认为，康德通过讨论幸福与至善，为其美德理论做了进一步的准备。

幸福无疑是美德伦理学的核心概念之一，亚里士多德就是将幸福作为德性的目的。除了个别学者如斯万顿之外，当代美德伦理学的大多数学者从各个角度批评康德未把人生幸福作为道德行动的主要内容。这些批评之所以言辞激烈，主要就在于康德一再声称幸福并不能作为道德的根据，而是相反，幸福必须以道德为前提。并且，幸福本身并不具有道德属性，只有受到道德法则允许的幸福才是值得去追求的。

首先，康德的幸福观是包含在他的"至善"理论中的；"如果德性和幸福在一个人格中共同构成对至善的拥有，但此处完全精确地与道德（作为人格的价值及其对幸福的配享）成正比来分配的幸福也构成一个可能世界的至善，那么，这种至善就意味着整体，意味着完满的善，因为它不再有在自己之上的任何条件，幸福则始终是某种虽然使拥有它的人惬意，但却并非独自就绝对善并在一切考虑中都善的东西，而是在任何时候都以道德

---

① 参见 Lewis White Beck, *A Commentary on Kant's Critique of Practical Reason*, Chicago: The University of Chicago Press, 1960, pp.158–160，p.245。

上的合乎法则的行为为前提条件。"(*KpV*:110) 在这段话中，康德使用了几个重要的概念，即"德性"、"幸福"与"道德"，它们之间的关系值得我们注意。所谓的"德性"，也就是我们所说的"美德"，德文词是 Tugend，英文词则是 virtue。其实，在《奠基》中，康德就已经使用了这个词，而在第二批判中，它的出现频率就更高了，而且，在这里，康德有意地将其与"道德"(Sittlichkeit ／ Moralität, morality) 加以区分。① 值得注意的是，"德性"往往是与"幸福"相关的："德性（作为配享幸福的条件）是一切在我们看来只要可能值得期望的东西，因而也是我们谋求幸福的一切努力的至上条件，所以是至上的善……"(*KpV*:110) 只有通过德性，才能够获得应该获得的幸福，因此它是最高"至上的善"，不过，它还不是"完满的善"，后者只有在德性与幸福相互结合的状态中才能够实现。在"至善"中，德性与幸福是按照精确的比例结合在一起的，德性制约着幸福，它是通达幸福的唯一途径。而对于二者而言，它们都要以道德法则为前提条件。为了更清楚地呈现这种关系，我们做出了以下图示：

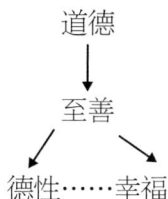

$$
\begin{array}{c}
\text{道德} \\
\downarrow \\
\text{至善} \\
\swarrow \qquad \searrow \\
\text{德性……幸福}
\end{array}
$$

虽然德性是幸福的条件，但是，康德认为二者的关系是综合的，而不是分析的。也就是说，二者并不相互蕴涵，德性的生活与幸福的生活并不是同一的。然而，历史上的伊壁鸠鲁学派和斯多葛学派却都认为二者是等价的。前者认为只要意识到自己幸福的准则，那么就是德性，后者则认为只要意

---

① 关于 Tugend 一词，在国内几个主要的中译本里，李秋零先生译为"德性"，韩水法先生和邓晓芒先生译为"德行"，我们认为两种译法都各有优势。为了统一规范，本书主要采用李秋零先生的译法，而同时强调，这个词就相当于美德伦理学所使用的"美德"一词，其英文也译为 virtue，本书将结合语境将 Tugend 写为"德性"或者"美德"。

识到自己的德性，那么就是幸福。由此，伊壁鸠鲁学派认为"至善"就是幸福，德性是有理性地实现幸福的手段；而斯多葛学派认为，"至善"就是德性，幸福的状态就是拥有关于德性的意识。(*KpV*:112)

康德指出，单就两者而言，它们是完全不同的要素，通过任何一方都不能导出另一方。如果以对幸福的追求作为拥有德性的原因，那么这就会导致把德性的根据放在经验性因素上，从而不可能产生真正的德性，因为在康德眼中，德性必须基于道德上的自律。如果认为只要拥有德性那么就将获得幸福，这也是不可能的，因为这种因果性的连接关系只属于主观意向，二者之间确实没有必然联系。如此一来，两个概念之间就是相互独立的。但是，在"至善"中，情况却并不是这样，相反，两个概念能够以原因和结果的联结方式来设想，而且它们的这种联结是先天的、必然的，即不是从经验中产生的。据此，我们可以把"至善"理解为一个先天的概念。其中，德性与幸福以精确的配比方式达到完美的融合。不过，就像纯粹理性所产生的其他一些理念一样，由于脱离了相应的经验性条件，"至善"也会产生自身的二律背反：要么幸福产生德性，要么德性产生幸福。前者绝对是错误的，但是后者却是有条件地错误的。因为"意向的道德性作为原因，而与作为感官世界中的结果的幸福拥有一种即便不是直接的，但也毕竟是间接的（以自然的一个理知的创造者为中介），而且是必然的联系，这并非不可能，这种结合在一个仅仅是感官客体的自然中永远只是偶然地发生的，而且不可能达到至善。"(*KpV*:115–116)

康德这里的阐述很晦涩，维克就指出，即便借助"至善"的概念，康德也并没有真正说清道德或者德性与幸福的之间的真实关系。康德有时认为道德法则或者基于道德法则的德性与幸福之间根本不存在任何冲突，但有时又认为二者存在着冲突。究其根源，在于康德始终并未明确地说明"幸福"的真实含义。"有时它被视为一种感官状态中的倾向和快乐，有时又被理解为一种道德幸福，自我满足和作为理智与道德状态的最高级的喜悦。有时幸福被认为是在感官世界中实现的，而有时它又被认为不能在尘世中获得。"① 如果按照第一种情况，那么康德实际上就和古代幸福主义者的观点一致，即德性意味着幸福，或者说只有通过德性才会实现真正的人生幸福；而如果是后一种情况，那么康德就是将"幸福"完全理解为经验主义者眼中的感官愉悦，从而将其与道德严格地区分开，并指出只有符合道德法则才能配享幸福。然而，不管怎样，康德都否认道德行动的根据是幸福而不是道德法则，即只有出于对法则的尊重而不是对某一种幸福的追求，这样的行动本质上才是道德的。

由于"幸福"在康德那里所具有的歧义，导致由其构成的"至善"概念也存在着理解上的困难。维克指出，在第一批判中，"至善"被认为存在于理智世界，而在《实践理性批判》、《单纯理性限度内的宗教》以及《理论与实践》这些文本中，"至善"在经验世界中也被视为可能的。对此，维克认为，综合康德的全部论述，前一种观点更加占据主导地位，即只有在理智世界中，"至善"才有可能，因为一是人性是难以满足的，构成"至善"的幸福在尘世中无法被实现；二是人的实践理性本身就具有超越性，它将为自己设定一个最终目的。总之，这一概念在康德那里是十分重要的，因为在《判断力批判》中，康德继续将"至善"作为人生的"终极目的"，它是"最完善的状态"，我们是先天地被理性规定以自己的全部力量去促进这一状态，而它的根据就是意志的自由。

确定"幸福"与"至善"的涵义，看来确实是困难的，关键是康德对于它们在不同地方有着并不完全一致的表述。不过，我们仍然可以从中概括出

---

① Victoria S. Wike, *Kant on Happiness in Ethics*, New York: State University of New York Press, 1994, p.161. 维克认为，康德的模糊性集中体现在"道德幸福"这一概念上。在《道德形而上学》一书中，康德一方面指出存在着"道德上的幸福"与"物理上的幸福"，但另一方面又认为前者并不属于幸福，因为一种精神性的幸福实际上并不存在，所谓的"道德上的幸福"是一个自相矛盾的概念，从而这样的区分也是不成立的。这一看法直接反映在"至善"中道德与幸福的关系上。同时，维克发现康德在他的笔记中也提出了一种"理智性的幸福"，这种幸福不是通过感官而是思维获得的，它是一种"道德上的满足"。（Victoria S. Wike, *Kant on Happiness in Ethics*, pp.15–16）

康德所要表达的主要意思：一是道德法则及德性与幸福是相互独立的要素，不能像伊壁鸠鲁主义和斯多葛主义那样将它们视为相互蕴含的关系；二是幸福主要是一种自然目的，作为一种愉悦状态，它不能作为道德行动的根据或者目的，我们只有一种促进自己与他人幸福的间接义务；三是在"至善"这一概念中，德性与幸福做到了完美的融合，它是值得任何人去追求的终极目的，但必须以道德法则为根本前提，只有以此为基础，我们才有资格获得作为目的的幸福，当然，由于是纯粹实践理性的理念，因此它更主要地存在于人的理想之中。

重要的是，在这里，康德通过"幸福"与"至善"理论进一步发展了他的目的论思想，这是其《奠基》中相关理论的延续，而到了《道德形而上学》中，这一点将获得更为充分的表达。康德清楚地表明："幸福原则与道德原则的这一区分并不因此就马上是二者的对立，而且纯粹实践理性并不要求人们放弃对幸福的要求，而是仅仅要求只要谈到义务，就根本不考虑幸福。就某个方面来说，照管自己的幸福甚至也可以是义务，这部分地是因为幸福（技巧、健康、财富都属于此列）包含着履行他的义务的手段，部分地是因为幸福的缺乏（例如贫穷）包含着逾越他的义务的诱惑。只不过，促进自己的幸福，这永远不能直接是义务，更不用说是一切义务的原则了。"(*KpV*:93) 促进人的幸福，能够更好地实现道德义务，它不仅需要生命的健康长久，更需要心灵的愉悦与满足，而像技能、财富等这些外在要素，也同样是实现幸福从而完成道德义务的条件。由于在根本意义上道德与幸福的分离性，康德主要以结合二者的"至善"概念指出，促进自己与他人的幸福都包含在"至善"之中，而追求"至善"同时也是一种道德上的目的，因为"至善"是以道德法则为根据、以"德性配享幸福"为基本内容的终极目的。正如在《奠基》中所论述的，"人是目的"是康德的最高形式的道德法则，因此，"至善"同时也意味着以人为终极目的："在种种目的的秩序中，人（以及每一个理性存在者）就是目的自身，也就是说，人永远不能被某个人（甚至不被上帝）仅仅当作手段来使用，而不同时自身就是目的。因此，我们人格中的人性对我们自己来说必然是神圣的，这是从现在起自行得出的结论，因为人是道德法则的主体……"(*KpV*:130) 这一观点在《判断力批判》中得到了进一步的表达：

"道德法则作为应用我们的自由的形式上的理性条件，独自就使我们负有义务，无须依赖某个目的来作为质料上的条件；但是，它毕竟也为我们乃至先天地规定了一个终极目的，它使我们有义务追求这一目的，而这一目的也就是通过自由而可能实现的尘世中的至善。

人（而且按照我们的一切概念，也是每一个理性的有限存在者）在上述法则之下能够为自己设定一个终极目的，其主观条件就是幸福。因此，在尘世中可能的、应当尽我们所能当作终极目的来促进的自然至善，就是幸福；其客观条件即是人与道德性亦即配享幸福的法则一致。"(*KU*:451)

在第三批判的"目的论判断力的批判"部分，康德从审美判断力过渡到目的论判断力，它们都属于反思判断力的具体应用。通过反思判断力，受机械的因果性法则控制的自然界被视为一个有机的统一体，它们拥有一个最高的目的，从这一点出发，在纯粹理性的作用下整个世界都被视为朝向一个终极目的发展。康德指出，只有"人"这一理性存在者才拥有这种理性的能力，他通过确立道德法则而成为自由意志的神圣的主体。因此，"人"是真正意义上的终极目的，"整个自然都是在目的论上隶属于这个终极目的"，(*KU*:435) 而"至善"的核心就是作为目的自身的"人"。据此，我们应当力求促进"至善"。此时，道德学就是一种幸福学说。(*KpV*:130)

通过"幸福"与"至善"，康德在第二批判以及第三批判中确立了义务论的目的理论。沃德认为，像有些英国哲学家那样认为康德是一位"为了义务而义务"的严厉的哲学家，这是十分错误的。在根本意义上，康德的伦理学其实是一种目的论，因为道德义务的必然本质就是首先关注行动的目的与人的自我实现，也就是"幸福"。① 维克则指出，很多批评者认为康德只关注

---

① Keith Ward, *Kant's Teleological Ethics*, in Ruth F. Chadwick, ed., *Immanuel Kant: critical Assessments*, *Volume* Ⅲ, *Kant's Moral and Political Philosophy*, London and New York: Routledge, 1992, pp.28–29.

行为本身，而忽视了行为的目的，这是不准确的，康德的伦理学可以分为两个方面——行动原则与行动目的，而二者实际上也是相互同一的。首先，理性在康德那里指的就是一种"形成原则的能力"，而意志则是一种"建立目的能力"，或者说是一种产生真实的对象的能力。同时，意志也被定义为实践理性，因此，理性在确立原则时就是在设立目的。据此，原则与目的的根本性分野在康德那里是并不存在的。① 不过，维克认为沃德有些过度地强调了"目的"在康德伦理学中的核心地位，而在他看来，"原则"仍然是康德首要关注的对象。②

在我们看来，维克的担心有一点多余了，根据以上的解析，可以看到，对康德来说，原则本身就包含着目的，或者说，道德行动的对象就是遵守以"人是目的"为核心的基本原则，在这个意义上，康德的义务论确实同时是一种目的论，沃德的论断正是基于这样的理解。当然，在这里应该注意对于"目的"作进一步的限定，正如维克所分析的那样，由于"幸福"在康德那里的定义存在着很大的模糊性，因此，作为主要由这种"幸福"所构成的"目的"，很可能被理解为一种经验性的满足而与康德的形式主义的义务论相冲突。因为显而易见的是，康德一再强调道德行动的根据必须是由纯粹理性所确立的绝对的法则，而不能考虑任何目的。但是，我们认为，这实际上没有真正把握康德论证思路的一种演变：为了首先强调道德行为的纯粹性，康德有意地弱化了"目的"的意义，尤其是对于与"目的"内在相关的"幸福"，康德将其主要阐释为一个经验性概念。为了将这种"幸福"与一般的经验主义理解区分开，康德特意以"至善"的概念来对此进行完善，即只有以道德法则为根据、以"德福相配"为目的才是我们行动的意义所在。但是，随着理论的不断发展，康德已经有意识地表明，道德法则本身就是一种关于"目

---

① 参见 Victoria S. Wike, *Kant on Happiness in Ethics*, New York: State University of New York Press, 1994, p.161。

② 参见 Victoria S. Wike, *Kant on Happiness in Ethics*, New York: State University of New York Press, 1994, p.xix。

的"的表述，而它的核心内容就是人的整体性幸福。这一点在他的《道德形而上学》的"德性论"中获得了充分的论述。在那里，康德表明，伦理学必然蕴含着作为"质料"的目的，而道德义务本身就是目的，"从这一理由出发，伦理学也可以被界定为纯粹实践理性的目的体系。"(*MS*:381) 康德所设立的"美德"，其实就是作为客观性目的的义务与行动者主观目的的结合，从而前者的强制性力量在后者那里成为自发的行动。"因此在伦理学中，将是义务概念导向目的，并且必须按照道德原理就我们应当给自己设定的目的而言建立准则。"(*MS*:382) 对于这种同时作为义务的目的，康德明确地指出应是自己的完善与他人的幸福。(*MS*:385) 在康德看来，如果将两种情况调换则是不成立的，因为每个人都会将自己的幸福作为目的，因此在这里谈不上使之成为自己的义务，而每个人也都无权要求他人的人格完善，因为这只是属于主体自己的义务。不过，当每个人以自己的人格完善为义务，而将他人的幸福作为目的，那么最终实现的就是每个人的人格完善与整体性的人生幸福。

必须承认的是，"幸福"在康德那里确实存在着某种含混性。在《奠基》中的第二章，康德就这样说："然而不幸的是，幸福的概念是一个如此不确定的概念，以至于每一个人尽管都期望得到幸福，却绝不能确定地一以贯之地说出，他所期望和意欲的究竟是什么。原因在于：属于幸福概念的一切要素都是经验性的，也就是说都必须借自经验。"(*GMS*:417) 同样，在第二批判中，他也将"幸福"理解为"一个理性存在者对于不断地伴随着他的整个存在的那种生活惬意的意识。"(*KpV*:21) 这些都意味着幸福是一种感官享受。但是，康德又表明："尽管如此幸福的理念仍然需要一个绝对的整体，即在我当前的状况和任一未来的状况中福祉的最大值。"(*GMS*:416) 以及"幸福是尘世中一个理性存在者的状态，对这个理性存在者来说，就他的实存的整体而言一切都按照愿望和意志进行，因而依据的是自然与他的整个目的，此外与他的意志的本质性规定根据的协调一致。"(*KpV*:123) 在前一种情况中，"幸福"属于一个经验性概念，而在后一种情况中，它更加偏向于一种理智性概念，甚至相当于任何一个理性存在者行动的一个先天的规范。不过，为了维护道德法则的根本性意义，这样的一种"幸福"被康德改造为"至善"，即幸福只能在与道德性相适合的情况下获得。(*KpV*:124)

其实，在康德的论述中存在着这样的观点：作为质料的幸福与作为形式的幸福。前者指的是幸福的经验性涵义，而后者指的是它的先天性涵义。作为一个经验概念，康德指出它决定于人的主观感受与特殊倾向，由于不具有普遍性而不能成为道德行动的原则；然而，作为一个先天概念，它却以其形式化的定义而具有绝对的普遍性，也就是说，追求幸福本身就是一项道德法则。但是，这一法则绝不是孤立的，它必须属于康德所确立的道德法则体系，这一体系最典型的表达形式就是"定言命令"。基于这一考虑，康德将这样的"幸福"称为"至善"。正如我们之前所阐述的，实现"至善"，就是康德的道德行动的最高目标。在这个意义上，康德的义务论就是一种确定无疑的目的论。① 正如康德在其《伦理学讲义》中所说："我们应该使自己幸福，

---

① 盖耶表达了类似的见解，他在康德未曾发表的笔记中发现了这样的表述："幸福的质料是感性的，但是它的形式是理智的；现在它只有在作为一个与自身相一致的先天法则之下的自由才是可能的。……幸福的所有要素的先天统一功能是它的可能性与本质的必然条件。然而，这种先天统一功能是在选择的法则之下的自由，即道德，这使得幸福成为可能，而且并不以作为目的的幸福为依据，其本身就是幸福的原初形式。"盖耶结合康德在不同文本中的表述，认为在康德那里存在两种幸福：一是作为质料的倾向，它不能成为道德根据；另一种则是作为形式的先天概念，是"体系化与普遍化的幸福"，而且属于道德的原则，是使作为经验的幸福成为现实的条件，也被盖耶理解为"良序的自由"（well-ordered freedom）。(Paul Guyer, *Kant on Freedom, law, and Happiness*, Cambridge: Cambridge University Press, 2000, pp.106–107) 盖耶在这部著作中对于康德的幸福、自由与道德之间的关系进行了详细的探究。他坚持认为从这一角度来考察，康德伦理学是一种目的论而非义务论。(Paul Guyer, *Kant on Freedom, law, and Happiness*, pp.133–134) 不过，盖耶更愿意从"自主性公式"的角度来论述这种目的论。也许，在他看来，"人性论公式"已经蕴涵于"自主性公式"中了，而且，"自主性公式"更偏重于"自由"概念。他认为，康德在《奠基》中即是以"自由"作为目的来构建他的目的理论，这一做法持续到《判断力批判》。也正是"自由"而非理性赋予主体以尊严或者内在价值，并使我们成为"目的自身"。(Paul Guyer, *Kant on Freedom, law, and Happiness*, p.156) 虽然盖耶的基本主张和我们是一致的，但是，他一方面将幸福、自由以及道德作了过度的同一化处理；另一方面将"自由"而不是"至善"作为最高目的，则与我们所表达的观点不符。也就是说，他忽视了这几个概念之间的区别以及"结构性"的关系。

这是真正的道德。"(*VE:*470)

在欧文看来，康德对于由古代伦理学而来的"幸福"或者"至善"概念有着严重的误解，在他眼中，"幸福"(eudaimonia) 被片面地等同于感官上的快乐（happiness），从而与德性 (virtue) 相互区分开，康德以此认为伊壁鸠鲁主义是从幸福导出的德性，而斯多葛主义是从德性导出幸福，这些做法都是不可接受的。但实际上，古代伦理学对于"幸福"的理解来源于柏拉图与亚里士多德，作为幸福主义者，他们的这种"幸福"(eudaimonia) 主要是指依德性而生活，也即与自然相一致地生活，而且，德性就等于幸福。不过，作为一种"最终的善"，这种"幸福"并不等同于康德的"至善"，因为在幸福主义那里，这种"最终的善"应该是道德目的与某些独立于道德但仍然值得追求的目的的结合，在某个重要方面，它先于道德本身而具有首要价值。由于拥有德性的要素，因此，欧文认为古代伦理学的"幸福"或者"至善"不仅仅是感官倾向的对象，而以其为行动的根据或者目的也并不由此就是"他律的"。相反，康德应该放弃他的以"定言命令"和"自律"为基础的理论，因为所谓的道德法则，其实根源仍然在于亚里士多德所说的慎思能力，而"道德"在人的所有目的中也并不具有任何特殊的地位。①

欧文将康德与亚里士多德完全对立化，恩斯特龙表示反对，他认为，在这一问题上，二者的一致性远远大于差异性。恩斯特龙首先指出，康德批评古代伦理学将幸福作为德性的基础，其实只适用于伊壁鸠鲁主义，而亚里士多德的理论则是另外一种情况。他认为，在康德那里，"至善"其实就相当于亚里士多德所说的"幸福"。在亚里士多德看来，"幸福"(eudaimonia) 包含着"所有最高级的实践性的善"，但其前提是美德的活动。而且，它必然包含着对目的的向往，而慎思则能够确立达到这一目的的手段，它相当于康德所说的实践理性。高贵的、美德的行动必然存在于目的之中，也就是说，

① 参见 T. H. Irwin, *Kant's Criticisms of Eudaemonism*, in Stephen Engstrom, Jennifer Whiting, ed., *Aristotle, Kant, and the Stoics: Rethinking Happiness and Duty*, Cambridge: Cambridge University Press, 1996, pp.63–101。

能够促成"至善"或者"幸福"的行动必须以美德为根据。因此，在根本意义上，康德与亚里士多德是一致的。同时，康德批评了斯多葛主义，后者主张单纯的美德就可以构成"至善"，而这在康德和亚里士多德看来都是不对的，他们都认为，"幸福"存在于有美德的精神之中，但其实现也涉及运气等"外部善"。恩斯特龙进一步指出，康德所说的与"至善"有所区别的经验性的"幸福"，很可能就类似于亚里士多德所说的运气等"外部善"，它们与美德有一定的关系，但都并不影响美德活动的本质，据此，康德和亚里士多德应该都认为美德与幸福是综合的而非分析的关系。就"美德"这一概念来说，康德将其视作理性对感性的克制，这可能并不符合亚里士多德的定义，但康德眼中的"美德"是意志最终主宰自己，从而达到内心的和谐甚至愉悦，在这个意义上，他与亚里士多德的理解仍然是相近的。①

　　恩斯特龙的阐释能够帮助我们更加准确地领会康德的"幸福"与"至善"概念，并在与亚里士多德的比较中，看到康德的理论本身所具有的丰富性，在很大程度上，这有助于说明康德的义务论同时也是一种目的论。当然，具体而言，它是一种与亚里士多德主义更加接近的目的论，因为二者在思想脉络上确实存在着很强的对应性。恩斯特龙还注意到康德的"美德"概念在其"至善"理论中发挥的重要作用，而它与亚里士多德的理解也有某种一致性。不过，他并没有像本书那样详细地分析"道德"、"美德"与"幸福"及"至善"的关系，从而也就没有能够揭示出康德不断发展的论证过程。不管怎样，可以说，正是这样的一些解读，让我们进一步清楚地意识到，康德的伦理学蕴含着重要的"美德"维度，这与其目的论是紧密相关的，因为以亚里士多德主义为主要根源的美德伦理学，首先是一种典型的目的论。所有这一切都将会让人们重新反思，当代美德伦理学对于康德伦理学的批评是否是客观的。

---

① 参见 Stephen Engstrom, *Happiness and the Highest Good in Aristotle and Kant*, in Stephen Engstrom, Jennifer Whiting, ed., *Aristotle, Kant, and the Stoics: Rethinking Happiness and Duty*, Cambridge: Cambridge University Press, 1996, pp.102–138。

第二节　《道德形而上学》：美德的实现

经过之前的分析，可以看到，康德已经通过前期的《奠基》及之后的《实践理性批判》提出并且阐述了他的美德理论。[①] 不过，我们认为，康德的这些论述起初具有"无意识"的特征，也就是说，康德虽然早就声明要写一部关于"道德的形而上学"的著作，但是起初他应该并没有想到真正以"美德"或"德性"为标题来完成这一计划，因为至少在《纯粹理性批判》、《奠基》中，他都没有将"美德"这一概念独立出来做具体的讨论。不过，第二批判是一个转折点，康德通过道德动机（道德情感）的理论为他的理性主义伦理学确立了感性的条件，这其中包含着重要的道德心理学。在"纯粹实践理性的对象"一章中，康德将道德法则作为根据，提出了具有多样性内涵的善的概念，在我们看来，实际上就是关于"美德"概念的雏形。同时，"幸福"以及"至善"理论更加明确地建立了义务论的目的理论。重要的是，在关于"至善"的具体的定义中，康德将道德、德性以及幸福作为三个相对独立的要素加以处理，指出只有在道德法则的基础上德性与幸福进行精确的比例配合，才称其为最高的善。通过这些工作，康德完成了"道德形而上学的奠基"，从而可以正式地构建他的"道德形而上学"，在这里，康德的美德理论获得了充分的阐释。

一、《道德形而上学》的基本结构

早在《奠基》一书的"前言"中，康德就表明，以后要写一部《道德形而上学》。同样是在这部著作中，康德提出将义务划分为"完全义务"和"不

---

① 严格地说，《判断力批判》也包含着康德与"美德"相关的重要思想，尤其是"崇高"概念。不过，由于这部著作主要属于美学领域，与本书的"实践哲学"主题并不直接相关，所以，我们将出于行文精炼的考虑而不再做专门的分析。在其他地方，我们的讨论将必然牵涉到其中的一些重要概念与论述。但是，就康德的整体思路发展来说，《判断力批判》属于他在《道德形而上学》中正式提出的美德理论的一个重要环节。

完全义务"，而他同时指出这一对概念将在《道德形而上学》中被充分地使用。然而，此后的情况却是相当长的时期内，这一想法几乎消失了。不过，库恩指出这种看法是不对的。实际上，关于"道德形而上学"的构思始终存在于康德的头脑中。早在 1764 年，康德就在《关于自然神学与道德的原则之明晰性的研究》中说：目前的道德的基本原理并不是足够确定的，从而必然能够让人们确信。1768 年，康德就告诉他以前的学生赫尔德，自己正在从事于"道德形而上学"的研究，并将提出关于行为的明确的、丰富的原则及其运用方法。1773 年，在给赫兹的信中，他透露自己在完成其"纯粹理性的批判"之后，将会转向形而上学，它包括两个部分：自然形而上学与道德形而上学，而后者将会首先面世。① 然而，在此之后相当长的时期内，康德将精力都放在了《纯粹理性批判》两个版本的写作上。但是，在《纯粹理性批判》中，康德同样在构思自己的道德形而上学，而且，在这里，康德指出其形而上学并不属于"批判体系"。② 根据这些材料，库恩得出的结论是：康德

---

① 参见 Manfred Kuehn, *Kant's Metaphysics of Morals: the history and significance of its deferral*, In Lara Denis, ed., *Kant's Metaphysics of Morals: A Critical Guide*, Cambridge: Cambridge University Press, 2010, pp.11–12。

② 在《纯粹理性批判》中，康德有这样的表述："形而上学分为纯粹的思辨应用的形而上学和其实践应用的形而上学，因而或者是自然形而上学，或者是道德形而上学。前者包含关于一切事物的理论认识的一切出自纯然概念的纯粹理性原则（因而排除数学）；后者包含先天地规定所为所弃并使之成为必然的原则。于是，道德性就是行为唯一能够完全先天地从原则推导出来的合法则性。因此，道德形而上学真正说来就是纯粹的道德，在它里面并不以人类学（不以经验性的条件）为基础。思辨理性的形而上学就是人们在狭义上习惯称为形而上学的东西……"(*KrV*:A841 / B869) 库恩注意到了这段表述，他同时还指出，在《纯粹理性批判》（第 1 版）的"前言"中，康德也谈论过"自然形而上学"，"我希望在自然的形而上学这个标题自身下面提供出纯粹（思辨）理性的这样一个体系，它比起这里的批判来虽然篇幅尚不及一半，但却应当具有丰富得多的内容；这里的批判必须首先阐明其可能性的来源和条件，并且必须清理和平整杂草丛生的地基。"(*KrV*: AXXI) 这些内容都表明了康德所说的"形而上学体系"与"批判体系"之间的区别。同时，康德还强调了这种"形而上学"不同于狭义的形而上学，后者涉及到纯粹理性的误用。(Manfred Kuehn, *Kant's Metaphysics of Morals: the history and significance of its deferral*, In Lara Denis, ed., *Kant's Metaphysics of Morals: A Critical Guide*, Cambridge: Cambridge University Press, 2010, p.13)

在最初的写作计划中确实并没有打算在第一批判后完成《实践理性批判》，而是要建立"自然形而上学"与"道德形而上学"。《奠基》的诞生标志着康德这一计划的初步实现，而且，它被明确地作为《道德形而上学》一书的"预备"。一年后，康德发表了《自然科学的形而上学初始根基》（1786）。在"批判体系"之外，他的"形而上学体系"已经初具规模。①

库恩的考察极为有益，这让我们注意到，康德的哲学构思一直存在两个基本的脉络：批判哲学与形而上学。而且，这两大脉络一直交替地体现在康德所发表的作品中。在第一批判第1版（1781年）发表之后，康德一边写作他的形而上学，一边着手应对人们对于第一批判的质疑，直至1787年发表了第一批判的第2版。正是在这一期间，康德进一步感到有必要再写作一部关于"纯粹实践理性的批判"，这导致了1788年第二批判的诞生。库恩通过康德在1792年与1793年的书信揣测，在前期的准备阶段，"法权论"并不在康德的计划之中，他关心的主题是与美德相关的"对自己的义务"，大概直至1795年，康德才开始着手写作《道德形而上学》。

库恩的考证详细备至，这为人们理解这部著作的前因后果提供了极大的方便。不过，他仅仅依据当时的书信就认为《道德形而上学》本来可能并没有"法权论"的一席之地，似乎是难以被证实的。其实，库恩也注意到，在信件中康德也谈及了社会契约与自然法问题。② 我们则认为，康德的美德理论离不开法权理论，二者属于从其道德学说中延展出来的两个必然的分支，甚至在开始论述"美德"之前，仅仅作为外在约束的"法权"应该首先被阐释清楚。

在"前言"中，康德再次表明了他的理论的结构性特征："现在，法权

---

① 参见 Manfred Kuehn, *Kant's Metaphysics of Morals: the history and significance of its deferral*, In Lara Denis, ed., *Kant's Metaphysics of Morals: A Critical Guide*, Cambridge: Cambridge University Press, 2010, pp.13–14。

② 参见 Manfred Kuehn, *Kant's Metaphysics of Morals: the history and significance of its deferral*, In Lara Denis, ed., *Kant's Metaphysics of Morals: A Critical Guide*, Cambridge: Cambridge University Press, 2010, pp.14–15。

论作为道德论的第一部分，被要求有一个从理性中产生的体系，人们可以把这个体系称为法权形而上学。"(*MS*:205) 而在"道德形而上学导论"部分，他提出了将"道德形而上学"划分为法权论与美德论的概念基础：法则与动机。任何立法都需要这两者，前者是"把应当发生的行动在客观上表现为必然的，就是说，它使行动成为义务"；后者则是"把对这种行动的任性的规定根据在主观上与法则的表象联结起来"，即"法则使义务成为动机"。(*MS*:218) 也就是说，在前者那里，我们关注的是对于纯粹法则的理论认识；而在后者那里，我们关注的是主体的意愿能力与规定根据的结合。据此，康德区分出了两种理论：法学的与伦理学的，前者研究的是合法性问题，它并不考虑动机与法则是否完全一致；后者研究的则是道德性问题，它关注的是出于法则的义务理念是否同时是行为的动机。康德进一步指出，法学义务是外在义务，因为它并不要求义务理念同时就是内部动机，如此一来，这种义务就仅仅以其强制性而要求人们必须遵守；相反，伦理学义务则是内在义务，因为它必然是将义务理念转化为内在的动机，在这里不存在强制性，而是一切都出于"自律"。前一种可以称为法权义务，后一种则可以称为德性义务。"伦理的立法（义务或许也可能是外在的义务）是那种不可能是外在的立法，法学的立法则是那种也可能是外在的立法。"(*MS*:220) 这句话的意思是，伦理义务由于不存在外在立法而不可能有强制性，但是法学义务则在任何时候都具有强制性，不过，存在着内部动机与外在法则相互一致的时候，此时伦理义务与法学义务重合了，也就是说，这时候的法权义务也获得了内在的德性义务的支持。以遵守诺言为例，它有时是法权义务，有时则是德性义务，关键看它是否是被强制执行的。如果当一个人由于社会的立法而必须遵守诺言，同时他也是自愿这样去做的，那么他的行动就体现了两种义务的统一。

康德通过这样的阐述就是要表明，在义务领域，外在性与内在性的区分应该引起足够的重视。法则的确立并不意味着人们必须会遵守法则，而即便是遵守法则，人们也未必出于自愿。可见，康德充分地意识到了"道德理由"与"道德动机"的关系。道德法则如果仅仅以其外在形式作为对主体的约束，那么它就不可能成为行动的真正动机，如此，就必然会产生"心情压抑"的主体，而且，康德也并不认为这样的行动者是真正有道德的人，因为"出于义务"而不是"迫于义务"行动，是义务论的必然要求。① 法权义务与德性义务的区别，正是外在法则与内在动机上区别。康德要建立他的美德理论，就应该阐明与之对照的法权理论的基本内容。正是基于这一原因，我们认为，康德的理论体系要求其进行这样的设置，即先论述以外在规范为特征的法权论，然后再进入到以内在规范为特征的德性论。

　　无论对于法权还是德性来说，康德首先都将其称为"义务"，这是因为，二者在根本意义上都是属于道德学，而且都采取道德命令式作为基本的表达方式："我们唯有通过道德命令式才知道我们自己的自由（一切道德法则，进而甚至一切权利和义务都是由这种自由出发的），道德命令式是一个要求义务的命题，随后从这个命题中可以展开他人承担义务的能力，亦即法权的概念。"(*MM*:239) 在"德性论导论"中，康德将义务体系划分为"有外部法则的法权论"和"不能有外部法则的德性论"。

　　作为对于自由任性的强制，义务分为外在强制与内在强制（也称"自我强制"）两种情况，它们都是针对"一般的理性存在者"才成立的，而对于"神圣存在者"，它们并不适用，因为神被认为是完善的意志，即直接地与道德法则相一致，而不存在是否能够认识或者遵守道德法则的问题。其实，这一观点康德在《奠基》中就有所表达，由于神的意愿必然符合于法则，因此任何义务概念都不适用于它。(*GMS*:413) 可是，普理查德 (H.A. Prichard) 对此提出了质疑。在他看来，既然康德否定了神要受到义务的制约与强制，那

---

① 如我们之前所介绍的，席勒、叔本华直至当代美德伦理学的一些学者，都是主要围绕这一问题而对康德施以批判，在他们眼中，康德的严格的义务论造成了"心情压抑的道德行动者"。显然，这些批评者忽视了康德在这里的观点：动机必须与义务理念结合起来。在这一前提下，我们成为出于美德而非单纯的道德义务而行动的人。这一点我们将在此后做具体论述。

么就只剩下一种可能，即神是出于自身的感性欲望而行动的。但是，如此一来，就与康德关于"善良意志"的主张相矛盾，因为"善良意志"只能是基于义务感而非任何一种欲望 (desire) 或者倾向 (inclination)。斯特恩指出，这种误解的根源在于把康德所说的"善良意志"与"出于义务而行动"简单地等同起来，从而认为善性总是涉及义务性。实际上，这两个概念并不是相同的，只有在针对主体的有限性状态时，"出于义务而行动"才规定了善良意志，此时，道德主体以理性对感性欲望加以克服。并且，普理查德认为神圣意志并不拥有任何感性欲望，这种看法也是不对的。斯特恩相信，神圣意志只拥有道德的倾向 (moral inclination)，而没有任何其他非道德倾向，这使得神不会出于义务而行动。进一步地，斯特恩认为神圣意志还存在两种类型：有限的与无限的。前者是指神圣意志仍然拥有基于感性的倾向，但这种倾向始终是与理性相和谐的，或者至少并不对理性进行诱惑，而后者则是指完全没有任何倾向的纯粹的意志。至于无限的神圣意志是怎样运作的，这已经完全超出了我们的认知，不过，对于有限的神圣意志而言，它似乎和人一样，也要受到道德命令的制约。①

　　斯特恩的解释不仅没有澄清问题，反而带来了更大的混乱。既然他已经认为神圣意志只有道德的倾向，从而使其只会在并无义务进行强制的情况下"自发地"道德地行动，那么，就不可能存在着所谓的"有限的神圣意志"，而在他眼里，后者又和普通的理性存在者一样受到义务的制约。同时，斯特恩将"善良意志"和"出于义务而行动"完全地区分开，也与我们对于文本中相关表述的理解不符。在《奠基》中，康德虽然是以"善良意志"作为论述的开端，但是他的目的显然是为了引出"义务"概念："一个就自身而言就应受尊崇的、无须其他意图就是善的意志的概念，如同它已经存在于自然的健康知性之中，不需要被教导，只需要被启蒙，在评价

---

① 参见 Robert Stern, *Kant, Moral Obligation, and the Holy Will,* in Mark Timmons and Sorin Baiasu, ed., *Kant on Practical Justification-Interpretive Essays*, New York: Oxford University Press, 2013, pp.134–136。

我们的行为的全部价值时它永远居于首位，并且构成其他一切价值的条件一样，为了阐明它，我们就要提出义务的概念。这个概念包含着一个善的意志的概念，尽管有某些主观的限制和障碍。"(*GMS*:397) 可见，"善良意志"的本质仍然是理性在道德义务的要求下对于倾向或者偏好加以约束，只不过正如前文所提到的，相对于"出于义务而行动"，"善良意志"更加侧重于意指主体的一种性情禀赋，近似于美德伦理学所说的"品格"。另外，斯特恩关于存在着仅仅具有"道德的倾向"的神圣意志，以及神圣意志可以分为有限的与无限的，这些在康德那里并没有明显的文本依据。诚然，在《道德形而上学》中，确实出现了这样的话："对有限的神圣存在者（他们就连被引诱去违背义务也根本不可能）而言，没有德性论，而是只有道德论……"(*MS*:383) 这似乎验证了斯特恩的观点。但是，康德紧接着指出，这种道德论就是"实践理性的自律"，而德性论则"包含着实践理性的一种专制"，即"一种尽管不是直接被感知到的，但却是从道德绝对命令中正确推论出来的能力意识，即能够控制自己那不服从法则的偏好。"(*MS*:383) 可见，神圣意志不涉及"理性对于感性偏好进行控制"的德性，而是只与道德同一。据此，我们认为，这里的"有限的神圣存在者"，只不过是康德一个理论上的临时设定，是为了更好地说明德性与道德以及法权这些概念之间的区别。这个概念本身并不具有明确的实质性内容，康德在以后的论述中也几乎没有再应用过它。斯特恩的误解很可能是源于康德在《奠基》中的一段表述：

"一个完全善的意志同样要服从（善的）客观法则，但并不因此就能够被表现为被强制去做合乎法则的行为，因为就其主观性状而言，它自身只能被善的表象来规定。因此，对属神的意志来说，一般而言对于一个神圣的意志来说，并不适用命令式，这里不是应当的合适位置，因为意欲自己就已经与法则必然一致。所以，命令式只是表达一般意欲的客观法则与这个或者那个理性存在者的意志，例如一个属人的意志的主观不完善性之关系的公式。"(*GMS*:413)

其实，依据康德的主要观点，只存在不受义务所约束的神圣意志，因为它以其纯形式性而必然与道德法则完全相互一致。① 神圣意志只与道德而非德性相关，因为后者必然涉及感性欲望以及理性对这种欲望的克制。作为绝对善的意志，神圣意志只能是无限的，而且它不关乎任何感性欲望。因此，并不存在斯特恩所理解的纯粹的道德的倾向。这里，斯特恩是把文中的"意欲"理解为了感性化的"倾向"(inclination)，然而，这个词的德文是 Wollen，它其实相当于康德所说的"欲求能力"，其性质并不能被确定为感性的或者理性的，而只是一般性的意愿活动。也就是说，它既可以成为以法则为根据的意志，也可以成为以感觉为根据的偏好 (Neigung)，而"偏好"的英文则是 inclination, Wollen 则被译为 volition，由此，我们就能够明白，康德这里的意思并不是说神圣意志的感性倾向与法则必然相一致，而是说它的一般性意愿与法则相一致。②

严格地说，康德始终没有说清神圣意志的"意欲"究竟是感性欲望还是纯粹实践理性，这其实正符合他对于理论理性的批判：对此给出答案已经超出了我们的知识界限，因此只会导致悖谬，它只能作为实践领域中的一个理念。不过，我们还是能够根据文本中的一些表述进行推测：由于只涉及道德而非德性，神圣意志应该更加属于纯粹理性的存在，它不受到义务的强制性要求，在这个意义上，神圣意志就代表着道德法则。

显然，当普理查德认为神如果不受义务的强制，那么就只有出于感性欲望而行动，这种错误的看法正在于没有看到"道德"与"德性"的差别。在《道德形而上学》中，康德通过外在强制与内在强制的区别表明，对于作为有限存在者的人来说，其实只与德性论而非道德论相关："人的道德性在其最高

---

① 在《奠基》中，康德明确地说："其准则必然与自律的法则相一致的意志就是一个神圣的、绝对善的意志。"(*GMS*:439)

② 康德在《奠基》中说："欲求能力对感觉的依赖性就叫作偏好，因此，偏好在任何时候都表现出一种需要。"在英译本中，"偏好"(Neigung) 被译为 inclination，它仅仅是指某种感性欲望或者冲动，而按照我们的理解，"意欲"(Wollen) 其实就相当于"欲求能力"(Begehrungsvermögen)。

阶段上毕竟不比德性多任何东西：即便它完全是纯粹的（除了义务的动机外，完全不受任何外来的动机影响），因为它在这种情况下通常作为一种理想（人们必须不断地迫近的理想）被诗意地以智者的名义人格化。"(MS:383) 只有人具有德性，它是一种"自我强制"，是实践理性对于偏好的控制。因此，相对于法权义务的外在强制，德性义务是一种内在强制。在康德眼中，美德就是通过理性对于感性偏好的克服而执行道德法则的能力，它是"道德上的勇气"。(*MS*:379)

依据以上的阐述，我们能够比较清楚地了解《道德形而上学》的基本结构，它完全是康德思想脉络的具体展现。尤其是，"法权论"是其中的重要部分，它与"德性论"一起构成了"道德形而上学"的主体内容。在展开"德性论"之前，有必要先建立"法权论"，因为康德要以此表明"美德"相对于仅仅作为外在强制的"法权"所具有的典型的内在特征。它意味着一个理性存在者如何将外在法则与内在动机结合起来，从而形成真正的道德行动。另外，康德还将"美德"与"道德"做了某种区分，前者是属于有限的理性存在者的属性，而后者其实属于理想中的完美人格，或者是作为纯粹理念的"神圣意志"。其实，康德是要借此来表达一种纯粹的关于"道德"的概念，它是理性通过推理所产生的规范，而"美德"则是指人如何应用这些规范，即如何将这些规范与个人的性情禀赋相结合并应用于具体的情境之中。

作为《道德形而上学》的第二板块，"德性论"主要分为三大部分。首先，在"德性论导论"中，康德确立了"美德"的概念以及具体的美德样式。在这里，康德提出了"完全义务／不完全义务"的一般性模式；其次，在"伦理要素论"中，康德以"对自己的义务／对他人的义务"为基本分类，探讨了理性存在者所应该履行的一些具体的德性义务；再次，在"伦理方法论"中，康德就要表明如何培养美德，这不仅涉及到教育者，也涉及到被教育者。在这里，他提出了"问答的教学方式"，这些内容在其后期的作品《论教育学》中获得了进一步的阐明。

二、欲求能力、意志、理性

依循《实践理性批判》中关于"美德"问题的思路，康德在《道德形而上学》中将主要针对人的道德心理、品格塑造乃至人生构建进行探讨。在"导论"中，他具体分析了"人的心灵能力与道德法则的关系"。首先，康德阐述了其伦理学中的一个基本概念：欲求能力 (Begehrungsvermögen, faculty of desire)，"就是通过自己的表象而成为这些表象的对象之原因的能力。"①(MS:211)，作为一种因果性能力，欲求能力能够自己产生对象，可以说，它就是人的一种主观的意愿能力。而且，欲求能力与情感有着必然的联系："人们可以把与欲求（对其表现如此刺激人的情感的那种对象的欲求）必然相结合的那种愉快称为实践的愉快……"（MS：212）而且，康德将它特意与"情欲"(Konkupiszenz，concupiscence) 做了区分，后者是一种单纯的感性能力，能够作为"规定欲求的诱因"，不过，由于其只是毫无理性的感官冲动，因此并不能够像欲求能力那样在心灵上规定行动。(MS:213) 可见，相对于情欲，欲求能力的主要特征在于其蕴含着潜在的理智性功能；其次，作为"一种根据喜好有所为或者有所不为的能力"，欲求能力又分为两种形式："如果它与自己产生客体的行为能力的意识相结合，那它就叫作任性 (Willkür, choice)。但是，如果它不与这种意识相结合，那么，它的行为就叫作一种愿望 (Wunsch, wish)。"所谓"任性"，是指"虽然受到冲动的刺激，但不受它规定，因此本身（没有已经获得的理性技能）不是纯粹的，但却能够被规定从纯粹意志出发去行动。"(MS:213) 重要的是，康德

---

① 恩斯特龙注意到，在《实践理性批判》中，就有关于"欲求能力"的定义，即它"是存在者通过其表象而是这些表象的对象之现实性的原因的能力。愉快是对象或者行动与生命的主观条件相一致的表象，亦即与一个表象就其客体的现实性而言的因果性的能力（或者规定主体产生其客体的各种力量去行动的能力）相一致的表象。"(KPV:9 注释) 恩斯特龙据此认为，欲求能力的一个重要特征是主体能够表象并不在场的对象。(Stephen Engstrom, *Reason, desire, and the will*, In Lara Denis, ed., *Kant's Metaphysics of Morals—A Critical Guide*, Cambridge: Cambridge University Press, 2010, p.36)

又提出了一个与"任性"直接相关的一个概念，就是"意志"："如果欲求能力的内在规定根据，因而喜好本身是在主体的理性中发现的，那么，这种欲求能力就叫意志 (Wille)。所以，意志就是欲求能力，并不（像任性那样）是与行动相关来看的，而是毋宁说与使任性去行动的规定根据相关来看的，而且意志本身在自己面前真正说来没有任何根据，相反，就理性能够规定任性而言，意志就是实践理性本身。"(MS:213)[①] 这里，康德把意志与任性区分开了，但是，接下来他似乎又把二者等同起来："就理性能够规定一般欲求能力而言，在意志之下可以包含任性，但也可以包含纯然的愿望。"(MS:213) 贝克认为，意志和任性都属于一种统一性的意愿能力，而我们通过对于任性的"回溯"，能够获得对于意志的理解。有时候，康德将二者区分开，而有时候又将它们统称为"意志"(Wille)。然而，具体来说，第一，意志属于立法能力，而任性属于施行能力，意志是由纯粹理性加以规范的任性；第二，由于不涉及行动，意志不包含动机要素，而任性则必然蕴含着动机；第三，意志是本体性的概念，任性则是这一概念在现象界的表现，所以会受制于经验要素的影响，因此有时候是不自由的；第四，意志产生法则，而任性产生准则，不过，在隶属于意志时，它也会成为服从法则的纯粹实践理性；第五，任性是自由的，它有两种情况：消极的与积极的，消极的任性是指独立于感性冲动的规定，而积极的任性是指作为纯粹理性，它本身能够产生实践活动。在意志之中，两种任性的自由能够达到统一；第六，在贝克眼中，意志是"自律的"，而任性（或者称为"选择"）

[①] 康德在《奠基》中已经对"意志"进行了定义："意志是一种能力，仅仅选择理性不依赖于偏好而认作实践上必然的亦即善的东西。"(GMS:412) 不过，作为实践理性，意志也可能以一些主观条件为根据从而产生偶然性的他律行为。对此，就要依据道德法则对于意志施以强制，也就是说，"意志在本性上并不必然服从这些根据"，因为对于人来说，"意志并非就自身而言完全合乎理性"(GMS:413) 可见，在这里，"意志"的内涵与《道德形而上学》中的定义有一些差别，即康德并没有明确赋予其贝克与阿利森所说的"自律"的意义。究其原因，也许在于此时的"意志"(Wille) 并没有分化出"任性"(Willkür) 的概念。

则是"自发的"。① 伍尔特则认为，意志相当于西季威克所说的"善的或理性的自由"，即主体只有在遵守道德法则的情况下才会获得的自由，而任性相当于西季威克所说的"中立的或道德的自由"，即主体在道德与非道德之间进行选择的自由。由此，西季威克对于康德没有真正意义上的自由（即"中立的或道德的自由"）的批评是不成立的。而且，伍尔特认为通过"任性"这一概念，康德引入了意志主体在进行选择时所必须具备的经验性的情感要素，如尊重、愉悦等。②

欲求能力和情感确实存在着紧密联系。康德在"导论"中指出，所谓的"情感"，是指一种与欲求或憎恶相结合的，从而产生实践性的愉快或者不快的感受。同时，愉快的感受并不总是由欲求所产生的，而可能是通过鉴赏活动所产生的纯然沉思的或者无为的愉快。不过，康德认为，就欲求而言，既存在着一种感性偏好的愉快，也存在着一种"近似于"鉴赏活动的"无为的愉快"，康德称之为"理性兴趣"，它是纯粹的、无关乎功利的一种"继欲求能力的先行规定而起"的理智的愉悦。(*MS*:212)

这种愉快的感受既可以作为欲求的根据，也可以作为欲求的结果。结合康德以往的见解，前一种情况下将产生他律的行为，而在后一种情况中，如果是以道德法则为根据，以出于对法则的尊重而行动，那么所产生的就是自律者的纯然愉悦的感受。对此，我们将回到《实践理性批判》中，因为正如我们上一节所论述的，康德在那里已经表达了他的"道德动机"或者"道德情感"思想。

在《奠基》中，这个概念虽然被提出了，但是它的具体性质并没有被充分地阐释。而正如盖耶所言，到了第二批判，以"尊重"为核心的道德情感就从边缘位置转移到了中心性地位。③ 在"纯粹实践理性的动机"中，康德表

---

① Lewis White Beck, *A Commentary on Kant's Critique of Practical Reason*, Chicago: The University of Chicago Press, 1960, pp.176–208.

② 参见 Julian Wuerth, *Kant on Mind, Action&Ethics*, Oxford: Oxford University Press, 2014, pp.236–243。

③ 参见 Paul Guyer, *Moral Feeling in the Metaphysics of Morals,* In Lara Denis, ed., *Kant's Metaphysics of Morals: A Critical Guide*, Cambridge: Cambridge University Press, 2010, p.134.

明作为动机的"对法则的尊重"是最为重要的道德情感。康德首先强调，对于"尊重"的情感来说，理性的道德法则是它的规定根据，其中不能有任何感性要素参与其中，否则就不会产生真正的道德行为，"有道德法则对意志所作的一切规定的本质就是：意志作为自由意志，因而并不仅仅是没有感性冲动的参与，而且是甚至拒绝一切感性冲动，并在一切偏好可能违背那个法则时就中止这些偏好，这意志仅仅由法则来规定的。所以，就此而言，道德法则作为动机的作用仅仅是否定的，而且作为这样的动机是能够被先天地认识的。因为一切偏好以及任何感性冲动都是基于情感的，而对情感（通过偏好所遭到的终止）的否定作用本身也是情感。"(*KpV*:72) 由此可见，道德动机只能是由纯粹理性所产生的法则，而不能是任何一种情感，否则就会成为康德所反对的"他律"的行为。然而，现在的问题是，康德又表明"尊重"是一种情感，而且是对于道德义务所具有的唯一的正当的情感，那么，如此一来，在康德的论证中，就出现了一种难以解决的矛盾。

对于这一问题，我们可以从两个方面进行解释：一是如果统观康德在各处的相关论述就会发现，其实，"动机"(Triebfeder, incetive) 与"动因"(Bewegungsgrund, motive) 已经被区分为两个概念了。① 在《奠基》中，康德指出："欲求的主观根据是动机，意欲的客观根据则是动因。"(*GMS*:427) 这里，"动机"实际上就相当于"对法则的尊重"，因为它只能是一种主观性的感性情感，是促使道德行动产生的直接原因，而"动因"则相当于作为意志的根据的道德法则。理性存在者是在认识到法则的正确性与权威性之后，出于对它的尊重而决定有所行动。然而，正如贝克所注意到的，在第二批判中，康德混用了这两个概念，尤其是在"动因"的意义上使用了"动机"一词。显然，康德本人并未清楚地意识到这一点。贝克又指出，在雅培(T.K. Abbott) 的译本中，"动机"被译为 motive 或者 Spring，这是一个不错的

---

① 这里，我们是根据 Gregor 的英译本将"动机"写为 incentive，而将"动因"写为 motive，(*Practical Philosophy,* translated and edited by Mary J. Gregor, Cambridge: Cambridge University Press, 1996) 不过，这一译法有一定的争议，我们将在正文中加以讨论。

翻译，因为德文 Feder 本身指的是钟表的主要发条。① 这一看法在恩斯特龙那里得到了更为充分的阐释，他认为，将"动机"译为 incentive 是不对的，难以准确地表达出康德所赋予它的精微的涵义。因为在英文中，incentive 是有外在对象或者目的存在的前提下所发生的一种效应，而康德所说的"动机"(Triebfeder) 更主要地是作为选择或者行动的内在源泉，它具有潜在的活性力量，因此，最好译为"规定性力量"(determining force) 或者"促发力量"(motivating force ／ driving force)。恩斯特龙同时还建议，在第二批判中，Triebfeder 在康德那里既包含着作为促发力量的"动机"，也包含着作为意志的规定根据的"动因"。前者是一种主观状态，具体表现为情感，后者是一种客观原因，具体表现为法则。而且，更重要的是，康德借此是要解决"是"与"应该"的问题："客观原则是我们应该如何行动的依据，而就它是一个既定的主体的确这样去行动所依据的原则来说，它又是一项主观性原则或准则。同样，我主张，被视为意志的客观规定根据的道德法则就是意志应该被如何规定的表象；这一法则也被视为一个给定的主体意志的主观规定根据，它是实际地规定主体意志的同一个表象。"②

这种解释让我们更加清楚地明白"道德动机"所具有的独特意义。康德显然意识到道德行动的促发机制是十分重要的，因为它关乎到一项正确的法则如何转变为实际行动。然而，在很多人看来，真正能够促发行动的动机只能是感性情感或者欲望，而道德行动的动机主要出于同情或者仁爱的情感，比较而言，康德将理性法则作为道德动机，其实是一种错误的看法。正如我们前面所述，以威廉斯、斯洛特、布鲁姆等人为代表的当代美德伦理学者对此给予了各种角度的批判。在某种意义上，他们都可以被视为休谟主义者，

---

① 参见 Lewis White Beck, *A Commentary on Kant's Critique of Practical Reason*, Chicago: The University of Chicago Press, 1960, p.91。

② Stephen Engstrom, *The Triebfeder of Pure Practical reason*, in Andrews Reath and Jens Timmermann, ed., *Kant's Critique of Practical Reason: A Critical Guide*, Cambridge: Cambridge University Press, 2010, pp.90–93.

因为正是以休谟为代表的英国情感主义者认为，感性情感或者欲望才是道德的根源与动力，而理性只是提供具有辅助作用的原则而已。① 对此，站在康德立场上的学者们认为，理性能够作为道德动机，因为它本身就是一种实践能力，而这种能力是通过"对法则的尊重"这一基本情感表现出来的。重要的是，正如康德所认为的，情感是盲目的、无知的自然性冲动，而作为一种思维能力，只有理性才能够产生具有指导意义的道德法则。

然而，大部分情感主义者认为，康德主义者以理性为中心，试图为道德建立基础性原则是不成功的。相反，无论是布鲁姆的"道德感知"，还是斯洛特的"共情"，抑或所罗门的"情感认知主义"，都致力于表明一点：情感并不是盲目无知的，它具有一定的认知性功能，相比于理性，它是更加原初的能力，甚至对于道德判断也更加准确。对此，我们认为，情感主义者的批评主要源于他们并没有完全地了解康德伦理学中的一些重要概念，或者说他们忽视了这些概念的复杂性含义。尤其是，对于"意志"与"理性"的真正内涵以及二者的关系，就需要人们做出更加细致的解读。

首先，在"意志"这一概念之外，康德其实将"欲求能力"视为更加一般化的心灵能力。意志就是一种欲求能力，只是它与理性法则有着更为密切的关系。正如我们此前所分析的，在康德那里，意志包含着两个层面的意思：一是指作为规定性根据的"意志"(Wille)，二是指作为实际选择能力的

---

① 正如休谟所言："理性是并且也应该是情感的奴隶，除了服务和服从情感之外，再不能有任何其他的职务。"（[英] 休谟：《人性论》（下册），关文运译，商务印书馆1997年版，第453页）在休谟那里，是情感而非理性才能够成为行动的动机，因为只有前者才能够产生"冲动"，而后者只是提供正确的行动原则。理性不能反对情感，它最终是要服从于情感。而且，"同情是我们对一切人为的德表示尊重的根据。"（休谟：《人性论》（下册），第620页）休谟同时还认为，"一切道德都依靠我们的情绪：当任何行为或者心灵的性质在某种方式下使我们高兴时，我们就说它是善良的；当忽略或未作那种行为、在同样方式下使我们不高兴时，我们就说我们有完成那个行为的义务。"（休谟：《人性论》（下册），第557页）休谟不承认理性可以作为道德根据，更不认为理性能够促成行动，这些角色都是由"同情"来完成的，它能够通过产生道德行动带给我们以快乐。这些观点与康德形成了明显的对立，也成为当代情感主义伦理学主要的理论根源。

任性 (Willkür)。① 二者最明显的差别是，相对于前者，后者具有"动机"的功能，即将法则转化为行动的能力。不过，二者通常是作为一个概念，即"意志"(Wille) 而被康德加以运用。从这一点来看，似乎可以这样认为，康德其实是通过具有统一性内涵的"意志"(为方便起见，我们将其称为意志Ⅱ，而将它所包含的只作为规定根据的意志称为意志Ⅰ) 来指称一种既能够确定法则又能够以此为动机而施以实际行动的实践能力。而且，康德有时也将这种统一性"意志"(意志Ⅱ) 与"理性"等同起来，即理性也是一种欲求能力：

"自身幸福的原则，无论在它那里使用了多少知性和理性，对于意志来说毕竟只包含有与低级的欲求能力相适合的规定根据，因而要么根本不存在高级的欲求能力，要么纯粹理性必须就自身而言是实践的，也就是说，仅仅通过实践规则的形式就能够规定意志，无须以任何一种情感为前提条件，因而无须惬意或者不惬意的表象，惬意或者不惬意是欲求能力的质料，这种质料在任何时候都是原则的一种经验性的条件。然而在这种情况下，理性唯有为自己本身来规定意志（不是为偏好效力），才是在病理学上可规定的欲求能力所从属的一种真正的高级欲求能力，并且现实地、甚至在种类上与前一种欲求能力有别……理性在一个实践法则中直接规定意志，并不借助参与其间的愉快和不快的情感，哪怕是对这一法则的愉快和不快的情

---

① 关于 Willkür，韩水法先生译为"意愿"，(康德：《实践理性批判》，韩水法译，商务印书馆 2003 年版) 相当于英文的 volition，邓晓芒先生译为"任意"，(康德：《实践理性批判》，邓晓芒译、杨祖陶校，人民出版社 2003 年版) 李秋零先生译为"任性"。我们认为，"意愿"更符合德文的原意，因为它更加具有中性化色彩，而另外两个词都偏重于主观性的自由活动，与理性相去甚远。需要注意的是，在康德那里，Willkür 并不意味着没有理性，而只是在与 Wille 相互区别的意义上，指的是并不依照纯粹理性来行动，然而，它却仍然离不开慎思理性或技艺理性，以便实现主体的目的。显然，"意愿"更加能够准确地表达这种一般性的欲求能力。不过，由于本书主要依据李秋零先生的译本，因此，为求表述上的一致，仍然使用"任性"一词。然而其中的差别，却不可不察。另外，Gregor 的剑桥版英译本则译为 choice，相当于中文的"选择"，也是比较准确地表达了 Willkür 的中性化涵义，而且顾及了理性在其中的作用。不过，相对于汉语的"意愿"，choice 丧失了其中所蕴含的主观能动性因素，在这个意义上，它其实不如 volition 更加准确。

感，而是唯有它作为纯粹理性就能够是实践的这一点，才使它有可能是立法的。"(*KpV*:24–25)

显然，在康德那里，已经对于欲求能力做出了低级与高级之分。只要是实践规则将其根据设定为纯粹的形式，那么这种欲求能力就是高级的，而如果设定为经验性质料，那么这种欲求能力就是低级的。前者就是以道德法则为动机，而后者则是以情感或者欲望上的愉悦与满足为动机，前者属于将任性置于意志之中的活动，而后者则只属于任性的活动。(*KpV*:24) 作为高级的欲求能力，意志Ⅱ同时就相当于理性。①

据此，我们的观点是，康德的"意志"（如不做特别说明，以下都指的是意志Ⅱ）与"理性"首先都是一种"欲求能力"。很多时候，两个概念是等价的，即意味着依据法则而行动的意愿。正如康德所一再表明的，理性本身就具有一种实践性："纯粹理性单凭自身就是实践的，并给予（人）一条我称之为道德法则的普遍法则。"(*KpV*:31) 纯粹理性既能够产生行动，也能够产生行动的原则。同时，它也是纯粹意志："因为纯粹的、就自身而言实践的理性在这里是直接立法的。意志作为独立于经验性条件的，作为纯粹意志，被设想为被法则的纯然形式所规定的，而这个规定根据则被视为一切准则的最高条件。"(*KpV*:31) 可见，我们应该时刻注意，在康德的文本中，意志与理性拥有着不同层次的涵义，要结合具体的语境才能对其进行准确的理解。由于理性相当于意志，因此，我们也应该对其作出进一步区分，即作为仅仅确立原则的理性（理性Ⅰ）与既能够确立原则也同时具有行动能力的理性（理性Ⅱ）。也就是说，理性Ⅱ和意志Ⅱ也是等价的。在康德哲学的概念体系中，正像"意志"既包含着意志Ⅰ也包含着任性，"理性"也由于拥有实际的执行能力而能够成为道德行动的动机。康德在《奠基》中的一段话十分清楚地表达了这一点：

---

① 康德在很多地方都表明理性（实践理性）就是意志，或者更准确地说，就是我们所说的意志Ⅱ。"既然为了从法则引出行为就需要理性，所以意志无非就是实践理性。"(*GMS*:412)"就理性能够规定任性而言，意志就是实践理性本身。"(*MS*:213)

"现在，人在自己里面确实发现一种能力，他凭借这种能力而把自己与其他一切事物区别开来，甚至就他被对象所刺激而言而与它自己区别开来，而这就是理性。理性作为纯粹的自动性，甚至在如下这一点上还居于知性之上：尽管知性也是自动性，并且不像感官那样仅仅包含唯有当人们被事物刺激（因而是承受的）时才产生的表象，但他从自己的活动出发所能够产生的概念，却无非是仅仅用于把感性表象置于规则之下并由此把它们在一个意识中统一起来的概念；没有这种对感性的应用，知性就不会思维任何东西；而与此相反，理性在理念的名义下表现出一种如此纯粹的自发性，以至于它由此远远地超越了感性能够提供给它的一切……"(GMS:452)

可见，康德所说的"理性"其实是一种具有"纯粹自发性"的实践力量。而情感主义者的误解就在于，在他们的概念体系中，"理性"只是一种能够产生理由或者原则的推理能力，至于经验性的实际行动则必须用与这种"理性"完全判然有别的情感或者欲望去推动。这种观点在威廉斯那里得到了十分充分的表达，在他看来，只是作为"纯粹的理性思维过程"，康德的"定言命令"属于"外在理由"，而不是能够促发行动的"内在理由"，因为只有情感或者欲望才能作为这种"内在理由"。

按照情感主义的见解，只有感性情感或者康德所说的"偏好"才能够真正地促发行动。但是，在康德那里，任何感性要素都不可能被作为道德行动的根据与动机，否则就丧失了行动的道德属性。针对这样深刻的对立，我们认为，康德通过"意志"与"任性"确实提出了一种具有独特含义的"理性"的概念，也就是以上所说的理性Ⅱ（或者意志Ⅱ），由于必然与情感相关，作为欲求能力的"理性"或者"意志"，既是一种理智性活动，也是一种情感运作，从而，它既居于本体世界，也居于现象世界。按照先验哲学的观点，它体现着人的"理智性品格"与"经验性品格"的统一。

在《奠基》的第三章，康德区分了"两个世界"：对于人而言，"就纯然的知觉和感觉的感受性而言把自己归入感官世界，但就在它里面可能是纯粹活动的东西（根本不通过刺激感官，而是直接达到意识的东西）而言把自己归入理智世界，但他对这一世界却没有进一步的认识。"(*GMS*：451) 这种区分是基于康德在其理论哲学中所确立的"现象/物自身"这一对概念所做的进一步阐述。康德认为，由于受到先天的感性形式的限制，我们只能够认识现象世界，而对于作为其根据的物自身却无法形成知识。在第一批判中，康德将物自身就视为"本体"。① 对于理性存在者来说，他的品格同时对应于两个不同的世界："一个理性存在者必须把自己视为理智（因此不是从它的低级力量来看），不是属于感官世界的，而是视为属于知性世界的；因此，它具有两个立场，它可以从这两个立场出发来观察自己，认识应用其力量的法则，从而认识它的一切行为的法则。首先，就它属于感官世界而言，它服从自然法则（他律）；其次，就它属于理知世界而言，它服从不依赖于自然的、并非经验性的，而是仅仅基于理性的法则。"(*GMS*:452) 只是从两种不同的视角（现象的与非现象的，即本体的）来说，"两个世界"对于理性存在者才是存在的，正是在这一意义上，康德称其为"经验性品格"与"理智性品格"。② 重要的是，人由于拥有统一性的理性而能够将两种品格同时置于自身当中。因此，理性存在者既能够作为现象世界中的主体，通过理性（知性）

① "一个本体的概念，亦即一个根本不应当作为感官的对象、而是应当作为物自身（仅仅通过纯粹知性）被思维的事物的概念……"(*KrV*:B310)"现在我要问：既然概念不是应当与可能的经验相关而有效，而是应当对物自身（本体）有效，那么知性从哪里得到这些综合命题呢?"(*KrV*:B315)"我们的知性以这种方式获得了一种消极的扩展，也就是说，它不被感性所限制，而是毋宁说通过把物自身（不作为显象来看）称为本体而限制感性。但是，它也立刻为自己设定了界限，不能通过范畴认识本体，从而只能以一个未知的某物的名义来思维它们。"(*KrV*:A256/B312) 虽然康德将物自身与本体两个概念几乎相等同，但二者也存在着细微的差别。张志伟先生指出：二者都是不可以被认识，但可以被思考之物，但物自身是相对于感性而言的，而本体则是相对于知性而言的。（张志伟：《〈纯粹理性批判〉中的本体概念》，《中山大学学报》2005 年第 6 期）

② 基于"现象/本体"的概念，康德提出了相应的"经验性品格/理智性品格"。这对术语在《纯粹理性批判》中就已经出现，其中，李秋零先生将 Charakter(character) 译为"性质"。(*KrV*:A539 / B567) 邓晓芒先生则译为"品格"，我们则认为后一种译法更合适，因为康德明确地说这种特征是就理性主体来说的。而且，在道德哲学中，"品格"也能够更好地表现出实践性意义。

对于自然世界的认识而掌握经验性规律，又能够作为本体世界中的主体，通过理性（意志）形成道德法则并且产生相应的行动。在前者那里人是受因果性法则所支配的不自由的主体；而在后者那里，人是能够以自己的意志作为原因从而"开启"一项行动的自由的主体。

基于这样的理解，我们就能够明白，作为一种统一性能力，理性以其认识性功能与实践性功能而将主体同时确立为本体世界与经验世界的存在。从思维的角度来说，我们是自由的，但对这种先验理念我们并不能获得更多的认识，然而，它可以反映到现象世界中来，即通过道德行动证明这种本体性自由确实是存在的。也正是在这一意义上，康德表明自由与道德法则之间不存在循环论证，因为它们是一个主体在两个不同世界的表达："如果我们设想我们是自由的，我们就把自己作为成员置入知性世界，并认识到意志的自律连同其成果，亦即道德性；但如果我们设想自己负有义务，我们就把自己视为属于感官世界，但同时也属于知性世界。"(*GMS*:453) 从这一基本观点出发，我们认为，康德所说的"理性"，其在本体世界拥有着作为行动指导原则的理由，而在现象世界则仍然呈现为一种具体的感性情感，也就是说，这种统一性的"理性"在两个世界中分别拥有两种状态，而后者是前者在经验性条件下的"映射"，即作为根据的理性及其原则，它必然将以感性的方式表现为行为的动机，这就是康德所说的最为重要的道德情感对道德法则的尊重。

贝克指出，康德在第二批判中并没有清楚地区分出"动机"与"动因"，因此给我们造成了理解上的混乱。但是，现在看来，这种区分至少对于康德来说并不是极为重要的，因为在某种意义上，它们都是同一于"理性"之中，或者说，只是理性在不同维度的表达。因此，几乎在同一处，康德既说道德法则是动机，又说"对道德法则的尊重是唯一的、同时无可怀疑的道德动机。"(*KpV*:79) 如果说道德法则是客观根据，那么尊重就是主观根据。不过，在一些学者的眼中，他们认为仍然有必要说清楚在康德那里究竟何者才是真正的道德动机。麦卡蒂对这一问题进行了广泛而深入的研究，他指出，学界对这一问题的理解有以下几种观点，一是典型的理性主义解释，像瑞斯就指出的："是尊重的理智性方面在促发道德行动时发挥着作用，然而它的情感性方面，即尊重的情感，则是这一理智性方面对于某种感性倾向的效果。""当道德法则规定意志时，那么尊重的情感就产生了，然而并不是这一效果产生了动机。"① 第二种解释也属于理性主义，是由斯特拉通-莱克 (Stratton-Lake) 提出的，他和瑞斯一样认为只有对于法则的认识而非尊重的情感才能够作为动机。不过，二者的区别集中于这种情感与"关于道德法则的认识"的关系上面。瑞斯认为尊重是由这种意识所引起的，二者是因果性关系；而斯特拉通—莱克认为二者是同一的，即尊重不是这种认识的附带产物，而是它的另一种描述。第三种解释是情感主义的，以格瓦拉 (Guevara) 为代表，他认为尊重的情感就是道德动机，它既是由对法则的认识产生的，又是与这种认识同一的。对于麦卡蒂来说，他更支持第三种解释，因为在他看来，仅仅以具有约束性作用的道德法则为动机，而忽视了主观性的情感，对于行动本身来说力量有些太弱了。不过，格瓦拉的解释中蕴含着一个观点，即尊重的情感被视为由道德法则规定的本体性的意志在感性世界的对应物，然而，这将导致理解上的困难：我们该如何解释道德上的软弱？这种现象是否也意味着某种本体世界中的道德软弱？也许，人们会猜想，是因为本体世界在表象为现象时某些东西丧失了，或者在本体世界中，意志是绝对地、充分地被法则所规定的，只是现象世界对它的模仿太过于粗糙了。②

麦卡蒂指出，这些解释都是很有道理的，但不能令人完全满意。他的观点是，并不应该将尊重的情感视为由道德法则所规定的本体性意志的感官表象。所谓本体或者物自身，是就对象而言的。然而，尊重却是我们自己的情

---

① Richard McCarty, *Kant's Theory of Action*, New York:Oxford university Press, 2009, p.170. 其中，麦卡蒂所引用的瑞斯的观点出自 Andrews Reath, Kant's Theory of Moral Sensibility: Respect for the Moral Law and the Influence of Inclination, *Kant's-Studien,* 1989, Vol.80, pp.284–302, p.287, p.290.

② 参见 Richard McCarty, *Kant's Theory of Action*, New York:Oxford university Press, 2009, pp.171–173。

感，它并不关乎被表象的对象。"在表象一个对象时，我们所感到的愉悦并不涉及作为一个对象的自身。也就是说，我们感到愉悦与否并不是将我们自己的意志作为一种观念。情感可能是包括身体或者精神活动在内的感官显象的主观反应 (reactions)，也可能是物自身理念的主观反应，但不是这些事物的显象 (appearances)。因此，康德并不认为尊重的情感就是本体性意志的显象。他的主张是，这种是否愉悦的情感起源于一个行动是否符合道德法则的认知。"①

麦卡蒂指出，作为实践情感的尊重，就是一种"启动性"的力量，它是基于主体对道德法则的认识。首先，客观性法则提供了动机的方向；其次，主观性的尊重情感提供了力量。对于不同的人而言，客观性方向是同一的，但主观性力量却有可能是不同的，有的人会感到快乐多一些，而有的人则会感到痛苦多一些。对于此前的三种解释，他认为第一种和第三种更为正确，因为它们都主张尊重只是由法则所规定的意志的效果 (effect)。然而，它们的不恰当之处在于，第一种解释否认了尊重所具有的"动机"角色，而仅仅把它当作理性认知的附带效果；相比而言，第三种解释正确地承认了这一点，但它一方面将意志与情感的关系解释为本体与现象的因果关系；另一方面，相比于同样可以作为动机的偏好，这种情感所具有的多变性的动机力量并没有得到充分的阐释。②

可见，麦卡蒂的观点与我们之前的分析存在着一定程度的不一致。关键在于，他反对将受到法则所规定的自由意志与作为道德情感的尊重解释为本体与现象的因果性关系，而且，两方面若是完全对应的，那么也就不存在作为现象的情感的多样性变化。不过，如果仔细分析，这种观点实际上与我们的理解差别并不是那么大。因为麦卡蒂首先承认，本体性的自由意志是必然的存在，只是它如何具体转化为实际的动机，其中的机制由于超出了人的认

---

① Richard McCarty, *Kant's Theory of Action*, New York:Oxford university Press, 2009, p.175.

② 参见 Richard McCarty, *Kant's Theory of Action*, New York:Oxford university Press, 2009, pp.176–177。

知界限而无法被真正地说清。① 而麦卡蒂否认了自由意志与尊重之间存在着像本体与现象那样的因果关系，是因为在他看来，情感不是由作为某种物自身的对象的刺激而引起的显象，而是生发于主体自身之中的体验。然而，我们认为，这种解释很可能并不符合康德的本意，因为在康德看来，情感属于我们的内感官，与外感官一样，它是由某种作为物自身的对象刺激后所产生的显象。"关于内感官我们也必须承认，我们只是像我们在内部被我们自己刺激的那样通过它来直观我们自己，也就是说，就内感官而言把我们自己的主体仅仅当作显象，而不是按照它自己所是的东西来认识。"(KpV:B157) 本体性的自由意志能够产生一种内感官，它呈现为经验性的品格，在第二批判中，康德继续说道："主体的每一个行动的规定根据都处在属于过去的时间而且不再受它控制的东西里面（必须归于此列的也有他的已经作出的行为，以及在他自己的眼中作为现象对他来说可以由此得到规定的性格）。但是，另一方面也意识到自己是物自身的同一个主体，却也把自己的存在本身就其不服从时间条件而言仅仅视为通过它凭借理性本身给自己立的法则可被规定的，而且在它的这种存在中，对它来说没有任何东西先行于它的意志规定，相反，任何行动，而且一般来说它的存在的任何按照内部感官变更着的规定，甚至它作为感性存在者的实存的整个序列，在对它的理知存在的意识中都必须仅仅被看作后果，而绝不看作它作为本体的因果性的规定根据。"(KpV:97) 当本体性的自由意志反映为作为尊重的道德情感时，由于主体自身特殊的感性要素的影响，将呈现为有所不同的情感现象，但是，"尊

---

① 在"现象／物自身"的问题上，麦卡蒂不是"一个世界、两种视角"的支持者，他批判了科斯嘉、阿利森等人的这一立场。后者主张只存在一个"中性的世界"，只是我们从肯定的与否定的两种视角来考虑，才产生了现象世界与本体世界的概念，也就是说，"物自身"没有什么独立存在的意义。麦卡蒂认为，这种解释无法为真正意义上的道德行为提供有效的说明。只有承认本体世界的实存性，人才会是绝对自由的，而这要通过道德的行动加以实现。本体决定了现象，但是其中具体的运行机制是难以被领会的。也就是说，经验性品格不可能赋予人以自由，我们必须承认理智性品格的首要性。（Richard McCarty, *Kant's Theory of Action*, pp.105–145）

重"始终是最为根本性的情感，否则就不会是自由意志的体现。总之，我们认为，即便是麦卡蒂本人也承认，在逻辑上，对于法则的意识是尊重的情感产生的原因，但在实际情况中，二者是同时发生的一种活动。在这一点上，理性主义解释与情感主义解释并不存在明显的对立。对此，我们可以借助康德关于"知识"的分析得到更进一步的理解。在第一批判中，康德指出，一切知识都是从经验开始的，我们没有任何先行于经验的知识，但是，这些知识却并不因此都产生于经验，而是在很大程度上，是由作为先天知识的纯粹的知性范畴所导致的。(*KrV*:B1) 在现实中，我们必然要同时凭借感性经验与范畴才能形成真正的知识，但是，在逻辑意义上，范畴起着根本性作用，即范畴先于感性经验，因为如果不以这些先天的概念为前提条件，那么"就没有任何东西可能是经验的客体"。(*KrV*:B125) 通过对于意志的规定，理性不仅产生道德法则，而且理性及其法则就是道德行为的先天的根据与动机，但在实际的意志活动的过程中，它必然呈现为对于道德法则尊重的情感，康德也将其称为"理性的兴趣"或者"道德兴趣"，它是促使行动发生的经验性的表象。

其实，相对于其他三种主张，麦卡蒂只是在其基础上进行了进一步的完善，从而使最终的解释更为"精致"而已。不管怎样，麦卡蒂也一再表明，对于法则的意识与尊重的情感是同一的，它们统一于既具有理智性品格也具有经验性品格的主体之中。而在我们看来，它们就属于"理性"或者"意志"，即理性存在者所拥有的既能够立法也能够同时据此产生实际行动的能力。由此，在康德那里，不存在理由与动机之间的割裂。另外，正如我们此前所介绍的，休谟主义者们断定只有情感（同情、仁爱）才能作为道德行为的根本性动机，因为它并不像康德所认为的那样是无知的冲动，相反，它具有一定程度的认知性功能，从而能够形成更加合适的道德判断，而且只有这种纯粹的情感或者欲望才能够产生形成行动的促发性力量，这样的论断其实并不能让我们完全满意。实际上，康德主义者在这一点上是正确的，即认知性功能只能来源于作为一种思维活动的理性（理性 I），作为低级的欲求能力，情感或者欲望只属于感性冲动，它们所产生的是心理上或者身体上的单纯的知觉，其中不可能包含任何有意识的判断。只有在理性的参与下，某种判断才可能发生，即便是那种极为"薄弱的"判断，也必然是理性发生作用后的产物。与此同时，在实践中，理性必须通过感性情感的方式被实现出来，也就是说，二者同一于一种心理活动中，由此才能促使相应的行为现实地发生。作为一般性的欲求能力，康德将其称为"理性"（理性Ⅱ）或者"意志"（意志Ⅱ）。如果仅仅就自由意志的表现形式来说，康德其实与休谟在这一点上是一致的，即能够作为行为动机的必定是一种情感或者欲望。① 但是，与休谟不同的是，康德认为作为道德情感的尊重，其内在根据是理性及其法则而非任何一种感性的质料或者能力。它们都居于这种整体性的"意志"之中，而至于本体性的理性如何发生作用并形成情感或者欲望，确实已经超出了我

---

① 盖耶指出，休谟与康德的分歧并没有那么大："一方面，休谟确实认为我们的目的总是由激情 (passions) 所决定的，但他也认为，大多数时候我们最终是由平静或者自由的激情所促动的。至少在否定的意义上，它摆脱了欲望的纠缠。因此，理性虽然可能是激情的奴隶，但我们也有一种根本性的成为理性的 (reasonable) 激情，并且享有它所带来的平静。另一方面，对于康德而言，道德的最终目的也是自由，尽管他对自由的理解比休谟更充分。而且，至少在经验层面，康德的道德动机理论认为，没有一种原初的对自由的激情，我们就不可能是道德的，尽管这种激情必须由拥有力量的理性（这种理性源于从我们的自由到所有人的自由）重新确立方向。因此，两个人都将道德的内容和可能性置于对自由的激情中，尽管在休谟那里，这相当于倾向理性的激情 (a passion for reasonableness)，然而，在康德那里，我们原初的对自由的激情必须被理性所驯服，而一旦如此，康德就不会将其再视作一种激情。"(Paul Guyer, Passions for Reason: Hume, Kant, and the Motivation for Morality, *Proceedings and Addresses of the American Philosophical Association*, Vol.86, No.2, 2012, pp.4–21, p.5)盖耶进一步认为，由道德法则所规定的意志属于本体性自我，但在我们有意识地进行决定与推理的时候，它必然显现于经验性自我中，即愉快或者痛苦的自然情感之中。但是，盖耶也指出，这种"本体性的选择"与"现象性的效果"之间的具体联系，是难以被说清的。(Paul Guyer, *Passions for Reason: Hume, Kant, and the Motivation for Morality*, p.15)盖耶试图将康德与休谟的分歧消弭到最小程度，这种努力是值得同情的，而且，在某种意义上，他也是对的。但是，我们的观点更为细致而且准确：在理论意义上，康德坚持只有理性及其法则才是道德行为的客观根据，也是根本性的动机，而情感作为它的表象，只是实际的动机。休谟及追随他的情感主义者们，并不持有这一立场。

们的知识范围。

三、美德

麦卡蒂的阐释对于我们理解康德的"美德"概念有很大帮助，它昭示了这一点：虽然对法则的尊重是理性存在者所应该拥有的主要的情感状态，但是，反映到每一个具体的人的身上，这种情感状态可能会呈现为不同的形式，而且，由于具体的环境等外在因素的影响，道德情感也必然会发生某种程度的"变形"。我们认为，康德所提出的"美德"概念，正是针对着这种道德情感的多样性来说的。就"美德"而言，康德在《道德形而上学》中有三处比较明确的定义："反抗一个强大但却不义的敌人的能力和深思熟虑的决心是勇气 (fortitudo)，就我们心中的道德意向的敌人而言是德性。"(*MS*:380) 在这里，康德以拉丁文 virtus 来标明这一概念，并称其为"道德上的勇气"(fortitudo moralis)。"德性是一个人在遵从其义务时意志的道德力量。"(*MS*:405)"德性就是人在遵循自己的义务时准则的力量。——任何力量都只是通过它能够克服的障碍才被认识到；但在德性这里，这些障碍就是可能与道德决心相冲突的自然偏好，而且既然正是人为自己的准则设置了这些路障，所以，德性就不单是一种自我强制（因为那样的话，一种自然偏好就可能力图强制另一种自然偏好），而且是一种依据一个内在自由原则，因而通过义务的纯然表象依据义务的形式法则的强制。"(*MS*:394) 除此之外，康德在《单纯理性限度内的宗教》中，也对"美德"进行了定义，而且更加强调它所具有的经验性特征："在遵循自己的义务方面的这种已经运用自如的决心，就作为其经验性的特性（virtus phaenomenon[作为现象的德性]）的和合法则性而言，也叫作德性。"(*Rel*:46) 从这些论述中可以总结出关于"美德"的三点要素：它是属于人的一种道德意向；这种意向是一种压制住自然偏好的强制性的勇气；它意味着深思熟虑与坚韧的品格。

正如前文所说的，阿利森将"善良意志"等同于"品格"，然而，现在看来，这一观点并不十分地可靠。显然，康德所说的"美德"包含着比"善良意志"更加丰富的内容，它是一种能够压制感性冲动、并且促发行动的力量，也就是说，它既包含着更多的情感与欲望要素，又同时是一种执行力。也正是在这个意义上，这种"美德"更加接近于美德伦理学所说的稳定的、坚毅的整体性"品格"。相比而言，"善良意志"首先是一种道德信念，它并不侧重于这种内在信念的实际运行与相关的效果。其次，从概念本身来说，"善良意志"要比"美德"更加单一化，前者仅仅是就纯粹实践理性自身而言，而后者则包含着大量的情感与欲望要素，它们或者与理性发生冲突，或者与其相互和谐一致，最终在理性的控制下以各种形式表现为人的统一的"性情"或者"品格"。

黑尔因此认为，"美德"比"善良意志"具有更加丰富的内容。道德上意志薄弱之人，并没有康德所说的"美德"，但是，他却仍然可能是拥有善良意志的，即他的内心之中仍然拥有对于道德法则的认可，只是由于缺乏勇气而不能将这一信念转化为行为的动机。反之，具有美德之人必然具有善良意志，而且必然是一种强大的、有执行力的意志。[1] 然而，需要指出的是，这并不意味着"善良意志"概念并不具有多大的价值。其实，我们应该把康德伦理学视为一个不断发展的过程，即从早期的"道德"阶段逐渐发展为后来的"美德"阶段。"善良意志"是康德奠定其道德理论的必要的起点，因为由它才能引出道德义务与道德法则，而在其美德理论部分，康德是要探讨道德法则如何作用于人的情感与欲望当中，即其如何作为一种具体的现实力量以促使道德行为的发生。正如丹尼斯所言，在康德的概念体系中，"善良意志"不是作为品格的美德，但却是美德的必要条件。[2]

丹尼斯进一步指出，在康德那里，美德就是人格性 (personality) 的充分发展，而这是由人性 (humanility) 与动物性 (animality) 经过斗争后所形成的

---

[1] 参见 Thomas E. Hill Jr., *Kantian Virtue and 'Virtue Ethics'*, in Monika Betzler, *Kant's Ethics of Virtue*, Berlin: Walter de Gruyter, 2008, pp.44–45。

[2] 参见 Lara Denis, *Kant's Concept of virtue*, in Paul Guyer ed., *Kant and Modern Philosophy*, Cambridge :Cambridge University Press, 2006, p.514。

稳定的情感状态。①"人格性"确实是一个与美德密切相关的概念，在《单纯理性限度内的宗教》中，康德表明："人格性的禀赋是一种易于接受对道德法则的敬重、把道德法则当作任性的自身充分的动机的素质。这种易于接受对我们心中的道德法则的纯然敬重的素质，也就是道德情感。"(*Rel*:27) 人性本身就具有向善的禀赋，它是源于其所具有的理性的能力。同时，康德也并没有认为感性偏好就是恶的，而只是说如果这种偏好不能被理性加以约束，从而成为行为的动机，那么就会演变为恶行。在这一意义上，人性中也有一种趋向于恶的禀赋，即"根本恶"。(*Rel*:32) 美德就是理性通过规定意志所必然激发的一种情感，即对纯粹法则的尊重。丹尼斯认为，这是一种愉悦的状态，是理性与感性的和谐一致。② 由此可见，康德并不是席勒以及情感主义者们眼中"苦闷的道德主体"的倡导者。

丹尼斯的理解是很有道理的，康德确实在不同的文本中多次表示，对于拥有美德的人来说，以"尊重"为核心的道德情感应该让人感到愉悦。而且，康德很可能注意到了席勒对他的批评，在《单纯理性限度内的宗教》中，他就指出，席勒"不赞成对责任感的这样一种介绍方式，好像它会造成一种苦思冥想的情绪似的。"(*Rel*:23 注释 1) 但是，康德认为自己的理论并不包含什么矛盾，他表明"遵循自己的义务时的愉悦心情（不是在承认义务时的那种惬意），则是德性意念的纯正性的一种标志⋯⋯"(*Rel*:23 注释 1) 而在《道德形而上学》中，他更是明确地表示，德性意味着一种"顽强而愉快的心情"，

---

① 参见 Lara Denis, *Kant's Concept of virtue*, in Paul Guyer ed., *Kant and Modern Philosophy*, Cambridge :Cambridge University Press, 2006, pp.516–517。丹尼斯这里运用到了三个概念，它们都是由康德在《单纯理性限度内的宗教》中提出来的。康德认为，人的规定性要素有三种："1.作为一种有生命的存在者，人具有动物性的禀赋；2.作为一种有生命同时又有理性的存在者，人具有人性的禀赋；3.作为一种有理性同时又能够负责任的存在者，人具有人格性的禀赋。"(*Rel*:26) 动物性禀赋中没有任何理性；人性中有理性，但是可能隶属于其他动机；只有在人格性中，理性才是纯粹的，即"无条件地立法的"。(*Rel*:28)

② 参见 Lara Denis, *Kant's Concept of virtue*, in Paul Guyer ed., *Kant and Modern Philosophy*, Cambridge : Cambridge University Press, 2006, p.517。

而那种怀着沮丧的心情去履行道德义务的人，并不是受欢迎的。(*MS*:484) 但是，现在的问题是，康德在《实践理性批判》中也曾指出，这种对于法则的尊重"很难说是一种愉快的情感"。(*KpV*:77) 相反，"毋宁说在自身中包含着不快"(*KpV*:80) 因为这是理性对于"自负"的打击，是对于感性偏好的压制。另外，康德又认为，这种感受又"很难说有什么不快"，因为人最终通过战胜偏好，以真正尊重法则的态度而行动时，他将感受到一种"自我提升"，而这属于压抑后的释放。不过，至少在第二批判中，康德始终未明确地说，这种状态是愉悦的。

实际上，康德一直尽量地将道德动机与愉悦的情感剥离开，否则的话，行动者就很可能并不是真正意义上的自律的道德主体。这里，需要作出进一步的分析。看起来，愉悦的情感会在两个阶段上影响到理性存在者的心理：一是在其心理的最初的动机阶段，二是在此之后的心理活动阶段。首先，在作为道德动机的初始阶段，此时，康德明确地指出绝不能以情感的愉悦或者欲望的满足作为根据。"每个人要把自己的幸福设定在何处，取决于每个人自己特殊的愉快和不快的情感，甚至在同一个主体里面也取决于根据这种情感的变化而各不相同的需要，因此一个主观上必然的法则（作为自然法则）在客观上就是一个极其偶然的实践原则，它在不同的主体中可以而且必然是很不同的，所以永远不能充当一个法则，因为就对幸福的欲望来说，事情并不取决于合法性的形式，而是仅仅取决于质料，亦即我在遵循法则时是否可以期望得到快乐，以及可以期望得到多少快乐。……基于这些原则的实践规范绝不可能是普遍的，因为欲求能力的规定根据是基于愉快和不快的情感的，这种情感绝不能被当作普遍地指向同一些对象的。"(*KpV*:25) 愉悦的情感就意味着幸福，而幸福的感受完全是后天的经验，它们是特殊的、偶然的、普遍性的道德法则绝不能建立在这一基础之上。"但是这种愉快、这种对自身的心满意足，并不是行动的根据，相反，直接地、仅仅通过理性对意志进行规定，才是愉快情感的根据，而那种规定依然是对欲求能力的一种纯粹的、实践的规定，而不是感性的规定。"(*KpV*:116) 康德进一步指出，由于这种规定在内心中发挥着一种推动作用，而它类似于一种在欲求的行动中被有所期待的惬意的情感，因此，我们往往容易把这种情感当作道德的动机。但实际上，真正的道德情感只能是对法则的尊重，它不能作为先行于理性的根据，也"几乎说不上是愉快情感的类似物"。(*KpV*:116)① 不过，即便如此，康德仍然用"自我满意"(Selbstzufriedenheit, contentment with oneself) 来尽量表达这种必然伴随着德性的、不是幸福却类似幸福的感受。对于这种完全由理性所造成的情感，康德也称其为"理智的满意"，它是一种消极的、对自己人格的心满意足，与之相比，那种感性的满意则只是自然偏好得到满足后的病理性的愉悦。(*KpV*:117–118)

可见，康德要极力表明的是，任何一种愉悦情感都不能作为道德行为的动机，但是，他的上述表述反而给予我们更多的疑惑。因为如果像我们此前所论述的那样，对于道德法则的意识是道德行为的根据，而这种意识同时反映为主观的尊重的情感，前者属于客观的动因，而后者属于主观的动机，与此同时，康德又表明这种必然伴随着德性的感受是一种"自我满意"，那么也就意味着，康德最终还是承认了某种愉悦感可以被作为道德动机，即便这是一种不同于感性愉悦的理性愉悦，无论有多么的困难，康德看起来都不愿意选择忽视这一问题。在《道德形而上学》中，康德再次阐述了这种"自我满意"："人们可以把与欲求（对其表象如此刺激人的情感的那种对象的欲求）必然相结合的那种愉快称为实践的愉快：不论它是欲求的原因还是结果。"(*MS*:212) 根据这段话，我们可以从道德主体心理的第二阶段来进行思考，也就是说，这种愉悦的情感是行为者在对法则的尊重中所产生出来的结果，而并不属于这种尊重本身的性质。因为康德已经表明，这种尊重并不是一种愉悦感。这种实践性的愉悦感，康德认为是一种先天的、理智性

---

① 将 Interesse 译为"兴趣"，确实具有某种误导性。依据中文的意思，"兴趣"蕴涵着感官上的愉悦或者满足，而这与康德所要表达的复杂的道德心理并不完全相符。对此，我们认为韩水法先生将其译为"关切"更为恰当，因为相比于"兴趣"，这个词在中文中更加具有中性化色彩。不过，本书为了表述上的一致，仍然主要采用"兴趣"这一译法。

的情感，相对于由作为质料的偏好所导致的愉悦感，它是纯形式的。这里，有必要讨论一下与愉悦感相关的另一个概念——兴趣。在《实践理性批判》中，康德将道德动机称为"道德上的兴趣 (Interesse, interest)"，但是，他明确地指出，这种"兴趣"是"纯然实践理性的一个纯粹的、摆脱感官的兴趣。"(*KpV*:116) 不过，至少在第二批判中，他并未将这种"兴趣"确定为某种愉悦感。相反，作为"纯粹实践的和自由的"，这种兴趣就相当于对法则的尊重，而它"既不能算作快乐，也不能算作痛苦。"(*KpV*:80–81) 然而，在《道德形而上学》中，康德的一段表述似乎又将这种道德兴趣与愉悦感联系起来：

"但是，涉及实践的愉快，那么，这种愉快作为原因就必须必然地先行于对欲求能力的规定，这种规定在狭义上成为欲求，而习惯性的欲求就叫偏好，而且由于愉快与欲求能力的结合，只要这种联结被知性按照一个普遍的规则（充其量也只是对主体而言）判定为有效的，就叫作兴趣，所以，在这一场合中实践的愉快就叫作一种偏好的兴趣，相反，如果愉快只是只能继欲求能力的先行规定而起，那么，它将必须被称为一种理智的愉快，对象上的兴趣就必须被称为一种理性兴趣；因为如果兴趣是感性的，不仅仅基于纯粹的理性原则，那么，感觉就会必然与愉快相结合，并能够这样来规定欲求能力。尽管在必须仅仅假定一种纯粹的理性兴趣的地方，我们不能把偏好的兴趣强加给它，但是，为了方便语言的应用，我们却可以承认对只能是一种理智愉快之客体的东西的偏好有一种源于理性兴趣的习惯性欲求，在这种情况下，偏好就不会是这后一种兴趣的原因，而是它的结果了，而且我们可以把它称为不受感官约束的偏好（［理智的偏好］）。"(MS:213)

如果深入分析这一段表述，我们认为，康德固然表明"理智的愉悦"就是一种"理性兴趣"，但是，这并不意味二者是完全等价的。也就是说，"理性兴趣"并不仅仅等于是"理智性愉悦"，根据康德在其他文本中的表述，这种兴趣也很可能是一种痛苦，或者痛苦与愉悦相混杂的情感，或者一种纯然沉思中的心灵平静。① 在这里，我们需要注意的是，康德主要是想表明，这样一种理智性的愉悦感是基于欲求能力的结果，即它是通过理性规定意志从而产生的主观感受。正是在这个意义上，康德更倾向于认为，从根本上来说，愉悦感不能是道德动机的初始根据，而是在这初始阶段之后发生的，与尊重的情感相伴随的理智性的愉悦体验。不过，正如我们此前通过麦卡蒂的分析所阐述过的，无论如何，在逻辑上，对于法则的意识都应是尊重的情感产生的原因，但在实际情况中，二者是同时发生的一种活动。当本体性的理性或者意志反映于感性情感时，一种理智性兴趣或者愉悦感也几乎是同时地产生了。当然，它也未必一定是一种愉悦感。对此，我们可以借助麦卡蒂此前所做的分析，认为之所以这种尊重的情感可能具有多样性形式，在于当本体性的自由意志反映于情感中时将难以避免地发生某种变化，因为正如康德所说过的，"道德"实际上是一种纯粹的理性形式，而只有神圣意志才与其同一。作为有限的理性主体，人只能因其不完善性而拥有"美德"。既作为理智性的存在物，又作为经验性的存在物，人必然会受到情感、欲望以及各种各样偶然因素的影响，因此，对于不同的人，以及对于不同情境中的同一个行动主体来说，对道德法则的尊重将会难以避免地呈现为不同的情感样式。

虽然席勒以及当代美德伦理学的一些学者一直抨击康德伦理学提倡一种"心情压抑的道德行动者"，但是，我们并不能像丹尼斯那样断定在康德那里，道德行动者是怀有愉悦而非痛苦或者其他某种情感状态的。既可能是一种愉快的情感，也可能是一种不愉快的情感，或者是某种其他类型的感受，关键是看不同的道德主体究竟是在怎样的情境下、出于怎样的心理状态而行动的。对此，舍尔曼也有着与我们相似的观点，她认为，康德确实在有的

---

① 康德的道德心理学比较复杂。他试图将这一问题阐述清楚，但是似乎并没有得出明确的结论。首先在其第二批判中讨论道德动机问题时，这种含混性就已经显而易见了。而在其之后的文本中，他都有着不尽相同的论述。结合《判断力批判》，康德借助美与崇高的鉴赏心理，有时表明与之类似的道德情感是愉悦的，有时又认为是一种"玄思静观"式的平静。而在《道德形而上学》中，两种观点也同时存在。

地方表明，在出于对道德法则的尊重而行动时应该怀有快乐的心情，但是，这"并不能代替或者使得其他情感成为无意义的，因为这些情感也反映着对于人们而言适当的道德态度的多样性范围。……有时是痛恨地、有时是悲伤地。但是确定无疑的是，相比于康德所暗示的出于实践性的尊重和愉悦而产生的行动来说，这一范围是更加多样化并且精细的。……情感的种类十分丰富，出于善良意志而行动，其所具有的内在愉悦并不能穷尽其他基于特定情境的情感。虽然在实现一种美德之时能够带来愉悦，但是存在着一系列的、与这种愉悦有关的情境化的情感。……同样地，作为有条件的道德善，这些情感不仅仅是突出或者修饰美德的方式，它们其实构成了反应的结构。"①

作为一种道德情感，我们并不能将愉悦确定为尊重的全部内容，甚至于它也并不是尊重的核心内容。其实，康德在《道德形而上学》中的"德性论"部分已经阐明了这一点，他说，"道德情感只是对于出自我们的行动与义务法则相一致或者相冲突这种意识的愉快或者不快的易感性。"(*MS*:399) 可见，在道德主体的心中，愉快或者不愉快的感受都是正常发生的现象，它们主要是情境化的产物。但是，随着理论不断向前演进，康德越来越注意到愉悦感对于道德情感有着重要的积极作用。不过，在我们看来，他仍然是在讨论德性培养时，才有意地强调这一点，因为快乐的心灵体验显然有助于人们更加愿意自发地按照道德义务的要求而行动。康德的这一基本立场是与其关于"幸福"的理解相一致的，即人们可以在按照道德法则而行动时获得幸福或者快乐的体验，但是，人们却不应该将这种幸福或者快乐作为行动的根据，否则就并不能称之为真正意义上的美德之人。

正如舍尔曼所说，借助于情感，康德将其"义务"的概念转化为一种"偏好"。② 我们认为，也正是通过情感的作用，道德义务从一种客观性律令转

---

① Nancy Sherman, *The Place of Emotions in Kantian Morality*, in Alix Cohen ed., *Kant on Emotion and Value*, London: Palgrave Macmillan, 2014, p.28.

② Nancy Sherman, *The Place of Emotions in Kantian Morality*, in Alix Cohen ed., *Kant on Emotion and Value*, London: Palgrave Macmillan, 2014, p.22.

变为主观性的实践活动。由此，康德实现了人的理智性品格与经验性品格的统一。

四、德性义务：对自己的义务 / 对他人的义务

对于康德来说，由于是以道德法则为根据，因此，美德也是一种义务。无论乐意与否，人们都应该通过理性对于感性冲动的约束而强制自己践行这种义务。这也就意味着，康德眼中的"美德"必须是符合道德要求的，在这个意义上，它与当代美德伦理学所认为的美德的概念似乎并不完全一致，因为在后者看来，美德就是一种卓越的品格，它并不必然以某种道德标准为条件。由此，在当代美德伦理学那里，美德数量或者样式可能远远超出康德所理解的范围。例如，在拉塞尔看来，历史上的美德细目林林总总，而且随着人们实践的发展，美德细目也在不断地增多。不过，依据斯多葛主义的观点，可以确立四种基本美德，它们是审慎、节制、正义与勇敢。同时，作为"种"，在每一个基本美德之下，都包含着大量的作为"属"的具体的美德。像在"节制"之下，就有"组织性"、"秩序性"、"谦逊"以及"自制"等；而在"勇气"之下，则有"忍耐"、"信心"、"大慈大悲"、"心胸宽广"以及"热爱工作"等。然而，关于美德细目的理解总是存在着不同的看法，拉塞尔指出，按照彼得森 (Christopher Peterson) 和塞利格曼 (Martin Seligman) 的观点，则存在着六种基本美德：智慧、勇气、人性 (humanity)、正义、节制以及超越性 (transcendence)。在它们之下，包含着二十四种附属性美德。[①] 我们看到，无论是这里所说的基本美德，还是更为具体的附属性美德，其中有些确实与道德属性并无明显的联系。

随着美德伦理学范围的不断扩大，"美德"所呈现的样式也在不断地发展。以至于拉塞尔也感叹，美德的细目有无限增生的趋势，为此，需要人们

---

① 参见 Daniel C. Russell, *Practical Intelligence and the Virtues*, New York: Oxford University Press, 2009, pp.155–158。

通过模型归纳的方式，将这些美德做分类化的处理。尤其是，依据亚里士多德的论述，如果以实践智慧为核心，那么诸多美德势必会形成一个统一的整体。① 然而，在我们看来，真正的问题是，这些基本的模型分类也未必是固定的，而且，诸多美德能够形成一个统一的整体，这本身也是一个充满争议的问题。在何种程度以及何种范围上诸多美德是相互联系的？人们对此并没有形成一致的标准。对于这一问题，我们将会进行集中的探讨。现在需要澄清的是，康德所说的"美德"究竟在多大程度上等同于美德伦理学对这一概念的理解？

由于美德伦理学内部的流派极为复杂，我们想要确定比较一致的美德名单几乎是不可能的，为此，我们认为，作为美德伦理学最重要的源头，亚里士多德对于美德内容的阐述可以作为最有代表性的观点。不过，即便在他那里，这一问题似乎也仍然存在，因为他同样提供给我们相对于康德来说更为丰富的美德种类，例如慷慨、勇敢、大度、快乐等。在亚里士多德看来，"美德"首先是"使得一个事物状态好并使得其实现活动完成的好的品质"，②它意味着这个事物"功能的卓越"。作为一种品质，一匹马的德性就在于"它跑得快，骑手坐得稳，并且迎面冲向敌人"。③ 对于德性的种类，亚里士多德做了基本的划分：一种是自然的德性；另一种是以明智、即实践智慧为核心的严格意义上的德性。不过，至少在《尼各马可伦理学》中，亚里士多德几乎没有真正谈论所谓的"自然德性"，因为他实际上认为，任何德性都离不开明智，而"明智就是正确的逻各斯"。④ 据此，亚里士多德又将所有德

---

① 参见 Daniel C. Russell, *Practical Intelligence and the Virtues*, New York: Oxford University Press, 2009, pp.158–161.

② ［古希腊］亚里士多德：《尼各马可伦理学》，廖申白译注，商务印书馆 2003 年版，第 xxvi 页。

③ ［古希腊］亚里士多德：《尼各马可伦理学》，廖申白译注，商务印书馆 2003 年版，第 45 页。

④ ［古希腊］亚里士多德：《尼各马可伦理学》，廖申白译注，商务印书馆 2003 年版，第 189 页。

性做了另外一种划分，即理智德性与道德德性。二者的区别在于，理智德性是通过教导而发生和发展的，道德德性则是通过习惯形成的。然而，不论怎样，它们都始终以明智为前提。作为"一种同善恶相关的、合乎逻各斯的、求真的实践品质"，亚里士多德认为，"明智的人的特点就是善于考虑对于他自身是善的和有益的事情。不过，这不是指在某个具体的方面善和有益，例如对它的健康或健壮有利，而是指对于一种好生活总体上有益。"① 根据这些论述，我们仍然无法确定亚里士多德所说的这些美德在多大程度上与康德的理解是一致的。不过，通过"实践智慧"这一关键概念，我们能够获得这样的结论：亚里士多德其实也仍然是把理智性能力作为美德的核心要素，也就是说，实践智慧是所有美德之所以可能的前提。② 舍尔曼同样注意到了这一点，她指出，亚里士多德并未否认理性的基础性作用，因此与康德持有相近的基本立场："我们的潜能很少能够以其原始的、未经教化的状态而使得我们变好。因此，亚里士多德也是这样认为的，即美德不应该是自然性美德，而应该是一种自然感受性的缓慢而且稳定的习惯性的产物。在这整个过程中，都需要同样是不断发展的实践理性的参与。我们拥有这样的易感性，它们能够通过自然获得美德，也能够通过实践智慧与习惯获得完善。……康德与亚里士多德具有强烈的相似性，即只有在实践智慧的作用下义务的动机才

---

① ［古希腊］亚里士多德：《尼各马可伦理学》，廖申白译注，商务印书馆2003年版，第172页。

② 拉塞尔明确地指出，美德伦理学必须基于"实践智慧"这一概念才能够被确立。也只有基于这种慎思的能力，美德伦理学才能够提供关于正当性的规范。然而，像斯洛特这样的著名的美德伦理学学者，则忽视了这一核心性概念。作为动机论者，斯洛特过于强调美德之人的基础性作用，从而认为慎思或者实践智慧是多余的。这种对于美德概念的狭隘的理解，将导致判断上的直觉主义。由于斯洛特主要基于"同情"、"仁爱"这些情感性美德确立行动的规范，拉塞尔将这种类型的美德伦理学称为"直觉主义仁爱论"。然而，离开了实践智慧及其所具有的理性的推理能力，任何真正意义上的美德行为都是不可能的。（Russell *Practical Intelligence and the Virtues*, New York: Oxford University Press, 2009, pp.71–90.）

能够很好地发挥作用。"①

　　这种解读是有道理的。其实，亚里士多德所说的实践智慧，或者明智，本身就是相对于感觉而言的一种能力。首先，亚里士多德认为，灵魂中有三种东西关乎正确的实践、感觉、努斯和欲求。其中，感觉不引起实践，而较低等的动物只有感觉，没有实践。相比而言，努斯是指"为着某种目的而进行推理的东西"，在这个意义上，它是"理智的一个部分"。而且，努斯中也包含着某种欲求，它使得实践活动得以发生。② 也就是说，努斯中既包含着理智，同时也包含着实践的动机。就此，我们认为，亚里士多德的努斯相当于康德的理性或者意志（准确地说是理性Ⅱ或者意志Ⅱ），它既具有理智性功能，能够进行推理从而形成为法则，也同时以其情感性能力而能够促使行动发生，正如亚里士多德所说："实践的理智其实也是生产性活动的始因。"③ 真正具有德性的行动必须符合灵魂中的逻各斯，"要想选择得好，逻各斯就要真，欲求就要正确，就要追求逻各斯所肯定的事物。"④ 显然，当代美德伦理学者过于强调亚里士多德与康德伦理学之间的分歧，很可能是一种误读。

　　在舍尔曼看来，亚里士多德仍然像康德那样将某种理性能力作为其美德概念的基础，而在康德那里，他也在强调理性具有根本性地位的同时，像亚里士多德一样注重情感所具有的重要的辅助性功能。康德区分了"直接性偏好"与作为义务的支持性条件的"实践性情感"，前者是必须以理性进行约束的感性冲动，而后者则能够以其敏锐性和直接性帮助我们更好地完成道德义务："情感可能确实不是最终的决定性标准，依靠其自身，它们也无法给

---

① Nancy Sherman, *Making a Necessity of Virtue: Aristotle and Kant on Virtue*, Cambridge: Cambridge University Press, 1997, p.33.

② 参见［古希腊］亚里士多德：《尼各马可伦理学》，廖申白译注，商务印书馆 2003 年版，第 167—168 页。

③ ［古希腊］亚里士多德：《尼各马可伦理学》，廖申白译注，商务印书馆 2003 年版，第 168 页。

④ ［古希腊］亚里士多德：《尼各马可伦理学》，廖申白译注，商务印书馆 2003 年版，第 168 页。

我们提供判断行为对与错的理由。但是即便如此，情感也能够标识出某个道德性时刻，并通过它们的选择性帮助我们协商出道德上的'活动空间'，在其中，我们将获得做出适当判断的权利。在这个意义上，即便情感不是道德的必然根据，但确实是实现道德的必要条件。"①

　　舍尔曼全面地比较了二者的理论，并认为康德在其《道德形而上学》以及《单纯理性限度内的宗教》中，逐渐发展出了类似于亚里士多德的美德概念，它是通过理性与情感的共同作用而经过长期的培养所形成的稳定的品格。我们赞成这样的理解，即在很大程度上，康德与亚里士多德的差异并没有一些美德伦理学学者所认为的那样突出。相反，他们的一致性表明了其中理论上的密切关联。② 康德并没有抛弃亚里士多德的美德概念，只是更加侧

---

① ［古希腊］亚里士多德：《尼各马可伦理学》，廖申白译注，商务印书馆 2003 年版，第31—32 页。廖申白先生在注释中表明："努斯是为着某种目的而进行推理的东西，是推理的和实践的思想（理智），它与欲求一道引起动物和人的运动的原因：欲求是实践的理智的出发点，实践的理智的终点又是行为的起点。在这种意义上努斯是理智的一个部分，如果理智既是对不变事物的沉思，也是对可变事物的思考、推理。……科学是无欲求的，努斯则是包含了某种欲求（作为出发点）。努斯显然应当包含理智。"（《尼各马可伦理学》，第 167—168 页注释⑤）廖申白先生又指出，研究者们也注意到亚里士多德在《后分析篇》中将理智与努斯做了区分：努斯是把握始点（始因）的，理智是派生的。科学、技艺、明智属于这种衍生的理智的三种形式。不过，正像亚里士多德此前所说的，科学由于是无欲求的，其实并不属于努斯。智慧则是对这三种衍生的理智以及努斯的总体性把握。（《尼各马可伦理学》，第 170 页）

② 当代美德伦理学学者赫斯特豪斯站在同情的立场上说："我认为，亚里士多德以及相应的亚里士多德主义者在情感的道德意义问题上具有超过康德（事实上，还有休谟）的某种优势之处，确实就体现在亚里士多德为我们提供的关于人类理性的论述中，该论述使得情感能够成为理性的一部分，从而在定义完整的美德时发挥了恰当的功能。"（［新西兰］罗莎琳德·赫斯特豪斯：《美德伦理学》，李义天译，译林出版社 1999 年版，第 132 页）同时，赫斯特豪斯还注意到了康德的美德理论，"正如近年来人们对《德性论》重新燃起的兴趣所揭示的那样，事实上，在康德的晚期作品中有这样的线索，可以表明他确实承认过某些合乎理性的情感；但是，就算没有这样的线索，在我看来，义务论的道德哲学家也依然在表现出明显的康德主义特征（因为他们从绝对律令出发）的同时又补充了一种亚里士多德主义的情感论述……"（罗莎琳德·赫斯特豪斯：《美德伦理学》，第 133 页）遗憾的是，在这部著作中，赫斯特豪斯并没有深入地探讨康德的美德理论，从而也没有

重其在道德法则的限定下所具有的约束性意义。他首先强调的是道德动机的纯粹性，但在此基础上则进一步补充具体的"质料性"要素，也就是呈现为情感样态的诸种美德，而它们对于更好地履行道德义务并成为一个更加健全的人发挥着重要作用。其实，在讨论具体的德性时，康德也将仁爱、友谊、诚实、慷慨、节制等包括在内。而且，也确实如舍尔曼所说的，康德尤其在其"德性论"中，比较频繁地使用了"品格"或者"人格"的概念。

相比于当代美德伦理学，康德关于美德种类的理解可能并没有那么丰富，但是，在这一问题上，他与亚里士多德存在着很多相互呼应之处。其中的原因并不复杂，正如当代美德伦理学所认为的那样，美德是随着人的实践活动的扩展而不断增加的，它们代表着人们对于崭新的实践领域的认识深度与宽度。因此，像康德会关注"自杀"、"阿谀奉承"以及"人类之爱"等问题，而这些在亚里士多德那里却并没有被注意到，同样，"勇敢"是亚里士多德着重讨论的美德，因为这对于城邦时代的雅典公民尤为重要，但在康德的启蒙主义时代却并非如此。

康德认为，人的行动必然有其目的。所谓目的，就是"自由任性的一个对象"。(*MS*:384) 也正是通过设定目的并且按此去行动，行动主体才是自由的。而如果一个实践目的是客观的，即具有普遍的约束性，那么这样的目的只能以客观法则为依据，在这一意义上，它同时就是无条件的义务："由于这个规定一个目的的行为是一个实践原则，这个原则所要求的不是手段（因而不是有条件的），而是目的本身（因此是无条件的），所以，它就是纯粹实践理性的一个绝对命令式，从而是把一个义务概念与一个一般目的概念联结

完全意识到亚里士多德主义对于康德主义并不仅仅是有所补充，而是二者有着深刻的内在一致性。通过我们的分析可以看出，其实康德的"理性"概念也是具有多重性内涵的，其中包含着丰富的的情感要素，从而足以成为促发行动的动机。赫斯特豪斯对于亚里士多德的"理性"概念的理解与此极为相近，也许正是出于这样一些原因，赫斯特豪斯谨慎地指出，相比于康德主义和功利主义，美德伦理学具有内在优越性，可能只是一个偶然的现象。（罗莎琳德·赫斯特豪斯：《美德伦理学》，第 133 页）

起来的绝对命令式。"(*MS*:385)

由于基于普遍的道德法则，这种道德目的论拥有其客观性，除此之外，其他目的论由于都是以感性偏好作为根据，因此都是主观的，对于后一种情况，康德称之为"技术的（主观的）、真正实用的、在其目的的选择中包含着精明规则的目的论"。(*MS*:385) 然而，现在的问题是，以客观法则为内容的目的，未必就是人的主观目的。但是，人应当"服从自己的法则的自由任性的对象，人应当使这些对象成为自己的"。(*MS*:385) 据此，康德提出了作为美德的"德性义务"。

德性义务同时就是目的。相对而言，法权义务却并不是目的，因为它"只与外在自由的形式条件（当其准则被当作普遍的法则时，通过与自身的一致）相关"。(*MS*:380) 在法权的外在强制下，人们只能依照原则而行动，谈不上动机是否与之相一致，也就是说，法权无所谓是否与人的主观目的相结合。但是，德性义务作为一种内在强制，要求与人的主观目的必然结合起来，由此，这种义务才能转化为行动的真实动机。作为一种自我强制，这种德性义务属于伦理学范畴，因为只有伦理学才能提供一种"质料"，正如我们此前所分析的，这种"质料"应该被理解为"内容"，用康德的话来说，它是"自由任性的对象"，或者是"纯粹理性的目的"。(*MS*:380) 由于以纯粹理性为根据，这种目的既是主观的，也同时是客观必然的。"为自己本身设定一个同时是义务的目的，这并不是矛盾的，因为这是我自己强制自己，这与自由是完全契合的。"(*MS*:381) 据此，康德将义务与目的两个概念统一起来。也正是在这一意义上，我们再次强调，康德的义务论同时也是一种目的论。

相比于其他学说，康德所提出的"德性义务"(Tugendpflicht) 这一概念确实具有比较独特的性质，它同时蕴涵着"美德"与"义务"两种似乎矛盾的意义。正如我们此前所介绍的，当代美德伦理学的典型主张就是康德主义、功利主义以普遍化的"应当性"取代了个体的"实然性"，这种价值与事实之间的严重割裂导致了现代道德哲学的诸多问题。然而，我们看到，一方面在亚里士多德那里，只有以理性为核心的美德才是真正意义上的美德，而这就意味着美德本身也必然包含着规范性诉求，当然，相比于规则伦理学，亚里士多德确实没有提出明确的绝对性的道德法则；另一方面，随着当代美德伦理学的发展，学者们也逐渐地意识到，即便是作为人的性情禀赋的美德，其实也离不开具有约束力的范导与规制。因此，实际上，美德与义务并非是绝然相冲突的两个概念。这使我们想起劳登等人早就提出的观点，即并不存在绝对纯粹的义务论，当然也不存在绝对纯粹的目的论。

诚然，按照当代美德伦理学的一般标准，这种"同时作为义务的目的"理论很可能并不被接受，因为依据这一标准，康德所说的"目的"仍然是以绝对命令为核心的道德义务。而在美德伦理学那里，美德是人的一些良好的、卓越的品质，最高意义上的美德就是幸福，它意味着人生的完整性与个体价值的充分实现，很多时候，为了实现这种幸福，康德的普遍性法则反而是不适用的，在某些条件下甚至应该被否定。

其实，康德在其义务论的框架中只是明确地拒绝了将特殊的、经验性的目的作为道德行为的根据，然而，就他所提供的道德法则本身而言，其基本宗旨与其说是要求人们"为了义务而义务"，不如说是为了以此达到每个人所应得的幸福。也就是说，康德认为只有从纯粹形式化的道德法则出发，才能达到最高意义上的目的，这就是每一个人都能拥有的整体性的幸福。正如我们此前所论述过的，康德在其前期伦理学中由于侧重于道德行为的纯粹性，而这同时就代表着道德价值在元伦理学层面上的核心意义，因此拒绝将其与任何一种目的理论联系起来。但是，随着关于道德动机的探讨，以及注重外在约束如何转化为主观上的自愿行动，康德开始着重强调道德法则本身与个人主观意愿的契合性，并且，从根本上说，道德法则正是基于对于人的利益与幸福的考虑而建立的。

由此可见，康德的"德性义务"并不应该被排除在当代美德伦理学的"美德"概念之外，它们其实在亚里士多德主义那里能够找到共同的根源。当然，我们不能选择忽视两种学说的一些根本性差异，但是，在我们看来，这种差异其实主要体现在当代美德伦理学的发端阶段，而随着理论的不断发展，人们已经逐渐意识到康德主义并非以往所认为的那样是一种单纯的义务论，相反，正如我们此前所分析的，作为至善的幸福其实是理性存在者所应该追求的最高价值。在"德性论"中，康德明确地指出，这种"同时是义务的目的"，其内容就是"自己的完善"与"他人的幸福"。

"完善"这一概念一般是属于目的论的，康德显然清楚这一点，但他将其与先验哲学意义上的"完善"做了区分。后者是指"合并起来构成一个事物的杂多之全体性的概念"，康德将其称为"量的（质料的）完善"，而将目的论的"完善"称为"质的（形式的）完善"，它意味着"一个事物的诸性状与一个目的的协调一致"。先验哲学意义上的"完善"只能是一种，"因为隶属一个事物的东西的全体是一"；而目的论意义上的"完善"则在一个事物中可以有很多种。(*MS*:387)

对于这一问题，客观地说，康德并没有充分地阐释清楚。他并没有针对所谓的"量的（质料的）完善"与"质的（形式的）完善"做更加透彻的分析，从而也给我们的理解带来了麻烦。不过，我们还是能够根据他的表述尽量从中获取一些比较确定的信息。首先，如果联系他在《奠基》中的观点，我们似乎可以认为，先验哲学意义上的"完善"相应于康德所说的"一种完备的规定"。在那里，康德指出，作为"定言命令"的第三个公式，"目的王国法则"是"对一切准则的一种完备的规定"。"其规定乃是通过那个公式，亦即：所有准则都应当从自己的立法出发而与一个作为自然王国的目的王国协调一致。这里的进程就像是通过意志形式的单一性（意志的普遍性）、质料（客体、亦即目的）的复多性和意志体系的全体性或者总体性这些范畴进行的。"(*GMS*:436) 具体说来，就是同时依据作为"形式"的"普遍性法则"与作为"质料"的"人性论法则"，单个意志能够由此达到与其他意志相统一，从而形成一个单一的、有机的"目的系统"，这也就是康德所说的所有事物隶属于一个事物的作为"一"的全体。其次，康德表明，他所要真正讨论的是目的论的"完善"，也就是一个事物所具有的很多种目的，即不再是先验哲学意义上所追求的所有单个目的结合于一个总体性目的之中，而是强调对于一个意志主体来说，哪些目的才是值得被追求的，这是构成一个人的"完善"的基本条件。

"德性义务"的核心内容就是追求个人的完善与他人的幸福。同时，康德指出："人们不能把这些目的相互调换，使一方面自己的幸福与另一方面他人的完善成为自身就是同一个人格的义务的目的。"(*MS*:385) 原因在于，每个人都会由于自然的天性而将自己的幸福自动地作为目的，在这个意义上，它就不能再属于义务，因为义务必然是对于一个人并不自愿地想要的目的的强制。据此，康德认为："说人有义务全力促成其自己的幸福，是自相矛盾的。"(*MS*:386) 依据同样的道理，促成他人完善不能成为主体的目的或者义务，因为他人作为一个独立的人格，其完善性属于自己的义务，"即他自己有能力按照他自己关于义务的概念为自己设定自己的目的。"(*MS*:386) 从这个意义上，康德将人的德性义务进一步区分为"对自己的义务"与"对他人的义务"。

相比于幸福，康德这里所说的"自我的完善"主要是指一种对于道德人格的完美理想的追求。不过，康德仍然首先强调，"自然的完善"是重要的："它无非是人的能力（或者自然禀赋）的陶冶，其中知性作为概念的，从而也是关涉义务的概念的能力是最高的能力，但同时也是对遵循一切一般义务的意志的（道德的思维方式）的陶冶。"(*MS*:386) 可见，为了能够达到"道德的完善"，"自然的完善"是人们需要满足的前提条件，"亦即促成由理性提交的目的的所有一般能力的培养。"(*MS*:391) 它要求我们首先保护好自己的生命，就像康德在《奠基》中所指出的，道德法则不允许自杀。(*GMS*:421) 在这里，康德认为这属于人对自己的完全义务，是道德人格得以可能的基本保证："把道德性的主体在其自己的人格中毁灭掉，就等于说，把道德性甚至就其实存而言尽自己所能从世界上根除掉；而道德性毕竟是目的自身。"(*MS*:421–422) 其次，"自然的完善"要求我们保持身体与心灵的健康，为此，康德反对为了生理上的愉悦而做出任何损害身心的行为，例如性滥交、吸毒、酗酒以及暴饮暴食。在达到这些起码的标准之后，康德认为我们才可能去追求的"道德的完善"。为此，人有义务脱离开自己的粗野的动物性，从而越来越上升到人性，因为只有通过人性才能设立目的，并且通过学习来获得知识。这一方面是技艺性实践理性的要求，另一方面也是道德实践理性的要求，即发展自己的自然天赋。此时，康德指出，这些已经属于人对自己的不完全义务。进一步地，人应该使其意志经过陶冶向最纯粹的美德意向上发展，"以及法则同时成为他的合乎义务的行为的动机，并且出自义务来服从法则，这就是内在的道德实践的完善性。"(*MS*:387) 在这里，康德认为这种完善性的典型体现就是人们拥有了"道德情感"，按照我们此前的阐释，它是理智与情感达到和谐统一的状态，由此，道德法则完全内化于行动者的自然情感中，人们既不会感受到理性压制感性偏好时所产生的痛苦，也不会陷入道德狂热之中从而走向道德的反面，而这正是美德的最高级的形式。

德性义务的另一个重要方面就是促进他人的幸福。对于"幸福"这个赋有争议性的概念，康德认为，可以将其区分为"道德幸福"与"自然幸福"，前者是指"对自己的人格及其特有的道德行为的满足"，后者则是指"对自然所赐的满足"。(*MS*:387) 就主体而言，拥有"道德幸福"就意味着拥有了一种自我完善的状态，这在"道德的完善"那里已经得到了充分的说明。而对于促进自己的"自然幸福"，康德也已经表明，由于这是每个人的天性，所以并不能作为义务。"因此，如果关键在于幸福，把幸福当作我的目的来追求应当是义务，那么，这必须是其他人的幸福，我由此也使这些人的（被允许）目的成为我的目的。"(*MS*:388) 只有其他人的幸福才能成为我的义务，而至于他人会怎样选择自己的幸福，这完全属于个人的权利，但前提是这种幸福必须是被道德所允许的。在这里，我们应该应用到康德在其"法权论"中所表达的观念，即一个人的自由只要是和其他人的自由是相容的，那么这个行为就是被允许的。以此为前提，一个人根据自己的自由权利去选择追求幸福，那么这样的幸福就是应该被他人视为义务而被要求去促进的。基于这样的见解，康德在"对他人的义务"中，具体提出了主体所应该具有的美德。康德首先将其分为两大类，为了理解上的方便，我们可以将其称为"单向性的"与"双向性的"。前者是指从主体的角度出发，对于他人所应承担的德性义务，其中又分为两种类型，即"对他人的爱"与"对他人的尊重"。第一种类型包括行善的义务、感激的义务以及同情的义务；对于第二种类型，康德主要围绕着"谦虚"这一核心性美德讨论与此相反的恶习。在"双向性的"、人们相互之间的德性义务那里，康德主要探讨了"友谊"，它是"爱与敬重的最紧密的结合"。与之相关地，康德进一步提出了"交往的德性"，即人与人在社会交际中所应该具备的品质，包括健谈、礼貌、好客、婉转以及善于交往。

至此，我们根据康德所提出的两大脉络：对自己的义务与对他人的义务，简要地呈现了康德所提出的基本的美德内容。它们所具有的特征是：首先，这些美德都要符合道德法则的限制；其次，这些美德意在自己的完善与他人的幸福，而不是相反；再次，这些美德都属于义务，即都是我们应该积极去寻求的对象。与之相比，像《奠基》与《实践理性批判》中所提出的道德法则，其实是属于人们在任何时候都应该遵守的"底线"，也即"消极的义务"。也正是在这个意义上，康德将德性义务称为"值得赞扬的"，而如果违背它也并不马上就形成为"过失"。(MS:390)

最后，我们有必要再回到关于"幸福"的问题上。与我们之前就这一问题的深入讨论联系起来，可以知道，康德通过他的作为一种义务论的目的论，其实已经表明，他的伦理学也是以"幸福"或者"至善"作为最高目的的。重要的是，这种幸福不仅是就人类整体而言，也同时是针对每一个个体来说的。而实现两种幸福中的任何一方，都必须以另一方为条件。康德将德性义务的一个基本维度确定为"促进他人的幸福"，就是这种主张的最为集中的体现。而且，康德将其称为"直接的义务"。相比而言，德性义务的另一个基本维度是促进自己的完善而非幸福。不过，对于这一观点，康德做了进一步的修正，他指出："为自己谋求富裕，并不直接地是义务，但却间接地能够是这样的一种义务，亦即防止贫穷，贫穷是恶习的一大诱惑。"(*MS*:388)可见，追求自己的幸福也成为了主体所应该肩负的义务，虽然是间接的。然而，康德接下来说："但这样一来，它就不是我们的幸福，而是我的道德性了，保持道德性的完美无瑕是我的目的，同时也是我的义务。"(*MS*:388) 也就是说，原来的"自然幸福"，现在变成了"道德幸福"，或者说"道德完善"，它属于德性义务的第一个维度，这样一来，追求自己的幸福实际上也属于直接的而非间接的义务。

这样的解读并不是没有道理的。正如此前所论述的，康德在讨论"自己的完善"时，区分了"自然的完善"与"道德的完善"，虽然后者是更高的阶段，但是，前者是保证后者得以实现的必要条件。联系康德在《判断力批判》中的表述，可以确定的是，这种"自然的完善"，就是"幸福"。(*KU*:450) 为此，康德在"对自己的义务"中，首先强调保持生命和身心健康是完全义务，即主体应该达到这些基本要求。其次，康德强调了对自己的不完全义务，即发展个人的天赋："培植自己作为达成各种可能目的的手段的自然力量（精神的、灵魂的和肉体的力量）……人对自己（作为一个有理性的存在者）负有责任的是：不让自己的理性有朝一日被可以利用的自然禀赋和能力不被利用。……培养自己的能力（在这些能力当中，根据其目的的不同培养一种能力比培养另一种能力更多），并且在实用方面做一个与自己的生存目的相适合的人。"(*MS*:445) 具体而言，康德指出，首先，培养精神的力量，也就是锻炼理性运用的能力。它最典型地体现在数学和哲学的学习中，只有借助于这种智慧之学，人们才能够达到其目的；其次，培养灵魂的力量。康德对于这种自然禀赋的阐述并不清楚，我们认为，其大部分原因应该在于先验哲学本身对于"灵魂"问题就是讳莫如深，作为一种理性心理学的先验理念，康德显然对它并没有充分而且明晰的思考。不过，康德仍然指出，这种力量就是记忆、想象力之类的东西，是知性规则和经验之间的相互配合，据此，人们能够获得博学与鉴赏的特质；再次，培养肉体的力量，这是"人对自身的目的"。人们应该照料身上的质料，因为没有这些东西，人就不可能实现自

己的任何目的。通过有意识的、持续不断的体育锻炼，人能够保持这种动物性。(*MS*:445)

在发展自然完善的过程中，康德要求给予主体充分的自主选择的权利，即要以个人的愉悦为准则："这些自然的完善中哪一种是优先的，在相互的比较中以什么样的比例使它们成为自己的目的而不是人对自己的义务，这一点依然听凭在对某种生活方式的愉快方面对它们自己的理性思考和同时对人为此所必需的力量的评价，以便从中做出选择。（例如，它应当是手工业，还是商业，还是学问）。因为且不说自身不能建立任何义务的自保的需要，人对自己的义务就是做一个对世界有用的成员，因为这也属于其自己人格中的人性的价值，因而他不应当贬低这种人性。"(*MS*:445)

以自然完善为基础，人们将继续追求道德完善，即主观上达到纯粹的道德意向，此时，人的内心中不掺杂任何感性意图，"法则独自就是动机，而行动不仅是合乎义务地，而且是出自义务作出的。"(*MS*:447) 同样作为不完全义务，它只是一个理想，因为人们无法真正完全地了解自己，而只是应该朝向这一目标不断地努力。

这样一些论述表明，自然完善不仅是道德完善的前提，而且在康德那里，由于道德完善是我们的最高目的，所以我们必须应该同时追求自然完善。当然，自然完善并不必然导出道德完善，但是，蕴含着愉悦与幸福体验的自然完善，应该成为通向道德完善的主要途径。据此，营造人的世俗性的个人幸福也是具有道德意义的，康德对此清楚地说道："令人讨厌的事、痛苦和匮乏是违背自己的义务的重大诱惑。因此，富裕、强大、健康和一般而言的福祉，是和那种影响相对立的，它们看起来也能够被视为同时是义务的目的；也就是说，促成其自己的幸福，使它不仅仅为了他人的幸福。——但这样一来，这种幸福就不是目的，而主体的道德性才是目的，为这个目的清除障碍，只是被允许的手段；因为没有其他人有权要求我牺牲我那并非不道德的目的。"(*MS*:388) 依据这一思路，康德虽然接下来就说谋求自己的福祉属于间接义务，但随即又将其归入个人的道德性之中，并最终认为，保持这种蕴含着个人幸福的道德完善，既是我们的目的，也同时是我们的义务。

当澄清了理论上的复杂关系之后，我们就可以针对斯洛特所提出的问题给予一定的回应。在本书的第二章第二节中，我们介绍了斯洛特针对这一问题所作的批评，即由于以不偏不倚的道德法则为根本标准，康德的道德主张出现了"自我—他人的不对称"，也就是说，康德明确地将促进他人而非自我的幸福视为主体所应该承担的义务，这一方面贬低了个人利益与幸福的积极价值；另一方面也将导致理论内部的不自洽。

首先，斯洛特认为康德只是从主观性角度理解"幸福"的概念，然而，在斯洛特看来，"幸福"具有客观性内容，而追求幸福应该成为人的道德命令，一个人应该关心自己的利益与福祉。对此，我们在前面已经指出，其实，"幸福"的涵义在康德的理论体系中有所变化。在《奠基》中，"幸福"确实主要属于经验性概念，而这是因为康德此时要着重强调道德行为的纯粹性与普遍性，从而否定将任何与感性偏好有关的要素作为这种行为的根据。但是，即便如此，康德在有些地方仍然表明，"幸福的理念"是"绝对的整体"，是"未来的福祉的最大值"。(GMS:418) 到了第二批判中，我们更是发现"幸福"的涵义发生了明显的变化，康德认为它是"自然与理性存在者的整个目的以及本质性规定根据的协调一致"(KpV:124) 在这一意义上，它相当于"至善"，也就是德福相配的状态。据此，我们认为，康德提出了一种先天的、形式化的幸福概念。与仅仅作为经验性感受的幸福不同，它意味着一种普遍性的诉求，从而，追求幸福也属于人们所应该服从的道德法则。和很多研究者一样，斯洛特并没有注意到"幸福"在康德伦理学中的多重性涵义，而仅仅将其视作经验性的满足或者愉悦，然而，这种经验性的幸福首先是一种边沁式的感官的快乐；其次，即便是后来密尔所提出的"精神的快乐"，也并不能真正代表康德所说的"幸福"，作为先验哲学的一项重要的道德理念，它意味着人的整体性价值的实现，以及由此所带来的内在和谐的体验。在这一意义上，我们说过，它其实更加接近于亚里士多德所说的作为美德最高目的的"幸福"。在这一形式化的概念之下，康德认为，每个个体可以有不同的关于幸福的理解与感受，但只要这种幸福从道德角度是主体有资格享受的，那么这就是"至善"，是每一个人值得去追求的目标。

其次，斯洛特指责康德由于不把自己而是他人的幸福作为道德义务，因而将个人置于与他人不对称的地位。但是，这既不符合实际，也不符合逻辑。一方面，在现实生活中，每个人并非像康德所认为的那样会自动地关心自己的福利，而是往往会有意或者无意地做出伤害自己的事情；另一方面，这种"自我—他人的不对称"最终会导致理论上的不一致。因为在康德那里，作为其伦理学基础的"定言命令"，其中的"人性论法则"明确地要求，在最终意义上，任何人都是目的。但是，仅仅以他人的幸福为义务的康德伦理学，却通过这种利他主义而将主体自身仅仅作为实现他人幸福的手段，这与"人性论法则"是严重冲突的。

对于这两种不同角度的质疑，我们可以将其分别称为"实践矛盾"与"逻辑矛盾"。在现实生活中，人们确实未必像康德所认为的那样理性而且乐观，我们看到太多的悲观厌世或者有心理疾病的人做出损害自己利益的行为，我们也看到正常人在某些极端情况下丧失理智而自残，同样，即便是清醒的理性存在者，由于种种条件的限制也很有可能做出在旁人看来对自身并不有益的谋划。所有这些现象都证明一点：人们并不是自动地就关心自己的利益与幸福。然而，我们认为，这并不能真正构成对康德观点的威胁。因为首先，康德在其论证中始终都将行为主体限定为"理性存在者"，即具有一般的理智性推理能力以及能够形成道德观念的人，这也就将那种不具有正常精神状态的人排除在外。而对于正常的理性主体，虽然从客观角度人们可能判断其对自己所做的谋划或者行为是有害的，但是，这在具体的实践中是一个缺少确定性的问题。也就是说，在正常的理性的范围内，旁人并不能保证拥有充分的、明确的信息，从而能够针对一个人所要发生或者正在发生的行动做出完全准确的判断。也正是基于这一点，坚持个人选择权利首要性的自由主义者，才会激烈地反对一切个人或者机构以"幸福"的名义而干涉或者宰控他人的情况。正像康德在《奠基》中的第一章中就指出的，对于具体的幸福，人们很难取得一致的意见，而只把它当作个人的特殊体验。当一对父母要求已经具备理性能力的孩子通过各种方式努力成为一名商业精英时，这个孩子可能坚定地认为自己最大的幸福就是做一名出色的足球运动员。可见，现实昭示给我们的更加确定无疑的经验是，人们对于价值与目的的理解存在着巨大的差异性，而这种丰富的人生样态恰恰是人类得以持续发展的动力。康德在这个意义上不将个人的幸福视为义务，从而能够避免他人以"为了你的幸福"作为名义而对你的选择进行自以为是的武断的干涉。而如果遵循斯洛特的思路，那么就很可能出现这样的情况：这对父母认为孩子应该对他自己的个人幸福负责，但是他们坚决不认可孩子对于这种幸福的理解，由此，他们进一步认为，自己能够站在孩子的立场上，为其个人幸福做出"合理的"谋划，但是，最终的结果很可能是减少了孩子个人的幸福，甚至是某种整体性的幸福总量。

对此，反对者们或许仍然能够提出质疑，因为即便是接受康德的观点，即以他人的幸福为己任，那么同样将产生类似的问题。例如，这对父母可以认为自己正是将孩子的幸福作为道德义务，因此才对其做人生的规划。我们认为，这种误读在于并没有真正理解康德的理论。以他人的幸福为目的，前提是必须尊重他人的个人选择，也就是说，尊重他人的自主，而人的尊严正是基于这种自主。所谓的"幸福"，无论对任何人而言，必须是符合道德法则的要求。尊重人的尊严，就是康德所确立的最高意义上的道德法则的核心内容。

就"逻辑矛盾"而言，斯洛特的质疑也并不能令人信服。以他人的幸福为义务，并不意味着与"人是目的"的基本法则相冲突。实际上，如果每个人都在德性义务的要求下致力于促进他人的幸福，那么由此产生的效果将是他人也会促进自己的幸福，因为主体在他人的眼里也变成了客体。由此，我们可以这样认为，"以促进他人的幸福为义务"，作为一个命题将同时导出

"每个人的幸福都将获得提升"，借用康德的术语来说，两个命题是分析的关系。相反，如果将"以促进自己的幸福"为首要义务，那么不仅导不出后一个命题，而且可能会由此助长了人们的自我中心主义观念，从而致使每个人的幸福都受到损害。

斯洛特注意到，康德通过"对自己的完全义务"，也涉及到了对于个人利益和幸福的维护，然而，康德并没有明确意识到自己理论中所蕴含的这种"自我—他人的对称性"。相反，无论是关于对自己的完全义务还是不完全义务的论证，康德始终都是将他人的幸福作为道德义务的首要目的。对此，通过我们以上的论述，可以知道，康德在"对自己的完全义务"中其实既强调了维持生命、保护健康这种基本的义务，又在"对自己的不完全义务"中强调了发展自然禀赋、从而达到道德完善这种更高层次的义务。当然，按照斯洛特的理解，所有这些与对自己的关爱和发展有关的义务，在康德那里都属于自然的完善，而它们都是为了服务于最终的目的—自我的道德完善，这种完善的核心内容仍然是促进他人的幸福。

在此，我们即便先抛开《实践理性批判》以及《判断力批判》中康德关于理性存在者的个人幸福作为实践的最终目的的观点，也可以依据《道德形而上学》中的相关论述表明，实现个人的自然完善或者幸福，在根本意义上就具有道德性，因为就像康德所表明的，作为实现道德完善的必要条件，我们必须将其也视为义务，只不过是为了服务道德完善的间接的义务。但是，这种"间接义务"并不意味着相对于"直接义务"而言是不重要的，只是说它在道德实践中并不是处于先在的位置。但是，从康德道德理论的最终宗旨来说，他仍然是将人的幸福（无论是个人还是整体）蕴含于以道德法则为基础的美德概念之中了。因此，我们认为，这种"间接义务"其实仍然能够被转换为"直接义务"。只不过相对于那种以自我的幸福为首要的实践目的的伦理学来说，康德认为只有采取将他人的幸福作为首要目的的方式，才能够真正实现所有人的幸福。

作为当代美德伦理学的代表，斯洛特的观点体现了这一流派对于康德主义的一种普遍性的怀疑。在他们看来，由于以不偏不倚的公正性法则为核心，康德伦理学实际上忽视了个人及与个人有关的人的福利。然而，通过我们的分析，可以看到，在很大程度上，这是由于未能深入探明康德的理论内部而造成的误读。值得注意的是，同样是站在康德主义的立场上，黑尔也对于斯洛特的质疑做出了回应。他指出，康德将他人而非自我的幸福作为主体的德性义务，一方面正像康德所说的，是因为人们都是自动地追求自己的幸福，所以将其视作义务会出现概念上的矛盾；另一方面，更主要的原因是，"自我关爱的义务"本身也是不可能的，因为就"义务"而言，它的本质特征在于稳定性、普遍性，由此才能具有约束力。但是主体对于自身幸福的理解往往是不确定的，甚至在很大程度上是随意的，因此，康德否认主体应将自身的幸福视作义务。不过，这并不意味着我们不应该拥有"对自己的义务"，只是它的内涵与个人幸福没有直接关系。[1] 此外，黑尔这样解释个人幸福与"间接义务"的关系："我们自己的幸福始终是我们的目的，但是，我们并不总是像我们为了履行对于他人的义务那样关注它。因此，在某些特定时刻，我们可能没有促进自己的幸福，但这其实是应该做的。由此，康德谈论了一种促进我们自己的幸福的'间接义务'，因为这并不是一项以一般性的（并且是难以确定的）幸福为目的的义务，而是理性所要求的做特定之事的义务，否则的话，我们可能就不会去做。……无论如何，康德否认对自己的关爱是义务，并不意味着与我们有责任去促进的他人的幸福相比，我们确实或者应该将自己的幸福视为没那么有价值的。"[2]

黑尔的论证并没有解决疑问，而且还带来更多的问题。首先，如果说任何一个主体对于自身幸福的理解都有随意性，从而就不能够被作为主体所应

---

[1] 参见 Thomas E. Hill, JR., *Human Welfare and Moral Worth: Kantian Perspectives*, New York: Oxford Press, 2002, pp.187–191。

[2] Thomas E. Hill, JR., *Human Welfare and Moral Worth: Kantian Perspectives*, New York: Oxford Press, 2002, p.191.

该承担的义务，那么，这对于他人来说也是如此，也就是说，每一个人实际上都无法确定自己的幸福内涵并保持其稳定性，这样一来，我们也就没有充分的根据去促进他人的幸福；其次，也并不是像黑尔所说的那样，由于我们并不像关注对他人的义务那样关注自己的幸福，所以康德将其称为"间接义务"。根本的原因是，在康德那里，促进自己的幸福必然是人的目的，不过这首先属于人的慎思理性，也即一般的实践理性所要实现的对象，这对于理性存在者来说是自然地符合自己的欲望的，因此不能算是"直接义务"。但是，正如我们所一再论证的，由于自我的幸福也属于"人的幸福"这一整体性幸福，而且，个人的道德完善必然包含着自然完善，因此，在最终的作为"至善"的意义上，实现自身的幸福仍然是主体的义务。可是，在康德那里很明确的是，要达到这一最高目的，前提必须是通过实现他人的幸福，由此才能解决自我与他人之间先天的利益上的矛盾。据此，将他人的幸福作为"直接义务"，将是我们一切行动的基本原则。

五、完全义务与不完全义务

伍德指出："在其理念（或者纯粹概念）中，康德表明美德是一，因为义务的原则就是一。然而，与我们的意志力量相关的、不同的道德上规定的目的却是相互区别的。在值得赞扬的程度上，与一个目的相比，我们可能更加重视追求另一个目的，由此产生了很多美德。美德可以被细致地描述为众多目的，也可以被描述为有助于意志的道德力量的其他品质。尽管我们看到康德确实提供了相反的恶习的详细清单，但是，他却并没有提供诸多美德的清单。……康德显然并不是像美德伦理学的哲学家们那样去思考美德。"①

虽然伍德也像舍尔曼一样意在表明康德提供了与亚里士多德极为相近

---

① Allen Wood, *Kant and Virtue Ethics*, in Lorraine Besser-Jones and Michael Slote, ed., *The Routledge Companion to Virtue Ethics*, New York: Routledge, 2015, p.308.

的美德概念，但是，这里的看法却并不是十分客观的。① 正如我们在上一节所分析的，以"德性义务"的基本内容为依据，康德提出了众多美德细目，而且对它们做出了种类上的系统化处理，从而形成了相对完备的美德清单。不过，伍德的这一判断却是正确的，即在根本意义上，美德的概念是"一"，即康德确定了关于美德的基本定义，并在此基础上发展出了众多不同的具体的美德。在之后的文本部分，我们将指出，相对于当代美德伦理学的一些主要学者，康德在这一问题上反而做出了更加充分的理论贡献，他既像很多美德伦理学学者那样提供了丰富的美德内容，又同时以其纯粹的道德概念为核心而为这些美德建立了一般性根据，从而发展出了一种"美德体系论"。

为了更加全面而系统地展示自己的美德理论，康德又提出了"完全义务／不完全义务"这一二元模型，与"对自己的义务／对他人的义务"这一对概念联系起来，形成了比较明晰的美德体系。不过，在进行具体论述之前，我们有必要对于康德所提出的另一对概念"广义义务／狭义义务"做出一定的说明。

虽然早在《奠基》中，康德就提出了"完全义务／不完全义务"的概念，并表示将在《道德形而上学》中做出详细的阐释。但是，我们在后一部著作中首先接触到的实际上是"广义义务／狭义义务"这对概念。可以说，它们与"完全义务／不完全义务"极为相关，然而，康德并没有对这些概念进行集中而明确的定义与分类，这给我们的理解带来了麻烦。康德只是这样说："伦理义务是广义的责任，而法权义务是狭义的责任"。(*MS*:390) 在一些学者

---

① 伍德也指出，在美德的基本定义上，康德与亚里士多德是极为相近的。他们都认为，人们能够有美德地行动，是源于一种与感性偏好不同的"理性的欲望"(rational desires)，包括道德情感、良知、人类之爱以及尊重。而且，康德虽然强调了主体应该以理性压制感官欲望从而做出美德的行动，但是，他也像亚里士多德一样，在有些地方表明美德之人应该乐于遵从义务的要求而行动，即在这一过程中体验到某种愉悦感。(Allen Wood, *Kant and Virtue Ethics*, in Lorraine Besser-Jones and Michael Slote, ed., *The Routledge Companion to Virtue Ethics*, New York: Routledge, 2015, p.308)

的眼里，它们是相互等价的。① 对此，丹尼斯并不赞同，在她看来，"狭义责任"是指"由于其与法则的关系，某种行动必然被执行或者被禁止的义务。行动者在实现这一义务的过程中，并没有自行决定的自由。它们通常只赋予行动者以这样的选择限度——在付停车费时是用现金还是刷卡。它们从来不要求任何特殊的态度伴随着行动，也不要求能够作为行动根据的任何特殊的原则或者承诺。就行动本身而言，能够使其实现是某些可指明的(specifiable)条件，这些条件就是狭义的义务。"② 显然，按照这一定义，只有法权义务才是这种"狭义义务"。相对而言，德性义务则是"广义义务"，作为一种拥有"选择的自由度"的义务，丹尼斯对此也进行了比较充分的阐述："首先，没有原则能够精确地告诉行动者应该以何种方式按照所要求的准则而行动；其次，行动者可以在几种被允许的方式中进行选择，以便依照准则而行动；再次，准则并不会向行动者表明他应该在行动中将其贯彻到什么程度；最后，一个广义义务的准则可以依据另一个准则而限制行动者的行动。"③

　　相比于"狭义义务"，"广义义务"最大的特征就是"法则为遵循（遵从）留下了自由任性的一个活动空间(latitudo)，也就是说，不能确定地说明应当如何通过行动为同时是义务的目的而发挥作用，以及发挥多少作用。"(MS:390) 不过，康德也同时表明，这并不意味着广义的义务就是一种不在行为准则许可范围之内的"例外的情形"。本质上，它仍然隶属于德性

---

① 　像帕通、苏利文等人就持此观点，参见 H.J. Paton, *The Categorical Imperative—A study in Kant Moral Philosophy*, Philadelphia: University of Pennsylvania Press, 1971, p.148; Roger J. Sullivan, *Immanuel Kant's Moral Theory*, Cambridge: Cambridge University Press, 1989, pp.51–52。

② 　Lara Denis, *Moral Self-Regard—Duties to Oneself in Kant's Moral Theory*, New York: Routledge, 2012, p.35. 为了更加清楚地表达自己的观点，丹尼斯还引用了科斯嘉 (Christine Korsgaard) 的阐释作为支持。后者这样理解"狭义义务"，即以某种方式可以被取消的义务，而"广义义务"则不可能。例如，一个人可以缴税，而且能够完成，但是，保存并发展自己的义务却从来不可以被完全取消。(Lara Denis, *Moral Self-Regard: Duties to Oneself in Kant's Moral Theory*, p.35)

③ 　Lara Denis, *Moral Self-Regard: Duties to Oneself in Kant's Moral Theory*, New York: Routledge, 2012, p.31.

义务，是在一个准则的基础上进一步衍生出来的行动的准则，例如，由于爱自己的父母而爱邻人。

可见，"狭义义务"的范围是明确的、有限的，而且它要求被无条件地遵守。重要的是，它并不考虑行动者的内心意愿，因此，它一般呈现为作为外在强制的法权义务，在这个意义上，"狭义义务"只是意味着一个人的外在自由与其他人的外在自由是相互一致的。然而，"广义义务"的范围确实是不确定的，甚至是不断延展的，它对于人们也并没有完全的约束力，也就是说，人们可以自愿选择是否依循它而行动，在这个意义上，"广义义务"强调了对行动者内在自由的重视。

不过，丹尼斯注意到，虽然所有的法权义务都是狭义的，而所有的德性义务都是广义的，但是，康德并没有进一步说明的是，是否所有的狭义义务都是法权义务，而所有的德性义务都是广义义务？① 这种疑问是有道理的，而且，随着"完全义务 / 不完全义务"概念的提出，这一问题更加难以被说清了。

康德指出，"唯有不完全的义务才是德性义务"。(*MS*:390) 它的意思是，在主体愿意服从这种义务的前提下，一旦违背这种义务并不马上就构成过失，而仅仅是"道德上无价值的"。当然，主体也可以选择不服从，即主体拥有一定限度的选择自由，而如果履行这种义务，那么就可以被称为"功德"，即"值得赞赏的"。例如，主体可以自行决定是否关爱自己的邻人，并没有某种外在的法则要求主体必须这么做，在这种情况下，一旦这样做了，那么就是值得被赞扬的行动。可是，无论行动者主观上是否愿意，保护他人的生命权、财产权，都是在契约关系中必须被严格遵守的。概括来说，"完全义务"是应该的，而"不完全义务"则并不是应该的，但如果做了却是值得赞扬的。如此一来，法权义务似乎就相当于完全义务（也是狭义义务），

---

① 参见 Lara Denis, *Moral Self-Regard: Duties to Oneself in Kant's Moral Theory*, New York: Routledge, 2012, p.32。

而德性义务就相当于不完全义务（也是广义义务）。

应该看到的是，这样的理解与康德在其他一些地方的表述有所矛盾。首先，康德将德性义务的内涵确定为"自己的完善与他人的幸福"，也就是他所说的主体"对自己的义务"与"对他人的义务"。可是，康德在德性义务中又使用了"完全义务／不完全义务"的概念。例如，在"对自己的完全义务"中，康德表明在这一纲目下包含着生命的维护与基本的道德操守（反对自杀、淫荡、酗酒、暴饮暴食、说谎、吝啬以及阿谀奉承）；而康德接着提出了"对自己的不完全义务"，它就是我们此前所说的"自然的完善"（发展自己的天赋，培养自然力量）与"道德的完善"（纯粹的道德意向）。可见，即便我们可以按照康德的定义把不完全义务都视为德性义务，但是，反过来却不是这样，即并非所有的德性义务都是不完全义务。

其次，正像丹尼斯所注意到的，在康德那里，有些时候，完全义务也并非就等于狭义义务，不完全义务也并非等于广义义务。例如，康德表明，"对自己的完全义务"和"尊重的义务"（无论是尊重法则还是尊重他人）都属于德性义务，德性义务是广义的，因此，这两种义务也就同时属于广义义务或者不完全义务。其中，就"对自己的义务"而言，康德虽然明确无误地说"自然的完善"是广义的义务和不完全的义务，(*MS*:446) 但是，对于"道德的完善"，他又说："这种对自己的义务是一种在性质上狭义的和完全的义务，尽管在程度上是一种广义的和不完全的义务，这是由于人性的脆弱。"(*MS*:446)

就"尊重的义务"而言，也有着同样的矛盾的说法。"对他人的自由敬重的义务，由于真正说来只是消极的（不把自己抬高到他人之上），而且与不减少任何人的'他的'法权义务相似，尽管被视为纯然的德性义务，但与爱的义务相比却被视为狭义的义务，爱的义务因此被视为广义的义务。"(*MS*:450)

据此，丹尼斯指出，这些论述只能表明一点：康德并不是在严格的、明确的意义上使用"狭义的"和"广义的"这类概念的。出于这一原因，丹尼斯主张："我们不应该将'狭义的'这一不恰当的、比较性的性质归于尊重的义务，因为这会破坏一般性的定义，即所有德性义务都是广义的。"① 康德在使用这些概念时所表现出的不一致性，表明了他难以确定将狭义义务与广义义务区分开的"限度"(latitude)的真正涵义。

虽然存在严重的阐释上的困难，但是，我们并不赞同丹尼斯的这一结论。其实，康德所做的基本的分类仍然是比较清楚的。所谓"狭义的"与"广义的"，它们分别对应于作为完全义务的法权义务与作为不完全义务的德性义务。但是，这种二元分类并不是绝对的，也就是说，两套概念所存在的差别并不是本质性的，而只是在程度上相对的，有时则是基于不同视角所产生的。例如，康德在论述以自我的道德完善作为德性义务时这样说道：

"因为义务是追求这种完善性，而不是（在此生）实现这种完善性，因而对这种义务的遵循只能在于不断的进步，所以这种完善性在客体（人们应当使其实施成为自己目的的理念）方面虽然是对自己的狭义的和完全的义务，但考虑到主体却是对自己的广义的，仅仅是不完全的义务。"(*MS*:446)

因为人的本质是"理性"，而理性的充分发展就是道德完善，这决定了人必须将道德完善作为他的人生目的，即狭义的、完全的义务。然而，这只是从客体的角度，即"理性的本质"来说的，当我们采取主体的角度，那么，就每一个人都由于自己的经验性、有限性而不可能真正达到绝对的道德完善而言，这种义务又是广义的、不完全的，而当我们朝着这方面不断努力时，就是值得被赞扬的美德的体现。对于其中复杂的内涵，康德最终以一种"辩证性"的语言进行了阐释："说到作为道德目的的完善性，虽然在理念上（在客观上）只有一种德性（作为准则的道德力量），但在事实上（在主观上）却又大量具有异质性状的德性（尽管它们正是因为德性而通常不使用恶习的名称）。但是，自我认识永远不使我们充分了解种种德性的总和是完备的还

---

① Lara Denis, *Moral Self-Regard: Duties to Oneself in Kant's Moral Theory*, New York: Routledge, 2012, p.35.

是有欠缺的，它可以说明只有不完全的义务才是完全的。"

这种"相对性"阐释同样也体现在"尊重的义务"上。在"对他人的义务"中，康德提出"爱的义务"与"尊重的义务"这两种基本类型，毋庸置疑的是，作为德性义务，它们首先都应该属于不完全义务或者广义义务，因为相对于狭义的、完全的法权义务，它们主要体现在主体的主观能动性上，即出于对他人或者法则的真正认可的情感而确立的义务，是值得被赞赏的。但是，康德在二者之间又做出了程度上的区分。正像康德在《奠基》与《实践理性批判》中就已经说过的，道德情感的基本特征就是对法则的尊重，而尊重道德法则同时也就意味着尊重他人，然而，对于他人的爱却是在这种尊重之上的情感的进一步的延展与充实，因此，相对而言，"尊重的义务"相当于狭义的、完全的义务，而"爱的义务"则相当于广义的、不完全的义务。

其实，即便是德性义务与法权义务之间的区分也并不是绝对的："虽然行动对法权的适应（做一个守法的人）不是什么有功德的事，但这样一些行动的准则的适应，作为义务，亦即对法权的敬重，却是有功德的。"(MS:390)当主体不仅按照法权义务而行动，而且，他是发自内心地尊重法权义务，那么，在这种情况下，"法则自身同时成为动机"。(MS:391)作为人的主观意向的自由表现，它就接近于德性义务，因此是值得赞扬的。由此，康德指出："这些义务也必须被归为广义的责任，就广义的责任而言出现了其伦理回报的主观原则（确切地说是为了使这些义务尽可能接近一种狭义的责任的概念），亦即按照德性法则对它们的易感性的主观原则，也就是一种道德上的愉快的原则，这种愉快超出了纯然的对自己的满意（这只能是否定性的），而且人们赞美它，说德性在这种意识中就是它自己的酬报。"(MS:391)

可见，在一般性意义上，康德确实是将德性义务、广义义务和不完全义务等同使用的；同样，法权义务则是狭义的、完全的义务。在这一问题上，我们比较赞同帕通、苏利文等人所持有的传统的观点。但是，丹尼斯的质疑是有益的，它帮助我们进一步认识到，这些概念之间并不存在根本性的区别，而是在不同的情况下拥有相对性的涵义。在康德那里，所谓"狭义的／

广义的"、"完全的／不完全的"这些概念，其实都适用于对德性义务或者法权义务的说明。借助于这一框架，康德主要是想表明一种义务在何种意义上是应该被遵守的，以及应该在何种程度上被自愿地履行。这里，我们认为，康德实际上展示了他所说的德性义务所具有的情境化内涵。也就是说，相对于稳定的、普遍化的道德法则，康德通过这种结合了人的感性体验的美德，展示了在不同阶段人们对于行为准则与目的的理解。重要的是，这样的划分能够赋予行动者以选择的自主性，并且为行动的多样性提供合理的支持。例如，相对于仅仅作为外在约束的法权，维护自己的生命以及身心健康就是"初级的"美德，虽然也属于不完全的义务，但是，与发展自己的自然天赋以及培养自然力量相比，这又成为狭义的、完全的义务。进一步地，在自我的道德完善阶段，这种自然的完善则成为必要的前提，履行这一义务应该是我们对自己的强制性要求。同样地，在人与人的关系方面，与仅仅在法律的约束下承认他人的基本权利相比，出于主观意愿地尊重他人的权利是美德的体现，然而，在需要对他人施以仁爱或者同情时，这种尊重又仅仅是我们对他人所应该具有的初级的道德情感。

六、实现美德

在《道德形而上学》的"德性论"部分，康德正式确立了他的美德理论。从主要概念到种类划分，康德比较全面地呈现了先验哲学的美德体系。由于始终以义务论的基本主张为根据，康德眼中的"美德"被称为"德性义务"，这意味着一切称得上"美德"的品质特性都必须以符合道德法则为前提。在这一基础上，康德向我们提供了一些主要的美德，它们是形成一种"好的品格"的重要元素。通过这些论述，康德致力于表明：人应该如何实现美德。

首先，康德再次强调了道德情感的重要性。相对于法权义务对于外在自由的要求与保障，德性义务最重要的特征就在于它是行动者内在自由的体现。由此，道德法则不再是某种外在的强制性约束，而是借助情感的认可转化为行动者内心真实的行动力量。对此，康德称之为"对义务概念的易感性的主观条件"，而非"为道德性奠定基础的客观条件"。(*MS*:399) 与经验主义者不同的是，康德认为这些情感虽然是感性的，但却是"先行的、自然的心灵禀赋"。(*MS*:399) 因为它的起源并不在于经验，而是主体对于道德法则的意识。

这种道德情感其实就是我们此前所讨论的"对于法则的尊重"，作为先天的、形式化的实践情感，尊重以其理智性根源而展现为自然的心灵状态。不过，虽然在逻辑上有先后之分，但在实际过程中，对于理性法则的意识同时就呈现为尊重的情感，通过意志的活动成为促发行动的动机。在这里，康德进一步地将道德情感分析为四种基本类型：道德情感、良知、对邻人的爱以及对自己的敬重（自重）。

显然，这里出现了两种"道德情感"概念，我们可以分别将其称之为"道德论中的道德情感"与"德性论中的道德情感"。要想阐明二者的区别是困难的，但是它们似乎又确实存在于不同的语境中。我们认为，前者可以被视为狭义的概念，即仅仅作为对于道德法则的"尊重"或者"敬重"的道德情感，而后者则可以被视为广义的概念，即不仅仅是"敬重"，而且也包含着良知、人类之爱这种普遍性的道德情感。

显然，康德并没有像我们这样从"狭义的／广义的"角度分析两种类型的道德情感，不过，依照其总体性思路，我们认为这种理解是正确的。在具体论述这种广义的道德情感时，康德并不是像在其道德论中那样只是围绕"对于法则的尊重"或"对于他人的尊重"而展开，而是侧重于揭示道德情感本身所具有的性质，作为"有自由任性对自己被纯粹实践理性（及其法则）所推动的易感性"，(*MS*:400) 康德表明这是一种愉快或者不愉快的感受。也就是说，与席勒式的单纯的快乐的道德主体不同，康德认为拥有道德情感的人既可能是愉快的，也可能是不愉快的，正如我们此前所论述的，关键在于道德意识与具体的、特殊的人格心理如何结合起来。而无论怎样的感受，只要是以对于道德法则的尊重作为前提，那么就都并不真正影响行动的道德价值。

道德情感不同于病理性的情感，后者在《实践理性批判》中就已经出现了，"对情感（麻烦的情感）的否定性作用，如同对情感的一切影响以及如同任何一般情感一样，是病理学的。"(*KpV*:75) 这一段表述并没有澄清太多的东西，不过，通过与由纯粹实践理性产生的道德情感相比较，我们对其能够获得更加清晰的理解。在"德性论"中，康德再次表明，病理性情感是"一种先行于法则的表象的情感"，而道德情感则是"继法则的表象而起的情感"。(*MS*:399) 同时，康德也将道德情感与道德感觉作了区分，"因为感觉这个词通常被理解为一种理论的、与一个对象相关的感知能力，与此相反，道德情感（例如一般而言的愉快或者不愉快）是某种纯然主观的东西，它并不提供认识。"(*MS*:400) 现在的问题是，病理性情感是否等同于道德感觉？康德对此并没有进一步的阐释。我们认为，二者仍然是有某种区别的，就像康德所言，感觉不同于情感，它是指感知一个对象的能力，并可能与范畴结合起来形成关于这个对象的理论认识。而任何一种情感都是主观的心理活动，它并不涉及对于某个对象的认识。通过病理性情感，康德主要是想表明在逻辑上存在着一种先行于法则的情感态度，它能够作为行为的根据与动机，但是，它却不能保证道德行为的纯粹性。除此之外，康德并没有对这种病理性情感进行更为充分的说明，它主要是在与道德情感相对的意义上被理解的。

良知也是一种基本的道德情感类型，它是"在一个法则的任何事例中都告诫人有作出赦免或者宣判的义务的实践理性。因此，良知的关系不是与一个客体的关系，而是仅仅与主体的关系（通过其行为激发道德情感）。"(*MS*:400) 对此，盖耶却指出："尽管良知也被作为对义务的易感性的前提，但它本身并不是一种情感。相反，它产生、激发或者影响某种作为行为动机的道德情感。"在盖耶看来，良知就是一种经验现象，或者说是对道德法则的意识："因此，良知并不是一种意志的本体性规定的要素，而是主体实际的经验状态。作为道德行动的经验性原因，它至少分为两个阶段：首先，存在着与一种特定选择相关的、对于良知的声音的经验性倾听；然后，这种倾听产生了情感，它是行动的经验性动机。"①

盖耶的论述含糊其辞，反而带来了不必要的混乱。依据康德的概念体系，如果良知是一种经验现象，那么它就是情感。良知肯定不能作为意志的规定根据，而确实只是主体的实际心理状态，由此，也就不存在像盖耶所说的"对于良知的声音的经验性倾听"，更不存在通过这种神秘的"倾听"而产生的情感。和对于道德法则的尊重类似，良知就是主体内心的一种似乎"天然的"道德情感，是潜藏在人性之中的向善的趋向或者禀赋，如果经过一定的培养或者导引，那么就会发展为人的有意识的道德动机。

作为道德情感的第三种类型，人类之爱是"一种对他人的无私的善意"。(*MS*:401) 对此，康德在讨论"对他人的义务"时，对其进行了更为充分的阐释。首先，正像此前所说明的，相对于对他人的尊重，人类之爱属于广义的、不完全的义务，因为它是在"尊重"这一狭义的、完全的义务之上进一步延展的义务，同时也是"人是目的"这一道德法则的充分实现。与利己主义相反，人类之爱要求主体以他人的福乐为乐，即成为"博爱主义者"。不过，康德并不是以此提倡某种单纯的利他主义。他指出，任何人都希望他人对自己有善意，而产生这一结果的前提则是首先对他人有善意，如此，"作为普遍立法者，将我和我之外的所有他人一起，按照平等的原则包括在交互善意的义务之中，并且允许你自己对自己有善意。"(*MS*:451) 可以说，作为值得赞扬的不完全义务，人类之爱是"对他人的义务"的高级形式，是"定言命令"中"目的王国法则"的现实性表现。

重要的是，基于人类之爱，康德进一步探讨了"爱的义务"的普遍性与特殊性，而在我们看来，这直接反驳了当代美德伦理学针对康德伦理学所提出的批评。在当代美德伦理学看来，康德伦理学由于以普遍性的道德法则为基础，从而导致其"不偏不倚性"的原则严重影响了适当的、符合人们正常

---

① Paul Guyer, *Moral feeling in the Metaphysics of Morals*, in Lara Denis, ed., *Kant's Metaphysics of Morals: A Critical Guide*, Cambridge: Cambridge University Press, 2010, p.143.

心理的道德判断与行动，以至于出现了威廉斯所说的"思虑过度"以及斯托克尔所说的"精神分裂"。然而，康德却在这里表明，以道德法则为根据的爱虽然要求普遍性，但是，这并不意味着它排除了任何一种偏倚性："一个人对我来说毕竟比另一个人更近，而我在善意中是我自己最近的人。现在，'把你的邻人（你的同类）当作你自己来爱'这个公式如何是正确的呢？如果一个人对我来说（在善意的义务中）比他人更近，因而我有责任对一个人比对他人有更大的善意，但对我来说我自己承认（即便按照义务）比任何其他人都更近，那么，看来我要不与自己相矛盾就不能说：我应当爱每个人如同爱我自己；因为自爱的标准不会准许有程度上的差别。……因为在愿望中，我对所有人同样有善意，但在行善时，程度却按照被爱者的不同（他们中的一个人与我的关系比他人更近）而毕竟很为不同，这并不侵犯准则的普遍性。"(MS:451–452)

康德也意识到，他所提倡的人类之爱，很容易产生绝对的、普遍化的泛爱，从而无法与现实中合理的特殊之爱相贯通。为此，他首先修订了传统的道德法则：爱人如己。他认为，如果爱每一个他人在程度上都像爱自己那样，那么将导致感情的平均化，但这样一来，我们就找不到合适的理由支持对于关系相近的人的爱。显然，这种"爱无差等"违背人性的正常诉求，并不具有太多的"可操作性"。不过，博爱主义并不能被否定，它由于符合道德法则的基本要求而必然是我们应该追求的美德。因此，从理论角度来说，康德认为这种博爱主义可以作为人的主观的"愿望"，它类似于上帝对每一个人所施与的平等的爱，"亦即使他人的福乐和得救成为自己的目的（行善）"。(MS:452) 然而，从现实角度来说，我们必然将结合关系上的远近而选择对于他人施以程度不同的爱，这样，在爱的义务中，普遍性与特殊性才能够相互贯通起来。

依据这一论证，我们能够明白，以威廉斯、布鲁姆以及斯洛特等人为代表的当代美德伦理学的倡导者，在批评康德的"不偏不倚性原则"时，其实犯了以偏概全的错误。从情感主义立场出发，他们认为康德由于以理性法则作为行为的评判标准，结果导致主体罔顾情境的复杂与人性的精微，从而不能对事件进行准确的道德判断，而且就像威廉斯、斯托克尔所说的那样，这种"以道德义务为行动规范"的主体，很可能其主观动机与外在法则是相互分离的，以至于出现冷漠无情的"有道德的行动者"。对此，这些情感主义者几乎一致地主张以"仁爱"或者"同情"作为"理性"的替代品，在他们看来，当以人的天然情感作为行为的根据与动机时，这样的行为不仅是合乎道德的，而且也更加符合情境与人性的复杂特征。

这样的批评显然没有注意到，康德在其不同的文本中对于道德情感做出了一系列重要的论述。尤其是，在"德性论"中的这一部分，康德通过讨论"爱的义务"，向我们呈现了他的情感主义伦理学。我们认为，作为一种道德情感的人类之爱，是康德所说的纯粹的理性法则的一种具体的、感性化的表现，它在"先天的"意义上的确要求普遍地对他人施以关怀或者行善，就此而言，情感主义者（包括当代美德伦理学的支持者）的理解是正确的，即康德式义务论是以"不偏不倚的"道德法则为行动的基本的衡量标准。但是，这种理解并不全面，以"定言命令"为最高形式的道德法则只是行为的一般性约束，而并不是全部的规范。正如赫尔曼所言，这种道德法则只是一个高阶的慎思性原则，是对于特定的行动准则进行"程序性"的检验，只有通过这一检验的准则才是被允许的，它并不针对特定的行动提供具体的指导，因此，像威廉斯所指责的这种"不偏不倚性原则"会破坏"个人完整性"，其实是一种误解。赫尔曼进一步指出，坚持康德式的"道德至上原则"，意味着即便是符合"个人完整性"原则的行动，只要是与法则相冲突的，那么这种行动就是不正当的。① 而在我们看来，在"爱的义务"中，康德特意强调了亲疏远近的重要性，在并不违反一般性道德法则的前提下，这必然是行动者所应该考虑的要素。

---

① 参见 Barbara Herman, *The Practice of Moral Judgment*, MA: Harvard University Press, 1993, pp.37–44。

在"爱的义务"这一基本美德之下，康德又分析出其中的三种类型：行善的义务、感激的义务、同情的义务。可以这样认为，行善的义务的主体是施惠者，感激的义务的主体则是受惠者，而同情的义务则是针对每一个行动者。其中，行善的义务相当于美德伦理学以及情感主义所强调的仁爱，即"尽自己的能力帮助身处困境的其他人得到他们的幸福，对此并不希冀某种东西"。(MS:453) 帮助他人是每个人的义务，不过，作为不完全义务的美德，行善并不是强制性的，它是主体出于自愿而产生的行动。不过，在这里，康德对此做出了具体的限定，首先，他要求主体不能将自己的所做所为声张出去，否则的话就将退化为一种自私自利的行为，即并不是以帮助他人为目的，而只是为了满足自己虚荣心；其次，施惠者也不能要求受惠者必须因其受到帮助而怀有感恩之心，更不能要求有所回报，"因为若不然，这就不是真正的行善了，他向他人显示这种善行，是通过他表示想要给后者强加一种责任（这在后者自己看来往往是对他的侮辱）。"(MS:453) 行善，或者仁爱的行动，是人们所应该具有的美德，不过，相比于基本的道德义务，它们并不具有"强制性"。然而，它始终要以基本的道德法则为限制，这就要求行善者要在尊重人的尊严，也即人格的绝对价值的前提下帮助他人。据此，帮助他人并不是一般性的"施惠"，而是在道德法则的"召唤"下履行自己所应该承担的义务。当然，主体是可以有选择余地的，如果一个富人并不打算为穷人捐款，那么他并不至于受到谴责，但当他选择帮助穷人时，他也绝无资格自鸣得意，更不应该试图借此博得慈善家的名誉。

相比于行善的义务，感激的义务是从受惠者角度来说的，它是"由于一种向我们提供的善行而对一个人格的崇敬"。(MS:454) 需要指出的是，康德同时表明，"感激是由道德法则而来的直接强制，亦即义务。"(MS:455) 这一表述似乎与我们所说的不涉及强制性的德性义务有所矛盾。对此，我们认为，首先，正如此前所分析的，在康德那里，无论是"狭义义务／广义义务"，还是"完全义务／不完全义务"，它们只是具有相对的而非绝对的区别，同样，道德义务与德性义务的区别也是相对的，甚至有时候康德就是将二者视为相互等价的概念，在这种语境中，二者几乎具有相同的强制性，关键在于，应该结合具体的实际情况来确定这种强制性的强度和广度。以"行善的义务"为例，虽然它并不具有绝对的强制性，即我们不应该要求一个富人在一般情况下必须资助他所接触到的穷人，而如果他这样做了，也应是主要出于他自己的美德，但是，如果在另外一种情况下，即只有这个富人的帮助才能使这个穷人脱离当下的困境，否则这个穷人的境况将发生进一步的恶化，同时，这一帮助行为并不会对于富人的利益产生明显的损害，那么，此时，这一行为就是在强制性法则的要求下这个富人所应该承担的道德义务，而非仅仅是作为不完全义务的德性义务。当然，即便如此，这个富人仍然可以选择拒绝履行这个义务，因为这个义务所具有的强制性仍然只是道德意义上的，而非康德所说的具有外在约束力的法权意义上的，只不过如此一来，这种冷漠行为就要受到道德上的严厉谴责。

但是，另一方面，感激仍然可以作为一种不具有那么强的约束力的德性义务。受惠者应该感激帮助他的人，而他也可以由于内心的冷漠、迟钝，或者单纯的性格缺陷拒绝对于施惠者抱有感激之情，不过，按照康德的德性义务的要求，这些都不构成施惠者不对受惠者施以援手的理由，相反，德性义务对于任何人而言都是"目的本身"，即不应该以此成为达到其他目的的手段。与此同时，受惠者也应该将感激的义务作为"目的本身"，而不能"把这种感激仅仅当作达成我的另外意图的手段来使用"。(*MS*:455) 也就是说，受惠者不应该将对于施惠者的感激作为获得更多帮助的手段，而是应该主要出于纯粹的对于对方人格的崇敬而表现出自己的谢意，就受惠者意向上的这种纯粹性而言，康德将感激视为具有直接强制性的道德义务。

相比于前两种"爱的义务"，同情的义务是对于所有理性存在者的要求，是"对他人的快乐和痛苦状况的一种（因此可以被称为审美的）愉快或者不快的感性情感"，是人心中的一种自然的易感性。(*MS*:456) 康德将同情分为两种形式：一种是自由的情感，是基于实践理性的"自由的感觉共联性"，可以称之为"同情性的"；另一种是不自由的情感，是基于热情或者感觉的

"不自由的、奴性的感觉共联性","是以自然的方式在比邻而居的人们中间蔓延的",可以称之为"传达性的"。(*MS*:456–457) 康德认为,只有第一种同情才涉及责任。

虽然康德并没有围绕"同情"问题着墨太多,但是,他所提出的基本思路却让我们看到其伦理学所具有的独特的情感主义态度。康德表明同情是一种美德,但显然也是一种基于道德法则的责任。作为一种德性义务,它是在实践理性的作用下对于他人的感同身受。只有理性才能够提供判断与反思,这样的同情才被康德视为"自由的",相比而言,那种仅仅是出于自然的感性偏好的同情则是不自由的,它们只是由于人与人之间的"临近"关系而形成的"感情的传染"。我们认为,这一观点很可能针对的就是在《实践理性批判》中以哈奇森为代表的情感主义的倡导者。同时,虽然没有明确地提及休谟,但是,康德所说的"感情的传染"其实就属于休谟对于"同情"的理解。后者认为,同情是基于类似或者邻近关系而产生的自然倾向或者情绪,这种关系既可能存在于身体或者心灵结构方面,也可能存在于举动、性格、国籍以及语言方面,空间、血统与教育上的相近也会促使同情发生。①

在当代的情感主义者眼中,是以"理性"还是"同情"为道德根据以及行为动机,构成了康德主义与休谟主义的根本分野。对此,情感主义者们站在休谟的立场上已经给予了康德式"理性中心主义"大量的批评。他们的基本主张是,休谟式情感主义以同情或者仁爱为道德行为的根据与规范,相比于理性反而能够更加准确地进行道德判断,从而做出合适的举动。对此,我们已经首先通过分析康德的"理性"与"意志"概念,表明其中必然包含着充分的情感要素;其次,康德在这里更为明确地指出,虽然不能作为道德行为的根据,但是,同情仍然是重要的,作为一种道德情感,它能够让人们更加敏感于他人的不幸处境,从而在理性的指导下做出适当的反应;再次,在康德看来,如果以同情作为行为的根据以及动机,那么这种行为就是不自由

① 参见 [英] 休谟:《人性论》(下册),关文运译,商务印书馆 1997 年版,第 352—355 页。

的，即并不是出于人的自律而进行的自由选择，因为它是人的自然倾向的表达，在没有理智性要素参与的情况下，其实是为了满足人的感性需要，这样的行为虽然是善的，但是不具有道德价值。的确，休谟的主张恰恰印证了这一点。在他看来，"德的本质就在于产生快乐，而恶的本质就在于给人痛苦。"① 主体出于同情的动机而施行道德行为，就是以获得快乐为目的的："当任何性质或者性格有促进人类福利的倾向时，我们就对它表示高兴，加以赞许；因为它呈现出一个生动的快乐观念来，这个观念通过同情来影响我们，而且其本身也是一种快乐。"②

康德批判任何一种以情感或者欲望的满足作为行为根据与动机的理论，因为这样的主体是受到感性冲动的束缚，在自然因果性的规定下，不自由的主体不可能施行具有道德价值的行为。并且，情感或者欲望由于其主观性、偶然性以及变化性，无法提供具有普遍规范意义的原则。其实，休谟也已经注意到了这一点，他说："不过这种同情既是很容易变化的，所以有人或许会认为，道德感也必然可以有一切同样的变化。我们对于接近我们的人比对于远离我们的人较为容易同情；对于相识比对于陌生人较为容易同情；对于本国人比对于外国人较为容易同情。不过，同情虽然有这种变化，可是我们不论在英国或在中国对于同样的道德品质，都给以同样的赞许。它们显得同样是善良的；并且同样得到一个明智的观察者的尊重。同情虽有增减，而我们的尊重却仍然没有变化。因此，我们的尊重并不是由同情发生的。"③ 休谟承认，同情并不能保证主体的"尊重"，而在我们看来，只有"尊重"才是最为重要的道德情感，也正像康德所说，它是由纯粹的实践理性所确立的对于人的尊严的认可与敬意，只有以此为根据才能够产生具有道德价值的行为。遗憾的是，在这一问题上，休谟虽然有所触及，但是并没有就此进行更为深入与严密的思考。

---

① ［英］休谟：《人性论》（下册），关文运译，商务印书馆1997年版，第330—331页。

② ［英］休谟：《人性论》（下册），关文运译，商务印书馆1997年版，第623页。

③ ［英］休谟：《人性论》（下册），关文运译，商务印书馆1997年版，第623页。

在"对他人的爱的义务"中，康德在行善、感激与同情三种美德之后，相应地指出了违背"爱的义务"的三种恶习，分别是妒忌、忘恩负义与幸灾乐祸。接下来，他则讨论了"对他人的敬重的义务"，从整体结构上说，这一部分是对应于他所提出的第四种道德情感类型，即"敬重"（Achtung）。

在"人类之爱"后，康德指出："人心中的法则迫使他不可避免地敬重他自己的本质，而这种情感（它是一种独特的情感）就是某些义务，亦即某些能够与对自己本身的义务共存的行动的一个根据。"(MS:403) 在其道德论中，康德就已经重点讨论过这种情感，因此，在这里并没有做过多的阐述。结合德性论的整体布局，我们认为，康德在这里提及对于道德法则的"敬重"，其目的一方面是要再次强调这一核心性道德情感的重要性；另一方面是要以此与"人类之爱"形成一种制约关系，因为任何一种爱的义务都是基于偏倚性原则的，而纯粹理性下的敬重能以其不偏不倚性与之形成某种平衡。

相比于情感主义者，康德始终不相信情感能够奠定公正的、普遍的行为规范，在他看来，情感的作用不容忽视，但主要是为了能够让理性判断更加准确，让道德行动更加易于发生，同时，作为人格中的重要组成部分，良好的情感培养也有益人的身心健康。在"对他人的义务"部分，康德在论述完"爱的义务"之后，就指出了对于他人的尊重的重要性。以"出于他人应得的敬重而对他人的德性义务"为标题，康德认为，我们应该尊重那些配享这种尊重的人，这是我们应该拥有的美德。作为平等的理性存在者，每一个人都拥有人格尊严，而"尊重"或者"敬重"就是"对一种无价的、没有可以用价值评估的客体与之交换的等价物的价值的承认"。(MS:462) 在"定言命令"中，"人是目的"集中表达了人性的尊严，即在任何时候都不能将人（无论是自己还是他人）仅仅当作手段而不同时视其为目的。可以说，由于人所具有的这种先天的尊严，"敬重"是康德伦理学中一切美德的根源与核心，任何品格特性只有在接受"人性论法则"的衡量与确证之后才有资格被视为美德。从这一角度来说，当代美德伦理学中的一些极端主义者可以被视为是与康德主义严重冲突的，尤其是像威廉斯这样的典型的反规则主义者。不过，一方面，我们已经通过前面的分析表明，康德的道德理论并不是像麦金泰尔、麦克道威尔以及威廉斯所认为的那样是纯粹的、僵硬的规则主义，"定言命令"其实是一种极度形式化的原则检验程序，它确立的是最低限度的道德约束；另一方面，即便是像威廉斯这样的极端主义者，也不敢完全取消任何一种规范性判断，尤其是，他也要求排除那种"当下即是的相对主义"，而只保留"远距离的相对主义"。更何况，像斯万顿、赫斯特豪斯等人已经开始为美德行动寻找一种新的规范性标准。

　　从"敬重"这一基本美德出发，康德提出了与其相关的其他美德与恶习。例如"谦虚"，它是"一个人的自爱自愿受他人的自爱的限制"，即"自爱的节制"。相反，放弃这种自我节制就是"自爱"，或者"不谦虚"，而"要求被他人敬重的不谦虚"，就是"自负"。(MS:462) 当一个人拒绝给予他人应得的尊重时，那么就会蔑视他人，具体表现为三种恶习：傲慢、毁谤以及嘲讽。由于是对人的尊严的直接冒犯，在康德看来，它们都是我们应该极力避免的，有些甚至需要被侮辱者做出有尊严的防卫。

　　以上所说的"对他人的义务"，都是从行动主体的角度来说的，作为客体，他人是需要行动主体去爱或者敬重的对象，这在康德看来，仍然属于"单一性视角"。接下来，康德就将目光投向"人们相互之间的伦理义务"，即从"交互性角度"审视人与人之间所应该建立的合乎道德要求的关系。康德认为，这种关系最基本的形式就是"友谊"，它是"两个人格通过相同的彼此的爱和敬重而结合"。(MS:469) 作为一种德性义务，友谊"是一个纯然的（但毕竟是实践上必要的）理念，是虽然在实施时无法达到，但却由理性托付去追求的（作为彼此间善良意向的一种最高境界）、绝非普通的、而是十分光荣的义务"。(MS:469) 可见，友谊虽然是一种日常情感，但在康德眼中仍然是要以理性为根据的，在这个意义上，他提倡的友谊"必须是纯粹道德的"。(MS:470)而在理性的控制之下，友谊不仅仅是两个平等人格之间的爱，更主要的是基于道德法则的相互敬重。对此，康德给予了详细的分析。他指出，友谊所应当坚持的一个重要原则是：即便最好的朋友相互间也不应当不分彼此。(*MS*:470) 即朋友之间固然应该保持亲密的关系，但不能由此逾越了道德的界限，以至于违背了相互尊重对方人格的基本法则。例如，一个经济上比较贫困的人受到了他的朋友有力的接济。在他的朋友看来，长年坚固的友谊促使自己这么做，而且这样的帮助也并不构成对自己利益的明显损害。在康德看来，这样的友谊既是出于作为朋友的德性义务的要求，也是出于一个人对另一个人的关心或者爱的情感的要求。但是，如果其中任何一方仅仅将这种帮助行为视为关心或者爱的表示，那么就很有可能产生最终伤害友谊的情况：一是作为受惠者来说，他会认为这种帮助完全是由于朋友对他的自然情感，即"友情的需要"，是对方在这种情感的驱动下所"不得不"采取的行动，或者是这种情感所导致的朋友应该承担的义务，因为受惠者会认为自己在接受帮助的同时也在以相应的友情作为回馈，而这对帮助他的朋友来说也是一种情感的满足，那么，在这种局面下，受惠者就不会对于施惠者报以应该的感激之情，甚至于会向朋友提出更多的要求，而他始终相信所有这些要求都是因为友情允许甚至鼓励他这么做的；另一方面，从施惠者的角度来说，认为友谊仅仅是关心或者爱的一种形式，也可能会导致不好的后果，即以这一名义对受惠者施以过度的情感关注，而这很可能会发展为对对方自由意志的干涉，这种"父权主义"将有意或者无意地贬低受惠者的人格尊严，使其产生低人一等的自卑感。同时，过度的关怀也会让对方感到自己承受了过多的情谊上的负累，以至于丧失了自主的人格而沦为了这种友情的奴隶。

总之，缺少了作为根据与规范的理性，友谊将变成单纯的情感的工具，而情感具有盲目性、冲动性乃至强迫性的特征，在它的完全驱使下人们将丧失相互之间通过对对方人格的尊重而保持的合理的限度，从而有可能使得任何一方感到被贬低或者侮辱。为此，在康德看来，友谊的美德必然包含着理性，而且只有在尊重人性这一独立价值的基础上，人们才能建立起合适的爱，"友谊中的爱不能是冲动：因为冲动在选择上是盲目的，在延续时将灰飞烟灭。"(*MS*:471)

友谊必须以道德为前提，它首先要求相互之间的尊重，以此为原点，友谊进一步要求诚实、守诺、非功利化、坦诚等美德，康德的论证由此过渡到"交往的德性"。从社会性的视角，康德提出了人们所应该具有的诸种美德：易于交往、健谈、礼貌、好客以及婉转。通过这些美德，人们的道德情感得到了培养，从而使"德性变得可爱"，与此同时，人们也"使其他毕竟致力于德性意向的他人承担责任"。(*MS*:473) 也就是说，在这种关于社会性美德的塑造过程中，每一个相关的人的品格都受到了熏陶。这是对自己的义务，也是对他人的义务。因为在康德看来，"社会性"是人所应该具有的基本属性，理性的主体不能够把自己孤立起来，离群索居，否则就是对道德完善理想的违背。人们在互相交往中培养爱与敬重，以及其他相关的各种美德，从而也会间接地促进世界的整体福利。(*MS*:471)

虽然《道德形而上学》中的"德性论"主要分为三大部分："德性论导论"、"伦理要素论"以及"伦理方法论"，但在我们看来，从"德性论导论"中的道德情感问题开始，康德其实都是在围绕着美德的实现进行论述。其中，在"伦理要素论"部分，康德将整体结构划分为"对自己的义务"与"对他人的义务"，同时结合"完全义务／不完全义务"这对概念阐释了各种与道德义务相关的美德概念。"伦理方法论"是对这一思路的进一步展开，在这里，康德将论述具体的美德的教学方式，也就是问答式的教学法。

在德性的培养与练习中，康德再次阐述了他的道德心理学。出于义务的要求履行道德行动的人应该是愉悦的还是痛苦的？康德在这里似乎有了更加明确的观点：被迫地、痛苦地履行道德义务是没有内在价值的。德性必须与障碍作斗争，为了集中力量克服这些障碍，人们在这一过程中将同时丧失一些生活的乐趣，从而心情变得沮丧甚至痛苦，在这种状态下，"对于在此服从其义务的人来说，就没有任何内在的价值，并且不受欢迎，而是尽可能地逃避实施它的机会。"(*MS*:484) 看来，康德明显否定那种席勒所说的并不快乐的道德主体。他将斯多亚学派与伊壁鸠鲁主义做了对比，前者就是强调以忍受生活的灾难而保持道德心性的纯洁，但是，这种"道德健康"在康德看来是一种消极的生活态度，而后者则强调德性所带来的愉悦感受。站在伊壁鸠鲁主义的立场上，康德进一步批判了那种以折磨自己的肉身和鞭挞自己的灵魂来试图达到心灵净化与道德升华的苦行主义者，这种人不仅拒绝任何一种德性所带来的愉悦感，而且甚至是"怀有对德性命令的隐秘仇恨"。(*MS*:485) 康德的主张是，人应该怀着愉悦的心情履行道德义务，而如果主体因为理性对偏好的压制感到心情沮丧，那么只会使得道德义务成为可憎的，从而让主体望而却步。"因此，人自己加给自己的管束（纪律）只能通过伴随管束的愉悦感成为值得称赞的和示范性的。"(*MS*:485)

　　大多数康德主义者看到了这一点，他们也认为，这构成了对席勒主义者以及当代美德伦理学中一些批评者的回应，即康德的美德理论已经表明了快乐的道德主体是值得向往的。与此同时，他们对于康德所说的这种"快乐的行动者"做出了进一步的说明。像劳登就指出："在康德那里显而易见的是，在真正的美德生活中，纯粹实践理性总是需要情感的。道德选择的规定根据必须是理性，但是，道德规训或者康德所说的'伦理学的练习法'的一个必要组成部分就是训练情感，并且让它们与理性是相辅助而非相抗衡的关系。以任何类型的经验性偏好作为规定根据的行动都缺少道德价值，但这并不等于说一种和谐的情感必须取消所有道德价值。相反，康德坚持认为它们是善的东西。"①

　　巴克斯利认为这里的论述集中地回答了席勒的质疑，但无论情感的快乐在道德实践中多么重要，与席勒式情感主义者根本不同的是，康德始终都强调，与对法则的"尊重"这一根本性道德情感相比，它只能发挥一种辅助性作用，即让行动者更易于去履行义务。② 这些解读确实揭示了康德对于道德心理的真实态度，不过，他们没有再进一步深究的是，在"德性论"的最后部分，康德前所未有地表明"愉悦感"在道德心理中的主导地位，是否与其此前在大多数时候所持的立场形成了强烈的矛盾？

————————

①　Robert B. Louden, *Kant's Virtue Ethics*, in Ruth F. Chadwick, *Immanuel Kant: Critical Assessments*, *Volume* Ⅲ , London: Routledge, 1992, p.343.

②　参见 A. M. Baxley, *Kant's Theory of Virtue: The Value of Autocracy*, Cambridge: Cambridge University Press, 2010, p.105。

在康德伦理学的整体性论证中，人们的一般印象确实是一种严厉的义务论，这不仅体现为道德法则的至高无上性，也体现为法则对于行动者所具有的无情的约束力。而且，康德甚至指出，经过内心艰苦斗争从而仍然做出道德行动的人拥有更高程度的道德价值。① 对于这样两种几乎截然相反的论调，研究者们一直持有不同的意见。我们则认为，不能轻易地站在其中的任何一方而否定与之相反的观点，因为在根本意义上，两种心理状态在康德那里其实都是成立的，即都属于道德主体可以拥有的正常的道德情感，正如我们此前所论证的，问题关键在于，作为本体的对于道德法则的意识，当同时反映为情感态度时，由于主观心理的偶然性与特殊性要素的影响，必然呈现为不同形式的心理感受。

不过，康德此时所讨论的是"伦理的修行法"，是针对教育者与被教育者而言的美德塑造方式。尤其是对于青少年来说，培养美德的方法应该是渐进的、人性化的。在这里，康德提出了著名的"问答式教学法"，这种教学方法是由作为提问者的教师和回答者的学生共同完成的："德性教育的实验手段（技术手段）是以教师本人为模范实例（具有示范性的表现），以他人为告诫实例；因为仿效对于还未受教育的人来说是接受他今后采取的准则的第一次意志规定。"(*MS*:479) 这种教学方式既不是独断式的，即由上到下的灌输与训诫，也不是那种完全的人与人之间平等的对话，因为这两种都存在着缺陷。虽然康德接下来对此并没有具体的论述，但在我们看来，前者的问

---

① 康德的这种态度在《奠基》中所举的一个例子中就有所表现：假定一位慈善家，他正由于自身的不幸而处在心灵的悲痛之中，这种悲痛已经消解了他对其他人的一切同情。但是，他仍然具备帮助他人的能力。在这种情况下，虽然没有任何偏好作为鼓励，但他仍然能够从这种死一般的麻木中挣脱出来，在义务的要求下去帮助他人，这样的行为才具有真正的道德价值。(*GMS*:398) 而且，德性本身就是"反抗一个强大但却不义的敌人的能力和深思熟虑的决心"。(*MS*:380) 康德在"德性论"部分的一个注释中，最为充分地表达了这种态度：一个内心坚毅、忠于职守的人，能够在义务的召唤下不得不疏于职守而照顾自己病重的父亲，虽然他的内心是不愉快的，但是，这一决定恰恰"证明他的最高程度的自由"。(*MS*:382)

题是教育者与被教育者过度地不平等，而在后者那里则是过度地平等。被教育者往往是不成熟的，需要学习美德知识，但是高压式的教育方法很可能导致其逆反，然而，教育者如果与之保持完全的平等，那么又容易因丧失权威而达不到教育的目的。为此，介于中间程度的问答式教育法显然是最好的途径。康德在这里也给我们提供了具体的模拟性的学习场景。值得注意的是，教师的提问首先就是从"什么是生活中最大的要求？"这一问题入手，而它的答案则是幸福，接下来，老师会问"如何配享幸福？"按照这一思路，学生们将逐渐地了解到获得美德的价值与途径。正是基于这样的语境，康德强调美德的学习与实践应该伴随着愉悦的心情。

在《道德形而上学》的"德性论"中，康德集中阐释了他的美德理论。经过以上的分析，我们认为，在根本意义上，康德眼中的"美德"内涵与美德伦理学所赋予的意义是相当的，甚至于康德所列举的诸多美德，都是从亚里士多德到当代美德伦理学所一直重点探讨的对象。而且，我们也指出，康德主义与亚里士多德主义存在着密切的理论上的关联，尤其是在"理性"、"美德"、"幸福"、"节制"等重要概念上，能够看出前者对于后者的继承与进一步转化。需要强调的是，这种"转化"并不像一些当代美德伦理学学者所认为的那样，是康德与古代伦理学传统的断然决裂，并借助他的义务论开启了现代道德哲学。在我们看来，当代美德伦理学的一些理论过度地强调了在康德伦理学那里"是"与"应该"的分野，并以"义务论／目的论"为基本模型对于各种道德理论加以归类，从而造成了理解上的不必要的麻烦。

当然，这并不意味着康德主义与美德伦理学（主要是当代美德伦理学）是毫无本质性区别的。伍德指出，我们应该一反成见，看到《道德形而上学》才代表着康德伦理学的最终阶段，在这里，是情感、美德、目的而非道德法则成为了论证的中心，康德的义务论由此走向了目的论。① 施罗特不同

---

① 参见 Allen Wood, *The Final Form of Kant's Practical Philosophy*, in Mark Timmons, eds., *Kant's Metaphysics of Morals: Interpretative Essays*, New York: Oxford University Press, 2002, pp.20–21。

意伍德的看法，他认为康德并没有通过《道德形而上学》中的"德性论"而转向了某种目的论，在根本意义上，康德仍然是坚定的义务论者，甚至在很大程度上更接近于一名后果主义者。① 我们认为，在宽泛的意义上，可以说康德伦理学通过其美德理论能够被视为美德伦理学的一种形式。况且，也正如纳斯鲍姆所论证的，美德伦理学以其内涵的多样化而导致自身是一个界限松散的流派。但是，从麦金泰尔、威廉斯以及斯洛特等极端者的角度看来，在本质性方面，康德伦理学以其鲜明的义务论特征与美德伦理学存在着根本性的差别，典型的特征之一就是前者所坚持的"规则中心主义"。

我们认为，如果承认道德法则是一切行为的根本性约束，那么康德无疑就是义务论的代言人，在这个意义上，相对于其他美德概念以及人生幸福，道德法则确实处于至高无上的地位，正像罗斯所言，相对于其他人，康德为人们呈现了一种真正意义上的"纯粹的"义务论。据此，我们不能为了挖掘其与美德伦理学的共通性而丧失这一根本立场。在美德伦理学那里，虽然存在着"道德美德"、"理智美德"等不同的类型，但是，"美德"本身并不必然要以道德法则以及理性推理为根据。而在康德这里，任何美德都必须属于"德性义务"，即符合道德法则的要求是其根本前提，这是一个人能够配享幸福生活的基本标准。不过，即便如此，我们仍然不应将康德与美德伦理学的美德观过度地区分开。因为实际上，以"定言命令"为核心的道德法则，是一种十分形式化的约束，它代表着一种最低限度的行动规范，正是在这一基础上，主体反而能够获得更大的自由发展空间，按照个人的偏好充分地塑造自己的品格，并且追求所谓的幸福生活。与之相比，美德伦理学更加注重具体美德的确立与人生计划的设计与实现，却容易在教育方面产生特定的指向性引导，面对纷繁复杂的生活境遇，这未必就是一种更好的选择。

---

① 参见 Jörg Schroth, *The Priority of the Right in Kant's Ethics*, in Monika Betzler, eds., *Kant's Ethics of Virtue*, Berlin: Walter de Gruyter, 2008, p.100。

第五章　对当代美德伦理学的批评思考

当代美德伦理学针对康德伦理学提出了诸多质疑与批判，然而，通过我们的一系列论证，应该说，康德伦理学在很大程度上能够承受住这些冲击。当然，这并不意味着康德已经在当时有意识地确立了某种形式的美德理论，但他通过理论的自身发展，确实提出了许多与当代美德伦理学相互一致的主张。不过，我们发现，当代美德伦理学自身仍然存在一些严重的问题，至少到目前，我们发现它们是难以被解决的。在本章中，我们将集中于"正当性规则"与"品格完善论"两个主要问题上，解释其中的困难与缺陷，同时表明康德的理论所具备的独特的优势。

首先，为了给行为确立正当性规则，当代美德伦理学提出了诸多论证，其中，以赫斯特豪斯的"完全美德者理论"最有代表性，依据这一理论，一项行为是正当的，当且仅当它可以是由"完全美德者"所实践的。然而，对此，一些人却提出了尖锐的批评，像约翰逊就指出，正当行为可以是由"不完全美德者"所实践的，而且，具有美德之人也可以是不断自我改进的，而这些并不符合"完全美德者"的标准。面对这样的批评，像安娜丝等人又给予了不同程度的反驳。我们则认为，约翰逊的批评是有道理的，而赫斯特豪斯的支持者们并不能提供充分的辩护。总之，截至目前，当代美德伦理学仍然不能为行为的"正当性规则"提供一种合理的根据。

其次，当代美德伦理学认为，康德主义的义务论要求人们仅仅出于义务而行动，因而严重地忽略了现实生活和人格完整性。沃尔夫等人特别指出，康德伦理学以及功利主义倾向于产生"道德圣贤"，而这种人格理想却是对健全人性的伤害。和很多意见一样，这种批评源于一种深刻的误解。康德的义务论是要确立一种行动的"底线原则"，而且康德比较明确地反对任何一种"道德圣贤"。当代美德伦理学的这一批评恰恰适用于其自身，在某种意义上其实是在主张一种品格的完善论。如果缺少其他条件的规范，这种完善论在道德教育过程中很可能产生消极的影响。

第一节　当代美德伦理学的规则疑难

在当代美德伦理学看来，伦理学考虑的中心应该是行动者的品格与整体生活，而不是行为的标准或者规范，为此，美德伦理学更加注重情境的复杂性与偶然性，并要求行为者应该根据不同情况而展现相应的美德，极端者甚至否认存在任何一项关于行为的普遍性规则。然而，即便如此，当代美德伦理学仍然需要说明"行动的正当性根据是什么？"对此，以赫斯特豪斯为代表的当代美德伦理学学者提出了著名的"完全美德者理论"，以确定美德行动的正当性标准。然而，这一主张招致了诸多批评，其中，约翰逊以其"自我改进理论"指出了这一观点的弊病。本书认为，约翰逊及其支持者所提出的批评是合理的，而赫斯特豪斯的支持者们对此并不能提供充分的辩护，最重要的是，"完全美德者"始终是一个缺少准确定义的概念。

一、美德与正当性规则

相对于义务论与功利主义，当代美德伦理学被认为是以"行动者"而非"行动"为中心的理论。① 根据斯洛特的表述，"美德伦理学的焦点是有美德

---

① 一般而言，当代美德伦理学的理论根源被追溯到以柏拉图、亚里士多德以及斯多葛主义为代表的古代伦理学，而它的近代根源被追溯到 17—18 世纪的英国情感主义，尤其是以休谟主义为代表的理论。我们主要以当代美德伦理学为讨论中心，并未刻意区分其与古代伦理学的区别。在不同于康德主义与功利主义的意义上，我们就一般性地称之为"美

的个人及其内在特征、性情和使其成为美德者的动机。" 在这一意义上，美德伦理学一般并不关注行动规则问题。不过，斯洛特进一步指出，"有些美德伦理学也仍然需要一般性道德规则乃至法则，只不过它们已经被视为导出性的或者说次要的因素。"[①] 相应地，美德伦理学更加强调个人美德的丰富性以及行为的情境性，而根据不同的具体情况，行动者应该具有不同形式的美德。不过，虽然一再避免将行动的根据归结为某些一般性的规则或者原理，美德伦理学仍然不能回避一个问题：一项行动何以被称之为正当的？也就是说，人们应该依据什么样的标准来评判行动是"应该的"？正如赫斯特豪斯所意识到的，虽然美德伦理学将重点放在"有美德的人"那里，但它如果要真正成为义务论与功利主义的对手，就"必须告诉我们正当的行为是什么，即我们应该采取怎样的行为。"[②]

　　义务论将行为的正当性标准确定为"符合正确的道德义务"，而功利主义则将其确定为"促进最好的结果"。相比而言，美德伦理并不认可存在一劳永逸的普遍性法则，为此，赫斯特豪斯将行为的规范性落实到更为具体的个人与情境之上。具体而言，她给出了两个基本前提：

　　前提1：一个行为是正当的，当且仅当它是一个有美德的行动者（即，是出于品格而行动）在这种环境中将会特别地采取的行为。

　　然而，依据这一点，人们会问："一个有美德的行动者的具体规定是什么？"对此，赫斯特豪斯又作了进一步阐述：

　　前提1a：一个有美德的行动者就是拥有并实践某种品格特征，即美德的人。

德伦理学"。总之，正像我们此前所一再强调的，美德伦理学其实是一个极为松散的流派，内部种类繁多，它很难有一个极为一致的定义。不过，目前，在关于"行为的正当性"问题上，大多数意见比较趋于统一，这就是以赫斯特豪斯为代表所提出的"完全美德者"的观点。

① Marcia W. Baron, Philip Pettit, Michael Slote, *Three Methods of Ethics: A Debate*, MA: Blackwell Publishers, 1997, p.177.

② Rosalind Hursthouse, *On Virtue Ethics*, Oxford: Oxford University Press, 1999, p.21.

前提 2：一项美德就是一种品格特征……①

至此，赫斯特豪斯基本上完成了关于"正当性"标准的论证，它既不是"结果"，也不是"道德规则"，而仅仅是"美德之人"的具体内涵。像正义、勇敢、仁慈、智慧等美德，都可以基于相应的情境的需要而作为当时行动的规范。然而，就行为者本身而言，他未必是前提 1 中所说的"有美德者"，那么该如何运用这一规则呢？赫斯特豪斯指出，这里的"有美德者"是我们所想象的一个对象，并不完美的我们应该向他请教，或者可以设想在类似的情境中这位美德者会怎样去做。② 依据这一表述，赫斯特豪斯所谓的"有美德者"，应该是一个具有完善性品格的理想模范，相比而言，我们都只是具有一定的美德知识、但并不完善的行动者。由此，约翰逊将赫斯特豪斯的全部观点总结为以下公式：

V：一个行动对于某人在某一环境下是正当的，当且仅当在此环境下一位完全的 (completely) 美德行动者也会特别地采取同样的行为。③

约翰逊认为，公式 V 所谓的"完全美德者"属于美德伦理学所津津乐道的拥有"美德统一性"的行动主体。而且，在很大程度上，这种"美德统一性"是亚里士多德意义上的一种"强的设定"，即如果一个人拥有一种美德，那么他就必然也同时拥有其他所有美德，而且他不可能拥有任何一种恶。比如，如果说一个人是勇敢的，那么他同时也是智慧的、正义的以及诚实的，等等。④ 然而，面对这样的观点，约翰逊认为，美德伦理学所追求的"正当

---

① 参见 Rosalind Hursthouse, *On Virtue Ethics*, Oxford: Oxford University Press, 1999, pp.23–24。

② 参见 Rosalind Hursthouse, *On Virtue Ethics*, Oxford: Oxford University Press, 1999, p.28。

③ 参见 Robert N. Johnson, Virtue and Right, *Ethics*, Vol.113, No.4, 2003, pp.810–834, p.812。

④ 美德伦理学一个重要议题就是"美德统一性"，它最早出现于柏拉图的对话录中，以苏格拉底的口吻表达出来。关于苏格拉底的"美德统一性"学说，学术界根据柏拉图不同时期的文本一直有不同的理解，这里我们并不打算详细阐述，当代美德伦理学一般更多地采用亚里士多德的相关论点，即各项美德相互之间是相互联系的，一个人不能在不拥有其他美德的情况下拥有某一项美德。在《尼各马可伦理学》中，亚里士多德指出"实践智慧"是一种"核心美德"，任何美德都不能离开它而独立存在。（[古希腊] 亚里士多德：

规则"不可能建立起来。首先，约翰逊指出，"完全美德者"是不可能的，"拥有全部美德"只能是一个"理想"。一方面，我们从理论上很难确定"全部美德"的外延是什么；另一方面，我们在现实中也不可能遭遇到所有的情境，从而也就无法掌握相应的全部美德。其次，"完全美德者"理论彻底排除了这样一种情况，即某些行为并非是出于美德者的品格的原因，但是仍然符合我们所说的正当的标准。尤其是存在这样一种可能：有些行为是由于恶的动机所驱使，但其结果仍然是正当的。也就是说，并非拥有美德者，或者不完全美德者同样可以做出正当之事。再次，公式 V 只是一般性地提出了"完全美德者"概念，它的来源主要是基于书本或者传说，但是面临不断出现的各种新情况，我们需要的是有针对性的具体的指导，而这些并不是"完全美德者"所能够提供的。归根结底，赫斯特豪斯的理论其实始终没有给出一个清楚的说明，即"完全美德者"究竟意味着哪些内容？①

为了更进一步反对公式 V，约翰逊提出了"初学者论证"。作为一名美德领域的初学者，他远远称不上"完全美德者"，但他也并非是一个"道德盲人"，相反，他拥有自我意识，始终保持着道德敏感性，并且愿意在实践中不断地学习。他拥有一般性的自控能力，即便达不到"节制"的理想标准。不过，面临着内在欲望的冲击，他能够努力加以抵制。他也善于向其他人吸取良好的建议，并且经常能够反思自身的弱点，尝试着不断地进行自我改进。对于这样的人，我们虽然不能称之为"完全美德者"，但却并不能否认他的"自我改进"本身就是一件美德行为，而且也是正当之事，同时，这位初学者在这一过程中也不断地践行着其他与之相关的正当之事。在约翰逊眼中，这是典型的"不完全美德者"确立正当规则的事例。由此可以说，赫斯特豪斯的公式 V 并不是一个站得住脚的论证。

《尼各马可伦理学》，廖申白译注，商务印书馆 2003 年版，第 173 页）据此，人们普遍认为，亚里士多德实际上是主张所有美德构成一个统一体，一个真正的美德之人，至少在理论意义上应该拥有全部美德。

① Robert N. Johnson, Virtue and Right, *Ethics*, Vol.113, No.4, 2003, pp.812–814.

对于美德的初学者，他一般都需要一个导师，从而获得有益的指导。相比于前者，后者肯定是拥有更多美德的人。然而，在约翰逊看来，这并不能说明多少问题。首先，这样的导师虽然是一位有美德者，但肯定达不到"完全美德者"的标准；其次，即便作为导师，拥有着更加丰富的人生经验与更加敏锐的道德直觉，他也不可能对于不断出现的新情况施以绝对精准的把握，也更不可能真正地代替当事者置身于实际的情形之中。人的认知是有限的，"道德盲点"是不可避免的，只有行为者自己才有能力确定行动的方式；再次，在实际行为中，无论就导师还是初学者而言，他们都并不必须是"完全美德者"，他们并不刻意地追求道德完善，而只是尽量不断地改进此前所发生的失误，不断地使自己变得更好。①

可见，无论在哪一个方面，约翰逊都指出了公式 V 的薄弱之处。最主要的是，赫斯特豪斯所设定的"完全美德者"既缺少概念上的清晰性，也缺少经验上的可靠性。我们都是现实中的普通个体，必然具有品格上的缺陷，也不可能拥有绝对客观的"上帝视角"，而是必然受制于能力与情境的限制。然而，作为永恒的"不完全美德者"，我们却并不是不能采取正当的行动。基于一种向善的决心，我们在"自我改进"中不断完善自己的品格，做出符合当时情境需要的美德之事。可见，即便是不具备任何一种意义上的"完全美德"的行动者，依然能够发现并且承担适当的道德责任，依然能够建立起正当的行为规则。由此看来，赫斯特豪斯的"完全美德者"并不适于作为美德伦理学正当性规则的基础。

二、辩护与质疑："完全美德者"是否可能？

约翰逊的质疑并没有彻底导致人们对于公式 V 的抛弃，支持者们普遍认为"完全美德者"的概念对于正当性规则的建立是必要的，而且也是能够被辩护的。在根本意义上，它并不与"不完全美德者"的自我改进活动相冲

---

① 参见 Robert N. Johnson, Virtue and Right, *Ethics*, Vol.113, No.4, 2003, pp.822–827。

突。安娜丝指出，我们可以从亚里士多德所说的"美德是一种技艺"的角度来理解这一问题。"技艺"的核心是"练习"，美德就是人们通过不断的练习而逐渐获得的活动。据此，安娜丝将公式 V 分析为三种要素：有美德者、正当性行动以及发展过程。[①] 这样一来，约翰逊所说的"自我改进"，就被包含进公式 V 的诉求之中。

既然美德者的正当行动必然涉及不断学习与发展的过程，那么，"完全美德者"就拥有了存在的合理性。作为一个理想的标准，"完全美德者"给行动者树立了一个比较明确而具体的导向，即在判断与行动前应该想象拥有"完全美德"的人将会怎样去做，而这正是公式 V 的核心要义。

作为拥有"不完全美德"的行动者，安娜丝认为，要成为美德之人，他就必须拥有实践性技巧，通过不断地练习以使自己从一个初学者变成拥有丰富美德知识的"专家"。为了具体说明这一发展过程，安娜丝以"学习弹钢琴"为例，指出初学者在开始阶段主要是在老师的指导下进行单纯的"模仿"，此时，我们可以称之为"教科书式练习"的阶段。随着知识的积累与心智的成熟，学习者会通过去粗取精、去伪存真，对于各种信息进行鉴别与吸收，从而形成判断对错的能力。在更高级阶段，学习者已经具备了较强的自我反思的技巧，通过更加准确地把握特殊情境，学习者能够形成自己的"非法典化"的实践道德行为的能力。也就是说，他已经能够灵活地运用道德规则采取适当的行动。在这一意义上，安娜丝认为，我们可以视之为逐渐接近了"完全美德者"的理想。与此同时，给学习者们提供指导的专家们，他们也并不必须是"完全美德者"，任何人都需要不断进行自我改进，而这一切都并不妨碍他们的行为的正当性。[②]

[①] 参见 Julia Annas, *Being Virtuous and Doing the Right Thing*, Proceedings and Addresses of the American Philosophical Association, Vol.78, No.2, 2004, pp.61–75, p.68。

[②] 参见 Julia Annas, *Being Virtuous and Doing the Right Thing*, pp.68–74。安娜丝的论证产生了广泛影响，斯蒂克特也基本上表达了类似的观点：以"完全美德者"为核心的公式 V 能够包容"不完全美德者"的"自我改进"。斯蒂克特也强调"美德是一种技艺"，学习美德就是品格不断发展、趋于完善的过程。即便一个人拥有了全部美德，他也有可能会丧

站在类似于安娜丝的"品格发展论"的立场上，梯伯瑞斯也表达了对于公式 V 的支持。他更为明确地指出，我们不应该接受约翰森的说法，即"自我改进理论"与"完全美德者"会产生相互矛盾。事实上，"自我改进"现象完全能够融入公式 V 之中。首先，人的品格不是静止的，而是不断处在变动发展之中的。即便是"完全美德者"，也必然要依从"品格发展"的计划。其次，只有极端自负的人才认为自己的品格是完善的，不需要任何改进，而作为"完全美德者"，他不可能具有这种自负的缺点。相反，他以其谦虚与谨慎而不断地进行自我审视与自我提升。"自我改进"不仅属于正当行为，而且正是"完全美德"的表现。再次，面对约翰逊的批评，即认为"完全美德者"本身是一种不现实的设定，因为我们实际上很难达到这种程度，同时也不需要达到这种程度，对此，梯伯瑞斯认为，即便接受了公式 V，我们也不必要求自己或者他人真正成为这种"完全美德者"。相反，我们可以设定一个理想的、完善的美德者的标准，它的具体内涵可以是不确定的，但这并不妨碍"不完全美德者"依然可以按照这种标准而行正当之事。因为在对一件行为的对错进行判断时，我们只需要拥有一种"更好的"或者"更坏的"衡量标准即可。关于一种"完全美德"的描述，只是为了引起我们对于更好的状态的注意，并在准备行动之时将这种标准考虑进去。最后，"完全美德者"意味着必须接受"美德统一性"理论，但是对于各种美德之间的真实关系，人们一直有所争论。在这里，梯伯瑞斯认为设定"美德统一性"是合理的，因为只有参照这一"理想"，我们才能做出更好的判断与更加合适的行为。为此，梯伯瑞斯表明，虽然他并未主张一种关于"美德统一性"的"强的解读"，即拥有其中任何一项美德都意味着同时也要拥有其他所有美德，但是，他仍然认为，相互关联的各种美德之间是不能存在冲突的，它们在相

失掉。同时，"完全美德者"也极有可能并不必然完全认识到自己是道德完善的主体，因此他也同样不断地对自己的品格进行反思与改进。（Matt Stichter, Virtues, Skills, and Right Action, *Ethical Theory and Moral Practice,* Vol.14, No.1, 2011, pp.73–86）

应的情境中整体性地发挥着作用。①

　　至此，可以说，学者们关于美德伦理学与正当性规则的关系的讨论已经迈向了更为系统的阶段。然而，对于公式 V 的辩护并未获得一劳永逸的结果。在此前的学者们的各种观点之上，斯文森进一步提出了对于公式 V 的质疑。首先，他发现，赫斯特豪斯本人所曾经举出的一个"选择困境"的例子，就与公式 V 中所设定的"完全美德者"相互矛盾：试想一个缺乏美德的男人，让两个女人 A 和 B 都相信他会娶自己，并且诱骗她们，让她们有了身孕。同时我们再假定，抛弃 A 要比抛弃 B 更糟，因此，在经过慎重考量之后，这个男人决定娶 A 而不是 B，在这种情况下，我们能认为他所做的就是正当之事么？在赫斯特豪斯看来，依据美德伦理学的立场，虽然这个男人的行为最终结果更好，但是我们仍然不能说他的行为是正当的，更不能说他是美德之人。然而，在斯文森眼中，这个男人固然不是赫斯特豪斯所谓的有美德者，但是，他最终所做的选择却不能不说是一件正当的行为，因为在这种情境中，他的这一选择产生的危害会更小。由此，斯文森认为，正当性规则并不必依据人是否具有美德，无论是否出于好的动机，无论是否拥有好的品格，都不会妨碍行动者在特殊情境下做出正当的行为。②

　　其实，斯文森与约翰逊在这一点上是一致的，即也认为并非"完全美德者"依然可以在一定的情境下做出符合正当性规则的行为，只不过他运用了赫斯特豪斯本人的例子对于公式 V 进行了反驳，而且，例子中的行为主体本身就具有坏的品格。与此同时，斯文森也指出，面对约翰逊所提出的"不完全美德者"的"自我改进理论"，公式 V 是存在明显的缺陷的。对此，斯文森认为，可以站在对方的立场上就公式 V 进行修正，由此产生了如下

① 参见 Valerie Tiberius, *How to Think about Virtue and Right,* Philosophical Papers, 35:2, 2006, pp.247–265。

② 参见 Frans Svensson, *Virtue Ethics and the Search for an Account of Right Action*, Ethical Theory and Moral Practice, Vol.13, No.3, 2010, pp.255–271, pp.259–260。关于赫斯特豪斯举的这个例子，可参见其《美德伦理学》一书中的第二章"可以解决的困境"，第 44—45 页。（Rosalind Hursthouse, *On Virtue Ethics*, Oxford: Oxford University Press, 1999.）

命题：

　　VRA：在某种环境下，一件行为对于某人来说是正当的，当且仅当一个"完全美德者"将会在这种环境下特别地建议这个人这样去做。①

　　VRA 的好处是，它避免了公式 V 中关于行为主体必须是"完全美德者"本人的设定。这样一来，一方面"完全美德者"不会直接陷入以上例子中的"选择困境"，从而仍然可以作为正当性规则的根据；另一方面，作为一个"局外人"，"完全美德者"也仍然可以通过向行为者提供建议与指导而确立正当性规则。尤其是，**VRA** 为"自我改进理论"留下了充分的解释空间，因为任何一个并不完美的行动者都可以在发展个人品格的同时也做出正当之事。然而，斯文森指出，**VRA** 并不能保证"完全美德者"会在任何时候、就任何事件都给出相应的建议。而且还存在这样一种可能：一个具有完全美德的人，可能会基于某种策略性的考虑而建议当事人不做正当之事。比如，当面对于一个固执己见、极度自负的人，"完全美德者"会建议他不做 A 而做 B，虽然做 A 才是真正符合正当性规则的。但是，正是由于这种"反向建议"，才导致这个当事人最终选择做 A，从而产生了好的结果。

　　由于 VRA 仍然存在漏洞，斯文森进一步对其加以修正：

　　VRAP：在某种环境下，一件行为对于某人来说是正当的，当且仅当一个"完全美德者"将会在这一环境下特别地同意他这样去做。②

　　相比于 VRA，VRAP 将"建议"替换为"同意"，似乎避免了前者所导致的麻烦。然而，这里仍然存在着问题。首先，就"完全美德者"所同意的行为的范畴而言，包括"正当的"、"可允许的"以及"义务之外的"。即只要行为是符合道德的，那么就是在正常情况下行为者都可以去做的，但对于"完全美德者"来说，他应该选择的却应该是"最好的"行动，而这就与

---

①　参见 Frans Svensson, *Virtue Ethics and the Search for an Account of Right Action*, Ethical Theory and Moral Practice, p.263。

②　参见 Frans Svensson, *Virtue Ethics and the Search for an Account of Right Action*, Ethical Theory and Moral Practice, p.265。

VRAP 所界定的行为的范畴不相一致；其次，VRAP 也似乎无法很好地说明这样一种情况，即当一个人在两种行动之间做选择时，"完全美德者"的态度本来是中立的，因为任何一种选择对于当事人来说都会产生一样的结果。但是，依照 VRAP，此时的"完全美德者"却仍然要对于其中一种选择表示同意，这看起来显然是奇怪的，而且也是不必要的。出于这些考虑，斯文森又对这一公式进行了调整：

VRAP*：在某种环境下，一件行为对于某人来说是正当的，当且仅当一个"完全美德者"在这一环境下不会特别地不同意他这样去做。

VRAP* 首先避免了 VRAP 的第二个问题，因为此时两种有着同样结果的行动由于都不为"完全美德者"所反对，因此，它们都是可被允许的选择。但是，在斯文森看来，对于 VRAP 的第一个问题，VRAP* 其实并没有什么改进，因为它仍然包括了不低于道德标准以下的所有行动，而"完全美德者"应该提供的却是"最好的"行为方式，可见，其与命题的内在矛盾仍然存在。

在斯文森看来，以上的分析都是围绕着"完全美德者"展开的，而在遇到这么多的困难之后，美德伦理学要想真正地确立起正当性规则，也许应该"降低一点标准"。为此，斯文森提出了一个新的公式：

VRD：在某种环境下，一件行为对于某人来说是正当的，当且仅当一个体面者在这一环境下也会特别地这样去做。①

显然，这里的"体面者"是一个比"完全美德者"更加接近于"中性的"概念，因为它仅仅是指"一个并非邪恶的人"。虽然不像"完全美德者"那样值得我们尊重与赞美，但是，"体面者"的所作所为仅仅是符合"道德上可允许的"范畴，因此更加适合于作为正当行为的主体。在 VRD 中，并非"完全美德者"仍然能够做出正当之事，从而为正当性规则提供根据。更为

---

① 参见 Frans Svensson, *Virtue Ethics and the Search for an Account of Right Action*, Ethical Theory and Moral Practice, p.266。

重要的是，VRD 能够一定程度上消解"自我改进"的问题。"体面者"并非是"完全美德者"，他可以只具有一般性的美德知识和向善的能力，在学习与实践中不断发展自己的品格。根据这种理解，我们可以说，约翰逊的相关质疑可以被解决，而安娜丝、梯伯瑞斯从正面的角度肯定了公式 V 的合理性，但他们所认可的"完全美德者"，实际上应该是斯文森在这里所提出的"体面者"。总之，VRD 能够更好地为正当性行动提供规则依据。

然而，这一命题仍然存在漏洞。斯文森认为，首先，由于将"体面者"直接作为行动的当事人，VRD 与公式 V 的问题是一样的，即在赫斯特豪斯所举的关于"选择困境"的例子中，我们无法真正地获得关于"正当"的意见，因为和"完全美德者"一样，真正的"体面者"也根本不会成为"选择困境"中的男主角。其次，所谓的"体面者"只是并非可恶的人，他们并无义务要让自己的品格变得更好，因此，VRD 似乎允许每一个人只是保持一般性的道德标准，而不必使自己成为更有美德之人，更不必成为"完全美德者"。这样一来，VRD 与美德伦理学的基本宗旨是不相一致的。对此，斯文森再一次提出了修正意见：

VRDAP*：在某种环境下，一件行为对于某人来说是正当的，当且仅当一个体面者在这一环境下不会特别地不同意当事人这样去做。[1]

可以说，VRDAP* 综合了之前所有公式的优点。一方面，相对于 VRD，"体面者"像 VRA 中的"完全美德者"那样变成了一个外在的行为主体，而不再是直接的当事人。另一方面，相对于 VRAP（以及 VRAP*），这一公式也表明"体面者"可以允许一切符合道德标准的行动发生，它们都可以提供正当性规则的依据，而不必像"完全美德者"那样，按照其自身性质应该向当事人提出"最好的"行为方式。不过，这仍然是一个不完美的公式，因为和 VRD 一样，VRDAP* 并没有包含这一要求，即我们应该向成为"完全美

---

[1]　参见 Frans Svensson, *Virtue Ethics and the Search for an Account of Right Action*, Ethical Theory and Moral Practice, p.267。

德者"的方向不断努力。甚至于，一个"体面者"往往能以自身的大度包容其所接触到的错误行为与坏的品格，这样的人，对于他人的美德提升并不会产生多大的影响。

通过以上的阐释，可以看到，为了拯救公式 V，斯文森试图对其不断地进行修正与补充，然而，从将作为行动主体的"完全美德者"变为一名外在的建议者和观察者，到最终变为一个"体面者"，我们都难以获得圆满的解释。最后，斯文森又试图站在安娜丝所提出的"品格发展论"的角度从正面理解公式 V，但他仍然未能得到满意的结果。他指出，既然认为品格是在一个人的成长过程中不断发展的，那么我们就必然面临着关于美德认识不断变动的问题，即一个阶段的所谓美德，可能在另一个阶段就不再被认为是美德，如此一来，人们又该依据什么来确定正当性规则呢？

三、规则：美德伦理学的难解之结

围绕美德伦理学与正当性规则的关系问题，站在批评与辩护的立场上，学者们提出了各种各样的论证。当然，除了赫斯特豪斯所提出的公式 V 之外，斯万顿与斯洛特也提出了各自的观点，以阐明美德伦理学中正当性规则的内涵。不过，二者的理论也都存在比较明显的问题。首先，斯洛特将行为的正当性判断归结于行动者的内在心理状态。他指出，行为的正当与否完全依赖于行动者的动机、性情以及特性，即只要动机是好的，或者行为出于善良的品格，那么这个行为本身就是正当的。然而，一个明显的问题是，我们见识过太多的行为，它们并不是出于值得赞赏的动机，但却要么能够产生好的效果，要么能够符合道德法则，或者同时能够满足这两种标准，对于这样的行为，我们很难说它们不是正当的。[1] 与斯洛特的"动机论"相反，斯万顿则采取了"后果论"视角，她指出，一件行为的正当性在于它要满足两个条件：一是要能够实现美德的目的，二是它在整体上是

---

① 参见 Michael Slote, *Morals from Motives*, New York: Oxford Press, 2001, pp.3–37。

美德的，即在一定的语境中，它能够与其他相关美德形成为一个相互一致的体系。① 对此，我们的质疑是：所谓的"美德的目的"究竟有哪些？除了一般性的美德如诚实、正义、仁爱等之外，我们其实很难确定多样性美德的具体范围，而如果是这样，那么我们就对于"美德的目的"难以取得一致的意见。关于斯万顿所说的第二个条件，我们认为，其实很类似于赫斯特豪斯所说的"完全美德者"概念，然而，正如约翰逊所批评的那样，无论对于美德领域的初学者，还是"不完全美德者"，这都是一个充满争议的设定。

不管怎样，通过以上的梳理与分析，能够看到，赫斯特豪斯的公式 V 确实比较有代表性地展现了当代美德伦理学关于这一问题的思考。然而，我们站在约翰逊与斯文森的立场上，认为公式 V 及其支持者们的论证难以提供一个满意的答案。最主要的是，所谓的"完全美德者"始终是一个存在严重问题的概念。

"完全美德"的外延是难以被确定的，因此，其内涵也是模糊的。美德伦理学认为，人生充满着不确定性与复杂性，人性本身也是多种心理因素的组合，因此，不能用普遍化、单一化的规则作为行为好坏的衡量标准。为此，美德伦理学提出了美德的多样性，即基于不同情境需要而应该有相应的不同的美德。就公式 V 来说，它要求真正能够提供规则依据的乃是"完全的"（completely, fully）美德，即与当下行为所需要的美德相关的全部美德。但是，现在的问题是，我们既无法在理论上确定全部美德的细目，也更不可能在经验上拥有全部美德。一方面，随着人类生活范围的不断扩大，认识能力的不断增强，我们也不断地在"美德名单"上增加着新的项目。例如，博爱就可能并不在古希腊人的"美德名单"中，而直到古罗马时期才逐渐进入人们的视野；另一方面，不同的人或者人群，基于不同的文化背景与实际情

---

① 参见 Christine Swanton, *Virtue Ethics—A pluralistic View*, New York: Oxford University Press, 2003, p.228。

境，对于"美德"内涵的理解也是不一样的，从而在确定美德细目时也必然会出现大量的分歧。例如，幽默在简·奥斯丁笔下 19 世纪的英国人那里是一种广受欢迎的美德，然而，中国古代的儒家伦理学却不可能把它视为"君子"应该具备的素质。除此之外，我们还对大量的人性特征无法加以界定，例如"豪爽"，在不同的情境下，它既可以成为美德，也可以成为令人厌恶的对象。总之，美德细目始终处在变化之中，而在我们无法确定其外延的情况下，设定"全部美德"又有什么实际意义呢？

美德的外延是不断变动的，这基于美德伦理学一种"先验的"预设：美德种类是繁多的，每一项美德都具有其特殊性质，它们代表着人类生活的丰富性，从而与以某些简单抽象的普遍法则为核心的伦理学形成了鲜明对比。然而，接下来，美德伦理学就将面对一个重要的问题：诸种美德之间究竟是什么关系？如果它们仅仅是相互独立的，那么就难以构成一个真正有美德的人。为此，柏拉图在《普罗泰戈拉篇》中，以苏格拉底的口吻表明：美德是一个整体，一个拥有任意美德的人也必然拥有其他所有美德。[①] 因为正像苏格拉底所思考的那样，很难想象一个正义的人不同时也是明智的、勇敢的。虽然当今的研究者们认为苏格拉底的这一设定过强了，并相继提出了各种形式的"弱的美德统一论"，强调只是在特定的范围内，才需要人们具有与核心美德相关联的其他美德共同发挥作用，而不必像苏格拉底所要求的那样，

[①] 参见柏拉图：《普罗泰戈拉篇》，329c–329e，《柏拉图全集》第一卷，王晓朝译，人民出版社 2002 年版，第 450—451 页。在当今学术界，关于"美德统一性"理论存在诸多争议。而即便是对于这一理论的最早提出者苏格拉底，他的观点究竟该作何理解，研究者们也一直没有一致的结论。在西方学术界，比较有代表性的意见是以弗拉斯托斯为代表的"关系论"(Gregory Vlastos, *The Unity of the Virtues in the Protagoras*, the Review of Metaphysics, Vol.25, 1972, pp.415–458) 和以彭纳为代表的"同一论"(Terry Penner, *The Unity of Virtue*, the Philosophical Review, Vol.82, 1973, pp.35–68.) 而在这两种主要立场之外，德弗卢认为苏格拉底对于这一问题在不同时期并不持有统一的立场。(Daniel T. Devereux, *The Unity of the Virtues in Plato's Protagoras and Laches*, The Philosophical Review, Vol.101, No.4, 1992, pp.765–789.)

每一个美德的存在都必须涉及其他所有美德。① 但是，这仍然不能解决"美德细目"的确定性问题。因为在任何一种特定情境中，我们确实需要其中一项或者几项重要的美德，但困难在于，与之相关的其他美德的具体数量却仍然是难以被确定的。例如，一个人在工作中应该具备的美德首先是勤奋、敬业，我们可以将其称之为"一阶美德"，而与之有所关联的"二阶美德"，我们或许能够确定为诚实、谨慎，如果进一步结合情境特殊性的需要，也许我们能够找到更多的美德，例如机智、敦厚、忠诚等，这样一个美德的名单能够无限地发展下去，然而其中所列出的某些美德是否是确定无疑的，不同的人也仍然会有不同的看法。与此同时，我们还面临这样的问题，即某些美德之间实际上是有所冲突的，例如，一个敦厚之人很可能不是机智的，一个慷慨之人很可能不是节制的，而一个谨慎之人也很难具有幽默风趣的品质。总之，无论哪一种解读，"美德统一性"理论只是提供给我们一个完美的理想，而它的内涵始终是不清晰的。当代美德伦理学从任何一种角度试图构建统一性的美德整体，都未必会有一个满意的结果。

　　由于我们并不能对于"美德"的真正内涵取得一致的意见，因此，我们也并不具有能够澄清"完全美德者"这一概念的能力。有意思的是，在公式 V 的提出者赫斯特豪斯那里，"美德统一性"恰恰也是她所重点分析的问题。显然，她也明确地意识到，"美德统一性"是支撑公式 V 的基本条件。和很多当代美德伦理学学者一样，赫斯特豪斯更加认同对这一问题的"弱的解读"，即只在有限的范围内，各个美德之间才是相互联系的。② 其实，在当代大多数学者那里，他们都广泛地意识到古代美德伦理学所提倡的"强的美德统一性"是站不住脚的。但是，如果承认"弱的解读"，那么就会导致公

---

① 这种"弱的解读"，是当代一些学者们对于以苏格拉底、亚里士多德为代表的"强的美德统一性理论"的修正，代表人物如巴德瓦尔、沃森等。可参见 Neera K. Badhwar, The limited Unity of Virtue, *Nous*, Vol30, No.3, 1996, pp.306–329；Gary Watson, Virtue in Excess, *Philosophical Studies*, Vol, 46, No.1, 1984, pp.57–74.

② 参见 Rosalind Hursthouse, *On Virtue Ethics*, Oxford: Oxford University Press, 1999, pp.118–120。

式 V 所依赖的"完全美德者"失去其明确的内涵。首先，所谓的"完全美德者"，从概念本身就应该是指掌握了全部美德知识、并且具备了全部美德的人，但这一点已经为以赫斯特豪斯为代表的主流意见所否认；其次，基于更为谨慎的"弱的解读"，我们可以将"完全美德者"仅仅理解为具备了一部分美德的人，那么，在更为准确的意义上，他应该被界定为"有美德者"，或者相对于他所能够指导的对象来说，是"更有美德者"。虽然并不符合"完全美德者"的原始定义，但在可以完成公式 V 所交予的任务方面，"更有美德者"能够发挥近似于"完全美德者"的作用。但是，现在的问题是："更有美德者"所具有的"一部分美德"究竟是指哪一部分呢？而这一部分的美德及其知识是否能对当事人形成有价值的指导呢？答案是未必如此。在现实生活中，当"更有美德者"在面对一名学习者时，他被普遍认为有资格成为后者的老师。但实际上，这位"更有美德之人"，未必是在所有方面都比学习者好，而只是在某一范畴内具备优于对方的美德而已，同时，他所拥有的这一套"美德体系"，是在其个人的生活历史与成长背景中逐渐形成的。在这种情况下，一方面这套"美德体系"未必是与学习者的需求完全对应的；另一方面，由于这套"美德体系"具备一定的个人化特征，因此，对于学习者而言，他所学到的也未必是"他想要学到的"，而仅仅是"更有美德者"依据自身的理解所能够传授的知识而已。也就是说，"信息的不对称"将导致"向美德者学习"只能是一个理想的预设。然而，如果想要避免这种情况，我们就只能再次求助于"完全美德者"，因为相对于那些"更有美德者"，由于以"强的美德统一性"为基础，"完全美德者"拥有全部已知的美德，面对任何一位学习者，他都不会出现"信息不对称"的问题，从而在任何时候、任何情境下都可以以自身的整体性美德的某一部分对于学习者施以有效的指导。但是，正如前述，"强的美德统一性"既缺乏理论依据，也缺乏现实基础，它只能作为一个终极理想，发挥着促进人们不断向善的激励功能。

在赫斯特豪斯的公式 V 中，"完全美德者"概念存在诸多疑难，而这同时导致了约翰逊、斯文森所担心的"自我改进"问题。在他们看来，公式 V

中的"完全美德者"不再需要任何自我改进、逐步学习的过程，然而，实际情况是，任何一个不断处在改进阶段中的学习者，都能在具备一定程度的美德之后做出符合正当性规则的行为。对此，像安娜丝、梯伯瑞斯等人则站在辩护的立场上，认为公式 V 能够容纳"自我改进"理论，因为即便是"完全美德者"，也仍然要不断地学习，不断地让自己变得更好。尤其是梯伯瑞斯指出，认为自己已经不需要再改进的人，就不会是"完全美德者"，因为他犯了自负的毛病。然而，这样的辩护并没有解决约翰逊式的质疑，因为辩护者们实际上改变了"完全美德者"的定义，即已经不自觉地承认了并不存在真正意义上的"完全美德者"，而只有和其他人一样不断处在品格发展过程中的"不完全美德者"。根据前面的表述，我们能够看到，在安娜丝的论证中，其实已经表明所谓的"完全美德者"可以被视为一种完美的"理想"，她在更大程度上是为我们提供一种更高级的指导。不过，正如我们此前的分析，即便只是作为一种"理想"，它却仍然不是一个稳定的概念。

　　至少到目前为止，当代美德伦理学对于行为的正当性规则的寻求是不成功的。究其根本原因，在于当代美德伦理学所具有的一种"先天的"特征：致力于反对以义务论和功利主义为代表的任何一种形式的规则伦理学。正如当代美德伦理学的奠基人安斯康姆所说："除了给出一些例子之外，原则上不可能有什么标准。"[①] 而现代伦理学的弊病就在于试图用一般化的简单标准来规范复杂的人生与人性。然而，对于任何一种形式的伦理学来说，如果没有任何指导性理论与规范性意义，那么就不会有多大的价值。因此，正如赫斯特豪斯所指出的，如果美德伦理学要真正成为义务论与功利主义的对手，那么就必须告诉人们"什么才是正当的行动"，而这就意味美德伦理学将再次为寻找某种"规则"而努力。当然，就像赫斯特豪斯所进一步表明的，美德伦理学虽然仍然需要"规则"，但与义务论和功利主义不同，它不是那种

---

① 伊丽莎白·安斯康姆：《现代道德哲学》，载于《美德伦理与道德要求》，徐向东编，江苏人民出版社 2007 年版，第 54 页。

绝对的、单一化的法则，而是一种更加灵活的、情境化的原则。① 据此，可以这样认为，当代美德伦理学所追求的是一种"有限的普遍化规则"，它以其丰富性能够最大限度地解决具体的道德问题，同时还具有一定程度的标准化意义，无论其是否真正符合当代美德伦理学的自身性质，对于这样的目标，我们仍然不能轻易地加以否定，而只能继续拭目以待。

第二节　当代美德伦理学的品格完善论

以康德主义为代表的义务论，由于基于所确立的形式化的道德规范，并且要求人们应该仅仅出于义务而行动，因此，往往被人们指责为缺少对现实情境与真实人性的关照。尤其是，像沃尔夫等当代美德伦理学的支持者们认为，康德伦理学（以及功利主义）倾向于产生"道德圣贤"，作为"道德理想"的完美代表，他对自己乃至他人都凭借严格的道德法则加以规范，然而，这将极大地破坏个人的完整性，损害人生本身的丰富内涵。在沃尔夫看来，"道德圣贤"其实并不值得向往。同时，像威廉斯等人对于义务论的批评，也与此有着紧密的联系。但是，这种批评其实是对康德伦理学的一种"选择性解读"。相反，康德明确地反对"道德圣贤"，而美德伦理学的批评恰恰适用于其自身。自从亚里士多德开始，由于侧重于追求个人卓越品格的塑造与义务之外的道德理想，美德伦理学暗含着关于"道德圣贤"的预设，在某种意义上其实是主张一种品格的"完善论"，这容易对受教育者提出更高的要求，从而背离了美德伦理学的初衷。相对而言，康德却提倡在对德性进行分类的基础上展开相应的教育，其首要目的在于确立一种基本的道德品质，它并不旨在于追求完善的品格与幸福的生活，但却是二者之所以可能的起点。

---

① 参见 Rosalind Hursthouse, *On Virtue Ethics*, Oxford: Oxford University Press, 1999, p.46。

一、"道德圣贤"的特质

在《道德圣贤》这篇文章中，沃尔夫 (Susan Wolf) 指出，像康德主义和功利主义，都旨在追求并实现一种"道德上竭尽善良的人"的理想。[1] 作为道德上达到极致的人，他所具备的基本特征是：他的人生目的在于改善他人的生活或者提升社会的整体福利。为此，他很少顾及个人的幸福，因为他的幸福就在于全心全意地促进他人的幸福，并因此而感到愉悦。为了达到的这一目的，"道德圣贤"就要不断吸收各种优秀的品质，比如善良、大度、诚实、坚毅等，最终形成一种趋于完美的理想人格。但是，沃尔夫却认为，这种所谓的圣洁的"完美形象"并不真正值得我们向往。因为首先，"道德圣贤"并不关心自己的福祉。他人的幸福固然重要，帮助他人也固然是一项重要的美德，然而如果因此而忽视甚至付出自己的福祉，那么实际上仍然是"不具有美德的"。其次，为了实现并保持自己的德性标准，"道德圣贤"放弃或排斥了人性中其他美好素质，而这些素质对于构成人生的整体意义和丰富多彩具有无法替代的价值。在这里，沃尔夫详细地分析出两种非道德条件，一种是与道德品格的涵养直接相关的品质；另外一种则是与之并不相关、甚至有所冲突、但却是人生中不可或缺的乐趣或者情感。就第一种情况而言，像"富含智慧的幽默"这种人格中的显著特点，虽然本身并不具有道德属性，但是却有助于产生我们所喜爱的人格，甚至于有时候会让其道德品格显现出独特的魅力；就第二种情况而言，沃尔夫则指出，获得某种技艺或者乐趣，虽然有时候会与道德品质并不一致，但是，这些却是构成丰富人生与整体性人格的必然条件，如果没有它们，"道德圣贤"的生活将不得不变得单调、刻板而且局促不安。在这里，沃尔夫提出了与"道德"有所不同的"美德"概念："道德圣贤必然缺乏的某些品质在拥有它们的那些不那么圣洁

---

[1]　参见［美］苏珊·沃尔夫：《道德圣贤》，载于《美德伦理与道德要求》，徐向东编，江苏人民出版社 2007 年版，第 173 页。

的人那里确实是美德，虽然只是非道德的美德。"① 以这种个人化的"美德"为宗旨，沃尔夫认为人生中更重要的品质是"卓越"，要达到这一高度，既有道德的要素，也有非道德的要素。如果想要实现这一"有益的"目标，可能就要求我们不得不放弃"道德圣贤"这一抽象的理想。再次，沃尔夫指出，道德圣贤可能会导致道德狂热主义。在严酷的行为规范的支配下，"道德圣贤"可能变成"一个令人厌恶的道学家或者一个强迫性的苦行僧"。② 沃尔夫的批评有明确的对象，这就是功利主义与康德主义。前者以追求总体幸福的最大化为目的，后者则要求主体必须按照道德法则的规定去行动，并且是完全出于对义务的尊重而非任何一种利益或者欲望。二者的基本原则虽然有所差别，但实际上都是以忽视个体利益与人格的整体性、过于侧重总体利益以及他人的幸福为旨趣，因此都符合被批判的"道德圣贤"的模型。为了进一步说明问题，沃尔夫区分出了"仁爱圣贤"与"理智圣贤"两种形式。前者是基于作为情感的仁爱的感受，而后者则是基于某种理智性原则。就前一种情况而言，沃尔夫并没有明确提出相对应的伦理学流派，不过根据我们的理解，应该属于沃尔夫文中所批判的功利主义。

在一种宽泛的意义上，像边沁、密尔等人都既属于情感主义伦理学的代表，而其同时又可以被视为功利主义的代言人。情感主义者一般认为主体应是出于天然的同情去关爱他人，做出所谓的道德之事，而最终目的就是通过促进他人的幸福而实现最大化的整体幸福；就所谓的"理智圣贤"来说，沃尔夫就是指以康德为代表的义务论。康德反对以任何个人的情感或者欲望作为出发点，主张完全通过理性推理所得到的"道德法则"为约束条件，并且认为只有"出于义务"的行为才具有真正的道德价值。在沃尔夫看来，这种学说以压抑人的正常欲望与感情为代价，通过"理性的自制"要求主体实现

---

① ［美］苏珊·沃尔夫：《道德圣贤》，载于《美德伦理与道德要求》，徐向东编，江苏人民出版社 2007 年版，第 179 页。

② ［美］苏珊·沃尔夫：《道德圣贤》，载于《美德伦理与道德要求》，徐向东编，江苏人民出版社 2007 年版，第 178 页。

真正意义上的道德理想，其实是在标举一种典型的"道德圣贤"模式。但是，这样的理想既不健康也不美好。正如前述，人的品格与生活是一个综合性整体，其中，道德价值与非道德价值都起到无法相互替代的作用。道德上的完满并不是我们人生的唯一价值，更不是最高价值。

沃尔夫的观点成果显著，功利主义与康德主义似乎都在追求"道德完满"方面陷入了某种偏执。其中，沃尔夫的另外一种批评角度尤为醒目：人性是一个丰富多彩的世界，某些非道德价值的性格特点反而比那些纯粹的"道德品格"让我们觉得更加宜于接受。仁爱的美德经常需要勇气或者耐心的支持，然而如果仅仅作为一种独立的性格特征，这种勇气或者耐心却极为可能在一个人的身上被体现为些许鲁莽或者过于细致。一般而言，这种鲁莽或者细致不再被视为一个人的优点，更不具有任何道德的成分，但是，它们却是一个人性格最真实的写照，是使之成为一个特殊人格的最重要的条件。更为重要的是，它们让原本抽象的、刻板的道德人格变得更加鲜活、真实，让冷峻的道德规范富有平易近人的温情。人格是一个整体，不能像康德主义、功利主义那样，仅仅以一种普遍的道德法则作为人格的核心特质，而是必须结合情感、禀性以及现实情境的考量。甚至可以说，后者比一般性法则更应该成为人的品格的基本要素。①

沃尔夫的主张其实是表达了当代美德伦理学的典型观念："以'行动者'为中心而非以'行动'为中心，关注'存在'而非'举止'，关注好的（或坏的）品格而非正当（或错误）的行为，以及'人应该如何生活'而非'我应该做什么'"②与沃尔夫的批评相似，对于严格的"道德至上主义"，威廉斯也提

---

① 正如当代美德伦理学学者斯万顿对"美德"的定义："依据一种亚里士多德的视角，我将'美德'概念本身视为理性与情感完美结合的性情，在美德状态中，主体通过其行动与正确的情感状态表达了实践智慧与正当目的。""它倾向于思考居于情境复杂性的道德评价中的美德与恶德品格的复杂性。"—Christine Swanton, *Virtue Ethics: A pluralistic View*, New York: Oxford University Press, 2003, pp.8–9.

② Roger Crisp, Michael Slote, *Virtue Ethics*, New York: Oxford University Press, 1997, p.17.

出了质疑。他举出这样的例子：试想如果一个人不会经历任何冒险，就能把处在同样危险中的人救出来，而这些人中的一个人是你的妻子，那么作为一个行为主体，他该首先选择救哪一个呢？显然，从道德上考虑，尽自己最大的努力先救哪个人都是正当的，然而，如果你因此选择的并不是自己的妻子而是他人，这又是明显地违背常识。当然，威廉斯进一步指出，即便首先去救自己的妻子而非他人，这在道德意义上也是能够得到辩护的，但是，这实际上也是"多此一举"。只有这样的情况是正常的："激发他采取行动的那个想法，一旦被充分地表达出来，就是'那是他的妻子'这个想法，而不是这一想法：那是他的妻子，而在这种状况中，救一个人（自己的妻子）是道德上可允许的。"① 也就是说，即便出于道德义务而首先去救自己的妻子，这一选择也并不合适，因为这种"过多思虑"不符合自己对其妻子的爱，在这种时候，只有出去自然本能、即对妻子的感情的选择才是最适当的行为。在威廉斯看来，功利主义是一种"积聚性的冷漠"，而康德主义则是"把人处理为贫乏的和抽象的个体"。它们都是以一种"不偏不倚"的规则作为行为的指导或者动机，这不仅会导致我们得出违反常识的观点，更会破坏个人的"品格的完整性"，后者是由一系列欲望、关注和自然情感所形成的整体的人生规划。总之，以康德主义和功利主义为代表的现代伦理学，由于将重心放在追求普遍规则的行动本身的正当性之上，因而无法达到这种和谐一致，而在当代美德伦理学看来，只有从自然情感本身出发，使理性规范适应于情感的要求，才能真正保证人格的完整性。

二、康德主义与"道德圣贤"

威廉斯的分析主要是围绕行为理由与动机的相互一致而展开。在他看来，现代伦理理论割裂了二者，原因主要在于理性法则成为行为的可辩护

---

① ［英］伯纳德·威廉斯：《个人、品格与道德》，载于《美德伦理与道德要求》，徐向东编，江苏人民出版社 2007 年版，第 169—170 页。

性的根本条件，而人的自然情感与欲望反而成为被否定的对象。但是，这不仅导致行动的"理由"与"动机"不一致，也会严重破坏人格的完整性。在此，我们能够看到，在沃尔夫与威廉斯的眼中，"道德价值"不再被视为人生中的核心价值，甚至于也不是构成人生的必要价值。人生是一个复杂的过程，人格是一个完整的统一体。在这其中，既有"道德价值"，又有"非道德价值"，而由于前者的抽象性、普遍性，所以它们并不能成为形成特殊人格的根本条件。相对而言，"非道德价值"则以其独特性体现着每个人的存在意义。进一步地，威廉斯指出，康德主义和功利主义都犯了一个错误，即"把一个人应该理性地这样做视为一件先验地明显的事情。"① 仅仅以一种抽象的道德法则作为生活的主旨以及人格的核心，在威廉斯的语境中，其实就是在标举"道德圣贤"的理想，而且"通过成为圣贤，一个人的一生就可以免于受到运气的影响"，因为"道德价值是'无条件的'或者'不受支配的'。"②

可见，在批评者们看来，康德主义和功利主义都有导向"道德圣贤"的危险。然而，本研究认为，这样的解读并不准确，因为至少以康德主义为代表的义务论，不仅不标举"道德圣贤"，反而极其反对这种现象。义务论并不追求任何一种形式的"道德完满主义"，它所要确立的只是行为与交往的最基本的约束。③ 首先，在康德那里，"道德圣贤"始终是一个否定性概念。在《实践理性批判》一书中，康德明确批判了作为其具体表现的道德狂热主义：

"道德上的狂热就是这种对人类实践的纯粹理性所设定的界限的逾越，人类实践的纯粹理性通过这界限禁止把合乎义务的行动的主观规定根据，亦

---

① [英] 伯纳德·威廉斯：《个人、品格与道德》，载于《美德伦理与道德要求》，徐向东编，江苏人民出版社 2007 年版，第 158、163 页。

② [英] 伯纳德·威廉斯：《道德运气》，载于《美德伦理与道德要求》，徐向东编，江苏人民出版社 2007 年版，第 73 页。

③ 就功利主义而言，情况较为复杂，但是，如果我们主要集中于密尔的理论，那么，功利主义本身实际上也并不提倡任何一种"道德圣贤"的理想。

即这些行动的道德动机设定在除法则本身之外的其他任何地方，禁止把由此带入准则的意向建立在除对这法则的敬重之外的任何别的地方，从而命令使既消除一切狂妄自大也消除虚荣的爱己的义务思想在人心中成为一切道德性的最高生活原则。"（*KPV*:85–86）

康德的实践哲学虽然旨在追求道德境界，但是，他同时认为，对"道德"本身的偏好，将很可能导致"道德狂热"和"过度自负"，它将具体表现为人的"傲慢"与"虚荣"，也就是说，实践主体不再以道德法则本身为行动宗旨，而是以道德实践为手段，目的是要满足个人的自豪感："这完全是道德上的狂热和自大的升级，为此人们通过鼓励行动而使心灵更为高贵、更为崇高和更为大度，由此而把心灵置入妄念之中……反倒那些行动不是出自义务，而是作为纯粹的功德而期待于他们似的。"（*KPV*:84–85）在这里，所谓的"功德"是与康德的"职责"或者"义务"严格对立的概念。前者所需要的是"宏伟"、"慷慨"这样的壮观的表象，而后者需要的则是"谦卑"与"冷静"。两者最深刻的区别是，以道德实践为功业的人，其真正指向是自我利益，尤其是通过对他人施行仁爱而获得精神上的巨大优越感；而在康德看来，践行道德法则并不值得任何炫耀，更不应该以此为获得自身快乐与满足的手段，它仅仅是我们的"义务"，是我们作为理性存在者所应该承担的职责。在这里，康德实际上显露出了深刻的基督教的"天职"观念，正如他本人所说："福音书首先通过道德原则的纯粹性，但同时也通过这原则与有限存在者的局限的适合，而使人的一切正当行为都服从一种置于他们眼前的、不让他们在道德上所梦想的完善性之下狂热起来的义务的管教，并给喜欢错认自己的界限的自大和自重设定了谦卑（亦即自知）的限制。"（*KPV*:86）然而，相对于这种要求而言，一些小说家或者多愁善感的教育家，包括斯多亚派，却"都引入了道德上的狂热来取代冷静的、但却是睿智的道德训练，尽管后者的狂热更多地具有英雄气概，前者的狂热则具有陈腐和故作感伤的性状……"（*KPV*:86）

纯粹的道德实践需要"谦卑"，它将压制任何一种道德狂热主义所带来的自负与骄傲，因此，我们可以将"谦卑"视为义务论的最根本的道德情感。也正如格伦伯格所言：如果说康德的伦理学在某种意义上是一种关于美德品格的学说，那么"谦卑"就在其中扮演着核心角色。① 以此为基础，格伦伯格认为康德发展出了一套比较完善的"道德心理学"。首先，这种"谦卑"是基于人的有限性与缺陷性而产生的。人是感性世界的存在物，其认识必然受到感性条件与理性能力的限制，人不能获得关于超验世界的可靠的知识。同时，也正如康德所指出的，人性具有"根本恶"，即由于其感官欲望不受到理性的控制所导致的作恶的倾向。因此，康德特意区分了"神的意志"与"人的意志"，前者先天地符合道德法则的要求，所以不需要作为理性力量的"德性"；而后者却由于自身的局限性而应该具有这种"德性"的力量。（*MS*:383）正是由于人的这种先天的局限性，在施行仁爱之时，康德告诫人们不能进行"人与人之间的比较"，因为这会导致受惠者的自卑，而同时更加导致施惠者的自负。其次，格伦伯格进一步指出，按照康德的意思，人们只能通过将自身的行动原则与道德法则进行对比，才会产生这种真正具有道德意义的"谦卑"心理。因为只有面对着道德法则的纯粹性与神圣性，人们才会意识到自身的有限性与缺陷性，从而在履行道德要求时，完全是出于对法则的"敬重"而非其他原因。在这里，格伦伯格表明了"谦卑"与"敬重"两种情感的基础性作用，二者既是相辅相成的关系，又是一种"先抑后扬"的心理过程。② 在康德那里，"谦卑"带给人的首先是一种痛苦，因为人在法则面前显得卑微而且渺小，它所带来的否定性作用就是击毁了"自大"，但它紧接着会转变为一种积极的情感，即"敬重"，据此，实践者将自己提升到了道德法则的高度，从而意识到自己人格的高尚与尊严。康德认为，这种情感并不是一种"愉悦"。在此，需要我们注意的是，

---

① 参见 Jeanine Grenberg, *Kant and the Ethics of Humility: A story of Dependence, Corruption, and Virtue*, Cambridge: Cambridge University Press, 2005, p.7。

② 参见 Jeanine Grenberg, *Kant and the Ethics of Humility: A story of Dependence, Corruption, and Virtue*, Cambridge: Cambridge University Press, 2005, p.146。

至少在《实践理性批判》一书中，康德仍然将"愉悦"视为一种感官的产物，他不承认理性会带来任何类似的体验。但是，康德仍然认为，对法则的敬重是一种"道德关切"，① 它是由于一个理智的根据造成的，能够为我们先天地所认识。

可见，康德明确地反对道德狂热主义，更是反对将"遵守道德法则"作为获得自身快乐的手段，而这些恰恰属于沃尔夫所说的"道德圣贤"的表现。就这一点而言，我们需要更深入地加以辨析。至少在《实践理性批判》中，康德并不真正认为对于道德法则的敬重应该蕴含着某种愉悦感，恰恰相反，通过"谦卑"这一概念，康德主要的意思是想表明其中所具有的"压抑的"体验。但是，对于这种体验的真头性质，康德的阐释是复杂而且模糊的，就像他所说的，它"既不能被算做快乐，也不能被算做痛苦。"（*KPV*:80）然而，似乎有所疑问的是，在《判断力批判》中，当讨论"崇高"这一审美情感时，

---

① 康德所使用的这一术语 Moralische Interesse，是一个极为重要的概念，中文译本有不同的译法，像邓晓芒和李秋零均译作"道德兴趣"，而韩水法则译作"道德关切"。本书认为，译作"关切"更为合适。因为康德在这里指出，一般性的"愉悦"只是属于感官感受，理性法则所带来的体验不属于这一范畴。但是，理性又能导致一种特殊的体验，即作为"敬重"的道德情感。中文的"兴趣"一词，被解释为"喜好的情绪"，然而，我们已经能够清楚地看到，康德明确指出，对于道德法则的"敬重"不能是一种喜好，它不是对于某一事物的偏爱；在汉语里，"情绪"就是指一般性的感官状态，但是，康德这里所说的"敬重"是一种"道德情感"，它的德文表达是 Moralische Gefühl，在《道德形而上学》一书中，康德特意将其与"道德感觉"(Moralische Sinn) 区分开来，它们分别属于"理智性情感"与"经验性情感"。前者是完全主观的，并不提供认识，是由于法则的表象而引起的情感 (Gefühl)；后者则是由于内感官受到外在刺激而产生的感觉 (Affekte)，是先于法则存在的。无论在中文还是英文中，一般都通译为"情感"或者 emotion，feeling，但其实，康德对这一系列概念有着一定程度的区分，本书在这里不可能详细地探讨这一问题，只是要指出，"道德情感"(Gefühl) 并不是一种经验性的感觉，用卡吉尔的话来说，毋宁说它是一种介于感觉与知性之间的感性体验，在《判断力批判》中，它被作为先验的判断力的产物。（Randy Cagle, Becoming a Virtuous Agent: Kant and the Cultivation of Feelings and Emotions, *Kant-Studien*, 2005;96, 4, p.466）据此，本书认为，由于中文的"兴趣"有较多的感官经验色彩，因此，将其理解为更为中性化的"道德关切"的确更为恰当。

康德也确实提出了通过对法则的敬重能够获得愉悦的情感体验。同样，在其《道德形而上学》中，康德也指出，美德应该带给人一种愉悦。① 对此，本书却认为，首先，康德所谓的"崇高"的情感，本身仍然属于审美范畴而非道德情感本身，就像康德所说，二者始终是一种类比而非同一的关系。② 其次，就康德在《道德形而上学》中的这一表述来说，并不应该被我们被理解为美德与愉悦具有某种必然性的紧密联系。因为康德在这里指的是"美德的练习"，即如何培养德性。它所针对的对象是并不具有美德的普通人，他们只是"潜在的"理性主体，只有经过"问答式"的练习方法，才能成为真正拥有美德的行为者。在这个过程中，基于人性的不完美，即其作为拥有感官欲望的人，赋予其愉悦而非痛苦的情感体验，显然更有助于德性的养成。但是，在经过这种前期的训练之后，康德所主张的道德主体应该是具有"不动情"的品质，也就是说，他并不以拥有并展现美德而自豪。这里，康德再一次明确地批判了道德狂热主义："惟有一个发烧病人虚假的力量，才把对善的强烈关切一直提升到激情，或者毋宁说使其蜕化为激情。人们把这一种激情称为狂热……激情永远属于感性，无论它被一个什么样的对象激起。德性的真正力量就是平静中的心灵及其一种深思熟虑的和果断的决定，即实施德性的法则。"（MS:409–410）

---

① "德性中的联系的规则旨在两种心灵情调，即在遵循义务时顽强的和愉快的心情。"（485）[德] 康德：《道德形而上学》，张荣、李秋零译，李秋零主编：《康德著作全集》（第6卷），中国人民大学出版社2010年版，第494页。

② "事实上，对自然的崇高者的情感，没有心灵的一种类似于道德情感的情调与之相结合，是无法想象的。"（269）[德] 康德：《判断力批判》，李秋零译，李秋零主编：《康德著作全集》第5卷，中国人民大学出版社2010年版，第278页。正如在盖耶和阿利森眼中，康德的"崇高感"作为一种审美情感，只是象征着道德情感，但二者在属性上并不是同一的关系。（参见 Paul Guyer, *Kant and the Experience of Freedom: Essays on Aesthetics and Morality*, New York: Cambridge University Press, 1993, p23–24; Henry E. Allison, *Kant's Theory of Taste: A Reading of the Critique of Aesthetic Judgment,* New York: Cambridge University Press, 2001, pp.341–343）

三、美德伦理学与品格完善论

可以看到，在很多地方，康德明确地反对对于道德理想的非理性追求。在他的笔下，无论是多愁善感的教育家，还是忏悔内省的宗教徒，都是以违背基本人性的方式在虚构着"道德圣贤"的神话。在康德那里，人是具有"根本恶"的感性主体，他必然受到情感、欲望等经验因素的影响，但是，康德却指出，"自然的偏好就其自身来看是善的，也就是说，是不能拒斥的。企图根除偏好，不仅是徒劳的，而且也是有害的和应予谴责的。毋宁说，人们只需要抑制它，以便它们互相之间不自相摩擦，而是能够被导向在一个整体中的被称作是幸福的和谐。"（*Rel*:58）可见，这些经验性因素本身并不是坏的，而是由于我们的理性没有对其进行有效的约束才导致了"恶"的发生。也就是说，人性中同时有一种向善的禀赋，这就是对于道德法则的敬重。重要的是，我们应该通过德性的训练不断地接近于这样的状态，但是，完全达到这样纯粹的高度，既不可能，也不必要。因为正像这段引文所揭示的，康德同时强调了"幸福"的重要性，作为人生所应得的"享受"，它是任何人都必然要追求的目的。不过，康德认为，只有与德性相一致的幸福才是真正理想的状态，而且，德性应该成为幸福的根据，而不是相反。因此，这种德性与幸福相互契合一致的完美状态，即"至善"，才是我们所应该向往的最高境界。① 而在其后的著作中，康德也逐渐从"道德"层面过渡到"美德"层面，在本书看来，这正是标志着康德的伦理学已经极为重视人的感性需要与自然特性。尤其是通过《道德形而上学》一书，很多人将其视为康德从"义务论"转向"美德论"的标志。按照康德的相关定义，与必须被执行的"完全义务"不同，作为一种"德性义务"的"不完全义务"，应是出于主体的内心自愿而被实现的。行为者不实践它并不必受到谴责，而如果努力去实践

---

① 康德在《实践理性批判》一书的第二卷"纯粹实践理性的辩证论"部分，具体阐述了德性与幸福二者之间的辩证关系。

它则应该受到赞扬。其中，"促进自我的完善"和"促进他人的幸福"都被视为人的"不完全义务"，也就是说，它们并不属于道德律的最低要求，而只是作为人生的崇高目标值得每一个理性存在者去追求。

现在，我们能够比较清楚地意识到，康德的伦理学并不推崇"道德圣贤"，它既不以此为乐，也不以此为苦。因为对于义务论来说，实践道德法则与是否会享受到某种幸福没有必然联系。而更重要的是，康德极端排斥由此所带来的道德狂热与人性自负。同时，康德并不否认个人幸福的重要性，只不过在他的道德逻辑中，只有在实现他人幸福的基础上，才能达到自己的幸福。然而，这样一来，我们的问题是，究竟谁才真正需要沃尔夫所说的"道德圣贤"？或者说，究竟哪一种道德理论更容易促使我们树立这样一种理念？

其实，相对于康德主义与功利主义，在当代规范伦理学中，美德伦理学更容易导向"楷模"甚至"圣贤"的理想，在深层意义上，它包含着一种关于个人品格的"完善论"。从以下三个方面，我们能够更加清楚地理解这一问题。

第一，品格中心论。众所周知，当代美德伦理学主要是在 20 世纪中期针对此前的康德伦理学、功利主义而兴起的理论流派。在其眼中，后两种学说最基本的特征就是以"规则"为核心，以"行动"的正当与否作为唯一的衡量标准。而具有强烈的"反理论"特征的美德伦理学，则把重点放在个人品格的完善性方面，在这一意义上，它是一种典型的"目的论"而非"义务论"。作为当代美德伦理学的主要来源，亚里士多德被视为首先完整地表达了这种"品格中心论"：德性是使得一个人的状态好、又使其活动完成得好的品质。① 亚里士多德认为，美德不是一种而是多种品质，它包括智慧、勇气、节制等。通过这些品质，行为者塑造出自己优秀而卓越的人格。据此，学者

---

① ［古希腊］亚里士多德：《尼各马可伦理学》，廖申白译注，商务印书馆 2003 年版，第 45 页。

们将当代美德伦理学理论集中表述为："美德伦理学主要思考的是何为高贵或者卑下的、可赞扬或者应受谴责的、好的或者坏的，而不是何为义务性的、可允许的，或者错的。"① 由此可见，品格的"卓越"、"可赞扬的"就是美德伦理学的核心要义，而要达到这一目标，就要求人们确定各种美德的细目，梳理其间的关系，并且结合情境使用不同的美德。为此，美德伦理学就必然要讨论以下议题：美德的细目究竟有哪些？它们之间的关系是怎样的？对此，本书认为，美德伦理学的这些基本特征其实恰恰蕴含着追求"道德圣贤"的可能性。不像康德主义、功利主义那样依据比较单一的道德规则理论，大多数美德伦理学经常过度地"繁殖"美德细目，并且试图在它们之间构建和谐自洽的体系。而在这其中，美德伦理学学者又经常确定出主要美德和次要美德。② 尤其是，以亚里士多德的观点为代表，美德伦理学的一个核心议题就是致力于构建"美德统一性"，正如亚里士多德早就指出的，一个拥有美德的人必然拥有实践智慧，而由于实践智慧是所有美德的基本要素，因此，拥有实践智慧的人将拥有全部美德。关于"美德统一性"的真正内涵，人们一直有不同的理解。③ 然而，无论怎样，一个比较一致的主张是，美德必须首

① Baron, Marcia W., Pettit, Philip, Slote, Michael, *Three Methods of Ethics: A Debate,* MA: Wiley-Blackwell, 1997, p.177. 在这部当代美德伦理学文集中，斯洛特指出，在词源上，美德的（Virtuous），也即"aretaic"，其意义的根源在古希腊语中就意味着"卓越的"（excellent），"值得赞扬的"（admirable）。

② 相比于康德主义、功利主义，美德伦理学反对一般性规则与原理，而认为美德本身应是多种多样的，有的属于道德美德，有的属于非道德美德。这些美德组成不同的单元体系，决定着行动的意义与个人的品格。正如拉塞尔所表明的，作为复数的"美德"（virtues）是多种多样的，而且相互关联。但同时也应该对于这些美德进行层级分类，区分出基本美德与附属美德。（Daniel C. Russell, *Practical Intelligence and the Virtues,* New York: Oxford Press, 2009, pp.72–221）考察美德多样性的文献相当丰富，足见美德伦理学者对这一问题的重视。

③ 亚里士多德具体表达了这一观点："一个人如果有了明智的德性，他就有了所有道德德性。"（[古希腊]亚里士多德：《尼各马可伦理学》，廖申白译注，商务印书馆 2003 年版，第 190 页）其实，"美德统一性"在苏格拉底、柏拉图那里就提出了，而这一观点一直影响到今天，成为当代美德伦理学的重要主张之一。对于其合理性，学者们一直有不同意见，

先是一种"卓越",是品格的修养与完善,正如亚当斯所言:"美德就是为善而存在的持久的卓越",像智慧、勇气、仁爱等,都是这种"卓越"的组成部分。① 美德之间是相互联系的,真正的美德之人必然具有一整套美德。正如前述,美德伦理学的这些观点来源于亚里士多德,也正是在这一意义上,有的学者已经意识到,亚里士多德的伦理学蕴含着典型的"道德圣贤"的理想。②

第二,超越义务的道德理想。美德伦理学一般将"美德"分为道德美德与非道德美德。但无论是哪一种,都可能是超出一般性道德义务的"额外要求"。彼彻姆(Tom L. Beauchamp)对此有着敏锐的理解,他指出,"义务论伦理学可以运用于一个人负有道德责任的道德生活范围,而美德伦理学则可以运用于义务召唤之外的道德生活这一领域。所以,责任外的行为——诸如圣人和英雄履行的行为——可以通过美德伦理学给予赞扬,并且通过美德伦理学来评价人们的道德价值。"③ 相对于康德式的义务论,美德伦理学区分了两种类型的道德善性:"一种属于那些履行义务要求的人,另一种属于那些履行义务以外的值得赞扬的行为的人。"前者属于"普通的道德",后者则属于"非普通的道德"。只有前者才属于道德义务,而后者则是以一套道德理

主要形成了两种基本观点:一是"强的解读",即拥有一项美德必然也拥有其他所有美德;另一种是"弱的解读",即拥有一种美德的同时必然也拥有与之相关的其他美德。比较有代表性的论文如 Terry Penner, The Unity of Virtue, *the Philosophical Review*, Vol.82, 1973, pp.35–68; John M. Cooper, The Unity of Virtue, *Social Philosophy and Policy*, Vol.15, No.1, 1998, pp.233–274; Neera K. Badhwar, The limited Unity of Virtue, *Nous*, Vol.30, No.3, 1996, pp.306–329, pp.326–327.; Gary Watson, Virtue in Excess, *Philosophical Studies*, Vol.46, No.1, 1984, pp.57–74.

① 参见 Robert Merrihew Adams, *A Theory of virtue--Excellence in Being for the Good,* Oxford Press, 2006, p.18。

② 摩尔指出,通过将我们视作上帝一般的纯粹理性者,亚里士多德转向了另一个极端,并且主张卓越的人类生活应该是基于孤独的哲学深思。相比而言,康德实际上更少这种危险性,他总是坚决地强调实践理性优先于理论理性。A. W. Moore, A Kantian View of Moral Luck, *Philosophy,* Vol.65, NO.253, 1990, pp.297–321, p.299.

③ [美]汤姆·L.彼彻姆:《哲学的伦理学》,雷克勤、郭夏娟、李兰芬、沈珏译,中国社会科学出版社 1992 年版,第 255 页。

想为基础，对于绝大多数人来说是无法实行的。不过，"超越义务的道德理想应该特别受到美德伦理学的欢迎，因为这些理想指的是那一类人，成为这类人是值得赞扬的……"① 彼彻姆的分析帮我们进一步认识到，美德伦理学更加钟爱"完美人格"或者"卓越人格"的理想，它致力于激发人们以这种理想为行动的榜样。

第三，个体幸福论。从亚里士多德开始，美德伦理学另外一个鲜明的特征是：追求个体的幸福。在这一方面，它与功利主义似乎表面上是一致的，但其实二者存在着根本性区别，因为功利主义实际上是以整体幸福的最大化为基本原则，而由此可能导致的推论是，可以出于幸福总量的考虑而牺牲局部的、个体的利益。对此，美德伦理学给予了激烈的反对，它认为，功利主义由此可能产生"道德圣贤"。同样，康德主义也由于坚持以"促进他人的幸福"为道德义务而成为被诟病的对象。在美德伦理学内部，关于"幸福"的具体内涵一直被讨论。不过，一般来说，亚里士多德的阐释还是被普遍地接受：作为人生的根本目的，幸福就是符合德性的活动，尤其是，幸福是"因其自身而不是因某种其他事物而值得欲求的实现活动。"② 也就是说，在亚里士多德看来，幸福是人的美德的实现，而美德必须是一种活动，是事物自身的卓越功能的实现，而且，它必定体现为快乐的状态。最高级的快乐存在于"至善"之中，它是"所有品质或者一种最好品质的未受阻碍的活动。"③ 据此，本书认为，也正是深受亚里士多德的影响，当代美德伦理学一直认为德性的实现应该带来愉悦的感受，而个人也应该为了自己的幸福培养并实现各种美德，其中，既有与道德相关的美德，也有很多非道德性美德，比如"勇敢"、"乐观"、"坚韧"等。依照这一思路，热衷于善行之人，也完全有

---

① ［美］汤姆·L.彼彻姆:《哲学的伦理学》，雷克勤、郭夏娟、李兰芬、沈珏译，中国社会科学出版社 1992 年版，第 256 页。

② ［古希腊］亚里士多德:《尼各马可伦理学》，廖申白译注，商务印书馆 2003 年版，第 305 页。

③ ［古希腊］亚里士多德:《尼各马可伦理学》，廖申白译注，商务印书馆 2003 年版，第 223 页。

理由充分发挥"仁爱"这样一种美德，因为这也正是其自身功能的实现。同时，这种人也有充分的理由以此来获得快乐。由此，很大程度上以亚里士多德的幸福论为基础的当代美德伦理学，很容易产生康德所批判的"道德狂热主义"，而这种狂热主义恰恰更加符合沃尔夫对于"道德圣贤"的描述。从某种角度来说，当代美德伦理学确立的是一种品格的"完善论"。

客观而言，美德伦理学在有些方面也确实是在抵制"道德圣贤"的理想，尤其是它特别关注到非道德性价值对于构建人生意义与完整品格的必要性，同时强调个人的幸福与快乐并不能被传统的道德观念所取代。然而，这些并不足以避免其深层理论中所蕴含的导向某种"道德圣贤"的可能性。相比而言，康德主义和功利主义却蕴含着拒斥"道德圣贤"的诸多要素。① 随着各种理论的不断丰富与发展，围绕这一问题进行更加细致的辨析，无疑是件很有意义的工作。

四、道德教育与品格完善

以品格完善为宗旨的美德伦理学，在道德教育方面也在以构建一种理想的人格与生存状态为目的。这充分地体现于三个层面：第一，强调理性与情感的统一，在道德教育中应该做到"寓理于情"、"情理兼容"，从而达到道德主体内心的和谐；第二，品格是一个完整的美德体系，应该尽可能地获得更多的相互关联的美德，而其中的核心美德就是亚里士多德所说的"实践智慧"，它是保证我们能够保持人格统一，并且善于准确把握相应情境从而做出适当判断，即合理地运用各种美德的关键；第三，品格完善的目的在于个人的幸福生活。在这方面，康德主义与功利主义为了他人的幸福而忽视乃

---

① 本书主要着眼于康德伦理学与相关问题的讨论，并没有真正涉及功利主义。其实，功利主义很大程度上也拒绝一种"道德圣贤"的理想，因为它主要以整体的最大化利益为评判标准，而并不以内在动机或个人品格作为行动的旨向，而且也正如威廉斯对康德主义的批评一样，功利主义也不并要求行动的理由与动机必须相互一致，因此，也就在很大程度上避免了出于快乐的目的而行善的可能性。

至牺牲个人的幸福是不被认可的，同时，为了纯粹的道德义务观念而否定其他非道德因素在人类幸福生活中的重要性也是被拒斥的。美德伦理学不以传统的道德概念为人生的宗旨，个人有按照自我的理解构建幸福的权利，这在道德上是正当的，从存在论的角度上来说也是更富有意义的。正如霍尔丹所言："教育的一般性要义就是要让学习者发展出全面而丰满的人格，做出评价性辨别的能力以及拥有并且控制对于生活产生重要影响的情感：简言之，成为美德之人。"① 在他看来，功利主义执着于"道德算法"，义务论则执着于"道德分类学"，而只有美德伦理学要求我们关注总体性生活的善。②

依据自身的基本原则，美德伦理学逐步地构建出自己的教育理论。根据斯特尔特尔的阐述，彼得斯 (R.S.Peters) 在其《道德发展与道德教育》一书中区分了"较高层次的美德"与"较低层次的美德"。前者如坚韧、确定性、一致性以及勇气；后者则如诚实、礼貌、同情以及仁爱。斯特尔特尔接受彼得斯的观点，不过他在"较高层次的美德"中又加上了耐心、勤勉与节制，并将这种美德进一步称之为"意志强力的美德"(Virtues of will-power)，而它的核心要素只有两种：慎思能力与自制能力。③ 或许，斯特尔特尔并没有提出太多新鲜的东西，他无非是将自亚里士多德以来的主要观点做了有限的深化而已，不过，他在结论中指出，"意志强力的美德"并不等于"道德美德"，后者是指依于道德原则的公正、忍耐与仁慈等，在广义的道德教育中，应该始终注意将前者融入后者之中，在最终意义上，"意志强力的美德"应该服从并服务于"道德美德"。④

---

① John Haldane, *Virtue, Truth and Relativism*, in David Carr and Jan Steutel, eds., *Virtue Ethics and Moral Education*, Routledge, 1999, p.161.

② 参见 John Haldane, *Virtue, Truth and Relativism*, in David Carr and Jan Steutel, eds., *Virtue Ethics and Moral Education*, Routledge, 1999, pp.160–161。

③ 参见 Jan Steutel, *The Virtues of Will-Power: Self-Control and Deliberation*, in David Carr and Jan Steutel, eds., *Virtue Ethics and Moral Education*, Routledge, 1999, pp.129–130。

④ Jan Steutel, *The Virtues of Will-Power: Self-Control and Deliberation*, in David Carr and Jan Steutel, eds., *Virtue Ethics and Moral Education*, Routledge, 1999, pp.139–140.

　　斯特尔特尔的观点给了我们这样的启示，一是美德伦理学确实更加热衷于追求卓越而完善的人格，而不仅仅满足于一般性的道德标准；二是对于那些"较高层次的美德"，它们在构成完善品格时固然极为重要，但要注意的是，这些美德仍然必须要在道德原则的范围之内，否则将会产生更加严重的不良后果。其实，亚里士多德已经强调了这一点，他指出，公正是"德性之首"，其基本内涵在于"守法的"和"平等的"，是"对他人的善"。① 我们认为，这一主张与康德在其"德性义务"中所作出的"完全义务／不完全义务"的分类极为相似，即作为基本道德义务的"完全义务"是人们所应该具备的首要德性，它是行动的最为一般的约束，而只有在此基础上，我们才应该进一步通过"不完全义务"到达品格的完善，但这始终是一种理想，人作为有限的存在者，只可以无限地接近，但永远无法完全实现。为此，康德在《论教育学》中指出，道德教育的首要目的就在于确立一种品质，它是"按照准则行动的能力"，而这种准则就是以"普遍性"为核心的道德法则，反映到具体的品格特征上，就是要让受教育的儿童具备三种素质：服从、诚实、合群。（*Päd*:480–485）它并不旨在于追求完善的品格与幸福的生活，但却是其所以可能的起点。

---

① ［古希腊］亚里士多德：《尼各马可伦理学》，廖申白译注，商务印书馆 2003 年版，第 128—130 页。

参考文献

一、康德著作

1.[德] 康德:《实践理性批判》，韩水法译，商务印书馆 2003 年版。

2.[德] 康德:《实践理性批判》，邓晓芒译、杨祖陶校，人民出版社 2003 年版。

3.[德] 康德:《判断力批判》，邓晓芒译、杨祖陶校，人民出版社 2002 年版。

4.[德] 康德:《纯粹理性批判》(第 2 版)，李秋零译，李秋零主编:《康德著作全集》第 3 卷，中国人民大学出版社 2004 年版。

5.[德] 康德:《未来形而上学导论》、《道德形而上学的奠基》，李秋零译，李秋零主编:《康德著作全集》第 4 卷，中国人民大学出版社 2004 年版。

6.[德] 康德:《实践理性批判》、《判断力批判》，李秋零译，李秋零主编:《康德著作全集》第 5 卷，中国人民大学出版社 2010 年版。

7.[德] 康德:《单纯理性限度内的宗教》、《道德形而上学》，李秋零译，张荣、李秋零译，李秋零主编:《康德著作全集》第 6 卷，中国人民大学出版社 2010 年版。

8.[德] 康德:《逻辑学》、《教育学》，李秋零译，李秋零主编:《康德著作全集》第 9 卷，中国人民大学出版社 2010 年版。

9. *Kritik der reinen Vernunft,* Hamburg : Felix Meiner Verlag, 1956.

10. *Kritik der praktischen Vernunft,* Hamburg: Felix Meiner Verlag, 1993.

11. *Kritik der Urteilskraft,* Hamburg : Verlag von Felix Meiner , 1993.

12. *Grundlegung zur Metaphysik der Sitten*, Leipzig: Verlag von Felix Meiner , 1920.

13. *Metaphysik der Sitten*, Leipzig: Verlag von Felix Meiner , 1976.

14. *Critique of Pure Reason,* translated and edited by Paul Guyer, Allen W. Wood, New York; Cambridge: Cambridge University Press, 1998.

15. *Practical philosophy,* translated and edited by Mary J. Gregor, Cambridge: Cambridge University Press, 1996.

16. *Critique of the Power of Judgment,* edited by Paul Guyer ; translated by Paul Guyer, Eric Matthews , Cambridge: Cambridge University Press, 2000.

17. *Lectures on ethics,* edited by Peter Heath and J.B. Schneewind, translated by Peter Heath, Cambridge: Cambridge University Press, 1997.

二、中文参考文献

1.[古希腊] 柏拉图:《柏拉图全集》第一卷，王晓朝译，人民出版社 2002 年版。

2.[古希腊] 亚里士多德:《尼各马可伦理学》，廖申白译注，商务印书馆 2003 年版。

3.[英] 休谟:《人性论》（下册），关文运译，商务印书馆 1997 年版。

4.[德] 黑格尔:《哲学史讲演录》第一卷，贺麟、王太庆译，商务印书馆 1997 年版。

5.[德] 黑格尔:《哲学史讲演录》第四卷，贺麟、王太庆译，商务印书馆 1997 年版。

6.[德] 黑格尔:《精神现象学》下卷，贺麟、王玖兴译，商务印书馆

1997 年版。

7.[德] 黑格尔：《逻辑学·哲学全书·第一部分》，梁志学译，人民出版社 2002 年版。

8.[德] 席勒：《席勒美学文集》，张玉能编译，人民出版社 2011 年版。

9.[德] 叔本华：《伦理学的两个基本问题》，任立、孟庆时译，商务印书馆 2010 年版。

10.[德] 叔本华：《作为意志与表象的世界》，石冲白译，商务印书馆 1997 年版。

11.[英] 边沁：《道德与立法原理导论》，时殷弘译，商务印书馆 2006 年版。

12.[英] 密尔：《功利主义》，叶建新译，九州出版社 2007 年版。

13.[德] 马克斯·舍勒：《伦理学中的形式主义与质料的价值伦理学》，倪梁康译，生活·读书·新知三联书店 2004 年版。

14.[德] 马克斯·舍勒：《同情感与他者》，朱雁冰、林克等译，北京师范大学出版社 2017 年版。

15.[联邦德国] 施太格缪勒：《当代哲学主流》（上卷），王炳文、燕宏远、张金言译，商务印书馆 1992 年版。

16.[澳] J.J.C.斯玛特、[英] B.威廉斯：《功利主义：赞成与反对》，牟斌译，中国社会科学出版社 1992 年版。

17.[英] 西季威克：《伦理学方法》，廖申白译，中国社会科学出版社 1993 年版。

18.[美] 罗尔斯：《政治自由主义》，万俊人译，译林出版社 2000 年版。

19.[加拿大] 查尔斯·泰勒：《自我的根源：现代认同的形成》，韩震译，译林出版社 2001 年版。

20.[美] 约翰·罗尔斯：《正义论》，何怀宏等译，中国社会科学出版社 2017 年版。

21.[美] A.麦金泰尔：《追寻美德》，宋继杰译，译林出版社 2003 年版。

22.[美] 托马斯·内格尔:《人的问题》,万以译,上海译文出版社 2004 年版。

23.[英] 伯纳德·威廉斯:《道德运气》,徐向东译,上海译文出版社 2007 年版。

24.[英] 伯纳德·威廉斯:《伦理学与哲学的界限》,陈嘉映译,商务印书馆 2017 年版。

25.[英]戴维·罗斯:《正当与善》,林南译,上海译文出版社 2008 年版,

26.[美] 弗吉尼亚·赫尔德:《关怀伦理学》,苑莉均译,商务印书馆 2014 年版。

27.[美]茱莉亚·德莱夫:《后果主义》,余露译,华夏出版社 2016 年版。

28.[美] 迈克尔·J.桑德尔:《自由主义与正义的局限》,万俊人等译,译林出版社 2016 年版。

29.[新西兰] 罗莎琳德·赫斯特豪斯:《美德伦理学》,李义天译,译林出版社 2016 年版。

30.[美] 迈克尔·斯洛特:《从道德到美德》,周亮译,译林出版社 2017 年版。

31.韩水法:《康德物自身学说研究》,商务印书馆 2007 年版。

32.徐向东:《道德哲学与实践理性》,商务印书馆 2007 年版。

33.徐向东编:《美德伦理与道德要求》,江苏人民出版社 2007 年版。

34.徐向东:《自我、他人与道德——道德哲学导论》下册,商务印书馆 2009 年版。

35.龚群、陈真:《当代西方伦理思想研究》,北京大学出版社 2013 年版。

36.赵永刚:《美德伦理学——作为一种到的类型的独立性》,湖南师范大学出版社 2011 年版。

37.李义天:《美德伦理学与道德多样性》,中央编译出版社 2011 年版。

38.陈真:《论斯洛特的道德情感主义》,《哲学研究》2013 年第 6 期。

39.孙伟平:《伦理学之后——现代西方元伦理学思想》,中国社会科学

出版社 2014 年版。

40. 董滨宇:《康德〈纯粹理性批判〉(第 2 版) 中"先验演绎"结构研究》,人民出版社 2016 年版。

41. 韩水法:《政治构成主义的悬空状态》,《云南大学学报》2003 年第 1 期。

42. 张志伟:《〈纯粹理性批判〉中的本体概念》,《中山大学学报》2005 年第 6 期。

43. 韩玉胜:《斯洛特移情关怀伦理学的价值内涵及其局限》,《哲学研究》2017 年第 11 期。

44. 张会永:《论一种康德式的至善后果主义》,《哲学研究》2018 年第 6 期。

三、外文参考文献

1. Allison, Henry E., *Kant's theory of freedom*, New York: Cambridge University Press, 1990.

2. Allison, Henry E., *Kant's Theory of Taste: A Reading of the Critique of Aesthetic Judgment,* New York: Cambridge University Press, 2001.

3. Allison, Henry E., *Kant's Groundwork for the Metaphysics of Morals: A Commentary,* New York: Oxford University Press, 2011.

4. Ameriks, Karl, *Interpreting Kant's Critique*, New York: Oxford University Press, 2003.

5. Annas, Julia, *The Morality of Happiness,* New York: Oxford University Press, 1993.

6. Annas, Julia, *Virtue Ethics and Social Psychology,* A Priori, Vol.2, 2003.

7. Annas Julia, *Being Virtuous and Doing the Right Thing*, Proceedings and Ad-

dresses of the American Philosophical Association, Vol.78, No.2, 2004.

8. Aune, Bruce, *Kant's Theory of Morals*, Princeton: Princeton University Press, 1979.

9. Badhwar, Neera K., *The limited Unity of Virtue*, Nous, Vol.30, No.3, 1996.

10.Bagnoli, Carla, *Respect and Loving Attention*, Canadian Journal of Philosophy, Vol.33, No.4, 2003.

11.Baron, Marcia W., Pettit, Philip, Slote, Michael, *Three Methods of Ethics: A Debate,* MA: Wiley-Blackwell, 1997.

12.Baxley, A. M., *Kant's Theory of Virtue-The Value of Autocracy,* Cambridge: Cambridge University Press, 2010.

13.Beck, Lewis White, *A Commentary on Kant's Critique of Practical Reason*, London: The University of Chicago Press, 1960.

14.Becker, Lawrence C., *Unity, Coincidence, and Conflict in the Virtues*, Vol20, No.1–2, Philosophia, 1990.

15.Besser-Jones, Lorraine and Slote, Michael, ed., *The Routledge Companion to Virtue Ethics*, New York: Routledge, 2015.

16.Betzler, Monika, ed., *Kant's Ethics of Virtue*, Berlin: Walter de Gruyter, 2008.

17.Blum, Lawrence A., *Friendship, Altruism and Morality*, New York: Routledge & Kegan Paul Ltd., 1990.

18.Carr, David and Steutel, Jan, eds., *Virtue Ethics and Moral Education,* London and New York: Routledge, 1999.

19.Chadwick, Ruth F., ed., *Immanuel Kant: critical Assessments, Volume Ⅲ , Kant's Moral and Political Philosophy*, London and New York: Routledge, 1992.

20.Cohen, Alix, ed., *Kant on Emotion and Value*, London: Palgrave Macmillan, 2014.

21.Cooper, John M., *The Unity of Virtue*, Social Philosophy and Policy, Vol15,

No.1, 1998.

22.Crisp, Roger and Slote, Michael, ed., *Virtue Ethics*, New York: Oxford University Press, 1997.

23.Cummiskey, David, *Kantian Consequentialism,* New York: Oxford University, 1996.

24.Dancy, R.M. ed., *Kant and Critique: New Essays in Honor of W.H. Werkmeister*, Boston: Kluwer Academic Publishers, 1993.

25.Davidovich, Adina, *Kant's Theological Constructivism*, The Harvard Theological Review, Vol.86, No.3, 1993.

26.Dean, Richard, *The Value of Humanity: In Kant's Moral Theory*, New York: Oxford University Press, 2006.

27.Denis, Lara, ed., *Kant's Metaphysics of Morals: A Critical Guide*, Cambridge: Cambridge University Press, 2010.

28.Denis, Lara, *Moral Self-Regard: Duties to Oneself in Kant's Moral Theory*, New York: Routledge, 2012.

29.Devereux, Daniel T., *The Unity of the Virtues in Plato's Protagoras and Laches*, The Philosophical Review, Vol.101, No.4, 1992.

30.Engstrom, Stephen and Whiting, Jennifer, ed., *Aristotle, Kant, and the Stoics—Rethinking Happiness and Duty*, Cambridge: Cambridge University Press, 1996.

31.Flanagan, Owen, *Varieties of Moral Personality-Ethics and Psychological Realism,* Cambridge: Harvard University press, 1993.

32.Foot, Philippa, *the Problem of Abortion and the Doctrine of the Double Effect*, The Oxford Review, 1967(5).

33.Foot, Philippa, *Moral Realism and Moral Dilemma,* The Journal of Philosophy, Vol 80, No.7, 1983.

34.Frankena, William K., *Ethics(second edition)*, Prentice-Hall, INC., Englewood Cliffs, New Jersey, 1973.

35.Galvin, Richard, *Does Kant's Psychology of Morality Need Basic Revision?* Mind, New Series, 1991, Vol.100, No.2.

36.Gaus, Gerald F., *What is Deontology? Part Two: Reasons to Act,* The Journal of Value Inquiry, 35, 2003.

37.Grenberg, Jeanine, *Kant and the Ethics of Humility: A story of Dependence, Corruption, and Virtue*, Cambridge: Cambridge University Press, 2005.

38.Guyer, Paul, *Kant and the Experience of Freedom: Essays on Aesthetics and Morality,* New YorK: Cambridge University Press, 1993.

39.Guyer, Paul, ed., *Kant's Groundwork of the Metaphysics of Morals: Critical Essays*, Introduction, Lanham, MD: Roman & Littlefield Publishers, Inc.1998.

40.Guyer, Paul, *Kant on Freedom, law, and Happiness*, Cambridge: Cambridge University Press, 2000.

41.Guyer, Paul, ed., *The Cambridge Companion to Kant and Modern Philosophy*, New York: Cambridge University Press, 2006.

42.Guyer, Paul, *Passions for Reason: Hume, Kant, and the Motivation for Morality*, Proceedings and Addresses of the American Philosophical Association, Vol.86, No.2, 2012.

43.Herman, Barbara, *The Practice of Moral Judgment*, MA: Harvard University Press, 1993.

44.Hill, Thomas E., JR., *Human Welfare and Moral Worth: Kantian Perspectives*, New York: Oxford Press, 2002.

45.Hill, Thomas E., JR., ed., *The Blackwell Guide to Kant's Ethics*, Oxford: Blackwell Publishing Ltd, 2009.

46.Hooft, Stan van, ed., *The Handbook of Virtue Ethics*, Acumen, 2014.

47.Hursthouse, Rosalind, *On Virtue Ethics*, Oxford : Oxford University Press, 1999.

48.Johnson, Robert N., *Virtue and Right*, Ethics, Vol.113, No.4, 2003.

49.Korsgaard, Christine M., *Creating the Kingdom of Ends*, Cambridge: Cambridge University Press, 1996.

50.Louden, Robert B., *Toward a Genealogy of 'Deontology'*, Journal of the History of Philosophy, 1996:34, 4.

51.McCarty, Richard, *Kant's Theory of Action*, New York: Oxford university Press, 2009.

52.Nagel, Thomas, *Mortal Ouestions*, New York: Cambridge University Press, 1979.

53.Nussbaum, Martha C., *Virtue Ethics: A Misleading Category?* The Journal of Ethics, 1999(3).

54.Nussbaum, Martha C., *The Fragility of Goodness: Luck and Ethics in Greek Tragedy and Philosophy*, New York: Cambridge University Press, 2001.

55.O' Neill, Onora, *Construction of Reason: Explorations of Kant's Practical Philosophy,* Cambridge: Cambridge University Press, 1989.

56.Paton, H. J., *The Categorical Imperative: A study in Kant Moral Philosophy*, Philadelphia: University of Pennsylvania Press, 1971.

57.Penner, Terry, *The Unity of Virtue*, the Philosophical Review, Vol.82, 1973.

58.Rachels, James, *The Elements of Moral Philosophy (Fourth Edition)*, New York: Mc Graw-Hill, 2003.

59.Rawls, John, *Collected Papers,* Samuel Freeman, ed., Cambridge: Harvard University Press, 1999.

60.Reath, Andrews, *Kant's Theory of Moral Sensibility: Respect for the Moral Law and the Influence of Inclination*, Kant's-Studien, 1989, Vol.80.

61.Ross, David, *Foundations of Ethics: The Gifford Lectures*, London: Oxford University Press, 1951.

62.Russell, Daniel C., *Practical Intelligence and the Virtues*, New York: Oxford

University Press, 2009.

63.Russell, Daniel C., ed., *The Cambridge Companion to Virtue Ethics*, New York: Cambridge University Press, 2013.

64.Sherman, Nancy, *Making a Necessity of Virtue: Aristotle and Kant on Virtue*, Cambridge: Cambridge University Press, 1997.

65.Slote, Michael, *Morals from Motives*, New York: Oxford University Press, 2001.

66.Slote, Michael, *The Ethics of Care and Empathy,* London and New York: Routledge, 2007.

67.Slote, Michael, *Moral Sentimentalism,* New York:Oxford University Press, 2010.

68.Solomon, Robert C., *The logic of Emotion*, Noûs, Vol.11, No.1, 1977.

69.Solomon, Robert C., *On Emotions as Judgement*, American Philosophical Quarterly, Vol.25, No.2, 1988.

70.Statman, Daniel, *Virtue ethics-A Critical Reader*, Edinburgh University Press, 1997.

71.Stichter, Matt, *Virtues, Skills, and Right Action,* Ethical Theory and Moral Practice, Vol.14, No.1, 2011.

72.Swanton, Christine, *Virtue Ethics-A pluralistic View*, New York: Oxford University Press, 2003.

73.Svensson, Frans, *Virtue Ethics and the Search for an Account of Right Action*, Ethical Theory and Moral Practice, Vol.13, No.3, 2010.

74.Tomson, Judith Jarvis, *The Trolley Problem, The Yale Law Journal,* Vol.94, No.6, 1985.

75.Tiberius, Valerie, *How to Think About Virtue and Right,* Philosophical Papers, 35:2, 2006.

76.Timmons, Mark, ed., *Kant's Metaphysics of Morals: Interpretative Essays,*

New York: Oxford University Press, 2002.

77.Timmons, Mark and Baiasu, Sorin, ed., *Kant on Practical Justification-Interpretive Essays*, New York: Oxford University Press, 2013.

78.Timmermann, Jens, *What's Wrong With 'Deontology'?* Proceedings of the Aristotelian Society , Vol. cxv, Part I, Part Ⅱ , 2015.

79.Sensen, Oliver, ed., *Kant on Moral Autonomy*, Cambridge: Cambridge University Press, 2013.

80.Sullivan, Roger J., *Immanuel Kant's Moral Theory*, Cambridge: Cambridge University Press, 1989.

81.Vlastos, Gregory， *The Unity of the Virtues in the Protagoras*, the Review of Metaphysics, Vol.25, 1972.

82.Ward, Keith, *Kant's Teleological Ethics,* The Philosophical Quarterly, Vol.21, No.85, 1971.

83.Watson, Gary, *Virtue in Excess,* Philosophical Studies, Vol46, No.1, 1984.

84.Wike, Victoria S., *Kant on Happiness in Ethics*, New York: State University of New York Press, 1994.

85.Williams, Bernard, *Ethics and the Limits of Philosophy*, London and New York: Routledge, 1985.

86.Wood, Allen W., *Kant's Ethical Thought*, Cambridge: Cambridge University Press, 1999.

87.Wood, Allen W., *Kantian Ethics*, New York: Cambridge University Press, 2008.

88.Wuerth, Julian, *Kant on Mind, Action, &Ethics*, Oxford: Oxford University Press, 2014.

责任编辑：杜文丽

图书在版编目（CIP）数据

康德美德理论研究／董滨宇 著 . — 北京：人民出版社，2020.12

ISBN 978－7－01－022416－9

I. ①康… II. ①董… III. ①康德（Kant, Immanuel 1724-1804）－德育－研究

IV. ① B516.31

中国版本图书馆 CIP 数据核字（2020）第 202537 号

康德美德理论研究

KANGDE MEIDELILUN YANJIU

董滨宇 著

人民出版社 出版发行

（100706 北京市东城区隆福寺街 99 号）

环球东方（北京）印务有限公司印刷 新华书店经销

2020 年 12 月第 1 版 2020 年 12 月北京第 1 次印刷

开本：710 毫米 ×1000 毫米 1/16 印张：20.75

字数：325 千字

ISBN 978－7－01－022416－9 定价：72.00 元

邮购地址 100706 北京市东城区隆福寺街 99 号

人民东方图书销售中心 电话（010）65250042 65289539